浙江省普通本科高校"十四五"重点立项建设教材

国家级一流本科专业建设点重点建设教材

国家一流本科课程配套教材

数字金融与财税系列教材 | 总主编 金雪军

DIGITAL
TAXATION

数字税收

主 编 张 帆

副主编 郑家兴 谢 枫
　　　 张永强 黄冠豪

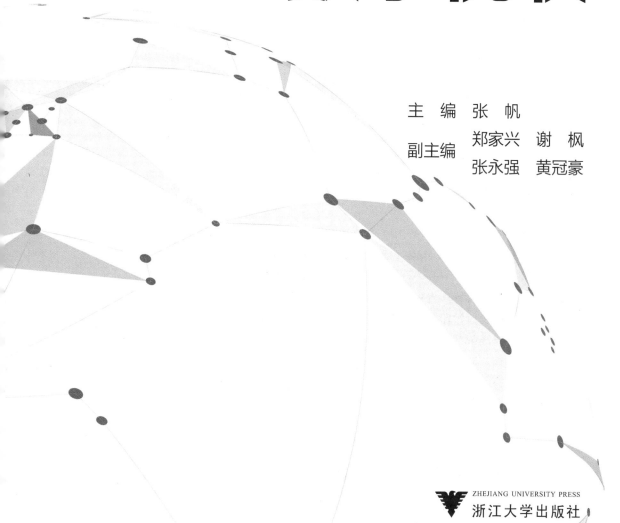

ZHEJIANG UNIVERSITY PRESS

浙江大学出版社

·杭州·

图书在版编目（CIP）数据

数字税收 / 张帆主编. -- 杭州：浙江大学出版社，
2025. 4. -- ISBN 978-7-308-25525-7

Ⅰ. F812.42-39

中国国家版本馆 CIP 数据核字第 2024ES2588 号

数字税收

SHUZI SHUISHOU

张　帆　主　编

策划编辑	朱　玲
责任编辑	高士吟
责任校对	郑成业
封面设计	春天书装
出版发行	浙江大学出版社
	（杭州市天目山路 148 号　邮政编码 310007）
	（网址：http://www.zjupress.com）
排　　版	杭州晨特广告有限公司
印　　刷	杭州捷派印务有限公司
开　　本	787mm×1092mm　1/16
印　　张	16.75
字　　数	386 千
版 印 次	2025 年 4 月第 1 版　2025 年 4 月第 1 次印刷
书　　号	ISBN 978-7-308-25525-7
定　　价	52.80 元

数字金融与财税系列教材
编委会

总主编　金雪军

编　委　（按姓氏笔画排序）

　　　　　方红生　陈荣达　钟晓敏　都红霞　钱水土

前　言

　　数字税收是一门研究数字经济背景下税收治理发展与改革的课程,包括数字化税收征管改革、数字经济税收指标体系建设、大数据技术与经济相结合后在税收管理领域的创新与变革、数字技术在税收征管过程中的具体应用以及国际税收改革等方面的内容。

　　党的二十大报告提出:"加快发展数字经济,促进数字经济和实体经济深度融合,打造具有国际竞争力的数字产业集群。"[①]自党的十八大以来,以习近平同志为核心的党中央从推进国家治理体系和治理能力现代化全局出发,准确把握全球数字化发展趋势,围绕数字中国、网络强国、数字政府建设等做出了一系列重大部署。当今时代,数字技术、数字经济是世界科技革命和产业变革的先机,是新一轮国际竞争的重点领域。从 2012 年到 2023 年,我国数字经济规模从 11 万亿元增长到 53.9 万亿元,稳居世界第二,数字经济占国内生产总值比重由 21.6% 提升至 42.8%。数字经济对经济社会发展的引领支撑作用日益凸显,成为稳增长、促转型的重要引擎。与此同时,数字经济具有去物质化、碎片化、隐蔽性的特点,导致在传统税制下,课税主体、课税对象、税目和税率的确定变得困难,给传统税收治理体系带来了巨大的挑战。为应对挑战,我国政府积极推动税收治理数字化改革,不断完善"以数治税"的制度建设,以税收大数据作为驱动力,搭建具有高集成、高安全特点的智慧税务体系,全面推进税收管理的数字化升级,积极参与国际税收规则制定。特别是在全面建设社会主义现代化国家新征程的背景下,全面发展数字税收对助力谋划我国新一轮财税体制改革具有重要的时代意义。

　　随着 5G、大数据、人工智能等数字技术广泛应用于税收管理服务,我国进入税收数字化治理体系不断优化、升级和重构的新阶段,政府治税管理的效能大幅提升,政府纳税服务更加精细,政府税收治理更加精准,政府税收决策更加科学高效,形成了以数据驱动税收治理的新格局,推动了国家治理体系和治理能力现代化发展。为避免与制度脱轨,我们需要积极了解税收治理改革动向以及未来的发展方向。因此,在研究我国社会经济发展的同时,也需要了解数字经济背景下的税收治理发展与变革。但是目前鲜有教材对数字

---

　　① 习近平.高举中国特色社会主义伟大旗帜 为全面建设社会主义现代化国家而团结奋斗:在中国共产党第二十次全国代表大会上的报告[N]. 人民日报,2022-10-26(1).

化税收治理进行归纳与总结。为此,这本数字税收教材立足于大数据技术在税收领域的发展实践,建构中国自主数字税收范畴知识体系,逐步形成系统的自有知识理论体系,目的是使读者能够更多地了解我国税收治理现代化的改革进程和已有成果,以便将学到的知识应用于实际工作中。

本教材是国家级一流本科专业建设重点——浙江财经大学财政税务学院税收学专业配套教材,浙江省普通本科高校"十四五"重点立项建设教材。编写组用通俗的语言、严谨的逻辑、丰富的案例系统介绍了数字税收的基本理论和最新发展与应用。本教材既可作为高等院校财政学、税收学、国际税收、经济学等专业高年级本科生和硕士研究生以及MPA学生的专业教材,也可供经济管理类等其他专业及对数字税收有兴趣的学者和从业人员学习参考。本教材开拓了数字税收建设的新领域。数字税收涉及税收学、计算机技术、经济学和管理学等多个领域,具有学科交叉属性,在理论体系、知识构建和不同学科间的融合等方面还有待改进,甚至有些地方值得商榷。教材虽然经过反复推敲修改,但难免存在疏漏与错误,恳请各位同行专家和广大读者批评指正,我们将根据反馈的意见,在再版时不断充实并完善。

本教材由浙江财经大学财政税务学院张帆教授担任主编。教材在撰写过程中,主要分工如下:张帆负责第一章和第六章的编写,黄冠豪负责第二章的编写,谢枫负责第三章和第七章的编写,张永强负责第四章和第五章的编写,郑家兴负责第八章和第九章的编写。同时还要感谢吴伟强、胡耀予、黄毕辉、倪婧静、张幻娇、严斯瀚、王涵湛、杨璇、翁凌洁、胡宣蝶、张雨、李雅、刘一诺等收集整理资料,在教材编写过程中做了大量的基础性工作。

本教材在编写过程中参考了国内外公开出版的有关教材和学术性文章,吸取了有关专家、学者的最新研究成果,在此一并向有关作者表示由衷的感谢。本教材的编写也得到了浙江大学出版社等各方面的大力支持,在此表示诚挚的感谢。

编　者

2025 年 1 月

目 录

第一章 总 论

◎ **教学目标**

1. 了解数字税收的概念。
2. 理解税收新征管模式的内涵。

◎ **课程思政元素**

制度自信;依法纳税;家国情怀

◎ **本章导读**

数字革命是当今世界应对"百年未有之大变局"的关键手段。在"万物互联"的时代背景下,大数据、云计算、人工智能、区块链、物联网等多种数字技术迅猛发展,催生了全球范围经济、政治、社会各领域数字化转型的蓬勃发展。《中华人民共和国国民经济和社会发展第十四个五年规划和 2035 年远景目标纲要》要求"将数字技术广泛应用于政府管理服务,推动政府治理流程再造和模式优化,不断提高决策科学性和服务效率"。全面数字化转型成为新时代经济发展的大趋势,政府领域的数字化转型也步入理论创新与实践探索的"快车道"。当前"税收数字化转型"机制和体制改革是提升税收治理能力现代化建设的重要创新,也是实现税收现代化目标进程的重要战略选择。这就要求我们在数字经济背景下了解数字税收的基本内涵,阐释数字经济对税收治理体系的理论创新,掌握大数据、云计算、人工智能、区块链、物联网等多种数字技术在税收制度改革及税收数字化征管进程中的应用情况,了解数字税收在国外的运用程度,更好地用数字创新技术驱动我国税制改革发展,构建符合中国特色社会主义的数字税收制度,从而充分发挥税收在国家治理中的基础性、支柱性、保障性作用。

第一节 数字税收概论

一、数字税收

(一)数字税收的概念和特征

数字税收是在以"互联网＋"、大数据、数字经济等作为环境背景与技术工具的税收领域,对数字产品和服务的增值税改革、个人所得税改革、税收制度创新以及税收征管制度的改革与完善。数字税收旨在适应数字经济发展提出的挑战,建立与数字经济发展要求相适应的数字税收制度。其中,数字税收的核心是税收数字化转型,即以云计算、大数据、人工智能、区块链等数字技术为依托,通过"数字化"技术方法重构税收业务场景,实现从传统业务场景向新型业务场景转变的过程。而新型的业务场景具有鲜明的"画面感",直接体现了"以用户为中心"的价值导向,强调用户体验,根据用户反馈优化产品,这也是税收数字化转型需要达成的价值目标。

数字税收中税收数字化转型具体体现为以下三个方面:一是数据已成为一种重要生产要素,体现出数字资产理念。数据要素采集改变了传统申报的表单形态,通过将要素采集环节前置,以符合自然态的方式采集经济业务行为中的要素化信息项。二是税费业务事项实现了数据传递由延时到实时传递的转变。在现有的信息技术下,数据传递时效已经发生跃迁式变革,在税费业务事项中,比如申报事项中的风险提醒、一键式扫描等实现了实时展现,形成了业务场景设计的一项标准范式。三是税费业务数字化转型也实现了一体化发展。各行各业在数字化转型中,对于打破数据壁垒、促进数据流通都有着鲜明的诉求。税费业务中各个系统之间、各个税费种之间逐渐形成了统一的数据标准,构建了共用的征管规范,破除了数据孤岛,通过数字化技术方法实现了效能的最大利用和成本集约。

应该说,数字经济迅猛发展给税收数字化带来了一系列影响,在当前经济背景下的数字税收呈现出新的特征。

1. 纳税主体锁定难

在以往的经济模式中,由于地域限制,生产者通常遵循金字塔式的科层制管理方式进行运营。数字经济的崛起彻底突破了地理限制,商家可以借助互联网上传产品和服务、完成买卖与支付操作,进而大大减少了运营难度。这种转变吸引了大量个体参与其中,个体经营商业模式快速崛起,进一步推动了纳税主体的多元化发展。与此同时,线上交易中,双方借助互联网技术隐藏真实信息,进一步增加了确定纳税主体的难度,给税收征管带来了前所未有的挑战。

2. 课税对象判定难

在传统经济模式下,税收征管具备可统计、可追踪、可预测和可调节的特性。但随着数字经济的深入发展,产业间融合趋势日益明显,一项交易常常涉及多元化的业务类型。因此,传统经济模式下的课税对象判定准则在数字经济环境中捉襟见肘,难有效用。

3. 税收管辖权划分难

现行税收制度一般依据纳税人住宿和营业场所作为判定税收管辖权的依据。但在数字化商业环境中,该原则被质疑。数字化商业活动往往是无形的,企业可以通过电商网络与物流系统把产品卖到世界各地,这就让纳税地点的认定变得更加困难。

4. 涉税信息获取难

在大数据环境下,征纳双方之间的信息不对称现象日益显著。这主要体现在纳税人利用数字化手段对交易活动和相关信息的掌握更加深入,而税务机关却面临着获取信息困难的问题。另外,网络平台交易和网络加密技术的运用让纳税人更容易隐藏相关交易信息。伴随着平台经济等新兴经济模式的飞速发展,自然人生产者的数量持续上升,纳税主体越来越分散,这无疑增加了获取涉税信息的困难程度。

(二)大数据和云计算的基本内涵

麦肯锡全球研究院定义大数据为一种数据量极大、超出传统数据库软件工具处理能力的数据集合。它拥有四个显著特点:庞大的数据规模、快速的数据流转、多样的数据类型和较低的价值密度。

云计算是一种分布式的运算方法,它能把庞大的数据运算工作分配到多个小型程序上。这个过程是由一组服务器来完成的,它们负责执行并解析这些小程序,最终给出答案并反馈给使用者。最初期的云计算理念主要是集中于简单化的分布式计算,重点在于任务的派发及结果的综合,所以也被称作网格计算。利用这种技术,可以迅速地(如只需几秒)对大量的信息(如数十万条)进行处理,以此达到提升网络服务的目的,流程如图 1-1 所示。

税惠助力云计算产业发展

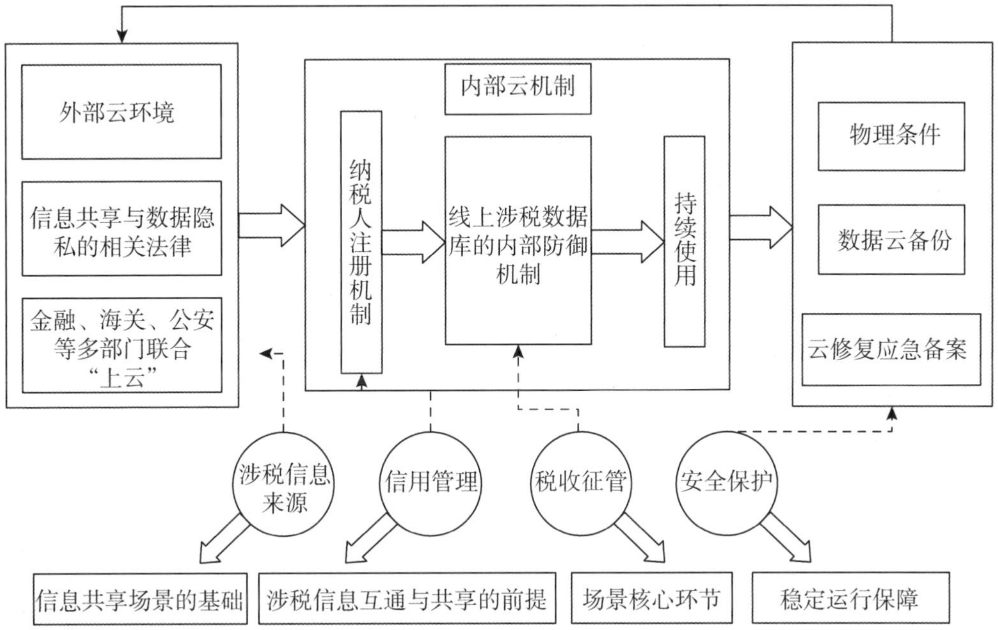

图 1-1 "云计算"涉税信息动态共享应用场景

随着社会发展,云计算已不再局限于分布式计算,而是结合分布式计算、效用计算、并行计算和虚拟化等计算机技术,呈现出融合演进与螺旋上升的发展态势。云计算基于互联网相关服务,实现数据的增加、使用和交付模式的变革。通过此技术,虚拟资源得以通过互联网输送给每个有需求的用户,进而提升数据处理能力。

(三)数字经济为税收治理带来新的机遇

随着数字经济时代到来,税务部门不断完善税收治理方式,适应数字经济时代的发展要求。数字经济的发展不断推动税收治理发展,同时也为税收治理提供了新的机遇和挑战。这主要体现在影响税制发展、推动税收征管制度创新以及助力纳税服务三个方面。

1. 数字经济影响税制发展

数字经济以数据作为新型生产要素,全面参与生产、分配、交换、消费各环节,在对传统经济模式进行重构的基础上,也将深刻影响税制的发展。一是数字经济发展带来了新的征税对象。因为数字经济发展带来了新业态、新模式,极大地丰富了经济活动的形式和内容,使征税对象呈现出新的特点,并带来了新的征税对象。例如,随着电商业务的兴起,对从原本企业推销中分离出来的直播带货如何征税、征什么税,已成为不可忽视的问题。此外,数据作为继劳动、土地、资本、技术和管理之后的又一生产要素,在价值创造中发挥越来越重要的作用。随着数字经济的发展,数据的资产化进程也逐渐加快,规模不断扩大。数据可以通过交易带来收入和收益,因此其本身有可能成为新的征税对象。二是数字经济影响纳税主体的界定。传统经济模式下,参与经济活动的主体有固定的场所、人员,税务部门将办理税务登记或可以开展监管的经营主体作为纳税人。在数字经济条件下,是否有固定场所、固定人员不再成为交易达成与否的必要条件,工商登记也不再成为交易达成的前置条件。税务部门可以对数字平台上所有主体发生的应税活动进行监管和征税,这就使得数字经济条件下税务部门可监管的纳税人范围比传统经济模式更大,需要在税收制度改革中进行相应调整;同时,纳税人可以利用数字经济虚拟性的特征,选择税收负担较低的身份进行交易和纳税,这就要求税务部门在税制设计上结合数字经济的特点,对纳税人重新进行界定和分类,明确其适用的税率和享受的税收优惠,使不同纳税人公平地享受税收权利,平等地履行纳税义务。

2. 数字经济推动税收征管制度创新

数字经济是技术高度密集的经济形式,大数据、云计算、人工智能、区块链、物联网等多种数字技术可以广泛应用于税收征管手段创新中,推动税收征管的数字化升级和智能化改造,实现数字化、智慧式的税收征管。数字经济的快速发展为税收征管制度创新提供了重要机遇和挑战。税收征管制度既要适应数字经济的发展,也要通过税收征管模式进行数字化升级改造,不断提升税收治理能力。数字经济的高度数据化,使经济交易活动自动"留痕",客观上就可以充分挖掘和获得相关数据,便于税务部门及时、准确、完整地收集信息,全面掌握纳税主体的交易信息,有效实施税收服务、执法和监管。同时,数字经济参与主体的多元化为税收共治提供了广阔的合作空间。税收治理既需要政府机关、企事业单位和个人等众多主体的参与,也需要不断加强国际合作,以发挥多元主体的协同作用。数字经济的多元化发展是一个全球性、开放性和系统性的过程,数字经济的参与主体会越来越多元化,税务部门可以不断扩大税收治理的范围。

3. 数字经济助力纳税服务

建设数字中国的战略意义和重点任务,要求税费服务积极融入加快数字化发展的战略大局,加快推进政府职能转变和深化"放管服"改革,充分运用数字技术手段,推动税收治理的数字化转型,提升数字化政务服务效能,以适应数字化发展形势的需要。税费服务手段数字化发展具有便利化、智能化、个性化的特点,这就要求税务部门持续关注数字化发展的进程,积极应用新技术手段,持续强化和完善税费服务工具,拓宽税费服务场景,提升税费服务效能。一是

服务数字化
便捷又暖心

创新税法遵从管理方法,构建"嵌入"管理新模式,通过先进技术将传统上由税务部门自身系统执行的税收征管流程,"嵌入"为纳税人提供服务的第三方或者纳税人自有系统中,实时了解纳税人的生产、经营、投融资等情况;二是优化资源配置,利用人工智能技术提高工作效率,使税务人员从重复劳动中解放出来;三是利用技术实现国际合作,探索将国内税收征管数字化转型的成果运用到跨境经营活动中,通过新技术手段实现实时跨境税收信息交换。

随着数字经济的发展,纳税人缴费人期待税费服务模式和业务流程更加数字化、智能化,打破税费服务的地域限制和实体限制,不断拓展"非接触式"办税缴费范围,降低制度性交易成本。在纳税人缴费人层面,应构建以纳税人缴费人需求为导向的智慧咨询和智能办税服务体系。在税务部门层面,应建立以信息技术为依托的一体化和智能化的征管体系。在社会层面,应加强数字政府建设,提升公共服务、社会治理等数字化、智能化水平,解决税务部门"数据孤岛"难题,建立常态化、制度化数据共享协调机制。

(四)数字经济推动税制改革发展演变

1.信息化实践:智慧税务

智慧税务,即利用先进数字技术对税收管理制度、全程税收服务等方面进行升级和改革,打造一种具有数字化、智能化、安全化、高效化和服务化的新型现代税收管理模式。智慧税务建设是数字化、网络化和智能化技术的发展结果,需要政府数字化转型战略、互联网和移动终端、大数据和人工智能等多重因素的共同助力。

智慧税务的实现,需要依托发票电子化改革的深化,构建全领域、全环节、全要素电子化的发票管理体系,进一步搭建超级算量、智能算法、强大算力的数据驱动体系。此体系推动税收征管要素实现全链条、全场景、全环节的数字化,有效打破部门信息化"横向隔离",推动税收数据实现"纵向耦合",构建起泛在可及、智慧便捷、公平普惠的数据治理体系。智慧税务的驱动,将有力促进国家治理精准化、行政决策科学化和公共服务高效化。比如,通过对税收大数据实时跟踪、智能分析,精准掌握经济运行态势和不同区域、产业、企业发展状况,开展不同城市、城市群以及省份之间发展情况的比对分析,助力地方政府更好把握本地区比较优势,合理开发和利用资源,精准制定区域公共政策,因地制宜推动新质生产力发展。再如,依托智慧税务强大算力,对制造业设备更新、家电汽车等消费品以旧换新等方案进行"实战推演",分析政策影响及可行性,帮助政府更精准、及时地制定产业规划,进行政策调整,配置创新资源等。智慧税务的应用为开展风险综合评价、跟踪政策效应分析、强化政策储备研究提供了更多可能。

2.区块链技术的应用

《中国区块链技术和应用发展白皮书》将区块链定义为一种基于密码学技术的计算机应用模式,涉及分布式记账、加密存储、点对点传输、共享共识机制和加密算法等。区块链的核心特征在于去中心化,通过特定算法记录每一笔交易数据,确保数据在可连接且可追溯的链条中形成新的数据区块。这种块链式数据结构在交易全过程中实时复制一定时间内的全部交易数据,使得交易数据难以被伪造、篡改或销毁,具有卓越的数据可靠性和安全性。

区块链的去中心化特征可以被理解为一种"多中心化"的结构。在这种结构中,每个节点都扮演着一个中心的角色,并持有区块链数据的副本。这种机制确保了区块链所记录的数据具有真实性和可靠性。通过多个节点共同维护区块链,不仅避免了单点故障,还提高了数据的安全性和稳定性。税务部门作为数据"中心"之一,掌握纳税人的涉税信息数据。无论数据信息出现矛盾或错误的原因为何,税务部门都能及时发现,从而确保任何违反税收诚信的欺诈行为都无法得逞。这有助于消除税务部门与纳税人之间的信息不对称,实现税收大数据共享和社会共治的税收治理目标,与政府主权区块链监管模式相契合。

3. 数字经济税收指标体系的推广

税收指标是用于具体展现税收在征管过程中的数量特性的概念性工具和量化数值,全面而深入地揭示从税收征管到税收治理全过程中税收收入的数量特征、涉税业务间的关联及其变动,涵盖指标名称及指标值。税收指标体系是由一系列相互关联、相互作用的税收指标构建而成的指标体系,旨在全方位、多角度地展现和阐释税收征管全过程的数量特性、相互联系和影响关系及其变化规律。

二、大数据技术下的数字税收征管

(一)数字税收征管的内涵

数字税收征管是指在数字经济背景下,利用先进的数字化征管系统和数字工具,集中整理并分析涉税数据,旨在提高纳税人的税收遵从度,并有效降低征税双方成本。大数据的深入应用,是发展新质生产力的重要内容。税务部门应进一步强化税收大数据应用,提升税收管理和服务水平。这包括两个方面的内容:一是技术方面,利用数字化来快速高效地处理涉税信息,实现对数据的智能收集和自动分析;二是应用领域,基于技术上的突破,推动税务执行、纳税服务以及税务监管等各个环节的系统性改革。

(二)大数据技术下税收新征管模式的特征

1. 推行新征管模式的核心:构建纳税人自主申报纳税制度,为纳税人提供服务

纳税人和税务机关是税收征管体系的两大基本要素。而纳税申报制度的完善程度对确定征纳双方的法律关系至关重要。通过优化纳税申报流程并增强其标准化水平,可以更清晰地界定征纳双方的责任和权利。除能提高纳税人自我约束外,此项措施还有助于增加公众对于纳税义务的认识度,从而奠定税务部门高效执行的社会基础。

实行纳税人申报纳税制度是依法治税的基石,其关键在于能够清晰地界定征收者和被征收者的权利与义务。纳税人需要依照法律规定的期限申报缴纳税款。如果存在未按规定申报缴纳税款的情况,将会依据《中华人民共和国税收征收管理法》(以下简称《税收征收管理法》)的相关条款进行罚款和加收滞纳金。纳税申报体系包含以下内容。

(1)纳税申报的主体结构,即所有负有纳税义务的单位和个人。

(2)纳税申报的内容结构,涉及纳税申报的项目、内容、方式,并覆盖所有纳税环节,以评估纳税申报的质量。

（3）纳税申报的司法结构，依据纳税申报的真实性和准确性来判断是否存在偷税行为，并据此实施处罚和追究法律责任。

税务部门通过大数据应用，持续优化税收服务，为纳税人提供更加精准和人性化的服务。通过大数据分析，税务部门对纳税人的诉求和需求有了更准确的把握，可以根据不同行业、不同规模的企业特点量身定制差异化服务方案，还可以对个体纳税人的服务需求进行分类并提供个性化服务。在大数据的支持下，税务部门不仅实现了线上、线下服务渠道融合，为纳税人缴费人提供全天候、无障碍的服务，而且进一步增强了服务的可预见性。如今的税费服务不再是被动响应，而是利用大数据挖掘纳税人缴费人的潜在需求，制定相应的服务产品和增值服务，并提供超前适时的服务，主动为纳税人缴费人创造价值。例如，通过对纳税人历史数据分析，预判其可能面临的税收风险或享受的优惠政策。依托税收大数据，税务部门可以为企业提供更加智能化的税费服务，降低企业遵从成本，激励企业增加研发投入和创新活动，为新质生产力发展提供优良的环境，进而推动跨部门协同。通过加强部门间数据共享和业务协同，能够促进政府职能部门之间的高效配合。现今税务部门已与其他政府部门实现了税收、金融、不动产、商务、社保、教育、医疗等多领域数据的互通共享，为各部门之间的业务协同奠定了数据基础。例如，在大数据赋能下，税务部门与公安、海关、外汇管理等部门开展密切合作，共同打击偷逃税行为，与金融监管部门合作，加强对虚开骗税行为的监控。这种跨界协同有力提升了税收征管效能。

2.信息技术手段：推行新征管模式的物质条件

凭借先进信息技术手段建立税收监管体系，是提升税收征管质量与效率的关键所在。利用数字化来优化税收征管流程，可大幅度削减对人力资源、物质资源等的需要，从而降低税收征收成本，提升税务工作效能。数字化技术的使用不但加快了纳税人报税的时间，使得复杂的报税、审查、稽核等工作得以快速处理，同时，税务机构也能够及时获取纳税人的所有缴税信息，准确验证其真实性和完整性，如果出现任何异常情况，也能立即采取反制措施。不仅如此，强化税收大数据应用，对提升税收管理和服务水平也至关重要。

一是在差异化服务中为纳税人精准画像。随着社会的不断发展，经营主体数量大幅增长，并且新经营模式不断增多，经营主体关系日益复杂。过去传统的征管和服务方式，显然无法适应这样的变化。因此，税务部门需要大力推进数字化转型。例如，依托税收大数据，根据纳税人的行业属性、企业规模等特征，精准推送各类优惠政策，提前计算优惠税额，提醒纳税人及时享受政策红利。在提供精细化、差异化服务的同时，税务部门可以根据纳税人的

税收大数据为媒串起产业链供应链

不同行为习惯、不同业务领域等，进行精准画像，勾勒纳税人的立体特征，加强后续的税收监管。

二是在标准化管理中构筑综合风险防控体系。当前推动经济发展的生产要素组合和利用方式已经发生改变，税务部门的管理方式需要随之调整，仅仅依靠流程化、标准化管理，只能解决部分问题。对于深层次的监管问题，税务部门需要在大数据的支撑下，构筑完善的总局—省局一体化的综合风险防控体系。针对行业发展特点，研究行业发展趋势、主体分布等。通过系列指标组合，完善行业风险防控模型。例如，围绕税费优惠政策落

地,建立优惠政策指标模型,确保应享尽享,同时不让政策红利落入不法分子的腰包。

三是在协同共治中实现多部门数字化发展。按照数字政府建设要求,根据不同业务场景,联合多部门推动数据实时共享。同时,深化共享数据在优化政务服务方面的应用,保障"高效办成一件事"。依托税收大数据深入分析经营主体行为,开展多部门常态化联合执法、联合监管,打击发票虚开、骗税、抗税等涉税违法犯罪行为,保障经济运行秩序,保障社会公平正义,服务高质量发展。

3. 构建税务稽查监控体系:新征管模式的坚实保障

税务稽查在税务管理中的作用是不可忽视的。随着新的管理方式的实施,税务稽查的业务领域逐步扩大,职责变得更加清晰,任务也愈发繁重。税务部门通过推动税收治理数字化转型,通过构建完备的数字化平台,实现纳税申报、税费入库、发票管理、风险分析、检查处罚等税收征管各环节的数字化,大幅提高税务工作效率和风险管控水平。税务稽查主要集中在以下三个方面。

首先,是纳税行为。税务机关采用集中征收、重点稽查的方式,通过汇集各类涉税数据,运用大数据分析技术构建风险分析模型,利用深度的数据挖掘技术来解析和管理各种类型的涉税信息,对偷逃税风险进行智能识别和预警,实现精准风险防控且具有针对性的稽核检查。该检查包括企业是否按照规定进行税务登记、是否按时纳税申报、是否存在偷逃税行为、是否履行纳税义务等。

其次,是代理行为。因为税务代理人的工作与税务密切相关,必须受到税务机关的严格监督与稽查。此处主要是指税务代理人是否有依照合同的要求来履行职责,有没有触犯税收法律法规,是否成功制止或者通报客户的逃税、骗税行为。

最后,是执法行为。税务稽查在打击偷逃税和推动税收征管方面起着关键性的作用,同时,对税务工作人员的执法失职行为也能够进行有效的监控与审查,以保证税收征管的公平和效率。税务部门通过税收大数据技术对征纳双方的海量数据进行深度分析和挖掘,发现隐藏的税收规律、趋势和风险点,积累税收执法的专业经验,提高税收管理的科学化水平。基于税收大数据技术,还能对现行税收政策实施效果进行评估,并对未来可能产生的影响进行预测和模拟,以前瞻性的分析为制定科学的税收政策提供重要依据。

聚焦"股票减持"大数据挖出欠缴税款

(三)税收新征管模式的基本逻辑

1. 税收新征管模式的制度基础

数字经济背景下,纳税主体虚拟化带来了虚拟空间与实体交易的分离,其结构及运营方式也随之发生重大转变。这一变化给传统征管制度带来了巨大压力,尤其体现在跨区域征管和来源地税收管辖权方面。比如,国家市场监管总局在 2021 年发布了《网络交易监督管理办法》,该办法将"直播带货""社交电商"等新型业态纳入了监管范围,明确了这些新兴业态的法律框架。此举不但为新兴产业的健康发展提供了指导,同时也要求数字平台的管理者承担起对平台内经营者的涉税信息收集、核实和登记等责任,鼓励定期向税务部门提供相关数据信息。

面对社会经济的深刻变革,税收相关法律制度必须与时俱进,适应数字经济带来的挑战。调整现有的税收法律义务关系，以便更好地满足新兴行业的发展需求。同时，可以引导并优化税收制度的建立，强化科技手段在税务管理过程中的运用，作为实现"以数治税"的管理策略的基本保障。这不仅是为了应对当前的挑战，更是为了在未来的数字经济时代中，确保税收的公平、高效和可持续。

2. 税收新征管模式的共治基础

政府部门间的征管协作是"以数治税"的共治基础。2017年，海关总署、国家税务总局、国家外汇管理局共同签署了《关于实施信息共享开展联合监管的合作机制框架协议》。该协议促进了各省、自治区和直辖市逐步建立并完善涉税信息共享交换机制，推动了不同部门之间的信息交流。此外，同年发布的《政务信息系统整合共享实施方案》以满足政府治理和公共服务改革的需求为目的，旨在为企业和个人提供便利，减少办事难度，推动政务信息系统的整合共享。实现"以数治税"的关键是政府部门之间的税收征管协作，各部门需明确职责与义务，逐步建立协调高效的税收征管协作机制，通过对税收大数据的挖掘和分析，可以帮助政府、经营主体更好地了解市场需求和供给情况，引导资本、人力资源对某一行业或领域集中投入，能够促进财税政策的完善和落实，服务企业可持续发展，为"以数治税"的社会共治奠定坚实基础。

3. 税收新征管模式的信用基础

税收新征管模式的核心在于纳税信用。纳税信用即为纳税人履行纳税义务的实际体现，这不仅为社会和国家提供了关于纳税人信用状况的客观参考，也成为评估企业经营合法性和合理性的关键组成部分。2014年，国务院印发《社会信用体系建设规划纲要（2014—2020年）》，强调了纳税信用的重要性，并倡导建立跨部门的信用信息共享机制，以实现部门间纳税人信息的交换、比对和应用。

近年来，税务部门不断深化纳税信用在社会信用体系中的作用，持续改进对纳税信用级别评估及发布的流程，同时也增强税务领域内的信用分级管理。税务部门依据信用评分的高低采取相应的奖励或处罚手段，不断改善税法违规行为的"黑名单"制度和跨部门联合制裁机制。运用税收数据分析技术，税务机关建立了纳税人诚信档案，通过提高各部门之间的信用信息交换频率，构建了一种长期有效的守信激励和违约惩戒模式。这一举措既能实现纳税信用的综合监管，也能够创建出一种以"守信者畅通无阻，失信者处处受限"为核心的信用奖惩环境，从而提高公众对税收法律规定的遵循程度。

4. 税收新征管模式的技术基础

大数据技术在市场主体服务和监管中将发挥重要作用。税收大数据真实可信，能够准确获取纳税人经营状态和实际需求，为"政策找人"精准服务提供强有力的数据支撑。税务部门通过设置指标，建立政策落实"雷达"，对"应享未享"的企业及时提醒辅导，保障优惠政策落地落细。依托税收大数据，税务部门通过对企业研发投入、专利申请等税收优惠政策的实施效果进行监测和评估，引导企业加大创新力度，揭示新质生产力行业产业链结构、运行趋势，深入研究其发展规律，瞄准科技创新闭环中的断点和堵点，实行税收政策的精准滴灌，提升政策落实精准度，促进新质生产力发展。

除此之外，税务部门对大量数据进行了深入研究分析，将研究成果运用到了包括税收风险控制、违法行为检测,以及"以税资政"等方面,从而有效地提高了税收管理的效率。在涉税案件处理过程中,税收大数据分析在案件初期发现、节点分析、采集证据和过程回顾等环节可以发挥关键性作用。税收大数据的应用为行业税务违规行为和失序状况造成了"警示性"压力,也引导纳税人和市场主体严格遵守税收法律,履行纳税义务。

5.税收新征管模式的安全基础

随着数据在经济活动中扮演的角色愈发重要,数据安全对国家安全的影响亦不断加深,已成为数字化政府稳定运行的基石。对于税务系统而言,数据安全问题已提升至关乎税收管理根基与"以数治税"底线的层面。鉴于税务机构掌握的数据涉及公民、企业等各方交易记录及个人隐私或商业秘密,确保这些信息的合规使用变得至关重要。税务机关需在保障税费信息安全性与公众知情权之间寻求平衡,不断完善税收信息保护措施,同时弥补当前税收征收流程中的不足。为此,税务部门需不断完善数据管理的流程和规范,确保数据准备、共享和应用等工作符合法律法规的要求,并加强数据安全的风险评估和防范措施。

《中华人民共和国数据安全法》(以下简称《数据安全法》)的正式实施则为税务部门提供了法律保障和指导方向。该法的目的是规范数据处理行为、确保数据安全、促进合理开发和利用数据,同时保护个人和组织的合法权益以及国家安全。税务部门应以《数据安全法》为指导,提高对数据管理的规范化和标准化水平,完善税收数据安全相关制度规范,及时弥补制度缺失,弥补管理漏洞,消除税收数据安全隐患。同时还要将数据安全与保密工作结合起来,推动数据安全和保密工作的整体落实。通过加强数据安全教育和培训,提高税务人员对数据安全的意识,确保税务人员能够正确处理和保护税收数据。同时,税务部门加强与相关部门的协作配合,形成合力,共同维护税收数据的安全和稳定。

(四)税收征管数字化的发展历程和未来展望

中国税收征管模式在数字化的推动下,经历了三大阶段的迭代升级。

第一阶段是"上机"阶段。随着计算机技术的普及,手工操作流程逐渐被计算机操作所替代,电子储存取代了手工记载,不仅优化了数据信息的处理,也极大地提升了征管效率。

第二个阶段是"上网"阶段。互联网的蓬勃发展推动了税收征管步入信息化时代。通过实施"金税工程",税收征管和服务的重心逐渐向互联网转移,实现了市场主体涉税信息的内部互联互通。这一变革使得传统的线下"面对面"服务转变为"非接触式"线上办理,极大地拉近了征纳双方的时空距离,提升了税务部门的工作效率,同时也为纳税人提供了更加便捷、高效的服务。

第三个阶段是"上云"阶段。随着大数据、云计算和人工智能等新技术的广泛应用,税收征管正迎来智能化改造的新时代。通过深度挖掘和融合应用数据,我国计划在未来几年内建成以税收大数据为驱动力的智慧税务系统,推动税收征管和服务流程的全面创新变革。我国将打造一个以"无风险不打扰、有违法要追究、全过程强智控"为特征的税务执法新体系,一个以"线下服务无死角、线上服务不打烊、定制服务广覆盖"为特征的税费服务新体系,以及一个以"双随机、一公开"监管、"互联网+监管"为基本手段,以重点监管为补充、以"信用＋风险"监管为基础的税务监管新体系。这一系列的变革将进一步提升税务部门的征管效率和服务质量，为纳税人提供更加优质、高效、便捷的税务服务。

我国税务领域从"互联网＋税务"向"人工智能＋税务"迈进，目前已具备良好的产业链技术基础。税务部门已经开始了"人工智能＋税务"的探索，所采取的人工智能技术大致包括：语音识别与自然语言处理应用、计算机视觉与生物特征识别应用、机器人技术应用、机器学习与知识图谱应用等。这些探索通过人工智能技术将日常业务流程自动化，涵盖范围从前台纳税服务到后台税务管理，处理信息能力从数字为主的结构化信息拓展到文本、语音等非结构化信息。还有税务数字虚拟助手，能够较真实地模拟税务干部，可以处理纳税服务和管理流程的大部分常见问题，减少重复性劳动，提高税务工作效率，给纳税人缴费人带来良好的办税缴费服务体验。

专栏 1-1

"双随机、一公开"

2015年8月5日，国务院办公厅发布了《关于推广随机抽查规范事中事后监管的通知》，要求在政府管理和市场执法中实施"双随机、一公开"监管模式。这一模式要求随机选择检查对象和执法检查人员，并及时公开抽查情况和查处结果。

具体而言，"双随机"指的是建立一个机制，通过随机抽取检查对象和随机选派执法检查人员来限制监管部门的自由裁量权。为实现这一目标，需要建立市场主体和执法检查人员的名录库，通过摇号等方式随机选择。同时，运用电子化手段全程记录"双随机"抽查过程，确保责任可追溯。

"一公开"则强调政府部门间监管信息的互联互通，依托全国企业信用信息公示系统，形成统一的市场监管信息平台，及时公开监管信息，以形成监管合力。

随着数字经济的发展，推动税收征管的数字化和智能化改革变得尤为关键。

第一，加快智慧税务建设的步伐。借助大数据、云计算、人工智能和移动互联网等现代信息技术，推动税务执法、服务和监管制度的创新，优化组织体系和资源配置，确保税务执法、服务和监管与大数据智能化应用深度融合，实现高效联动和全面升级。

第二，稳步推进发票电子化改革。通过制定电子发票国家标准，有序推动各领域发票电子化，降低制度性交易成本。目前，发票电子化改革已进入"全面数字化电子发票"阶段，即数电票。数电票是电子发票的升级版，优化了票面信息，破除了特定格式要求，便利了财税数据流转，代表了从"以票管税"向"以数治税"的精准监管转变。

第三，深化税收大数据共享应用。研究区块链技术是如何在社会保险费征收、房地产交易和不动产登记等领域应用，从而推动涉税、涉费信息共享应用。完善税收大数据云平台，提高数据资源的开发和利用，推动与有关部门信息系统的互联互通。这将有助于建立税务部门与相关部门之间的常态化、制度化数据共享协调机制，依法保障涉税、涉费必要信息的获取。

第四，确保税收大数据的安全。构建并优化税务信息安全管理系统与政策制度，提升对安全状况的监控能力,定期执行数据保护的风险评估及审查工作,形成有效的监测预警和紧急态势应对策略。此外,要进一步提高智能化的税务信息处理技术,增强其在预测经济发展趋势、社会管理工作等方面的深度运用能力。

通过全面推进税收征管数字化升级和智能化改造,可以更好地应对数字经济发展的挑战,提升税收征管水平,为国家经济发展提供有力支持。

三、数字经济下的税收风险

(一)税收风险的基本概念

税收风险,从政府和国家层面来理解,一般是指税收不合规行为所导致的税收损失的不确定性。这种风险的程度可以通过税收不合规行为的发生概率及其导致税收流失额度进行量化。在此框架下,政府是风险承担的主体。若从更为宏观的视角审视,税收风险可以被界定为:在税收管理活动中,由于社会经济条件、税收政策、税收管理措施以及税收遵从度等多方面负面不确定因素的制约,实际税收管理成效与既定目标之间存在客观偏差,进而引发纳税人利益损失和国家税收流失的不确定性或潜在风险。在数字经济的背景下,互联网模式的虚拟性和隐匿性特征显著影响了纳税人的税收合规意愿,从而带来了新的税收风险挑战,并对传统的税收征管方式构成了巨大冲击。

(二)新型税收风险的基本逻辑

由于具有交易客体的无形化、交易渠道的虚拟化特征,数字化产品创新了交易客体形态与交易范式,同时也增加了交易形态的隐蔽性,给现有税收规则带来破坏性的影响。从税收实体法的角度来看,交易客体的"无形化"改变了原有经济行为特征,模糊了交易行为性质,导致课税对象认定困难。虽然互联网交易模式存在的税收问题也有税制不完善的因素,但是落后的税收征管体系难以适应新型商业模式的税收征管要求,滞后的税收征管体系与先进的数字经济交易模式之间的根本矛盾才是问题的根源。

1.C2C 模式网络交易的纳税主体难以准确确定

在互联网环境下,无论是购买实体商品还是服务和虚拟商品,网络交易模式可以从狭义上被划分为 B2B(business to business,企业对企业电子商务)、B2C(business to consumer,企业对顾客电子商务)和 C2C(consumer to consumer,顾客对顾客电子商务)三种基本类型。在此框架下,B2B 与 B2C 模式的销售主体,不论其为个体工商户抑或企业,均须向工商行政管理部门办理工商登记,取得营业资格并进行税务登记,方能在法律框架内进行商业活动,从而确保税收征管的对象明晰。相较之下,C2C 模式的入门要求相对宽松,只需在电子商务平台完成注册即可展开经营活动,且对账户名称实名制无强制要求,亦无须事先完成工商登记。此外,鉴于 C2C 依赖于互联网技术,其交易活动不受传统时间和空间限制,传统的税务登记制度和流程难以完全适应 C2C 领域。税务机关在获取纳税人的税务信息方面存在渠道不畅的问题,这给 C2C 的税收征管带来了挑战。

《中华人民共和国电子商务法》(以下简称《电子商务法》)自 2019 年 1 月 1 日起实施,其中规定了电子商务经营者需办理市场主体登记,这为 C2C 税收登记提供了法律基础。然而,在实际操作层面,该规定尚缺乏具体的细则指引,未明确具体的实施步骤。因此,在

C2C 税务登记制度的执行过程中,并未得到有效落实,税务部门对 C2C 的税源管控依旧缺乏有效管理路径。

专栏 1-2

C2C 交易模式

　　C2C 模式平台经济,是指自然人商户通过平台为客户提供商品或者服务的行为模式,其代表是淘宝电子商务。C2C 平台经济的发展,可以为灵活就业人员提供干事创业的平台,降低市场交易成本,扩大市场交易规模,从而有利于整体经济的发展。

　　但是,C2C 平台交易的开放性、多元性、隐蔽性等特征,可能会增加获取准确涉税信息的难度,从而带来部分税收难以征管的不利影响。税收是宏观调控的主要手段之一。良好的税收制度能够引导、平衡、促进经济的发展。在 C2C 模式下,如何实现税收制度与平台经济的整体协调发展、完成税收征管的数字化转型,是当前研究的重点问题。

---

2. 数字化产品模糊课税对象边界

在数字化经济的框架内,受交易对象非物质化以及交易途径虚拟化的影响,传统商品与服务的区分日益模糊,商品日益呈现出服务化特征。这一变化对我国增值税的征税对象分类构成了挑战。以电子图书为例,我国尚未对其性质做出明确的界定。在实际操作中,税务机关常常将其归类为图书类的电子出版物。然而,根据《电子出版物出版管理规定》对电子出版物的定义,电子出版物需存储在特定的物理介质上,如软磁盘、只读光盘等,并通过计算机或类似设备进行读取。但电子图书这类基于线上存储的产品并不依赖于物理介质,而是通过"云"存储技术来实现的,这与电子出版物的定义不符。

我国企业所得税对于数字化产品所得没有明确规定,由于其交易定性困难,导致课税对象归属不清。以云计算为例,云计算本质上是通过网络技术实现资源的在线调度,客户通过网络或云服务器接入资源,这一过程未必依赖物理硬件或传统软件应用。因此,在对其交易性质进行界定时,面临如下选择:是将其视作云计算平台上软件版权的转让,还是软件产品销售,抑或是一种资源调度的服务提供。若视为软件版权的转让,则云计算服务所得应被归类为特许权使用费所得;若视为软件产品的销售,则应视为货物销售所得;若视为提供资源调度的服务,则应归类为提供技术服务的劳务所得。在实际操作中,由于缺乏统一的认定标准,税务机关在判断课税对象时面临困难,并且在适用税率及税收优惠政策方面出现混乱。这种状况不仅影响了税收法治的严谨性,也可能对企业的税务规划及合规造成不利影响。

3. 突破所得税税收管辖权划分规则

在数字经济模式下,用实体是否存在来判断居民企业有一定困难。这主要表现为以下两个问题:一是经济活动对于实体要素的依赖度降低,若仅靠实体存在作为联结度来判断居民企业身份不能全面识别税源。在数字化产品的交易中,虽然没有使用资源、工厂等实体要素,但使用了我国的网络信息服务,占用了公共网络资源,享受到了潜在市场所带来的利益。二是信息技术使得实体公司功能多元化与分散化。即使一国有实体存在的机构,也很难判断其职能是否为实际管理控制中心。

如果是非居民企业,用实体是否存在来识别来源国也存在困难。因为数字经济模式下,经济活动的发生与创造利润的途径增多,不再必须依赖资源、工厂、劳动力等实体要素。在数字化产品的交易中,数据编码技术融入商品中,基本可以依靠网络、技术实现零边际成本的复制与分销。即使不在利润来源国设置实体,依然可以从该国获得收入,所以按照传统的实体要素判断利润来源,会造成税收利益的错配。

4.税务机关难以有效掌控税源

我国现有税收征管模式中,一般的税务管理流程是税务登记、账簿和凭证与发票管理、纳税申报、税款征收、税务检查。线下实体店的税务管理在开设银行账号、办理税务登记、设置会计账簿、领用销售发票及履行纳税申报方面都有着严格的管理制度,但是在互联网交易领域,C2C模式的网络交易直接绕过了线下税务登记环节,使得税务机关根本无法对这部分税源进行掌控,也无法知道其具体的经营状况。即使在线下完成税务登记的B2C模式的网络交易,传统的税控手段也难以实现对其税源的精确管理。互联网交易的营销形式使得账簿、发票及相关票据变为了数字数据,原有的税务管理方式难以适应互联网交易的数字化特征。互联网交易不存在纸质账簿,课税凭证电子化且容易修改,在信息严重不对称的互联网交易税收征管领域,传统的查账征收等税务管理方式受到了极大的挑战,纳税申报数据的真实性也值得怀疑。

(三)大数据税收风险管理国内外探索

1.我国大数据税收风险管理的探索

为了建立有效的税收监管机制,我国于2019年成立了税收大数据和风险管理局,并在其中引入了一个由"征科司+电税中心+大风局"组成的小三角结构,同时还创建了一套基于"税收信息管理系统、业务应用和内控绩效"的大三角模式作为基本构架。这个部门的主要任务是领导和监控全国的税收大数据和风险管理工作。它的主要职责是:负责云平台建设、相关业务需求和运行管理、相关系统应用和业务层面运维工作;组织实施税收大数据和风险管理战略规划;管理税收数据,负责税收数据交换和共享;统筹开展全国性、综合性风险管理特征库和分析模型建设、验证和推广。

2.大数据税收风险管理的国际探索

2018年,欧盟委员会发布了一系列关于"数字税收"的报告,包括针对重大数字存在的公司税规则、数字服务税制度以及对数字经济征税的建议。同时,欧盟委员会还向欧洲议会和欧洲理事会提交了《为数字经济建立现代、公平和高效的税收标准正当时》的声明,主张为数字经济建立现代、公平和高效的税收标准。

该声明的核心内容包含了两个关于数字经济征税的提案。第一个提案为促进全球范围内对公司税收制度一致化的改革,特别关注那些虽然在欧盟境内没有实际存在的经营场所,但通过线上运营所获得的收益来源于欧盟境内的企业。这类企业需要按照与传统企业一致的标准向欧盟缴纳税费。满足相关规定的数字服务平台会被视作需纳税的"数字存在"或者"虚拟常设机构",它们的纳税地将会是"数字存在"或者是"虚拟常设机构"所在地。

第二个提案主张设立数字服务税,针对特定的数字服务按其实际收益的百分之三收取临时的数字服务税。这类服务主要涵盖了在用户价值生成过程中起到关键影响但目前税收制度无法对其征税的服务类型,如网络广告、数字化中间商和来源于用户信息的数据出售等,从欧盟获得的收入应由用户所在地的税务机关负责征收。

其中,提案一被视为长远策略。原则上欧盟支持在由 OECD/G20(Organization for Economic Cooperation and Development/Group of 20,经济合作与发展组织/二十国集团)领导的 BEPS(base erosion and profit shifting,税基侵蚀和利润转移)包容性框架下联合探讨并制定出的针对数字经济发展税收问题的全球解决方案。第二个提案则是一个临时性的计划,目的是在完成提案一之前,实施欧洲范围内的统一数字服务税制度。

四、数字税收在国外的运用

(一)俄罗斯税务部门:以"直连系统"推动税收征管数字化

俄罗斯联邦税务局打造"直连系统",针对自雇群体推出移动办税,针对中小企业推出自动化简易办税,以推动数字化税收征管。

1.移动办税提升自雇群体税收遵从意识

移动办税是指自雇群体纳税人与税务部门的所有联系,包括经营起止、收入记录、收据生成、支付税款及其他在线业务,都能通过手机应用完成。为实现简易注册与无缝征管,俄罗斯联邦税务局设计了移动端软件供纳税人在应用平台、税务局网站下载,安装注册后即可便捷办税。

该系统的一大创新之处在于,向银行、电子商务平台等提供 API(application programming interfare,应用程序编程接口),允许外部应用使用该系统的部分功能,进而实现纳税人交易、支付等信息的互联互通,一方面为纳税人开展经营活动与申报缴税提供无缝衔接,另一方面也加强了数据流通,便于追踪、核查。例如,一名出租车司机在注册账号后,如完成一笔订单,移动端程序会自动生成收据,并传递交易信息至税务部门。该系统支持实时税务登记,纳税人可通过扫描护照,提供税务局已注册账号或公共服务部门赋予的账号、提供银行账户、提供电子商务平台账号等进行登记,渠道多元。该系统嵌入了税收优惠政策,针对登记方不同身份自动适用不同税率及免征额。此外,该系统支持申报即享且无须在线收银,税款由后台自动计算,支持自动扣款。

2.自动化简易办税提升中小企业办税效率

在针对自雇群体的移动办税成功运用的基础上,俄罗斯联邦税务局将该系统推广至中小企业,称为自动化简易办税。该系统的设计理念在于降低中小企业办税时间成本,广泛收集商业交易信息,进而实现让纳税人提供较少信息便可准确计算税款的目的。

该系统基本实现税款、社保免申报,交易信息经在线收银系统或授权银行生成后传递至税务部门,无须现场审查,实现税款自动计算。为便于征管,该系统以更高税率的所得税取代社保费缴纳。这种方式将劳务成本替换为直接税,更具税收中性,同时保护了员工权益。该系统同样注重发挥银行的作用,借鉴针对自雇群体的移动办税推行经验,提供API 接口,使得银行能够提供端到端客户服务。银行在其中发挥三项职能:向税务部门提交企业相关的交易信息,在支付工资时代扣员工的个人所得税,向税务部门报送员工收入、扣除费用及个税等信息。同时,银行根据交易及税收数据,可识别优质客户。该系统同时常态收集用户体验和纳税人需求,建立以用户为中心的互动模式。

俄罗斯联邦税务局推出的这两套系统,都通过"直连"方式为纳税人提供服务。"直连系统"突出直连性、易操作性、跨部门性,由于其便捷、高效,进而降低税法遵从成本,提升征管水平。相较于大型企业,自然人及中小企业纳税人办理涉税事务的人员、时间、成本投入较少,对于便捷办税有更迫切的需求。

(二)巴西税务部门:整合功能模块,加强大数据的分析应用

巴西联邦税务局依托多年来数据建设成果,开发了 RECEI-TADATA 系统,归集了不同阶段开发的不同功能模块,实现了数据的收集、存储、流转、分析,发掘出大数据的潜在价值。

RECEI-TADATA 系统的发展可分为四个阶段:第一阶段,为提升征管电子化水平,巴西联邦税务局于 2001 年建立了"数据仓库",从不同系统广泛收集数据,便于后期检索,为数据分析打下基础。第二阶段,在前期"数据仓库"建设的基础上,巴西联邦税务局于 2007 年开发了"敏捷会计"系统,用以处理、更正会计信息,并便捷抓取、监控数据。如"会计流程图"功能支持用户将数据以图表形式可视化,"动态分析模型"功能支持用户交叉引用多种数据资源完成分析报告。该系统的数据来源除会计账目外,还包括发票、工资单、银行对账单、对外贸易单据等。第三阶段,巴西联邦税务局于 2007 年开发了公共电子记账系统,明确了电子数据具备法律效力,确立了会计账目、电子发票、纳税清单、金融交易等项目的电子化样式。该系统实现数据标准化处理,提高了数据可用度。第四阶段,巴西联邦税务局集合上述建设成果在内的多个子系统,于 2018 年推出 RECEI-TADATA 系统。该系统是数据分析和整合的主要平台,基于 Hadoop 技术的云平台,分布在数百台机器组成的集群中,采用分布式架构,支持增加集群容量,具备大内存、高性能、大容量等特点。

RECEI-TADATA 系统提供数据存储、运行、检索等功能。该系统中,各子系统在税收数字化中分工协同:"数据仓库"提供可扩展架构,建设基础设施;"敏捷会计"系统提升数据可视化水平;公共电子记账系统收集数据资源。

该系统用户量较大,为有效管控合规风险,巴西联邦税务局引入了数据治理概念,确定数据治理的三个模块,即数据治理政策制定、数据目录和元数据管理、分析项目目录管理等。该系统还确立了数据操作标准、最佳使用案例、分析开发流程、分析团队管理等四个工作流程。同时,根据数据的成熟度不同,该系统实施三级管理。

巴西联邦税务局开发的公共电子记账系统涵盖多种项目的电子化样式,实现了数据标准化处理,为数据分析奠定了基础。在数字经济时代,税务部门所掌握的数据呈爆炸式增长,不仅涉及个体和企业的自主申报数据,还包括金融机构等市场交易的实时数据。部分国家涉税数据的格式、口径等尚未形成统一的标准,税务部门整合数据存在一定难度,导致数据的实际利用价值不高。因此,要规范涉税数据标准,对数据的采集、存储、分析、利用等全流程实现规范化管理,制定统一的数据采集标准、提供共享数据的接口。RECEI-TADATA 系统通过功能各异的子系统,实现了高效统一的数据集成应用平台,打通税费全业务、全流程,实现了数据跨区域、跨系统和跨部门的交换与共享,强化框架设计,着力打造标准统一的大数据平台,为巴西联邦税务局提供了帮助。

(三)南非税务部门:设立数据"驾驶舱",培养优秀"驾驶员"

南非税务局设立了"驾驶舱"数据管理模式。该模式打破了数据在部门与部门之间、层级与层级之间的壁垒,优化了数据的收集、筛选、整合、呈现形式。与此同时,为了配合数字革命,南非税务局创造性地提出了"员工职业发展框架"。该框架采用"鹰架理论",通过"五步发展梯",对知识体系、服务方式、实践方法等进行明确规范。

"驾驶舱"作为一个指挥中心,能将税收业务价值链的数据进行有意义的可视化展示,使南非税务局领导层能够简要评估税务系统运营的"健康"状况,并能够及时地应对红色警告和瓶颈,制订高效改进计划。"驾驶舱"聚焦于定义、跟踪、监控、强化运营要点和标准,提出优化税收征管、完善重点领域业务开展的建议,并将这些建议运用到实际运营中,使南非税务部门的运营能力再上一个新台阶。

"驾驶舱"贯通了数据上达的通道,基层一线的基础数据可实时传送到数据库中供上层领导查看,各领导层可随看随取全国各办税场所办税情况,如排队人员、等候时间、业务平均办理时限等数据。此外,"驾驶舱"团队通过多样化、全方位的数据收集和分析工具,收集"明星"工作室、信息技术领域、企业生产报告、仪表盘数据和其他运营报告等多方数据,对跨机构税收征管、服务渠道和支持服务等功能领域进行监控,并确保显示的信息与南非税务系统数据管理平台同步。

另外,南非税务局于 2000 年启动了一项名为 Si-yakha 的计划,旨在将税收关键流程标准化、集中化,从而提高组织工作效率。为此,南非税务局积极适应税收高质量发展趋势,不断探索总结,形成员工职业发展框架。员工职业发展框架共分为五级:初学者(一般为新入职的员工)为第一级;中等能力者为第二级;业务能手为第三级;高级人才为第四级;专家级人才为第五级,即最高级别。从初学者到专家级人才,每个级别都有明确定义的标准,级别越高,税收知识、领域范围、实践经验和职业素质要求都越来越高,为保证人员选拔的公平和效率,南非不断优化客观公正的评价方法,明确不同发展级别的要求,以评估员工是否达到升级标准。

第二节　数字税收理论

一、税收新征管模式理论

(一)理论渊源

我国的税收征收管理工作是由社会主义核心价值观指引的,这主要源于其基本特性。社会主义核心价值观是我们党在长期领导革命、建设和改革开放实践中逐步提炼,并经党的十八大确定并提出的,是中国税收征收管理体系核心理念的基础。在建立税收征收管理体系时,需深入研究和把握中国特色社会主义发展背景下的税收征管规律,提升理论框架的前瞻性和准确度,以保证理论建设的一致性和持久性。

基于政府机构的角度来看,税收征管本质上属于行政管理范畴,所以行政管理理论应作为税收征管理论体系的基础理论之一。这一理论来源于西方发达国家,它的演变过程包含了如行政集权组织理论(即官僚制度)、新公共管理理论等。其中的一些观念对世界各国的政府管理工作产生了深远的影响,并为我国政府行政管理改良提供了借鉴。行政管理理论提出了诸如官僚制、新公共管理、服务型政府、政府治理、民主体制、效率评定、流程优化、一站式服务等概念,并在各种类型的政府管理工作中得到普遍运用,从而提高了政府机关的工作效率和公众满意度。在这一理论中,那些经受过实际检验且有效、值得推行的观点、词语、分析架构、实质法则等已经成为税收征收管理体系的核心内容。

毫无疑问,掌握纳税人税收遵从的行为特性对于保证有效的税收征管至关重要。在理想状态下,纳税人会按照规定及时支付税费,而税务机关的主要任务就是协助他们完成这一过程。但在实际操作过程中,纳税人的行动可能出现误差,也就是所谓的"非遵从"现象,这会导致税收损失或者空缺。为了避免这种情况发生,税务部门必须采取一些手段,如运用先进的信息科技为纳税人提供方便的服务、执行税务审查和惩罚那些未按规行事的纳税人等,以此提升纳税人的遵从意识。但是,因为人力、物力有限,税务部门不可能对所有的纳税人进行全方位或是高效率的审核,所以精准识别纳税人的遵从特质就成了优化税务管理的核心问题。

(二)制度体系

税收征管的体制框架包含六个主要的子模块:税收基础管理、税收执法、税费服务、税收监管、社会共治以及组织保障。其中税收基础管理涉及纳税人识别号、账簿凭证管理和纳税申报等环节;而税收执法的重点在于制定合法的操作方法、明确的标准以及对内外的监察措施;税费服务的核心是建立完善的服务网络、保护纳税人的权利并提供有效的争端处理方案;税收监管的主要任务是在诚信奖励、信用处罚以及反逃税策略上有所作为;社会共治方面强调的是各部门间的协调配合、社会的共同努力、法律的支持以及全球性的税务合作模式;最后,组织保障则是通过设定机构的责任、提升员工的能力以及实施绩效评估的方式来实现。所有这些原则和规定都在以《中华人民共和国税收征收管理法》(以下简称《税收征收管理法》)为主导的税务法律体系下得到了具体化,构成了税收征收管理体系的关键元素。

(三)实现手段

税收征管信息化,被视为实现税收现代化的关键工具。从20世纪80年代初期起,我国税收征管信息化经历了由初级阶段向成熟发展转变的过程。目前,我国利用电子发票数字化的契机,借助税收大数据的驱动,积极推行税款征收的数字化转型与智能化改革,构建智慧税务体系。这个进程主要涵盖了以下几个方面:纳税人端、税务端以及社会各界的电子化应用平台;集税收业务管理、税务行政管理、税务决策支持及外部信息管理于一体的管理信息系统;各级政府部门之间的联网通信网络;以及大数据、云计算和移动互联网等尖端信息技术于税务信息管理中的深入应用。

二、数字经济时代税收治理转型相关理论

(一)生产力理论

数据作为新兴生产要素,正逐渐凸显其推动社会变革的重要角色,并在塑造新型税收治理体系中起到关键作用。数字经济涵盖了数据本身,以及互联网、云计算、物联网、人工智能等信息技术在万物互联环境中的应用。核心议题在于如何有效地把大量无序的信息整合成有用的知识来揭示事物的本质规律或推测未来的趋势变化情况并为社会经济服务。特别是随着"数字政府"建设的推进,税收大数据正与其他政务数据进一步融合,为政府决策咨询、公共服务、风险防控等提供综合化数据支撑,助推政府治理现代化水平提高。同时,通过制定针对性的扶持政策,推动公共资源配置优化、促进产业结构优化升级,培育新的经济增长点,为新质生产力发展提供政策保障。

税收与经济社会各主体密切相关,所以探索如何提高国家税收治理能力是极其重要的。这样也可以有效地把生产力理论运用到管理实践中去。建立新的税收管理体系时,要紧紧抓住数据这个关键性的生产因素,对其基本特性做深度的研究,并多方面阐述它的资源有限性和其他生产元素的关系及影响方式。此外,还需要进一步讨论关于数据的定价基础、运作模式及其所有权结构等议题,以便处理好公共品、私人品与准公共品的选择困境。在运用过程中,税务部门通过大数据应用,促进资源节约和环境保护,为经济社会绿色低碳转型贡献重要力量。随着智慧税务的推进,税务部门可以利用大数据分析,对传统产业和新兴绿色产业的发展状况保持动态监测,对各行业的资源能源利用效率进行评估,结合税收政策进行精准调节,倒逼企业加大节能减排力度。同时,通过调整优化税收政策,促进绿色低碳产业发展,引导经济社会绿色转型。此外,税务部门通过信息化平台实现了各类涉税费事项的网上办理,大幅减少了纸质资料的使用,为节约资源和环境保护贡献了一份力量。

在数字化的经济环境中,我们需要把数据转变为可以用来预判和决策的信息,以此推动税务管理的数字化改革,建立起基于高效率的数据处理、全方位覆盖及精确度量的基础税源管理体系,创造出新的税收征收资源分配方式与制度运作框架,进而有效提高税收征管的效果和服务质量。

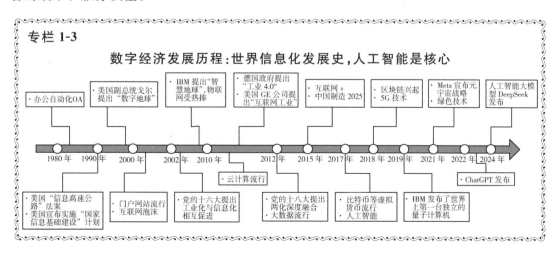

专栏 1-3
数字经济发展历程:世界信息化发展史,人工智能是核心

(二)制度变迁理论

从制度变迁的视角审视,重构制度环境不仅是适应变革的核心步骤,也是建立税收新征管体系的基础。因为制度是一种由过去积累下来的经验与现在反映出来的现象结合起来的产物,所以它一经确定下来便具有自我强化和路径依赖的特性。但是这种依赖可能会随着时间的推移而转变,甚至发生剧变。由于数字化经济发展迅速且快速冲击着我国传统的税收征管模式所依赖的社会及经济背景条件,为政府决策制定、组织结构设计及其技术的运行都带来了一种前所未有的挑战。

在传统的税收征管体系中,治理对象、主体、手段和方式已经无法适应新时期的要求。比如,在数字化经济发展背景下,税收征管主体变得更为多样化,不仅包括了政府和纳税人的传统双边关系,还涉及诸如大数据服务公司、纳税人、政府等多方利益相关者,这进一步加剧了税收征管的复杂程度。

再者,随着制度环境的快速变迁,制度变革已成为不可逆转的趋势。特别是受到科技创新的影响,制度变迁被视为一种创新的过程。在这一背景下,税收征管体系需要紧随外部的变动而做出相应的调整,并不断优化自身的架构。只有不断地进行制度创新,才能提升系统的适应能力和工作效能,从而建立起强大的税务管理体系,来应对数字化经济所带来的挑战与机遇。

(三)协同治理理论

从协同治理理论的角度来看,深度解析多方角色及其错综复杂的利害关系,有助于理解如何实施有效的协同治理策略。协同治理主要包括三项关键元素:实质性参与、共享动机和联合行动能力。这三种元素通过主体间的协同合作,促进了资源的融合,实现了高效运作。在数字经济治理场景中,构建多元主体间的领导协调机制、信息的透明化共享制度,以及法律和规则体系的协同机制,都是实现有效协同治理的关键。

尤其是在税务领域,政府机构需要应对双方合作协调度、利害冲突及多元化的难题。虽然协同治理是一个新的理念,但现有的研究更侧重于其基本原理及价值观作用,而在实际系统的验证和方法制定方面的进展仍显有限。所以为了推动税收制度改革并提升其实施效率,必须进一步探究如何运用协同治理这一理论来指导行动。比如,通过融合产业链数据和税务信息的区块链技术可以揭示出协同治理的具体操作模式,从而改善公共服务管理的结构设置、建立有效的沟通渠道以及提高政策决定的效果。这样既能充实协同治理理论框架,也能为处理公共事务提供宝贵的借鉴经验。

(四)组织变革理论

从组织变革理论的视角研究税务管理的数字化转变实例,为深入认识公共部门变革与创新的战略选择提供了珍贵经验。技术的发展不仅增强了企业产生社会效益及经济效益的能力,同时也给管理层带来了压力,特别是对于政府机构而言。根据摩尔定律,我们能看到技术的快速发展推动着数字化创新;然而,"数字化转型第一定律"或者说是"乔治定律"却强调组织变革的缓慢性。相比之下,受制于利润动机和市场竞争影响的企业更容易主动地进行转型变革。政府机构面临提高服务质量、效能和降低运营成本的要求,因此也需要寻找转型变革的机会,只是政府机构的变革意图、动力和适应力通常会滞后于经营性主体。

在税收治理领域,大数据赋能是实现治理能力现代化的关键途径,数字化转型则是税收数据共享和扩展应用的核心环节。对未来的预测显示,建立全面数字化的税务监控系统将会引发一场颠覆性的改革,这包括重新设计组织的结构、职责分配和人员安排等各个层面。这一变革必须遵循"平台、规则、岗责"的核心要求,与数字化平台建设和业务规则建设同步推进、有机融合、充分衔接。

换句话说,我们需要利用数字化转型的理念及技术手段来提高对数据的使用和决策水平,以保证组织的结构是科学且合理的。同时,我们要重新定义工作任务并调整人力分配,建立一种新的组织架构,它能与数字化平台和商业规定相互协调并且互相适应。这种"技术变革—制度变革—组织变革—文化变革"的演进路径为我们理解如何应对数字经济发展提供了一个有用的参考点和指导方向,也为我们寻找一条适合发展的道路进行了初步探索。

三、中国特色税收理论

党的二十大报告提出要加快建设数字中国。2023 年 2 月公布的《数字中国建设整体布局规划》提出,建设数字中国是数字时代推进中国式现代化的重要引擎,明确了数字中国建设"2522"的整体框架,即夯实数字基础设施和数据资源体系"两大基础",推进数字技术与经济、政治、文化、社会、生态文明建设"五位一体"深度融合,强化数字技术创新体系和数字安全屏障"两大能力",优化数字化发展国内国际"两个环境"。数字经济已经成为稳定经济增长的重要引擎,对我国数字经济建设意义重大,也对构建完善"数字税收制度"提出了新要求。这就要求构建符合中国特色社会主义的数字税收制度,以适应数字中国建设和数字经济发展的需要,这也是应对短期需求政策措施和中长期制度改革相结合的制度必然要求。

自党的十八届三中全会提出全面推进税收现代化的目标以来,我国强调党对税收现代化事业的领导,将税收工作置于国家大局中谋划,与时俱进地调整税收工作重点,将"坚强有力的党的领导制度体系"作为税收现代化的"新六大体系"之首,彰显了对"党管税收"理念的坚定贯彻,契合党的十九届四中全会"坚持和完善党的领导制度体系,提高党科学执政、民主执政、依法执政水平"的精神。这一举措为明确提出"党管税收"理念筑牢了根基,为我国税收现代化建设锚定了正确航向。

在税收现代化"新六大体系"中,将税法体系和税制体系融入税收法治体系框架下的"法治税收"概念,着重强调了不仅需要在税收立法和执法方面贯彻落实具有中国特色的税收法定模式,还需要根据法定程序依法完成税收任务,并在必要时做出调整。这体现了中国特色社会主义的"税收法定"和"法定任务"原则。一方面,以"税收法定"为核心,我国现代税收法治建设正在全面推进。同时,新时代税收事业还综合考虑了"科学立法、严格执法、公正司法、全民守法",树立了税收现代化的法治观念。另一方面,以"法定任务"为导向,国家税务总局一直将依法完成预算确定的税费收入任务作为每年工作的首要任务,始终坚守依法应收尽收、依法不收过头税费、依法落实减税降费、依法打击偷逃骗税的原则。从"法定任务"的角度看,一旦预算确定了税费收入任务,就必须坚决完成。在实践中,确保及时征收、足额征收、依法征收是构建严密规范的税费征管体系的核心要求。同时,提升公正执法、规范执法、文明执法水平,规范队伍管理,是构建高效清廉的队伍组织体系的关键方面。因此,"法治税收"理念还应包括"严密规范的税费征管体系"和"高效清廉的队伍组织体系"的内涵。这对于巩固中国特色税收现代化的法治思维、法治理念、法治方式,提高税收治理现代化水平具有重要意义。

在中华民族伟大复兴的战略布局中,新时代税收肩负着重要使命。在坚持和完善中国特色社会主义制度、推进国家治理体系和治理能力现代化的背景下,税收应发挥其独特作用,为构建社会主义现代化经济体系、推动经济高质量发展以及实现中华民族伟大复兴的中国梦贡献力量。同时,面对世界百年未有之大变局,税收现代化亦需与时俱进。在坚持和完善独立自主的和平外交政策、推动构建人类命运共同体的时代背景下,我们应积极探索中国税收在国际政治经济舞台上的新定位。通过积极参与国际税收治理、深化国际税收合作,展现中国特色现代税收治理的效能,为世界的和平与发展贡献中国智慧和中国方案。

因此,为了实现税收现代化的发展目标,我们需要从国内外的大环境出发,同时兼顾民族复兴的长远规划与全球变化的新局面。我们要积极地融入国际税收管理中去,深化国际税收协作关系,以充分发挥中国特色现代税收管理的优势,为建立全球共赢的社会体系及全方位开放的新模式做出贡献。

回 习题巩固

一、名词解释

数字税收　大数据　云计算　智慧税务　税收风险

二、简答题

1.数字经济时代,税收征管面临哪些难点?为强化税收征管,可以提出哪些策略?

2.什么是电子发票?电子发票包括哪些类型?

3.简述税收征管数字化的发展历程。

4.与数字税收相关的理论有哪些?

第一章习题
巩固答案

回 参考文献

[1]王丹,孙永军.数字化税收征管研究[J].经济研究导刊,2023(20):101-103.

[2]李鑫钊.数字经济背景下加强税收征管的建议[J].税务研究,2023(1):129-132.

[3]卫纳斯,包志会.C2C模式平台经济税收治理研究[J].税务研究,2022(2):137-139.

[4]任超,闫晨.数字化产品的税收挑战与应对[J].财会月刊,2021(23):135-140.

第二章　数字化税收征管改革

◎ **教学目标**

1.了解数字化税收征管概念。

2.熟悉数字化税收征管基本原理。

3.了解税收征管信息化建设的理念与实践。

4.思考数字化征管改革面临的挑战及应对策略。

◎ **课程思政元素**

以人民为中心;依法诚信纳税;社会责任

◎ **本章导读**

近年来,税务部门按照落实健全现代化税收征管体系、深化"放管服"改革和数字政府建设的要求,持续推动转变税收征管模式,风险防控、执法实施、违法查处、权益保护、信息支撑、协同共治、组织保障等改革迈出重要步伐。数字化税收征管改革作为税务部门数字化发展的核心内容,涉及管理理念、管理方式的重大变革,也涉及组织机构、征管系统、税收征管要素等的调整问题。在整个改革进程中,信息系统建设起到重要的支撑驱动作用,税收数据作为征管和国家治理要素的重要作用得以充分发挥,税法遵从度和税收征收率居于国际先进水平。

第一节　数字化税收征管的概述

一、数字化税收征管内涵与意义

(一)数字化税收征管内涵

税收征管是税务机关根据法律法规对税款进行组织、征收、管理、核查等一系列工作的总称。数字化税收征管就是在数字经济背景下,采用数字技术改变税收管理模式,实现纳税遵从和管理效率的提高。具体来说,它有以下几层内涵。

(1)数字化税收征管是社会发展和公众权利及纳税意识增强的必然趋势,是现代财税体制改革的题中之义。

(2)数字化税收征管模式是税收体系向数字化转型的必然产物,同时也是推动税收数字化的关键驱动力。它是以数据为核心,立足于智慧税务技术,旨在与现代数字技术的发展保持同步,构建起一种新型的税收征收管理机制。

(3)数字化税收征管旨在深度融合数字技术与税收实务操作,充分挖掘并运用数据资源的价值潜力,进而增强税务部门的行政效能及服务质量,最终实现税收征管现代化的目标。

(4)数字化税收征管相较于传统税收征管模式,核心差异在于征管理念的转变,即从过去的经验驱动征管模式转变为依托数据信息分析的现代征管理念。

总体而言,数字化税收征管体系借助数据的力量,建立了对征纳双方积极有效的互动机制;以网络为依托,打破了信息壁垒;在科技创新的支持下,有力提升了税收征管的质量与效率,从而积极推动税收管理体系向现代化、智能化方向演进。

(二)数字化税收征管改革的意义

1.符合政策需要

中共中央办公厅、国务院办公厅于 2021 年 3 月印发了《关于进一步深化税收征管改革的意见》,旨在深化税收征管制度改革,以服务纳税人、缴费人为中心,推进发票电子化改革,并以税收大数据为动力,建设智慧税务。另外,《中华人民共和国国民经济和社会发展第十四个五年规划和 2035 年远景目标纲要》(以下简称"十四五"规划)提出建立现代财税金融体制,强调要深化税收征管制度改革,建设智慧税务,推动税收征管现代化。

2.立足现实需求

随着互联网、物联网等新技术的应用,新业态下的交易活动越来越多地表现出虚实相结合的特点,甚至朝虚拟化的趋势发展,传统的依赖发票、会计账簿等的税务核查方式难以识别交易是否真实发生。数字化进程对建立在工业经济基础之上的现行税制框架及国际税收规则构成颠覆性挑战。数字经济特有的虚拟性和隐蔽性特质使得生产者与消费者之间的界限日趋模糊,个体间的交易活动愈发频繁活跃。比如,许多电商为了业绩,会雇人刷单,导致税务部门难以辨别交易的真实性。新兴业态借助互联网技术,实现了营业场所的虚拟化,并通过全流程的电子化方式完成交易,这使得纳税地点的确定变得复杂,传统的基于地域的管理模式难以满足税款征收需求。围绕实体纳税人构建的传统征管体系,迫切需要改革,亟待调整以适应数字经济时代的新要求。

3.拥抱数字化转型

大数据、云计算、人工智能、移动互联网等现代科技力量的迅速发展和广泛应用,带动生产方式、生活方式的整体变革。税务机关利用大数据、云计算等技术,自动收集、整合、分析纳税数据,减少了人工操作,提升了税务处理的速度和精准度。通过电子税务局、移动 APP 等平台,纳税人可以随时随地完成申报、纳税、查询等业务,极大地提高了税收征管服务的便捷性和效率。基于纳税人行为和偏好,税务机关提供定制化信息服务和政策推送,增强了纳税服务的个性化和互动性。同时,通过技术手段加强税务合规性监控,确保税收征收管理符合法律法规要求,维护税收秩序,进一步推动税收征管的现代化进程。

二、数字化税收征管的基本原理

数字化税收征管是一种采用数字技术手段对税收征管进行管理的方法，主要包括以下几个方面。

（一）信息采集与整合

第一，金税系统中的"一户式"和"一人式"存储了众多纳税和缴费信息资料，主要有税务登记的基础信息，包括纳税人、缴费人名称、登记注册类型、开办日期、注册地址、生产经营地址、核算方式、从业人数、单位性质等。第二，增值税发票的相关信息，主要包括来自金税系统增值税交叉稽核系统、电子底账系统、大数据云平台的各类发票所记载的货物和服务的交易对象、品名、价格、金额、流向等涉税信息及上下游交叉比对结果信息。第三，其他专项调查和调研信息，如税收管理员的日常巡查数据、专项调查分析数据及调研分析报告。第四，纳税风险评估、税务稽查以及历史查补入库数据，包括通过大要案、案件司法认定结果、专项检查、涉外审计等获取的补充信息和处理信息。第五，税务行政处罚记录、纳税信用状况及其评级信息。第六，通过国际税收协定中情报交换机制获取的信息。第七，纳税和缴费申报数据、财务报表，以及税务机关根据职权要求纳税人或缴费人提交的附带、补充申报等涉税资料。第八，其他统计数据指标，包括工业总产值、增加值、工业中间投入、中间投入中直接材料、全部从业人员劳动报酬、工业销售产值、产成品、从业职工人员等。

（二）数据分析与风险评估

税务机关可借助机器学习和数据挖掘赋能数字化税收征管，利用税收大数据来提升纳税遵从度。对纳税人潜在涉税风险的量化评估以及对其风险等级的划分，主要分为三个关键环节。

第一，识别出可能存在较高逃税风险的纳税人。税务机关会采用多种风险识别模型，筛选出具有风险特征的纳税人，并基于这些信息构建一个纳税人风险疑点数据库，以提取这些纳税人的独特属性。第二，不断升级和优化风险识别模型，通过动态监控各种涉税风险指标来确保对风险状况的准确把握。随着风险疑点数据库中纳税人的持续增加和更新，税务机关和第三方企业将不断调整风险识别模型的阈值和指标参数，使得风险识别模型能够在闭环系统中动态调整，从而逐步建立起多样且灵敏的风险指标体系。第三，构建随机模型以特别关注逃税风险较高的纳税人。在指标池中纳入多样的风险指标，不同的风险监控模型将自动从指标池中挑选核心指标，对所有的纳税人进行评估。通过这种方式，对逃税风险较大的纳税人群体实施重点监控和管理，有效提高纳税合规性。同时，税务机关运用税收大数据及"画像"技术，显著提高了税收征管工作的智能化与精细化水平。

一方面，借助数据挖掘技术深入剖析税收信息，税务机关能够识别潜在的涉税风险区域，并据此构建科学的风险评估模型，以精确评价纳税人的风险等级，实施针对性的监管策略。另一方面，税务机关能够精准定位在申报纳税过程中可能未充分利用税收优惠政策的纳税人，通过精准推送相关政策信息、实时提醒纳税人合理申报等手段，进一步细化并优化税收征管工作。

(三)自动化征管流程

近年来,税务机关着力推动税收征管向数字化转变。其中,RPA(robotic process automation,机器人流程自动化)技术自 2017 年起成为国际上备受瞩目的数字化革新工具。该技术通过编程模拟人工执行业务流程、步骤及控制逻辑,适用于执行复杂、重复性的任务。与人工智能、数据可视化和区块链技术相比,RPA 以其快速部署、低成本、高效连接不同系统以及智能管理的优势,尤其适用于税收征管的数字化转型需求。例如,美国和芬兰税务局已开始尝试将 RPA 技术应用于税收实务。将 RPA 技术融入税收征管服务体系中,可以将机械化、易出错且耗时的常规性征管业务转交给 RPA 机器人执行,最大限度地发挥 RPA 的技术优势,降低成本并提升整体工作效率。由此,税务人员得以将重心转移至更高价值的服务领域,如提供更为个性化的纳税服务,深入挖掘税收数据进行经济政策分析等。税务机关通过数字化的税收征管流程,实现自动化申报、核查、执法等环节,引入电子化的税收文书和电子签章,提高办事效率。

(四)电子化税务服务

纳税人通过"智慧办税"系统,实现了网上申请、网上咨询、网上审核,打破了时间和空间的限制,无纸化办税模式迅速推广。比如,这一变革突破了以往仅限于工作日 8 小时以及实体办税场所的传统模式,纳税人无论何时何地都能轻松联网完成税费缴纳,真正做到全天候无障碍、无须出门的远程办税。办税模式从依赖人工窗口服务转为全天候自助服务模式,从直接面对面服务升级为高效便捷的"非接触式"税务办理模式。信息技术与硬件设施的不断提升,赋予了纳税人全新的"智慧税务"体验,极大地提高了服务效率与满意度。此外,为了全面满足纳税人多元、深层次的需求,税务机关运用大数据与云计算技术,将涵盖 16 个税种及超过 1700 项税收优惠政策的内容整合为易于识别和查询的标签化条目,精准匹配企业的个性化需求,主动向企业推送适用的税收优惠政策,确保企业在设立初期就能充分掌握相关政策,熟悉各类办税流程。同时,针对个人纳税人,税务机关推出个人所得税纳税 APP,使得年度汇算清缴更为便捷。税务部门提供申报表预填服务,纳税人只需登录验证身份,相关数据便能自动导入并生成申报表,一键确认即可完成申报,大大提升了年度汇算的效率,有力地支撑了个税改革的有效执行。简而言之,税收机关积极推行电子化的咨询服务与业务办理渠道,助力纳税人高效获取税收政策信息,简化办税流程,通过数字化手段全方位优化纳税人的体验,不断提升服务质量和水平。

(五)信息共享与合作

全国各地政府部门积极探索并制定了一系列综合治税的税收保障规定和措施,为构建综合治税体系、获取税收外部数据信息提供了有力的制度保障。自 2003 年山东省在全国率先以政府令的形式向社会公布了税收保障条例以来,经各地税务机关的积极推动,江苏、辽宁、江西、青岛等省(市)政府陆续出台了税收保障办法。山东、海南等省的省人大讨论并通过了地方税收保障条例,加快推进了税收外部涉税大数据获取的法治化进程。各级税务部门在本地区政府主导的数据共享交换平台获取并有效利用税收大数据资源,为税收征管数字化转型及智慧税务建设提供了强有力的数据支持和保障。例如,浙江省政府为响应国家大数据发展战略的实施要求,以全面深化改革为动力,以体制机制创新作为关键点,以建设智慧政府、改善发展环境、培育龙头企业、扩大应用范围、激发创新创业活力、确保数据安全为工作重点,以浙江政务服务网为重要平台,以公共数据的整合、共享和开放为手段,坚持示范引领,发挥市场机制作用,促进大数据产业的健康发展,构建数据强省,支持经济社会的转型升级,推动政府治理和公共服务能力的现代化。浙江省政府领导建立了一个全省统一、共建共享的政府数据基础设施平台,健全了涵盖全省人口的基础信息库、法人单位基础信息库、自然资源与地理空间基础信息库、宏观经济基础信息库。

通过数字化税收征管原理的应用,税收管理部门能够更加高效、精准地进行税收征管工作,提高纳税的便利性,促进对税收的合理征收。

第二节 我国数字化税收征管改革实践

一、税收征管理念的转变

《2002—2006年中国税收征收管理战略规划纲要》提到,传统的税收管理理念基于对纳税人依法纳税能力的不信任,而新的管理理念则基于对纳税人自觉履行纳税义务的信任,旨在为纳税人提供高质量、高效率的服务。2015年9月,国家税务总局发布的《"互联网＋税务"行动计划》提到,税务机关应构建一个全天候、全方位、全流程覆盖的智能税务生态系统,实现线上线下融合、前后台一体化的电子税务系统。2021年3月,中共中央办公厅、国务院办公厅发布的《关于进一步深化税收征管改革的意见》的出台,标志着以"合成"为特点的第三次税收征管重大变革的启动,也标志着我国进入"以数治税"的新时期。

在"以数治税"的新时期,税收管理理念需要融入数字化元素,增强系统性观念,实现智慧税务与税收服务、执法、监管等工作的整体规划和深度融合。税收管理部门应着力克服信息互通、数据共享、业务协同的难题,推动税收治理从传统的粗放型向精准化、经验型向数字化、个体化向协同化的转变。为顺应这一系列重大变革,我国税收征管理念从六个方面实现了管理理念上的革命,具体如下。

(一)从粗放型管理转向智能化管理

首先,税务管理从"固定管户"转向"集中管事管数"。随着大数据技术的应用,税务部门按照科学、专业和精细的原则,打破数据孤岛,建立税收大数据仓库。这也推动税源管理由传统的税收管理员管户模式向分类管理、管事管数模式转变,实现了基础管理任务的清单化,更好地适应了时代发展的需求。其次,管理方式从"人工管理"转向"智能化管理"。实现税收征管数字化的转变是现代化税收征管体系建立的重要标志。通过数字化税收征管系统,可以快速、准确、直观地展示涉税数据信息,从而提高征管效率,并为风险识别、预测和决策提供可靠依据。

利用大数据手段,撕开电商偷税漏税的面纱

(二)由无差别管理向风险管理转变

传统税收征管对所有纳税人实行无差别管理,缺乏针对性。风险管理理念的引入,标志着税务管理进入了精细化、差异化的新时代。在这种模式下,税务机关依据数据分析评估纳税人的信用等级和潜在风险,对高风险纳税人实施强化监管,对低风险纳税人则提供便利化服务,实现资源的优化配置。税务部门更加重视风险应对成果的应用,注重构建重点监控纳税人数据库,并实现跨区域、跨企业、跨事项风险的联合管控。通过构建风险预警系统和快速响应机制,税务机关能够及时发现和处理税收风险,有效防范税收欺诈和逃避,保障国家税收安全。例如,对于高风险纳税人,税务部门加强对其税收风险的识别和评估,提高税收征管的针对性和有效性。

(三)从偏重企业转向企业和个人并重

以往税收管理中,由于企业税收规模较大,传统税收征管主要偏重于企业纳税人,对个人纳税人的税收征管相对较弱。然而,随着经济活动多样化和个人收入来源的复杂化,个人所得税成为国家税收的重要组成部分。因此,税收管理理念逐渐转变为企业和个人并重,重视对个人所得税的征收和管理。这要求税务机关不仅要加强对企业的监管,还要完善个人税收管理体系,提升对个人所得税申报的真实性、准确性的审核能力,通过数字化手段简化个人报税流程,提高个人纳税意识和遵从度,确保税收基础的广泛性和稳定性。例如,实施个人所得税改革,加强对高收入个人的税收征管,实现企业和个人纳税人的并重管理,这与未来的税收发展趋势相吻合。

(四)由单纯依靠税务部门向社会共治转变

传统税收征管主要依靠税务部门,社会参与度较低。但随着经济社会的快速发展,税收管理的复杂性日益增加,单靠税务部门难以应对所有挑战。社会共治理念的提出,意味着税务管理不再是税务部门的"独角戏",而是政府、企业、社会组织、公众等多元主体共同参与的过程。通过建立健全税收信用体系,鼓励纳税人自我管理、自我约束;加强与银行、海关、工商等部门的信息共享,形成跨部门协作机制;引入第三方服务机构,提供专业支持;通过建立健全社会协调机制、考核激励机制以及监督评估机制,实现跨部门涉税数据共享,确保信息互联互通,共同参与税收征管,共同营造良好的税收环境,提高税收治理效能。

(五)由单一化税源管理转向多元化税源管理

传统的税收征管主要依赖于传统产业及传统交易方式等,随着数字经济的兴起和新兴产业的增长,税收来源变得更加多元,网络交易平台成为税收交易的主要形式,纳税地点也逐渐趋向虚拟化,这使得传统的税收管理方式不再适应新的时代需求。因此,单一化税源管理要转向多元化税源管理,以适应数字经济、跨境电商、平台经济等新兴业态的发展,实现对各类税源的全面、有效管理。这主要包括加强对虚拟经济、数字经济的税收征管,探索适应跨境电子商务的税收规则,建立和完善国际税收合作机制,防止税基侵蚀和利润转移。同时,通过技术创新和制度创新,提高对新型税源的识别、监控和征管能力,确保税收的公平性和有效性。

(六)从单向供给转向以纳税人需求为主导

传统税务服务多为单向供给,主要是税务部门根据自身的工作计划和规定提供服务,因而忽视了纳税人的实际需求与体验。随着管理模式的变革以及机构人员素质的提高,以纳税人需求为中心的服务理念逐渐成为共识。这意味着税务机关需转变角色,从管理者转变为服务者,深入了解纳税人的多样化需求,提供个性化、便捷化的服务解决方案。通过建设智慧税务服务平台,实现在线申报、自助办税、政策咨询、权益保护等一站式服务;开展纳税人满意度调查,定期反馈评估,持续改进服务质量;加强税收宣传和教育,提升纳税人税法知识和遵从意愿,构建和谐的税收征纳关系,促进税收文化和营商环境的优化。通过优化办税流程、提供在线办税服务等方式,提高纳税人的满意度和遵从度。

总之,在深化税收大数据驱动理念的基础上,全面推进技术创新、业务改革和岗位职责重构,大力推广电子发票平台,启用全国统一标准的电子税务局等举措既提升了税收征管效率,又增强了纳税人、缴费人和税务人员的满意度与认同感。

二、税收征管制度的变迁

税收征管体系是国家管理体系的关键构成部分,而税收征管的效率则是国家治理能力现代化的关键体现。我国的税收征管制度变迁主要分为以下几个阶段。

(一)税制变迁的开端:新民主主义革命时期

1921—1937年的中国正处于动荡战乱之中,旧政权下的税收政策纷繁复杂且缺乏系统性。在此背景下,中国共产党在其控制的革命根据地开始了财政税收方面的工作,并逐渐成为推动中国税收制度变革的关键。随着土地革命运动的深入,农民从土地中获得一定的经济收入,因而逐渐有能力承担一定的税收责任。在时机相对成熟之后,革命根据地开始逐步建立起土地税制度。1927年8月,革命政府确立清晰明了的田税原则,设置最高不超过农民收入30%的累进田税率。1928年3月,中共中央对土地政策进行了调整,规定土地使用者需向县级政府上缴农产品的10%～15%作为国家税金。1931年11月,在中华苏维埃第一次全国代表大会上,通过了一项决议案,旨在取消所有不合理捐税和强行摊派,并以一套统一的累进所得税体系来替代。在土地革命阶段,让资产阶级承担起更多税负。为打破经济封锁并保障根据地军民需求,中央革命根据地自1932年起开始征收关税,出口物资税率设定在5%～15%,通常为10%,而进口物资税率相对较低,维持在2%～3%。

在抗日战争期间,中共领导的抗日根据地的财政收益主要来自工商税收,这些税率通常设定得较低,税收仅占财政总收入的1%～5%。在边区最早设立的税种是盐税,始于1937年,随着食盐生产和贸易活动的繁荣,盐税逐步成为边区财政的关键支持。在解放战争期间,原有的解放区继续实行抗日战争时期引入的救国公粮征收制度,将其作为主要的财政收入来源。然而,在中国新解放的区域,共产党并未立即实施土地改革,而是持续推行了减租减息、递增税制以及抗战时期实行的公正合理的负担政策。农业税的征收主要针对地主和富裕农民,地主的税率通常在35%～50%,富裕农民的税率则在20%～

40％,中等农民的税率为 10％～15％,而贫农的税率通常在 5％～8％。

(二)正式税制变迁起步:社会主义革命与建设时期

1949 年中华人民共和国成立之初,国家百废待兴,全国范围内的税收制度亟待重建,由于部分地区仍未完全解放,新的赋税体系尚未形成。为了防止国家成立初期税收工作的中断和混乱,中共中央决定在继续实行原有税法的同时,逐渐对其进行整理、部分废止,并坚决摒除不合理的重税和杂税。

1950 年 1 月,《全国税政实施要则》的颁布标志着新中国首个税制制度的正式建立。鉴于当时我国多种经济成分并存,特别是私营工商业大量存在的情况,构建了一套由中央和地方共同实施的包含 14 个税种的复合税制架构。1950—1979 年,中国的税制经历了三次主要的调整。首次调整发生在 1953 年,中央政务院财经委员会在 1952 年 12 月 31 日发布了《关于税制若干修正及实行日期的通告》,宣布从 1953 年 1 月 1 日起采取多项简化税制的措施,主要包括试行商品流通税、减少税种和税目、调整工商营业税、取消特殊消费行为税、将某些税目转变为文化娱乐税,以及整顿交易税等。第二次调整发生在 1958 年,全国人大常委会通过了《中华人民共和国工商统一税条例(草案)》,将货物税、商品流通税、营业税、印花税合并简化为工商统一税,旨在简化税收环节和纳税程序。然而,这一时期社会上出现了一股贬低税收功能地位的思潮,甚至有人主张减少乃至摒弃税收。第三次重大调整发生于 1973 年,中国对工商税制进行了深度的改革,其核心在于税种的合并和税目的简化。旧的工商税及其附加、城市房地产税、车牌使用牌照税、盐税、屠宰税等五项税种被整合为单一的“工商税”,实现了“五税合一”的改革目标。经此改革后,税种数量大幅度减少,税目也由原来的 108 个缩减至 44 个,极大地简化了税制结构。

(三)税制变迁的飞跃进步:改革开放至今

1978 年 12 月,党的十一届三中全会召开,税务工作重新恢复,税收的作用和职能再次得到党和政府以及整个社会的广泛重视。随着改革开放的深入发展,中国进入社会主义现代化建设的新阶段,国家不但积极推动对外开放和对外经济合作,而且加速构建涉外税法规则。

1980 年 9 月,第五届全国人民代表大会第三次会议批准了《中华人民共和国中外合资经营企业所得税法》及《中华人民共和国个人所得税法》(以下简称《个人所得税法》),这两项法律在 9 月 10 日开始施行。1981 年 12 月 13 日,第五届全国人民代表大会第四次会议审议通过了《中华人民共和国外国投资企业和外国企业所得税法》,该法自 1982 年 1 月 1 日起正式施行。同时,财政部也发布了相关实施细则,以确保这些税法得以有效执行。同一时期,国营企业的财务管理制度开始转向“利改税”,并分为两步走:第一步,实现利税并存;第二步,完成全部利改税。

1983 年 4 月 29 日,财政部公布了《关于对国营企业征收所得税的暂行规定》,宣布自 1983 年 1 月 1 日起实施国营企业利改税的第一步,开始对国营企业征收所得税;1984 年 10 月 1 日,通过引入新的税种以替代原有的五种税目,国营企业逐渐从向国家上交“税利并行”的财政贡献转变为“完全以税代利”,赋予企业对利润的自主控制权,此为利改税的第二步。

20世纪80年代的税制改革是一次综合性、全面性的变革。除了上述变革外，还包括了临时经营工商业税、恢复出口退税，以及将原本合并的工商税细分为产品税、增值税、营业税和盐税等多个税种。另外，还对地方税种进行了调整与新增，如在1988年重新实施印花税。

1994年，我国启动了一场大规模的税制改革与分税制财政体制改革。新税制的核心是增值税，并设立了消费税和营业税，建立了适用于内外资企业的一致的流转税体系，并废止了之前的多项税种。此次改革还对内资企业统一实施企业所得税，并修订了《个人所得税法》以规范和加强对个人和个体工商户的所得税征收管理。同时，对其他税种进行了调整、合并与新开征，如整合资源税和盐税为单一资源税等。

1997年，国务院办公厅转发了国家税务总局《关于深化税收征管改革的方案》，提出了一系列任务，包括构建纳税人自行申报纳税优化纳税服务体系，依靠计算机网络技术加强征管，最终实现由粗放型、分散型向集约化、规范化征管，人工传统向科技现代，上门征收向自行申报，专人包揽向专业分工，以及纳税服务标准化的五大转变。

跨入21世纪，我国税制改革继续深化，尤其注重税源管理和税收信息化建设，提高了征管质量和效率。其中，2001年开始推行增值税转型试点，至2009年全面实现由生产型增值税向消费型增值税的转变；而从2012年起，营业税改增值税（以下简称"营改增"）试点工作启动，并在2016年全面推开。所得税领域也在进行改革，2007年通过的《中华人民共和国企业所得税法》（以下简称《企业所得税法》）统一了内外资企业所得税率，并降至25%。尤其具有标志性的是，2006年我国彻底取消了沿袭约2600年的农业税。

随着中国特色社会主义进入新时代，税制改革的步伐不断加快。2015年，国家税务总局推出了《全国税收征管规范（1.0版）》，对税收征管业务进行了标准化和规范化；2016年制定了《纳税人分类分级管理办法》，采取风险管理策略对各类纳税人实施精细化管理。2018年，我国启动了国税、地税机构合并的重大改革，同年修订《个人所得税法》，建立起综合与分类相结合的税制模式，引入了专项附加扣除制度，对个人所得税制度进行了现代化改革。在此期间，包括契税、车船税、城建税、烟叶税等在内的多个税种已实现立法，我国税收法治化进程显著加快。国家税务总局成立了税收大数据和风险管理局，以数据驱动加强税收风险管理，推动税收征管一体化、规范化、标准化，有力保障了减税降费、个人所得税改革、社会保险费及非税收入划转等重点任务的实施。

截至2024年6月，我国现有的18个税种中已有13个完成了立法，加上《税收征收管理法》这部税收程序法，标志着我国税制改革正处在高速推进的历史阶段。"十四五"规划时期，我国进一步深化税收征管改革，致力于服务高质量发展，强化系统集成，对标国际先进水平，充分体现了服务国家发展战略的大局观和与时俱进的时代特色。

三、税收组织结构和人员全面优化

（一）传统税务组织机构设置情况

在实施分税制改革之前，我国采用的是"财政包干制"的财政管理体制。这一管理体制在全国层面上历经演变,先是通过总额分成的方式分配财政收入,后来发展为增收分成,再到后期实施超收分成的模式。从区域差异上看,不同的包干形式多样,涵盖了总额分成、分级包干、单独财政包干、比例包干,以及定额上缴和定额补助等多种模式。随着时间的推移,包干期限也有所变化,起初为一年一定,后逐步演变为三年、四年固定不变,直至五年一调整的动态管理机制。

1980 年 2 月,国务院出台了《关于实行"划分收支、分级包干"财政管理体制的暂行规定》,该规定确立了中央和地方财政在收入和支出方面的责任范围,标志着中国财政管理体系中中央与地方之间相对独立、各自承担财政责任的"分灶吃饭"制度的初步构建。这个体制的关键在于按照事先设定的比例或数额,将财政收入在中央与地方之间分配,从而实现财政资源在不同层级政府间的合理配置。这是一种对集中式财政体制的调整,同样反映了分权让利的改革策略。自此,各省、市、县等行政层级逐渐形成了具有独立经济利益的实体,取得了促进本区域经济发展所需的制度性激励和执行力,激发了各地区的生产积极性。1983 年和 1985 年逐步推行的"利改税"政策,标志着中国结束了以国有企业利润为核心的国家财政计划经济时期。

随着我国市场经济体制的初步建立,原有的财政体制导致中央财政资源不足以有效地实施宏观经济调控。自 1994 年起,为顺应社会主义市场经济体系改革的需要,我国税务系统实施了涵盖税收法律、税收征收管理和税务组织等多个方面的综合性改革,我国税务系统的组织架构也随之调整,如图 2-1 所示。

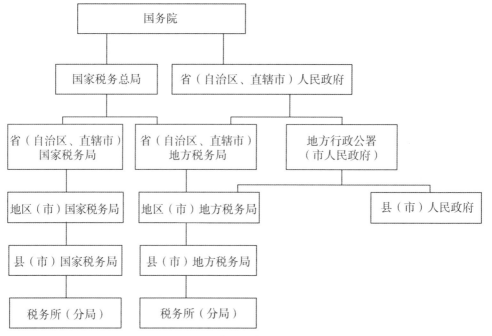

图 2-1　传统中国税务系统组织机构

资料来源:改编自中华人民共和国财政部税收司.中国税收制度 2011[M].北京:中国财政经济出版社,2012:1649.

在税种划分的基础上,我国在省级及其以下行政区划中设立了国税局和地税局两套平行运作的机构体系,确保了中央和地方财政分级管理在组织结构上的落实。分税制改革从根本上解决了政府之间收益分配关系不稳定的难题,秉持财权与事权相适应的原则,旨在达到各级政府间收入界限与支出义务相对等。通过建立以增值税为核心,包括消费税和营业税的流转税体制,并明确规定中央税、地方税及共享税的具体划分比例,巩固了国税局和地税局的双轨征收体制,使得中央政府与地方政府的财政收入大致保持在1∶1的比例,从而达成了财政收入分配的相对均衡与稳定。

为了实现对全国税收工作的有效管理和指导,中央政府设立了直属于国务院的国家税务总局,负责统一领导和协调全国的税收工作。在省及以下行政级别中,税务机构分为两大类:国家税务局和地方税务局。国家税务局体系构建了四级垂直管理的组织架构,自上而下依次为:国家税务总局、各省级(包括省、自治区、直辖市)国家税务局、地级(包括地、市、州、盟)国家税务局,以及县级(包括县、市、旗)国家税务局。此外,国家税务局系统实行"下管一级"的原则,涵盖机构设立、人员编制、经费分配以及领导干部的选派等方面,均由国家税务总局逐级向下进行垂直管理直至县级国家税务局。

地方税务局同样依据行政区划设立,设有省级(含省、自治区、直辖市)、地级(含地、市、州、盟)和县级(含县、市、旗)三级机构。省级地方税务局在组织架构上主要接受地方政府的领导,同时也处于地方政府和国家税务总局的双重管理之下。其中,国家税务总局主要负责税收政策、制度的制定与监督,以及税务工作经验的交流分享。

(二)新型税务组织机构设置情况

2014年6月,中共中央政治局审议通过了《深化财税体制改革总体方案》,启动了以"营改增"为关键内容的新一轮财税体制改革。2018年3月,中共中央发布了《深化党和国家机构改革方案》,明确指出了改革国税地税征管体制,将省级和省级以下国税、地税机构合并的征管体制改革举措。此举旨在缩减征税成本、厘清职责边界、提升征管效能,更好地服务纳税人。国税与地税机构合并后建立的新税务体系,实行以国家税务总局为主导,同时接受各省(自治区、直辖市)人民政府双重领导的管理架构。在此机制下,国家税务总局与各省级党委和政府协作配合,共同致力于对税务系统全方位的领导,加强党的建设、思想文化建设以及干部队伍建设等工作。同时,对各级税务机构的组织架构进行优化调整,并细化和完善相应的征管职能分工。根据"精简与强化"相统一的原则,对税务机构的架构分布和资源分配进行优化,目的是建立一套精练、高效、统一的税收管理体系。在我国省及省以下级别的税务管理体系中,构建了省(包含省、自治区、直辖市以及计划单列市)、市(涵盖地级市、州、盟)、县(含县级市、区、旗)三级税务局结构;并且在县级税务局层面之下进一步设立了税务分局和税务所。目前,我国省及省以下税务局的具体设置情况可参考表2-1所示的数据。

表 2-1 省及省以下税务局设置情况

机构层级	税务系统机构数量/个
省、自治区、直辖市、计划单列市税务局	36
副省级城市税务局	10
市级税务局	532
县级税务局	3200

资料来源:《中国税务年鉴》编委会.中国税务年鉴 2022[M].北京:中国税务出版社有限公司,2022:606.

国税与地税整合的核心宗旨是为了适应新时代的发展需要,促进国家治理体系和治理能力的现代化,提高政府工作效率,减少纳税人的遵从负担,为经济的高质量发展奠定稳固基础。2018 年实行国税局、地税局合并后的组织机构架构如图 2-2 所示。

国地税合作成长记

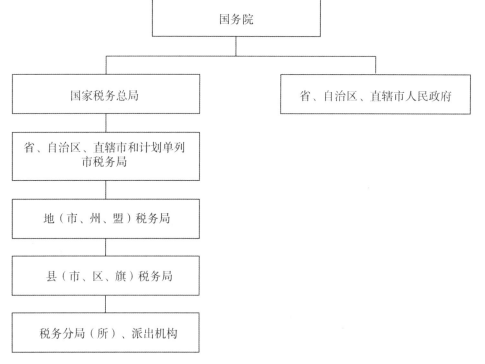

图 2-2 国地税合并税务系统组织架构

由图 2-2 可知,国税局与地税局机构合并后,组织架构也进行了相应的调整,设立由国家税务总局和省(自治区、直辖市)政府共同领导的体制。中国的税收管理体系结构包括四个级别:国家税务总局、省(省自治区、直辖市和计划单列市,统称省)税务局、市(地、州、盟,统称市)税务局以及县(市、区、旗,统称县)税务局。此外,基层税务分局和税务所根据经济区域设置,并作为市、县级税务局的派出机构存在。

(三)新型税务系统人员情况

截至 2021 年,我国税务系统在职干部接近 70 万人,其中公务员约 64 万人,占比

91.55%、参公管理人员 2513 人、事业干部 18502 人、工人及其他 37978 人。具体人员情况详见表 2-2。从图 2-3 可知,2021 年底税务系统正式在职人员中,大学专科及以下人员的比例为 21%,本科人员的比例为 71%,研究生人员的比例为 8%;从图 2-4 中可以看出,税务系统 30 岁及以下的人员为 17%,31~40 岁的人员为 18%,41~50 岁的人员为 30%,50 岁以上的人员为 35%。[①] 由此看来,税务系统正式在职人员中,在学历层面,本科学历人数占比较高;在年龄层面,40 岁以上的人员所占比重较高,需要吸纳一些年轻人才加入税务队伍,强化税务队伍素质,优化税务队伍人员结构。

表 2-2　税务系统人员基本情况表(2021 年)　　　　　　　单位:人

项目	政治面貌				学历				年龄			
	共产党员	共青团员	民主党派	无党派或群众	研究生	本科	专科	中专及以下	30岁以下	31~40岁	41~50岁	50岁以上
总计	518297	36339	3797	139939	59050	494455	129078	15789	120376	123566	208381	246049
公务员	479999	35939	3539	119902	57145	463690	109484	9060	118194	111004	180380	229801
参公管理人员	1814	8	25	666	172	1585	662	94	142	555	1199	617
事业干部	12357	391	170	5584	1623	13113	3197	569	1663	5508	7433	3898
工人及其他	24127	1	63	13787	110	16067	15735	6066	377	6499	19369	8733

资料来源:改编自《中国税务年鉴》编委会.中国税务年鉴 2022[M].北京:中国税务出版社有限公司,2022:607.

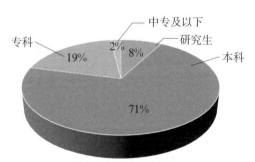

图 2-3　税务系统人员学历比重

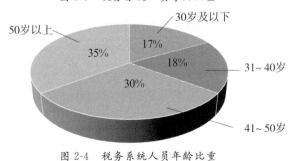

图 2-4　税务系统人员年龄比重

① 《中国税务年鉴》编委会.中国税务年鉴 2022[M].北京:中国税务出版社有限公司,2022:607.

(四)新型税务组织管理的原则

在进行税务组织管理改革前,政府常常考虑税务组织的职能是什么,然后根据职能设计组织架构。而在设计新型税务组织,进行组织管理时,应该在一些既定的限制条件下,采用一种倒推的方式进行选择。首先明确税务组织要完成什么样的任务,标准是什么样的,然后决定遵循什么样的原则去实现这样的目标,即采用围绕结果而不是围绕职能的方式去设计新型税务组织,开展组织管理活动。新型税务组织的主要目标有两个:一是完成税收收入,二是为纳税人提供优质的服务。

1.依法行政的原则

这一原则是税务组织存在和开展管理活动的既定条件。因为税务组织不仅是政府行政机关,而且是代表国家行使执法权的机关。税务组织的权利和义务都是法律赋予和设定的,只有在法律当中给予明确规定,税务组织才有合法的地位,才能开展相应的工作。坚持依法行政的原则要求税务组织必须遵循宪法和法律的规定,行使自己的权利与义务,并接受国家权力机关和人民群众的监督。

2.高效低耗的原则

任何组织进行管理时都应追求以较少的资源投入来实现组织管理的目标,行政机关也不例外。遵循高效低耗的原则,首先在设计组织结构上,为了信息在上下级之间以及部门之间能快速传递并及时反馈,不仅需要减少组织的垂直层级,还需要考虑加强部门间的水平沟通与协作。从总体上讲,高效低耗的原则要求税务组织以有限的经费完成税收任务,应收尽收。从局部范围来讲,税务组织的每项管理活动都要以较少的人、财、物、时间去完成,各项管理活动之间衔接有序,不允许出现相互推诿、扯皮的现象。各项管理活动能并行的要并行处理,以节省时间,不能并行的要尽可能实现无缝连接,减少中间环节的等待时间。

3.分工协作的原则

在古典组织理论的指引下,传统的行政组织常常表现为一种直线职能式的结构。在这种结构下分工非常精细,上级对下级严格控制,下级只需要按照上级的命令完成工作,工作中不需要过多地发挥自己的自主性和创造性,职能部门之间存在无形的壁垒,人为将完整的事件进行局部分割,每个职能部门更多考虑的是局部的效果,而忽视整体效果。如果传统税务组织更多强调分工,那么新型税务组织应将注意力更多地转移到协作上来。在技能如此繁多的现代化社会,绝对的通才是没有的,分工不可避免,但有信息化作为支撑,过多的分工只会阻碍效率,所以新型税务组织应尽可能地将专才转变为通才。此外,重新梳理业务流程,兼并不能产生新增价值的职能部门,尽可能以工作团队替代职能部门。

4.顾客导向的原则

在国外,为了效仿企业管理中顾客至上的理念,政府机关也把顾客概念引入行政管理当中,将行政管理的服务对象统称为顾客,旨在提高行政管理服务的质量。顾客分为两种,分别为内部顾客和外部顾客。其中,内部顾客就是指行政组织中的工作人员,外部顾客就是行政管理针对的管理和服务对象。近年来,我国税务机构日益关注提升对纳税人的服务质量,致力于营造优质的纳税服务氛围,旨在增强纳税人的税法遵从意识,进而提升税收征管工作的质量和效率。坚持顾客导向的原则,首先要在思想上统一认识,其次在深度与广度上对为纳税人服务的手段和质量进行挖掘、拓展,提高纳税人的满意度和遵从度。提高为纳税人服务的质量有很多方式,如进行纳税辅导、提供咨询,畅通投诉渠道、改用信息化纳税方式等,其中加大信息化的建设步伐,是最有效的服务方式,它可以使征纳双方实现双赢,一方面为纳税人提供了多元纳税服务,另一方面也增强了税务机关对纳税人的税源监控能力。对税务机关的内部工作人员来说,坚持顾客导向的原则,可以激发税务公务员的工作积极性,提高他们的满意度,有助于税务公务员在愉快的心情下自觉、主动地为纳税人提供服务,实现内部效应外部化。

四、数字化税收征管系统演进

金税工程发展史

我国税收征管信息化建设自 20 世纪 80 年代初开始,经历了金税一期、金税二期、金税三期的建设,每一步都标志着我国税收征管体系的现代化进程取得了重要进展。进入金税四期建设的新阶段,更是开启了数字化税收治理建设的新征程。金税工程演进详见图 2-5。

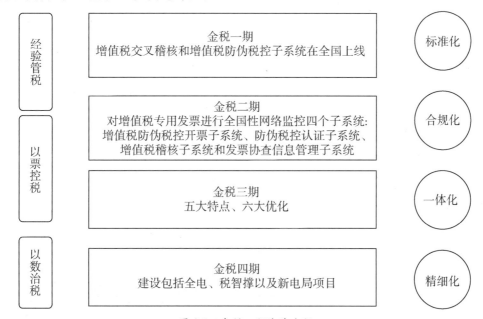

图 2-5　金税工程演进流程

资料来源:改编自蔡磊.互联网＋财税[M].北京:中国财政经济出版社,2017:34-40.

(一)金税工程起源及金税一期建设

金税一期是随着 1994 年增值税改革而出现的。我国在 1994 年前后进行了三项重要的财税改革,包括组建国税、地税两条线,实行分税制改革以及进行增值税改革。增值税改革的特点是逐级征税、环环抵扣,通过抵扣链条传导进项税额,使税款最终由消费者承担,实现对增值额的不重复征税。在我国,发票是抵扣凭证。自 1994 年增值税改革以来,人们开始关注增值税专用发票的重要作用,很多不法分子也开始利用增值税专用发票谋取不当利益。增值税推出后不久,倒卖、虚开、非法印制增值税专用发票等犯罪行为激增。出现这一现象的直接原因是国家在专用发票管理方面缺乏经验和监管手段,而根本原因在于增值税专用发票具有抵扣功能,可骗抵税款,获取非法利益。因此,为彻底打击这些违法犯罪行为,税务部门开始筹建以增值税计算机稽核系统、增值税专用发票防伪税控系统、税控收款机系统为子系统的金税一期工程。虽然金税一期实现了利用计算机网络进行的增值税专用发票交叉稽核和增值税防伪税控功能,但是当时采集增值税专用发票信息需要由税务机关组织手工录入,工作量大,数据采集不全,而且由于只在50多个城市建立了稽核网络,对其他地区的专用发票还无法进行交叉稽核。所以,金税一期于1995年在全国50个试点单位上线后,到1996年底便停止运行。针对金税一期的问题,国家税务总局对金税工程重新进行了优化设计,推出了金税二期工程。

(二)从金税一期"双系统"到金税二期"四系统"

1994年实施增值税改革以来,为了遏制虚开增值税发票犯罪行为,国家采取了"两步走"策略。首先,重点关注纸质增值税专用发票的防伪和印制。其次,要求税务总局等相关部门联合打造金税工程,利用信息化手段强化增值税专用发票管理。2000年8月,国务院正式批准了金税工程二期的总体设计方案和推行方案,明确表示金税二期将由四个子系统构成,分别是增值税防伪税控开票子系统、防伪税控认证子系统、增值税稽核子系统和发票协查信息管理子系统,其中增值税防伪税控开票子系统属于纳税人端,其余三个子系统属于税务机关端。2001年7月1日,金税二期在全国启动运行,实现总局到省、市、县四级网络的全面连接。2003年,增值税防伪税控开票子系统几乎覆盖全国所有一般纳税人,手写版专用发票的历史宣告结束。至此,金税二期的设定目标已全部实现。2004年,税务总局将4小票(海关缴款书、废旧物资发票、货物运输发票、代开的增值税专用发票)纳入稽核比对管理,但信息仍需人工录入,具体运行原理详见图2-6。

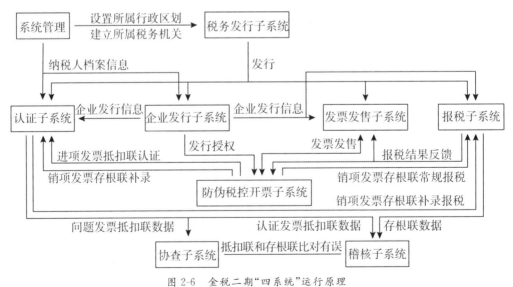

图 2-6 金税二期"四系统"运行原理

资料来源:http://www.tax100.com/forum.php? mod=viewthread&tid=449542&fromvid=295.

(三)金税三期:五大特点六大优化

金税二期对发票管理和打击虚开增值税发票犯罪确实起到了重要作用,但也存在一些问题。例如,在发票管理方面,系统未纳入小规模纳税人,还有一些票种如机动车销售统一发票需要在货运系统中单独开具,这也导致了发票管理混乱的问题,影响发票管理的正常发展。在打击犯罪方面,由于金税二期所采集的票面信息有限,存在许多特殊的虚开行为,如变更发票品名,难以被系统检测到。此外,对于发票信息的采集,并未实现 T+0,导致许多企业走逃失联,开出的发票无法立即被检测到,但是下游企业仍能够认证抵扣。基于金税二期所面临的各种问题,2005 年 9 月,国务院批准了金税工程三期的立项,2013年开展实施。

与金税二期相比,金税三期的主要创新之处在于研发了一套全新的增值税发票管理系统。新系统的特点有 5 个:第一,将小规模纳税人纳入系统,实现了对纳税人的全面覆盖;第二,整合不同类别的发票开具系统,实现了对各种类型发票的全面覆盖;第三,利用税务数据安全识别技术获取更多的发票信息,实现了对票面信息的全面采集;第四,实现了联网开票,并设置了离线时长;第五,实现了增值税发票信息的集中管理,并同时开发了电子底账,形成了一个数据库。

2018 年 8 月,税务总局推出了增值税发票管理系统 2.0 版,该版本在金税三期的基础上进行了改进,实现了六大功能优化。第一,能够汇总整个发票流程的状态信息,实现税务机关和企业之间共享企业涉税信息;第二,整合了海关缴款书的相关信息;第三,加强了技术支持和保障,实现了信息的即时传递;第四,信息的共享与共用提高了数据存储和系统处理功能,促进了税收征退的有序衔接;第五,对纳税服务进行了优化,如发票信息查验等服务,还新增了自动生成纳税申报预备表的功能;第六,强化风险管理,实现多税种的联动,同时优化了数据分析。

(四)金税四期:全面数字化的电子发票

国家税务总局于 2019 年提出升级完善"金税四期"的设想,并于 2020 年向国家发展改革委申报了"十四五"规划重点工程项目。"金税四期"相对"金税三期"做出了诸多改变,包括税务、非税务业务监控,同时搭建了相关机构间信息共享的有效通道,实现了企业相关信息核查的功能。通过国家税务总局、市场监督管理局、公安局、社会保障局、质量技术监督局和国家统计局、银行等所有行政管理部门、机构的信息共享,推动"以数治税"时期的到来。

金税四期是中国税务系统的重要升级项目,主要建设包括全电、税智撑以及新电局项目,其中全电和税智撑项目是金税四期的核心项目。

全电项目主要为了推动税务管理从前端到后端的全程电子化,大大提高税务业务处理的效率和准确性。此外,它旨在减少纳税人与税务局之间的纸质文件交换,避免不必要的物理存储和交换成本,同时缩短处理时间。这一转型不仅简化了税务办理的流程,还为纳税人带来了更加便捷、高效的办税体验,同时也提升了税务部门的工作效率和服务质量。金税四期全电项目的创新包含技术创新和业务创新。技术创新通过引入"开票去介质""受票去版式""发票额度授信制""发票编号赋码制""发票特征标签化"和"发票信息要素化"等创新策略,税务管理实现了自动化、智能化和个性化,确保了透明度、准确性和高效性,同时为纳税人提供了更加友好、简单和直观的用户体验。这些创新不仅简化了纳税过程,提高了工作效率,还为税务管理提供了强大的风险控制工具。业务创新在税务管理中实现了更严格、规范和实时的操作流程,如红字发票的严格管理、农产品用票的规范化处理、成品油库存信息的实时更新以及特定业务的精细化管理,确保了准确性、透明性和风险防控,为纳税人和税务部门提供了更高效、简捷和安全的业务处理方式。

税智撑项目是基于纳税人和基层税务需求的一体化税务管理创新。该项目引进互联网的数据驱动方法,集中管理税务业务的流程、规则和数据,强调信息的全面获取、共享、开放和治理,构建了数字账户、风险防控、乐企开放等核心功能,为税务数字化和智能化提供支撑。同时,它旨在整合业、财、税的应用生态,为税务和国家政务的数字化转型奠定基础。

金税四期按照数字化理念,从数字化业务、数字化能力、数字化应用角度,打造"以智数新基建、智慧服务、智控征管、智享生态"为特征的中国"智慧税务",全面贯彻落实《关于进一步深化税收征管改革的意见》。金税四期建设蓝图详见图 2-7。

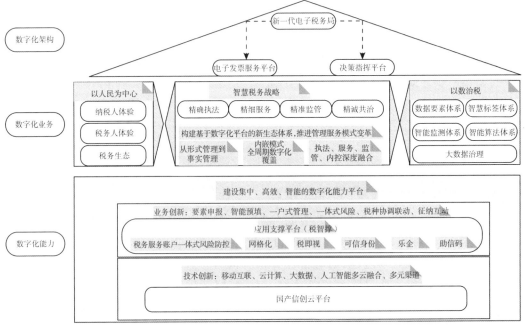

图 2-7 金税四期建设蓝图

资料来源:申宇冰.数字化时代金税四期的实施与中小企业税务风险的研究[J].山西财税,2023(11):54-57.

第三节 数字化征管改革面临的挑战

一、税制要素界定困难

(一)课税对象界定困难

数字技术的大规模应用促使数字经济渗透到传统产业之中,使得商业活动形式变得错综复杂,销售产品的同时往往伴随着服务的提供,横跨多个产业行业,使得业务边界变得模糊不清,进而加大了对相关经济行为课税对象性质准确界定的难度。同时,随着数字经济形态的不断创新与发展,大数据等新型生产要素的价值日益凸显,并在整体生产活动中扮演着愈发重要的角色。数字货币作为一种新型价值载体,以及其他尚未充分规制的新兴生产要素的崛起,引发了社会对于是否应当将其纳入税收体系以及如何有效征税的深入讨论,这进一步加剧了课税范围边界模糊的问题。

1.增值税课税对象界定困难

课税对象作为征纳双方共同指向的客体,是区分不同税种之间根本差异的重要标准。每个税种的课税对象均可以从质和量两个角度去理解。质的规定明确了征税的范围,决定了税收覆盖的广度;量的规定则界定了征税的基础,即税基。增值税的课税对象是经济活动中的增值额,即企业在生产和流通环节新创造的价值部分。随着数字经济对行业的持续影响,促进了不同产业间的融合,商品与服务之间的相互结合以及服务内部的混合配置变得更加常见。这些变化致使增值税的课税对象——增值额的性质识别及其相应的计税依据变得更为复杂和难以明确。

(1)商品和服务的界定模糊,使课税对象性质难以明确。商品和服务是增值税的基本课税对象类别,其中商品具有一定的物理形态或物理存在,而服务则表现为无形的活动或劳动成果。随着互联网技术的革新,原本以实体形式存在的商品逐渐被转化为数字形态,消费者可以通过网络直接获取和使用,无须依赖传统的物理载体。这种转变使得数字化商品在实际操作层面上难以严格依照传统商品的标准进行界定。

互联网技术的飞速发展促使传统商品数字化,这些数字化商品以数据的形式在网络上传输、存储和消费,不再需要传统的物理载体。比如,音乐、电影、电子书、软件、在线课程、网络游戏道具等都是典型的数字化商品,传统商品与数字化商品在表现形式和存储使用过程中有着显著区别。从消费者角度看,无论是购买传统商品还是数字化商品,他们所看重的是最终使用的功能与体验,税率的不同可能并不是决定购买行为的主要因素。因此,将数字化商品视同为服务或者无形资产进行税务处理有一定的逻辑基础。但是,从内容和用途的本质上看,数字化商品与传统商品在满足消费者需求、创造价值等方面并无根本差异,将数字化商品视为商品的一种类型,并在税务处理上采用相似的处理方式,也具有合理性。例如,在互联网出现之前,音乐以光盘和磁带为载体进行销售,适用税率为13%,互联网普及以后,人们可以在网易云、QQ 音乐等音乐平台上采用充值或付费的方式听音乐,此时音乐平台提供的是音乐产品(课税对象是商品)还是音乐服务(课税对象是服务),现行税法并没有明确规定。数字经济背景下,传统商品越来越多地被转化为数字化形式进行交易和流通,产品的形态产生一系列变化,一些交易中课税对象的性质难以确定,属于“灰色地带”,这种无法准确界定情形的存在,将会导致税负不公。

(2)商品与服务、服务内部之间的交叉组合更加频繁,难以判定课税对象性质与税基。例如,在3D打印技术应用的案例中,买方能够远程直接打印产品,这改变了传统的生产后交付模式。在这种情况下,卖家可能同时充当产品供应商和设计服务商的角色,既提供实体产品,也提供定制化的设计图纸或模型数据等技术服务。对于这种混合型收入如何在现有税法下进行分别核算,目前并没有明确的规定。在互联网网约车服务平台的运营中,平台提供的服务可能包括交通运输服务(如车辆租赁和驾驶服务)和信息技术服务(如线上匹配乘客与司机、路线规划、支付结算等)。这两类服务在税法上对应的税率是不同的,交通运输服务适用较高的增值税税率,而信息技术服务适用较低的税率或其他特定的税率。在这种情况下,网约车服务的课税对象界定变得复杂,如果要区分核算两种服务的收入,建立科学合理的收入划分标准仍然是一个挑战。纳税主体可能会倾向于将收入更多地归入税率较低的服务类别以减轻税负。对于马蜂窝、途牛等在线旅游平台提供的一体化旅行解决方案,涉及的服务包括交通运输服务(如机票、火车票、租车服务)、住宿服务(如酒店预订)、餐饮服务以及其他配套服务。对于一般纳税人来说,交通运输服务的适用税率是9%,而住宿、餐饮等现代服务的适用税率是6%。这种混合服务涉及不同的税率,使得税基的划分变得更加困难。

2.个人所得税应税所得归类难

个人所得税的征税对象是个人获取的各种所得。我国现行税法明确列举了纳税人的九类应税所得范围,并采用了综合与分类相结合的征税方式。随着数字经济的发展,网络直播、共享经济等新兴商业模式不断涌现,纳税人有更多机会独立参与经济活动,自由职业者的数量显著增加。这些变化使得收入的定性和成本费用的扣除变得更加复杂,从而加大了自然人应税所得确定的难度。

(1)收入多元化导致收入归类不明确。在数字经济环境下,自然人获取收入的途径日益多元化,既有传统的工资薪金、劳务报酬所得,也有新兴的打赏收入、在线教育授课收入、远程医疗服务报酬等。这些新型收入来源往往融合了多种经济行为属性,难以简单地用传统税法框架下的收入分类进行归类和界定。以网络直播带货为例,主播通过直播平台获取的打赏收入既带有娱乐性质的偶然所得特征,也可视作观众对其劳动成果的认可,从而被认为具有劳务报酬性质。至于主播通过推广商品获得的其他收入,因其可能涉及与直播平台、品牌商、经纪公司的多重合作关系,以及货物所有权和销售权的不同安排,收入性质的确定需要综合分析其在整个产业链中的角色和职能。在线教育领域,教师通过教育平台提供课程所获得的收入,其性质可能是基于专业知识传授的劳务报酬,也可能是通过知识产权授权的特许权使用费,具体分类需要根据收入来源和合同约定进行细致甄别。医生通过在线医疗平台提供服务的收入,其性质可能是基于个人专业技能的劳务报酬,也可能因为构成了独立的经营行为而被认定为经营所得,这取决于医生是否成立了独立的医疗机构、与平台之间的合同约定以及服务的具体内容和方式。

(2)自然人税基界定难度大。自然人在提供服务或开展经营活动时,会产生相应的成本和费用,这增加了税基核定的复杂性。个人所得税的征收对象是个人所得而非总收入,应税所得是扣除成本费用后的收入。然而,自然人通常缺乏专业的核算能力,难以准确判断哪些成本费用可以扣除。此外,自然人的收入消耗的成本费用往往与个人或家庭生活费用混合在一起,明确区分这些费用并不现实。例如,滴滴司机提供服务时,他们的个人驾驶技能与车辆结合使用,车辆既用于载客也用于个人日常出行,如何准确划分车辆折旧费用是一个问题。同时,油费和修理费的真实性也很难判断。网络直播的情况更为复杂,除了个人的劳动投入,还可能涉及雇佣主播、造型师、客服等人员,以及支付三脚架、智能手机、场地租赁等费用,准确核算这些成本费用是比较困难的。因此,对于自然人取得的收入,不能直接作为计税依据,需要考虑经营过程中的成本费用,这使得税基的确定变得非常复杂。

(二)纳税主体界定困难

在数字经济的大背景下,传统的纳税主体界定标准确实受到了严峻挑战。随着电子商务、互联网贸易的迅速发展,交易行为日趋复杂化和多元化,原来的实体法人纳税主体逐渐扩展到了大量非传统意义上的纳税人,如自然人商家、微商、线上教育从业者、直播带货主播等,他们通过网络平台进行交易,往往以个体户或自然人身份进行经营活动,使得税务机关在界定其纳税义务时面临复杂性和不确定性。这些交易主体往往通过虚拟身份和线上平台进行经营活动,税务机关在获取其真实身份信息、准确住址以及交易详情方面存在困难,难以确保每一位参与交易的纳税主体都能够依法履行纳税义务。尤其在个人间进行交易、第三方支付平台介入的情况下,交易链条变得更为复杂,每笔交易的税收责任归属、收入确认及税款征收成为一大难题。第三方支付平台和在线交易平台在交易过程中起到了重要的中介作用,它们从交易中收取手续费,这部分收入无疑应纳入税收征管的范围,但现行的税收法律法规对此类新型纳税主体的认定和管理还存在空白或不明确之处。

(三)纳税地点确定困难

征税会造成纳税人自身利益的损失,同时带来纳税人的税收遵从成本,因此税收制度的设计应当充分考虑纳税人的便利性,降低其遵从成本,包括减少不必要的交通支出、时间消耗等,以提升税收征管效率。我国现行的中央、省、市、县四级税务部门设置,正是基于行政管理和传统经济活动的地域性特征,旨在便于纳税人就近办理税务事宜,并有利于各级税务机关对税源实施有效监控,从而降低税款流失风险。在传统经济模式中,纳税地点一般与纳税人的实体机构、注册地、实际管理机构或居住地紧密相连,这些地点具有较强的时间和空间稳定性,有助于税务机关明确征税对象和范围,同时也便于纳税人理解和遵循纳税义务。然而,数字经济的发展颠覆了传统的交易模式和空间观念,交易活动高度流动且不受地域限制,交易场所往往是虚拟的、无形的,这就给确定纳税地点带来了前所未有的挑战。

1.企业纳税人纳税地点判断困难

在数字经济时代,企业纳税人可以充分利用数字技术的优势,选择在税收政策更为优惠或税负更低的国家或地区进行登记注册,而后通过互联网连接全球买家和卖家,实现线上交易和运营。这样做的好处在于,企业不仅能够大幅度降低税收成本,同时还可以节省实体门店的租金、装修、水电、人力等传统运营成本,从而提高经营效益。然而,在这种模式下,企业可能并未在我国设立实体办公场所或分支机构,甚至其实际管理机构可能分布在全球各地,以灵活的全球办公模式运作。这种情况下,传统基于实体存在的纳税地点判断方法变得捉襟见肘,税务机关在确定企业纳税义务时面临很大挑战,纳税地点的界定变得复杂且困难。

2.自然人纳税地点判断困难

在数字经济时代,经营活动的灵活性和虚拟性显著增强,个人卖家、网络主播等无须实体店铺即可进行交易,其居住地和工作场所往往融为一体。在这种情况下,自由职业者的居住地作为纳税地点是否可行,成为一个重要议题。理论上,居住地作为纳税地点是有法律依据的,但如何准确界定和执行,以及税务机关如何有效识别和追踪这些分散的、灵活的经济活动,是一个复杂而艰巨的任务。对于依赖互联网平台进行商业活动的主体,他们通过更改 IP 地址、使用移动设备进行交易等手段来隐蔽交易的实际地点,无疑增加了税务机关确定纳税地点的挑战。

二、常设机构认定不明

"常设机构"原则一直是国际税收中确定跨国企业税收管辖权的重要基准,它主要用于判定跨国企业是否在某个国家或地区建立了持久稳定的经营活动,并据此对该国境内的商业活动产生的利润行使来源地税收管辖权。然而,在数字经济时代,这一原则正在经历前所未有的挑战。数字经济企业以其独特的"去实体化"特质,利用互联网和数字技术,能够在无须设立实体办公室或工厂的情况下,跨越国界为全球用户提供产品和服务。这意味着,即使企业在某国获得了巨额收入,但由于其并未在该国设立符合传统定义的"常设机构",便可能规避掉在该国缴纳所得税的义务。与此同时,由于数字经济的虚拟性和非中介性,收入来源国无法依据传统的"常设机构"概念对跨国数字企业进行有效的税收征管,从而难以实现来源地税收管辖权,造成税收收入的流失。此外,数字企业通过重新构建全球价值链、将无形资产的所有权和使用权分开等手段,巧妙地在不同税负的国家和地区之间转移利润,这进一步加剧了税基侵蚀和利润转移的问题。现行常设机构确认规则不适用数字经济主要体现在以下两个方面。

(一)现行常设机构概念和数字经济征税存在冲突

随着互联网和数字经济的兴起,传统国际税收规则中的"常设机构"概念受到了严重的挑战。20 世纪 20 年代,OECD(经济合作与发展组织,简称经合组织)《税收协定范本》中引入常设机构概念时,尚不存在互联网商务,当时的规定建立在实体经营场所的基础上,认为只有非居民企业在一国拥有固定的、持久的营业场所时,该国才有可能对其从该国取得的营业利润实施征税。然而,在数字经济背景下,许多跨国公司在没有实体常设机构的情况下,就能够通过互联网在全球范围内提供产品和服务,并从中获取收益。例如,数字科技跨国公司可通过云端提供软件服务、内容分发或其他数字产品,而这些服务和产品的消费者可能遍布世界各地。这样一来,按照传统的常设机构定义,这些跨国公司往往无法被认定为在我国设有常设机构,即便其在我国取得了可观的收入。与此同时,互联网本身的全球性和非物质性特点意味着,通过互联网进行的交易活动在传统意义上并不能与中国形成实质性的联结,从而使得我国依据常设机构原则对这些跨国公司的境内所得行使来源地税收管辖权变得困难。此外,数字科技跨国公司还可能利用复杂的国际税收筹划手段,如通过转移定价、知识产权收费、利息支付等,将利润转移到低税或免税地区,从而减少在高税国家的应纳税所得额,导致税基侵蚀和利润转移问题的加剧。

数字经济的发展使得传统的国际税收规则面临挑战,尤其是在确定非居民企业跨境交易的税收管辖权方面。按照现行国际税收准则,如果没有在中国设立实体机构,我国税务机关一般不能对非居民企业通过远程方式销售商品或提供服务所获得的收入进行课税。现有的常设机构标准侧重于实体存在,而忽视了数字经济中的虚拟存在和实质交易活动,这导致市场所在国的税收权益受损。举例来说,在数字经济背景下,一些非居民企业可能通过设立本地仓库、数据中心或提供本地化的客户服务等手段,这些原本被认为是准备性或辅助性活动,如今却成为其核心业务的一部分,但却可能因其并未达到构成常设机构的标准而得以规避税收。面对这种情况,有必要对常设机构的概念进行现代化的诠释和修订,考虑引入"数字存在"或"实质经济活动"等新标准,以适应数字经济的特性。这意味着税务机关应当有能力识别和评估企业在数字空间中的经济活动与其在市场所在国的实际经济联系,即使没有实体常设机构也能对相关经济活动行使税收管辖权。尤其在电子商务领域,诸如B2C、C2C等交易模式,交易的隐匿性、瞬时性和跨国性使得税务机关在确定税收管辖权、纳税人身份、纳税地点、税基和适用税率时面临巨大困难。

(二)对于计算机设备是否属于固定经营场所存在争议

在数字经济领域,计算机设备的使用是否构成常设机构这一问题引发了广泛的讨论。OECD《税收协定范本》的第五条第一款及其注释显示,企业的自动化设备,包括计算机设备,如果位于一个国家并用于长期商业活动,可以被视为该国的常设机构。然而,纯粹的网站和其上运行的软件、数据作为无形资产,并不构成实体意义上的营业场所。但是,网站背后的服务器作为承载和运行网站的实体硬件设备,具备明确的地理位置,这一点上可能符合"固定营业场所"的定义。特别是当服务器由企业自行拥有或租赁,并且其主要功能是为了支撑企业在特定国家或地区开展业务时,该服务器所在的地点可能构成企业在这个国家或地区的常设机构。值得注意的是,许多企业会将其网站托管在第三方互联网服务提供商的服务器上,这种情况下,虽然服务器存在具体的物理地点,但企业自身并未对该服务器享有实际控制和处置的权利,因此这并不一定会构成企业自身的常设机构。随着服务器技术的发展,服务器的体积不断缩小,分布更加广泛和灵活,这使得传统的常设机构定义在面对数字经济时显得模糊不清。如何界定服务器是否构成常设机构,特别是当服务器的位置和所有权结构复杂化时,成为一个急需解决的法律和税务问题。

三、税收管辖权的划分

(一)居民税收管辖权难以适用

行使居民税收管辖权时,国家税务机关需要根据一定的法律标准确定企业和个人是否为纳税人。按照国际通行做法,对于个人而言,主要依据其居住地、住所(常设居住地)和在该国的停留时间长短来判断其居民身份,以此确定是否有权对其全球所得或部分所得进行征税。对企业而言,居民税收管辖权的确定则通常考虑的因素包括但不限于:公司的注册地、法定地址、主要管理机构所在地、实际管理控制中心所在地等。传统的实体经济环境下,企业通常有一个明显的营业地点或管理机构所在地,这些地点往往是判定其税收居民身份的关键。然而,在数字经济时代,情况发生了显著变化。数字经济的兴起使得跨国企业可以利用互联网技术在全球范围内开展经营活动,不再需要有实际物理空间和实体聚集。线上交易、远程办公、云计算等新技术的应用,使得企业经营活动的空间界限变得模糊,传统的居民身份的判定准则在某种程度上已不符合现代经济活动的特征。

(二)来源地税收管辖权难以适用

在行使来源地税收管辖权的过程中,国家税务机关必须查明公司或个人的收入是否来源于本国,这将成为是否对该收入征税的基础。不管是本国居民还是外国非居民,只要从该国获取收入,根据来源地税收原则,该国就有权对其征税。这是基于税收受益原则,即来源国为纳税人提供了基础设施、市场环境等公共服务,因此可以对其境内产生的经营所得进行征税。在传统经济模式中,企业的营业收入来源地通常是根据常设机构原则来确定的,即企业是否在该国设立了固定且持续的经营场所,并通过该场所进行了经济活动,从而获得了应税收入。然而,在数字经济领域,跨国企业通过互联网平台就能在全球范围内进行交易,无须实体店面或常设机构,交易行为的发起和完成大多在网上瞬间完成,呈现出无形性和虚拟性特征。这种情况下,税务机关在界定数字经济活动的收入来源时,无法辨别其收入来源地。例如,一家数字企业可能通过网络平台向全球用户提供服务,用户可在任何地点接收和享用这些服务,这就使得确定每一笔收入确切的来源地变得极为复杂。因此,传统的来源地税收管辖权原则在应对数字经济的新商业模式时,难以有效地对数字服务、数据流动等新型经济活动进行税收征管。

四、税收与税源相背离

1994年中国实施分税制改革以来,税款征收以企业注册地为基础的原则在当时的工业经济环境下运行良好,与实体产业从生产到销售的链式布局相契合。然而,在数字经济大潮中,企业的生产经营模式发生了根本性变化。企业的注册地、生产基地、发货地、销售地可能分布在不同的区域,甚至跨越国界,形成"空间两极化"与"销售分散化"并存的局面。与传统经济依托实体商店和工厂的经营方式截然不同,数字经济企业主要依靠网络技术和信息技术,实现了线上交易的普遍化,消费者可以无视地域限制,自主选购世界各地的商品和服务,而数字企业并非必须在消费者所在地区设立实体店铺或分支机构。根据我国现行的税收征管规则,数字经济活动产生的税收往往被归集到企业的注册地,从而产生了类似于总部经济的税收集中效应。这意味着,尽管消费者在本地购买商品和服务产生的税收在理论层面上应归属于消费地,但实际上这些税收可能会流转到线上平台企业的注册地进行缴纳。这种现象进一步加剧了我国税源的跨区域流动,割裂了生产和消费的完整价值链条,注册地在享有税收收入的同时,消费地却承担着税收负担,使得地区间财税收入分配失衡,长此以往,可能会加剧强者愈强、弱者愈弱的"马太效应",不利于区域间的均衡发展。由此,仅依据注册地原则而不考虑市场的利益进行区域间的税收分配制度已不合时宜。

五、税务稽查难度加大

税务稽查作为税收征收管理的重要组成部分,肩负着核查纳税人是否依法、足额、准时缴纳税款的重任。传统模式下的税务稽查流程主要包括选案、检查、审理、执行四个阶段。在传统的经济活动中,由于交易多限于特定地理区域,税务管理通常遵循属地原则,各地税务机关负责本地区域内企业的税务稽查,由此形成的税务数据具有一定地域性分布特征。然而,在数字经济时代,交易的全球化、网络化和虚拟化打破了地域界限,税务数据不再局限于某一特定区域,而是呈现高度的离散化和流动性,这对传统的属地管理模式提出了挑战。数字经济交易的不透明性和复杂性较传统交易更高,交易速度更快,数据量更大,而且往往跨越国界和司法管辖区域,导致税务机关在获取、整合和分析所需税务信息时遭遇诸多困难。此外,数字经济涌现出各种新型业务模式,如电子商务、虚拟货币交易、数字内容服务等,现行的稽查手段和技术可能不足以适应这些新业态的要求,导致稽查效果受限。

(一)数据分散导致选案难度加大

案源管理是税务稽查准备阶段的核心环节。为了有效进行案源管理,稽查部门需要获取全面而准确的税务数据,并对这些数据进行整理和分析,以确定稽查的目标。选案的方法通常包括人工选案、计算机辅助选案和举报等途径。随着数字经济的兴起,计算机辅助选案的作用愈发突出,但这依赖于大量税务数据的支持。税务征管过程中产生的各类税务数据都是选案的重要依据,因此我国在多项政策文件中强调了提升税务数据共享水平的重要性。例如,2015年发布的《"互联网＋税务"行动计划》提出了加强"互联网＋数据共享"的要求,而2021年发布的《关于进一步深化税收征管改革的意见》中明确提出了"深化税收大数据共享应用"的目标。在实际操作中,尽管取得了一定的进展,但税务数据的分散性问题仍然存在,主要表现在以下两个方面。

1. 省级税务部门之间税务数据分散化

2019年3月,金税三期系统的全面升级迈出了税务数据集约化管理的关键一步,实施了基于省级层面税务机关为主导、国家税务总局为辅的"两级处理"架构,达成了税务大数据在省级层面的集中化管理,增强了数据的统一性和一致性。然而,由于国税和地税在过去很长一段时间内独立运行,拥有各自的征管系统和数据库,这导致了数据采集标准、统计口径等存在差异,即便是国地税合并后,这些历史遗留问题仍然使得合并后的税务数据整合工作面临较大困难。尤为重要的是,当时的数据共享机制主要限定在省内范围,跨省的税务数据并没有得到有效整合和实时共享。在数字经济时代,企业的跨地区经营活动已成为常态,交易数据往往不受地域限制,然而,省际税务机关之间因数据壁垒造成的各自为政现象,使得税务机关在获取跨省交易数据时遇到很大困扰,且部门间的信息传递和协调效率较低,这在很大程度上阻碍了税务稽查和税收征管工作的高效展开。

2. 税务机关内部的税务数据分散化

各部门分工明确,各自拥有独立的数据入口和存储方式,数据标准不一、口径各异,加上大量依赖手工录入,不仅降低了数据处理效率,还可能导致数据更新滞后、错误率升高,无法充分满足现代税收征管对实时、准确数据的需求。这种"数据孤岛"现象,在税务机关内部表现为各个业务部门之间的信息交换不畅,造成数据碎片化,不利于从全局角度把握和分析纳税人的经济活动情况,尤其在选择稽查对象时,缺乏全面数据支持容易导致稽查资源错配,降低稽查效能。数字经济环境下,税务稽查面临的挑战尤为突出。一方面,数据量剧增、交易速度加快、交易形式多样,加大了税务机关追踪、核实纳税人应税行为的难度,增加了稽查成本。另一方面,由于信息技术的复杂性和隐蔽性,纳税人规避税款的可能性增加,削弱了税务稽查的有效性,同时也对现有法律法规提出了更高的要求,迫切需要完善税法体系,堵住潜在的税收漏洞。

大数据技术的应用有助于改善税务稽查的精准性和覆盖面,通过智能化数据分析可以更准确地锁定高风险纳税人和可疑交易行为,但要真正实现稽查质量和效率的整体跃升,还需要税务机关在制度建设、技术更新、人才培养等多个维度持续投入和改进。同时,强化跨部门、跨地区的数据集成与共享机制,打破信息壁垒,构建一体化的税务大数据平台,这是解决上述问题、推动税务稽查现代化的核心举措。

"小闭环＋大链条"优化征管方式试点

(二)传统税务检查方法有待完善

在传统的税务检查过程中,通常实施两种主要手段:一是查阅会计账簿和相关资料;二是进行实地检查。在过往的经济行为中,会计账簿主要以纸质形式存在,这使得数据篡改相对不易。此外,跨区域运营的成本较高,企业往往会选择在销售地建立分支机构以扩大经营范围,从而使得它们的跨区域经营活动受到一定的制约。但在数字经济领域中,虚拟化交易和无形资产交易的规模扩大增加了税务稽查工作的复杂性。

1. 虚拟化交易数据难以核查

由于交易的虚拟化,传统的账簿凭证可能以电子数据的形式存在,这些数据易于编辑和复制,稽查人员在核实交易的真实性、合理性时,不仅需要克服数据安全性、隐私保护等技术难题,还要建立可靠的方法来验证数据的完整性和不可篡改性。

2. 无形资产价值难以核算

无形资产在数字经济中的权重显著提升,如专有技术、知识产权、数据资源等,这些资产的价值评估相较有形资产更具主观性和复杂性。对于无形资产的价格审查,税务机关不能仅仅依靠传统的财务数据,还必须深入了解企业的研发成本、市场价值、预期收益、法律风险等因素,并结合其在实际应用场景中的贡献来综合评判其价值。此外,由于无形资产转让、许可使用等活动的频繁发生,如何准确核算税基并确定恰当的税率,成为税务机关面临的重大挑战。

3. 税务稽查成本显著增加

数字经济时代的一个显著特点是一个平台,服务全国,甚至是一个平台,服务全球,在这种模式下,企业可以轻而易举地跨越地理边界,实现大规模的线上交易和服务。由于线上平台的存在,税务稽查的对象不再局限在一个具体的经营场所,而可能扩展至无数的网络终端,这对税务部门的实地检查工作提出了新的挑战。实地检查的传统模式在数字经济背景下显得效率低下且成本高昂,税务稽查人员难以逐一前往企业遍布各地的货物存放地和线上经营场所进行核实。同时,稽查人员的数量不足,并且已经习惯了针对传统经济活动的稽查技术和流程,面对新型的数字经济模式,稽查人员习惯于传统的稽查方法和程序,难以及时应对新兴交易模式,影响稽查效率。

六、纳税信息不对称

由于数字经济交易的复杂性,目前仅靠税务机关自身的力量难以获取足够充分的信息,同时税务机关自身技术提升还存在局限性,难以实时监测大量虚拟的数字经济交易信息,导致税务机关和纳税人之间存在信息不对称的问题。

(一)税务机关难以有效掌控税源

随着数字经济的快速发展,以及在线支付方式和科技金融的不断创新,数字货币、虚拟货币、人工智能等新技术逐渐成熟并在网络交易中得到广泛应用,这给我国的税收征管方式带来了更大的挑战、将使我国间接税领域的"以票控税"模式难以为继。

我国当前的税收征管模式,在面对线下实体经济时,主要遵循一套固定的流程,包括税务登记、建立和管理账簿和凭证、规范发票使用、按时进行纳税申报、执行税款征收以及定期开展税务检查等环节。这套体系在传统的实体店经营中运作相对成熟,店铺开业前须开设银行账户、完成税务登记手续,日常经营中要设立会计账簿、按规定领取和使用销售发票,并定期提交真实准确的纳税申报表。然而,互联网交易市场和交易流程展现出与传统线下销售模式截然不同的特点,这使得税务机关难以准确评估互联网交易的数量和规模,更难以精确掌握税源情况。

1.个体经营者信息难以追踪

在互联网交易尤其是 C2C 模式下,由于交易过程依托于网络平台进行,经营者往往未经过严格的线下税务登记程序,税务机关难以追踪到所有个体经营者的交易信息,也无法全面了解他们的经营状况和应纳税额。

2.纳税数据信息难以核实

即使是已完成线下税务登记的 B2C 模式,由于交易记录实现电子化、实时性强、交易规模庞大且分散等特点,传统的税控手段也难以实现对税源的精确管理。在互联网交易中,交易证据和财务记录变成了电子数据,不再像实体经营一样保留实物账簿和票据,这给税务稽核带来了巨大挑战。电子化的课税凭证虽然方便快捷,但也存在着篡改、删除的风险,导致税务机关核实交易真实性、完整性的工作难度增大,从而导致税务机关难以直接验证纳税申报数据的真实性和准确性,使得传统的查账征收方式在互联网交易环境中遇到了前所未有的考验。

(二)税务机关难以全面掌握具体的交易状况

在数字经济时代,税务机关面临如何有效管控互联网交易领域内多样化的、快速流转的交易活动所带来的税源挑战。由于网络交易的便利性和匿名性,税务机关无法像线下交易那样直观地获取和监控交易信息,这大大增加了税务征管的复杂性和不确定性。互联网交易的三大关键要素——信息流、资金流和物流的分离状态,加上移动支付、第三方支付等新型支付方式的普及,使得资金流的追踪与整合变得极其复杂。税务机关迫切需要接入互联网交易平台、银行、第三方支付平台等相关机构的数据系统,以实现实时、全面的资金流监控和交易数据采集。目前,我国税务部门在构建信息共享机制方面虽已有初步进展,但仍需加强与工商、海关、金融监管机构等多方联动,打破信息孤岛,建立全国乃至全球范围内的税收大数据平台,以便对互联网交易活动进行全方位、多层次的分析,精准定位税源,有效评估纳税义务人的真实收入,以满足"应收尽收"的要求。因此,为了实现对互联网交易的有效税收征管,必须提高征管能力建设,其中,构建完备的、全覆盖的税收大数据平台是关键基础性工作。

第四节　数字化征管改革应对策略

在数字经济发展的背景下,我国纳税人数量持续增长,税务服务信息的获取变得更加困难,传统的税收管理方式难以适用于数字经济的环境。重点推进数字化、智能化征管系统改革,构建"以数治税"税收征管模式,是解决当前问题的关键。这就需要从国内和国外两个角度出发,提出数字化征管改革策略,这对我国税收征管数字化转型有积极意义。

一、国际经验借鉴

(一)英国、法国等国家提出征收数字服务税

数字经济的发展是推动全球产业升级的关键动力。目前,国际税收体系普遍允许大型跨国公司在产品制造地和企业注册地缴税,而非消费者所在地,这导致利润转移和避税行为的增加。为了维护税收主权和防止税基侵蚀,一些国家开始征收数字服务税,这是一种针对数字经济的创新税种,旨在解决数字经济带来的税收不平衡问题。

2019年7月,法国成为全球首个通过数字税法案的国家,对全球收入超过7.5亿欧元并且在法国收入超过2500万欧元的公司征收3%的数字服务税。英国则于2015年引入转让利润税制度,并在2020年4月开始,针对全球年支出超过2亿英镑的公司征收2%的数字服务税。意大利对年收入超过7.5亿欧元并且数字服务收入超过550万欧元的公司征收3%的数字服务税。

尽管各国都在征收数字服务税,但政策内容和实施方式各有差异。首先,征税对象不同。一些国家专注于广告和数据服务,而其他国家如法国、英国等则专注于社交媒体服务;其次,起征点的标准不同。大多数国家根据企业的年营业收入来确定起征点,但法国单独针对国外数字服务收入超过7.5亿欧元的公司征税,征税的结果就是法国只有30多家公司需要缴纳数字服务税,这使得税收更具针对性。最后,税率也存在差异。各国的数字服务税税率在确定时通常需要充分考虑本国国情,制定合适的税率。通常来说,数字经济较发达的国家倾向于采用较低的税率,以保护当地的优秀数字经济企业不承担过高税负;而数字经济较不发达的国家则倾向于采用较高的税率,以推动本地数字经济企业的发展。随着数字经济的发展,各国政府将继续探索和完善数字服务税的征收规则,以确保税收体系的公平性和有效性,国外部分国家数字服务税税率如表2-3所示。

表 2-3　部分国家数字服务税税率

英国	法国	加拿大	意大利	西班牙	土耳其	印度	肯尼亚
2%	3%(优惠税率1.2%)	3%	3%	3%	7.5%	2%	1.5%

资料来源:中国式现代化研究院.代表性国家数字税改革实践对我国的启示[EB/OL].(2024-12-30) [2025-01-12].https://cmi.sufe.edu.cn/8b/6b/c12155a232299/page.htm.

(二)俄罗斯——嵌入式税收征管

2015年,俄罗斯联邦税务局启动了一项试点项目,针对大型企业实施税收实时监管系统。该系统直接连接纳税人的财务系统,自动获取涉税信息,特别是金融交易数据,并自动生成报表。这种做法不仅满足了纳税人的个性化需求,还为税务机关提供了实时风险预警,减少了税收不确定性,实现了两者的"双赢"。俄罗斯税收征管数字化转型的具体措施包括以下几个方面。

1.建立纳税人的数字税务账户

这个账户是企业数字化转型的基础,个人可以通过账户实时自查税务信息、在线缴纳税款、提出缴税异议等;企业可以通过账户向税务机关提出个性化需求;税务机关则可以有针对性地提供相关服务,极大提升了税收征管服务的便利性。

2.修订并完善税收法律法规,为数字化征管提供法律保障

根据法律规定,大型企业有义务和责任向税务管理部门提供涉税数据,并使用标准化的财务管理软件,这些软件能够自动生成纳税申报表和会计凭证,并以数字化方式提交给税务机关。

3.实施渐进式改革

大型企业通常拥有完善的会计制度和较为透明的信息,更倾向于规避税务风险和追求税收确定性,因此俄罗斯税务机关选择大型企业作为征管改革的先行试点。税务机关的征管系统与企业财务管理系统直接连接,自动生成申报表并计算税款。通过这个过程,俄罗斯税务机关积累了经验,并向中小企业推广,取得了良好的示范效果。

这些措施展示了俄罗斯在税收征管数字化转型方面的进展,提高了征管效率,降低了成本,实现了纳税人与税务机关的双赢。随着数字化技术的不断发展,俄罗斯税务机关将继续改进和完善其税收征管系统,以适应数字经济时代的需求。

(三)韩国——优化纳税服务

韩国通过税收征管数字化有效地优化了税务服务,提升了税收和营商环境的整体水平。以下是韩国在这方面采取的主要措施。

1.实施统一的电子税务局系统

2001年,韩国国税厅推出了"居家纳税服务(home tax service)"平台,使纳税人能够足不出户就可完成纳税申报、缴税、查看报表和缴费记录等操作。2010年,韩国国税厅在该平台上增加了个人账户功能,整合了同一纳税人的所有涉税服务项目,便于纳税人和税务机关的查询和管理。2012年,韩国国税厅还开发了移动应用程序,提供开具凭证、计算特定税种、查看退税历史等服务,进一步满足了纳税人的移动纳税需求。

2.开发个人所得税年终汇算清缴系统

2006年,韩国国税厅推出了"简化年终汇算清缴系统(simplified year-end tax settlement system)",使得纳税人可以从第三方直接或间接获取涉税信息,并通过电子方式提交给国税厅,大幅减轻了纳税人和税务机关的负担。该系统还提供一站式网页服务,便于纳税人查阅相关信息和估算税前扣除项目的金额。截至2020年,已有超过2600万纳税人使用该系统。

3.提供预填申报表服务

2010年,韩国国税厅在"居家纳税服务"平台上推出了纳税申报表预填服务,该服务利用国税厅数据库中的信息自动填写申报表的部分内容,减少了纳税人的填写时间,并降低了人工填写出错的可能性。

这些措施显著提高了税务服务的便捷性和效率,同时也加强了税收征管的透明度和准确性,为韩国的税收征管数字化树立了良好的典范。随着技术的不断进步,韩国国税厅将继续优化这些数字化服务,以更好地适应纳税人的需求和提高税收征管的效果。

(四)美国——以税收现代化战略指引征管改革

美国联邦税务局(IRS)在过去十几年中一直在努力提高税收征管的效率。为解决早期数字化投资不足导致的基础设施老化和征管效率下降等问题,IRS启动了新一轮的税收征管改革,并于2019年公布了《税收现代化行动计划》。该计划旨在改善用户体验,提升征管效率,并推动税收征管的现代化。2021年,IRS向国会提交《纳税人优先法案报告》,重点关注纳税人的核心需求,致力于提升纳税人的办税体验,简化IRS的基本职能和相关机构,以提高主管税务机关的工作效率。

此外,IRS还强化了数据统计分析能力,以提升税收风险识别能力。这主要依赖于数据和技术两个方面的进步:一是扩展信息来源,IRS通过政府部门间的信息共享、税收信息交换和第三方数据,建立了基于数据驱动的国税不遵循模型;二是利用先进技术,IRS运用大数据、云计算、机器学习等技术,推动纳税人分级分类管理的智能化,实现税收风险识别、预警、防控等业务操作的自动化。IRS正在开发由大数据驱动的风险评估产品,使用贝叶斯模型来识别和确定风险纳税人的等级。

同时,IRS在数字化建设过程中,始终将纳税人数据保护作为重点,确保网络安全和数据安全的具体流程设计得到贯彻实施。IRS在数据传输过程中对数据进行严格加密,防止数据泄露,进一步提升税务机关的征管效率,推动税收征管现代化的进程。

通过这些措施,IRS不仅提高了税收征管的效率和效果,还确保了纳税人的数据安全和隐私保护,为税收征管现代化树立了典范。随着技术的不断发展,IRS将继续探索和采用新技术,以适应不断变化的税收征管环境。

(五)经济合作与发展组织第十三届税收论坛——税收征管3.0

2020年12月7日至8日,经济合作与发展组织第十三届税收征管论坛(FTA)线上会议举行,包括中国在内的33个FTA成员的税务局局长和国际组织代表参加。交流会发布了四项成果,其中"税收征管3.0:税收征管的数字化转型"探讨了税收征管数字化转型的目标以及应采取的具体措施。大会总结了税收征管2.0的缺陷，即依赖纳税人自愿遵从，从而致使税款严重流失；纳税人需要投入相对较多的人力、时间等，遵从成本较高；纳税环节晚于应税事件的发生，从而致使税收不确定性大幅提高；政府部门之间系统不一致，造成纳税人负担提高和税收欺骗行为增加等，明确了税收征管3.0建设的目标。

1. 税收征管3.0的关键要素

税收征管3.0的设计理念是为了应对数字化发展对税收征管体系带来的挑战，其核心目标是利用纳税人自有的会计系统或软件等可靠数据源，减少对税务部门申报系统数据的依赖。这一理念主要包括以下几个部分。

（1）税收征管嵌入纳税人自有体系。纳税环节将更加深入日常生活和公共活动，通过征纳双方的密切合作，减轻纳税人的行政负担，并促进"即时征税"，确保纳税人的税收遵从。

（2）打造税收共建、共治、共享的总体格局。数字平台将成为税务机关在税收征管中的"代理人"，与政府职能部门和私营部门密切配合，形成税收共建、共治、共享的格局，其中政府职能部门发挥最终监管作用。

（3）实现实时税收征管，提高税收确定性。税收征管流程将与日常活动和商业贸易同步，接近实时。人工智能工具和算法将支持应纳税款的评定，并提供决策支持。

（4）提高税收征管模式的透明度和可信度。纳税人可以实时查询应缴或已缴纳的税款，以及税款计算的主要依据，对数据的来源和准确性提出质疑，授权或拒绝其用于非税务方面，使税收征管流程和结果对纳税人更加透明。

（5）税务机关与其他政府部门职能紧密结合。税务部门职能将与其他政府部门职能紧密联系，依托统一的数字身份，实现税收征管流程与数据源的无缝衔接。

（6）构建更加人性化、高技术水平的税务组织。以纳税人为中心，税务人员需要掌握人工智能等高级数据分析方法和决策分析工具，以提高纳税人的税收遵从度，并及时检测和修复税收征管系统中的异常、漏洞和缺陷。

税收征管3.0的理念强调了技术的应用、数据的共享、流程的透明和效率的提升，旨在构建一个更加现代化、智能化、人性化的税收征管体系，以适应数字化时代的需求。随着技术的不断进步，这一理念将逐步变为现实，为纳税人提供更便捷的服务，同时提高税收征管的效率和效果。

2. 税收征管3.0的模拟应用场景

依据其六大要素，结合不同纳税人的需求，数字化征管模拟场景主要分为个人、中小企业和个体户、跨国集团三类。

对于个人：能够借助第三方数字化平台获得不同政府部门提供的服务。税收征管流程将嵌入数字平台，纳税人将得以借助这个平台处理税务问题，并获得人工智能的帮助。此外，税务部门或"委托代理人"也会借助文字、音频等方式帮助纳税人解决税务问题，如果涉及税务信息交换，还需要征得纳税人的同意。

对于中小企业和个体户：税收征管流程将通过政府信任的数字平台实现嵌入，利用人工智能技术，税务机关可以对税务平台进行实时监管，从而方便纳税人办理税务事项。这种方式减轻了中小企业和个体户的税收合规负担,提高了办税效率,同时也确保了税务机关能够及时获取准确的税务数据,增强了税收征管的透明度和准确性。

对于跨国集团:数字服务平台由政府委托的中介机构提供,税收征管流程内置于跨国集团在各个运营国家的数字服务平台中。税务规则、算法和数据将实时更新,并根据各国的不同税种和规则自动进行纳税义务的评估、申报和征收。税务部门通过人工智能技术对平台上出现的问题进行标记,企业可以及时复查并在必要时由税务人员实时干预。在涉及跨境税务纠纷的情况下,相关国家税务机关将在人工智能的支持下进行磋商和谈判,尽量减少企业的参与和干扰,提高解决纠纷的效率。

这种分层次的税收征管数字化策略,不仅提高了税收征管的效率,还确保了不同规模的企业都能够从数字化转型中受益,同时也促进了税收体系的公平性和一致性。随着技术的不断发展,未来的税收征管系统将更加智能化、自动化,为企业和个体户提供更加便捷、高效的税务服务。

3.税收征管 3.0 组成模块及部分国家实践

目前,税收征管 3.0 已在新加坡、挪威、肯尼亚、澳大利亚等地区落地。新加坡以国家数字身份(NDI)为抓手来改善公众的日常生活,其中包含个人数字身份(Singpass)和企业及其他实体的法人数字身份(Corppass);挪威开发了一种新机制来简化贷款申请,经过纳税人授权,银行能够直接从税务部门获取纳税人 6 个月的收入和扣税信息,并自动评估贷款申请;肯尼亚借助扩大纳税渠道来涵盖移动支付,改善了税务服务;澳大利亚自 2018 年7 月推出了基于 API 接口的数字通道,即"一键式薪酬系统",改变了纳税人获取工资数据的方式。

二、数字化税收征管改革思路

(一)完善纳税主体等税制要素

数字经济时代的到来,对税收征管产生了深远的影响。电子化的生产、交易、物流和支付信息,以及数据处理分析能力的提升,为税务部门提供了更加全面和实时的税收数据。税务部门可以借助电子支付系统自动扣税,提高了税收征管的效率和准确性。

然而在数字经济时代,消费者和生产者之间的界限也变得模糊,经济活动呈现分散化、平台化和国际化的特点,自然人纳税人在经济活动中的角色和地位日益增强,这对传统的以企业为主体的税收制度构成了挑战。因此,未来的税收制度应更加注重个人纳税人的税收征管,通过立法形式完善税务登记、自然人信用管理、信息安全和共享等方面的具体规定。此外,还需要进一步完善自然人纳税申报机制,构建与自然人税源管理相对应的税收征管制度,这包括推动税收监管和风险管理制度的建设,以及进一步完善个人所得税制度,从而全面实现自然人纳税人税源征管体系的现代化。

在数字经济背景下,税收征管体系需要更加灵活化和智能化,以便有效地应对数字经济带来的挑战。税务部门需要利用先进的技术手段,如大数据分析、人工智能和区块链等,来提高税收征管的效率和准确性。同时,税务部门还需要加强国际税收合作,应对经济活动国际化带来的税收征管问题,确保税收制度的公平性和一致性。

（二）明确常设机构的判定标准

数字经济的发展对国际税收管辖权提出了新的挑战,特别是对传统的常设机构定义造成了冲击。为了适应这种变化,一些国家开始重新定义常设机构,将"虚拟常设机构"纳入征税范围,这样即使这些虚拟常设机构不在本国境内,形成的利润也可以被征税。例如,印度对广告位和在线广告活动所依赖的硬件设备和服务征收均衡税,税率为6％。这种做法是对数字经济活动的一种税收适应。2019年6月,G20通过了《制定应对经济数字化税收挑战共识性解决方案的工作计划》(以下简称《工作计划》),为中国等国家完善跨境数字贸易服务的税收政策提供了方向。《工作计划》提出了"两大支柱"。

"支柱一"涉及跨境数字经济活动的三种解决方案:一是以"用户参与"为标准,采用非独立交易原则下的剩余利润分割法(residual profit split approach);二是定义"营销型无形资产",如果跨国企业集团在市场国通过"内在功能性关联"形成营销型无形资产,则视为在该市场国有应税行为;三是确定"显著经济存在"作为应税对象的标准,基于此中国可以加强多边合作,建立联合协商机制,扩大对税收协定中物理实体常设机构的解释,将数据形式的常设机构纳入考虑,并在国家立法层面采用"显著经济存在"作为常设机构的判定标准。

"支柱二"提出"所得计入规则""支付规则"和"切换规则",旨在避免双重不征税和防止税基侵蚀。中国应在税收协定层面积极参与国际税收新规则的制定,与OECD国家讨论制定"最低税负标准",并根据国际标准对数字经济相关的税收协定进行必要的修改,通过这些措施,中国可以更好地适应数字经济带来的税收挑战,确保税收制度的公平性和有效性,同时也能够在国际税收体系中发挥积极的作用。

（三）规范确定税收管辖权

在数字经济背景下,税务机关在税收管辖权的行使中更应兼顾效率和公平原则,合理设置税收征管区域。由于经济活动越来越多地依赖于网络进行,传统的以实体门店为标准的税收征管模式已经不再适用。数字平台虽然注册于特定城市,但其交易活动可能遍布全国,甚至全球,因此以平台注册地作为征税标准也可能会导致税收与税源的背离,加剧地区间的税收差异。为了更合理地划分税收征管区域,可以参考以下原则:一是资源提供者所在地。在数字平台上,交易的双方通常包括资源提供者和消费者。资源提供者所在地可以作为税收征管的依据之一,因为他们在特定地区提供了产生税收的经济活动。二是业务开展地。除了资源提供者所在地外,业务开展地也是确定税收管辖权的重要依据,这包括商品或服务的交付地、消费者的所在地或合同的履行地。

国家税收管辖区划分的顺序可以首先依据资源提供者所在地对应的主管税务机关划分,其次是业务开展地对应的主管税务机关。这样做有助于体现税收公平原则,缩小地区间的税收差距,确保税收制度更加合理和有效。随着数字经济的不断发展,税务机关需要不断创新和适应新的税收征管模式,以确保税收制度的适应性和公平性。

（四）构建"互联网＋税务"大数据体系

税收征管的信息化是适应数字经济发展的必然趋势。税务部门需要不断创新,利用信息技术提供线上服务,优化和升级税务服务,以适应企业转型的需要,主要包括以下几个方面。

(1)系统软硬件设施的优化。税务部门应不断更新和提升自己的系统软硬件设施,以确保能够精准匹配涉税信息、人员和时点,为数字化税收征管打下坚实的基础。

(2)一体化系统和数字化税收征管模式。税务部门应构建一个集税务服务、税务执法和税务监管于一体的系统,推动全面数字化政府的建设。

(3)电子发票信息交流平台的构建。制定国家统一的电子发票标准,推动各领域电子发票的标准化和电子化,为纳税人提供更加便捷快速的税收抵扣服务,降低税收征管的交易成本。

(4)融合互联网与电子商务发展。税务部门应借助电子商务税收政策推动基于消费的财税体制改革,借助互联网金融推动金融体系和市场的改革,基于网络的物联网理念推动社会管理能力的提升,以及利用大数据推动公共部门治理体系的完善。

这些措施将有助于税务部门更好地适应数字经济的发展,提升税收征管的效率和效果,同时也为纳税人提供更加便捷和高效的服务。随着数字化的深入发展,税收征管的数字化转型将成为推动政府治理能力和现代化治理体系建设的重要力量。

(五)强化涉税数据获取

完善涉税信息共享和构建税源监管机制是税收征管现代化的重要组成部分。借助人工智能和信息化手段,可以构建税源监控模型,实现从"发票管税"向"信息管税"的转变,最终实现"大数据治税",包括以下几个关键点。

(1)涉税数据共享和第三方数据交换。推动涉税数据共享和第三方数据交换机制,确保税务部门能够获取全面、准确的涉税信息,这包括不动产登记信息、企业财务数据、银行交易记录等,以便税务部门能够全面监控税源。

(2)不动产登记涉税服务信息化管理。例如,2022年,为了加快推进不动产登记便利化改革,税务部门与自然资源主管部门加强合作,实现不动产登记信息的实时共享,以提高不动产登记的效率和准确性。

(3)国际税收信息共享合作。构建高效的合作协调机制和数据交流共享机制,与其他国家共同打击数字企业逃税行为;通过"一带一路"等国际合作平台,深化税务信息共享交换,共同应对数字经济带来的税收挑战。

(4)跨国数字企业信息共享机制。构建跨国数字企业信息共享机制,增强税收信息共享交流,构建互利互信的征纳关系,提升纳税人的自愿遵从度。

▣ 习题巩固

一、名词解释

数字化税收征管　依法行政的原则　高效低耗的原则　分工协作的原则　顾客导向的原则　金税工程

二、简答题

1.什么是数字化税收征管？数字化税收征管的基本原理有哪些？

2.我国税收征管理念的革命性变革体现在哪些方面？

3.简述新型税务组织管理的原则。

4.简述我国税收征管制度的变迁。

5.数字化征管改革面临的挑战以及应对策略有哪些？

6.什么是"金税四期"？相比于金税三期工程，金税四期有哪些不同？

三、案例分析

2023年12月5日，山东省济南市税警联合依法查处一起利用小规模纳税人减免增值税政策虚开团伙案件，济南市税务局稽查局根据精准分析线索，联合公安部门依法查处一起利用小规模纳税人减免增值税政策虚开团伙案件。经查，该虚开团伙控制多家空壳企业，利用小规模纳税人减免增值税政策先后对外虚开发票4175份，涉及金额7208万元。

济南市税务局稽查局有关负责人表示，将进一步发挥税务、公安、检察、法院、海关、人民银行、外汇管理七部门联合打击机制作用，对涉税违法犯罪行为坚决予以打击。同时，加强对各类享受税费优惠政策企业的税费服务和税收监管，护航税费优惠政策落实落地。

下一步，济南市税务局可以运用算法模型涵盖的具体指标和分析维度，对被惩处企业的上下游企业在生产经营中的发票、货物、报表等进行合理性、合法性、真实性分析，轻易查处到使用异常发票进行成本虚增、增值税抵扣的企业。

以往的税务稽查主要以企业的"发票流""货物/劳务流""资金流""合同流"进行分析，即所谓的"四流一致"来进行核查，但随着电子发票的推广普及、货物/劳务流交易方式的变化以及因第三方支付兴起带来的资金流革新，金税四期将通过建立企业"画像"库的方式，建立正、负样本模型并设立风险特征标准，实现对异常企业全方位监控。

阐述济南市税务局稽查局如何将金税四期工程运用到税务稽查中，并简述金税四期工程的主要功能。

第二章习题
巩固答案

◎ 参考文献

[1]蔡磊.互联网＋财税[M].北京:中国财政经济出版社,2017.

[2]龚永丽.数字化背景下税收征管挑战与对策[J].合作经济与科技,2021(22):186-187.

[3]贺丹.数字经济下我国税收征管的挑战及对策[J].财会研究,2022(7):18-23.

[4]胡耘通,袁其梦.数字经济背景下税收征管实践、挑战及其完善[J].地方财政研究,2021(4):22-29.

[5]金鹏.基于网络中介信息的电子商务税收遵从与征管研究[M].北京:中国人民大学出版社,2016.

[6]李慧敏,燕晓春.韩国税收征管数字化的主要做法、效应评价及启示[J].税务研究,2023(3):131-136.

[7]李万甫."互联网＋"赋能税收征管模式转型研究[M].北京:中国税务出版社,2021.

[8]李香菊,谢永清.数字经济背景下的税收征管问题研究[J].北京行政学院学报,2022(5):58-67.

[9]刘和祥."以数治税"税收征管模式的基本特征、基础逻辑与实现路径[J].税务研究,2022(10):69-75.

[10]刘建徽,罗琳.数字经济时代的税收遵从:挑战与应对[J].当代金融研究,2022,5(8):14-23.

[11]刘同洲.税收征管数字化转型的国际经验与启示[J].税收经济研究,2022,27(2):36-40.

[12]尚可文.税收征管模式改革与创新[M].重庆:重庆大学出版社,2021.

[13]申宇冰.数字化时代金税四期的实施与中小企业税务风险的研究[J].山西财税,2023(11):54-57.

[14]王丽娜.数字经济下税收征管数字化转型的机遇与挑战[J].国际税收,2021(12):65-70.

[15]王淑珍.我国税收征管模式选择的理论与实践[J].税务研究,1997(2):43-45.

[16]王蕴,卢阳.中国式现代化背景下税收征管数字化转型研究[J].税务与经济,2023(4):28-35.

[17]谢波峰.互联网税收政策与管理12讲[M].北京:清华大学出版社,2018.

[18]闫锐.税收信息化与税收管理[M].上海:立信会计出版社,2008.

第三章　数字经济税收指标体系

◎ **教学目标**

1. 了解经济税收指标体系的内涵及组成。
2. 掌握经济税收指标体系构建时应考虑的因素。
3. 了解经济税收指标体系的构建方法。
4. 掌握数字经济税收宏观指标的主要内容。
5. 掌握数字经济税收微观指标的主要内容。

◎ **课程思政元素**

科学精神;科学方法;依法纳税;制度自信

◎ **本章导读**

税收指标体系是税收管理的重要组成部分,它包含了多个维度和层次的指标,用于描述、衡量和评估税收活动的各种特征和表现。这些指标涉及税收收入的增长、税收负担的分布、税收结构的优化、税收政策的执行效果等多个方面。通过构建科学、合理的税收指标体系,可以系统地收集、整理和分析税收数据,为税收政策的制定、税收征管的优化提供有力支持。

数字经济的不断发展和税收征管改革的深入推进,使税收指标体系得以丰富和完善。数字经济税收指标体系,作为应对新经济形态下税收征管挑战的重要工具,旨在通过构建一套科学、全面的评估框架,精准把握数字经济领域的税收贡献与风险。该体系涵盖了数字经济规模测度、税基流动性分析、税收遵从度评估、企业涉税信息识别等多个维度,通过运用大数据、云计算等现代信息技术手段,实现对数字经济活动的高效监控与精准分析。该体系可应用于数字服务、电子商务、云计算服务、区块链等新兴业态的税收特性研究,这不仅能够帮助税务部门优化税收征管策略,提升税收征管效率,还能有效促进数字经济健康发展,保障国家税收安全。同时,它也为企业提供了合规指引,助力企业在享受数字经济发展红利的同时,实现对税务风险的有效管理。

第一节　经济税收指标体系概述

党的二十大报告对数字中国建设进行了战略部署,其中对税务部门在加强大数据思维、发掘大数据潜力以及服务高质量发展方面,提出了更为严格和具体的要求。实现税收大数据的有效分析和应用,核心在于科学、系统地构建税收分析指标体系及相关模型。它不仅有助于全面、系统地量化描述税收征管的全过程,而且还能精准反映和刻画从税收征管到税收治理全过程的数量变化、特征表现、关联影响关系以及趋势变动规律,实现税收决策的科学化、精准化。

一、经济税收指标体系内涵及组成

经济税收指标体系在税收大数据分析中占有重要地位。一方面,经济增长的规模、结构及其质量对税收总量、增速、结构及其质量具有决定性影响;另一方面,税收收入作为国家调控和治理的关键手段,通过法定税率、税收负担率、税收优惠及税收管理等诸多政策,对国家治理产生深远影响。构建经济税收指标体系的目的在于科学理解税收与经济之间的相互作用关系,并充分发挥税收治理在投资、消费、分配及经济结构调整等多个方面对经济增长、经济结构调整优化、动能转换及产业结构转型升级的推动作用。

经济税收指标体系是基于"经济决定税收,税收反作用于经济"这一经济学基本原理构建的税收经济分析体系。该体系以税收大数据为基石,运用统计分析、相关模型等大数据分析方法,深入揭示涉税经济活动下税收的现实状态,税源经济的规模、结构、增长速度及质量等关键数量特征,及其对税收产生的具体影响。此外,该体系还能够精准反映税收大数据分析经济运行的情况,展示税收治理在投资、消费、分配和经济结构调整等方面的重要作用,进而展现税收与经济发展之间的协调水平,发现税收经济发展的典型规律,诊断税收管理中的问题,并据此提出针对性的建议。

(一)根据税收经济原理对经济税收指标体系进行分类

根据税收经济学原理,经济税收指标体系包括税源经济指标体系、税收收入指标体系和税收经济关系指标体系三部分内容。

(1)税源经济指标体系,反映涉税经济活动及行为特征的指标集合,如工业增加值、社会消费品零售额、企业销售收入、营业收入等。

(2)税收收入指标体系,反映税收收入总量规模、结构及增减变动,如税收收入总量、增减变动率、增值税税收收入、欠税率、所得税占比等。

我国工业增值税税收经济分析案例

(3)税收经济关系指标体系,反映税收经济关系数量特征及规律的指标,如税负率、税收弹性系数、征收率等。

(二)根据分析的范围对经济税收指标体系进行分类

根据分析的范围,经济税收指标体系包括宏观税收分析指标体系、行业税收分析指标体系和微观税收分析指标体系三部分内容。

(1)宏观税收分析指标体系,主要反映宏观经济发展与税收之间的数量关系及规律的指标集合,包括宏观税源经济指标、宏观财政税收指标和宏观税收经济指标,如经济增长率、宏观税收负担率、税收弹性系数、征收率等。

(2)行业税收分析指标体系,主要反映行业的税收增长与行业经济发展之间数量特征及规律的指标集合,如行业平均税收负担率、行业增加值、行业利润率等。

(3)微观税收分析指标体系,反映纳税人、缴费人涉税生产经营活动与税费收入间数量关系特征及规律指标集合,如企业的实际税收负担率、税收收入增减变动率、应收账款比率、主营业务收入增减变动率等。

(三)根据指标体系评价的方向对经济税收指标体系进行分类

根据指标体系评价的方向,税收指标体系包括正向评价指标体系、反向评价指标体系和适度指标体系三部分内容。

(1)正向评价指标体系,与税收遵从度评价方向相同,与税收遵从风险程度相反,因此该指标数值越高,税收遵从度越高,税收遵从风险越低,如征收率、增值税税收负担率、税收收入增长率、企业经营利润率、税收贡献率等。

(2)反向评价指标体系,也称逆指标体系,与税收遵从度评价方向相反,逆指标与税收遵从风险程度评价相同。因此该指标数值越高,税收遵从度越低,管理质效越低,税收遵从风险越高,如税收流失率、企业成本费用率、单位产品耗电量等。

(3)适度指标体系需要综合考量税收分析指标体系,通常意义上,适度指标数值过高或过低都会显示异常,税收遵从风险程度较高。该指标数值适度、适中为合理的、正常的税收数量特征,如税收弹性系数指标、各类动态配比分析指标等指标的值接近1是合理的,反映税收变动与税源经济指标变动保持同步和适度协调增减变化;主营业务成本变动率和主营收入变动率的比值趋近于1是合理的,反映两者保持合理的同步增减变化;与第三方对比构建的指标,如纳税人申报的销售收入与第三方部门实际掌握的数据应该适度匹配,比值接近1是合理的,如果与1的偏差越大,则税收遵从风险越高。

(四)根据指标体系的影响程度对经济税收指标体系进行分类

根据指标体系的影响程度,经济税收指标体系可以分为一级经济税收指标体系、二级经济税收指标体系和三级经济税收指标体系三级。

(1)一级经济税收指标体系,反映税收经济关系的关键指标集合,通常是出现频率高、影响程度大的指标,如税收负担率、所得税贡献率、税收弹性系数等。

(2)二级经济税收指标体系,是影响一级指标变动的指标集合,通常是关键的涉税财务指标集合和关键的税收收入指标集合,如企业的利润率、成本费用率、税收收入的增长率、税收结构比率等。

(3)三级经济税收指标体系,是影响二级指标变动的指标集合,通常是二级指标的进一步细分的涉税财务指标集合,如反映纳税人、缴费人涉税生产经营的财务分析指标(单项成本率、物耗指标、耗电系数、销售费用率、管理费用率、财务费用率等)。根据实际分析的需要,三级指标还可以进一步细分,如四级指标体系。

二、经济税收指标体系构建应考虑的因素

(一)涉税生产经营活动特点

涉税生产经营活动可划分为单一性经营和多元化经营两大类别。从事单一性经营的企业通常在税务方面表现出较强的专业性和单一性,其经营范围通常限于特定区域和行业,如专门从事房地产开发的企业。相对而言,多元化经营的集团企业往往涉足多个领域,甚至跨越不同产业和国界,涵盖母子公司关联交易、进出口业务、非居民业务等复杂内容。因此,单一性经营活动下税收政策及涉税事项相对简单,税收分析指标体系中的指标变量较少;而多元化经营活动涉及的税收政策及涉税事项则更为复杂,税收分析指标体系需要涵盖更多的涉税业务和税种,指标变量则更丰富,内容更广泛。

(二)重点行业税收遵从特征

经济税收指标体系构建时,要考虑重点区域及重点行业的税收遵从的特征和规律,重点把握风险易发环节及关键的税收遵从风险点,如汽车4S行业的维修服务申报的利润率通常偏低,信息不对称造成的税收遵从风险较高。因此,维修服务的成本费用率和利润率之间的数量关联关系是构建风险指标体系及模型时要关注的重点。

(三)指标干扰因素

这里的指标干扰因素来自两方面,即宏观经济调控、价格指数波动、经济周期变动、市场竞争及季节变动的客观经济因素对指标的波动影响,以及征纳博弈因素的影响。前者需要通过相应的算法剔除指标的干扰因素。后者则需要细化指标体系,以保证税收信息充分,如房地产企业在销售收入确认的时点上容易产生筹划过当的风险,因此在对销售收入指标构建方面就要进一步细化,不仅要增加指标变量,还要增加与第三方的关系指标,以优化指标及模型参数的构建和测算、验证力度。

三、经济税收指标体系构建方法

(一)按照税收经济基本原理构建

(1)税收指标与税源经济指标对比,构建税收经济关系指标体系,如税收负担指标、税收弹性系数指标等,即用企业的应纳税额与企业销售收入对比构建企业实际税收负担指标,企业的应纳税额变动率与企业的销售收入变动率比对构建税收弹性指标等。这类指标能综合反映税收与经济之间的关联关系,如两者是否相符、是否匹配、税收经济是否协调发展、是否存在税收流失的缺口等。

(2)基于经济决定税收这一基本常识,根据税源经济发展的实际状况及趋势来构建和确定税源经济分析指标体系,如经济总量、行业增长值、销售收入增长率、利润率等。

(3)结合现行税收制度和政策,按照税收征管基本流程及相关业务内容,构建税收收入分析指标体系。该指标体系包括三类:一是构建税务登记类的分析指标体系;二是构建发票管理类的分析指标体系;三是构建税收申报类的指标体系。

（二）仿生构建法

仿生构建法是指税收分析指标构建应尽量符合涉税生产经营活动的内在属性及规律。任何涉税生产经营活动均具备其独特的属性、经营规律及商业模式。因地区、规模、行业的不同，这些活动所适用的税收政策、税收遵从风险因素、风险特征及其程度均有所差异。如煤炭采掘业与金融业在涉税风险特征上便存在明显区别，且煤炭采掘业的风险程度通常高于金融业；同时，国有大中型企业与中小民营企业在税收遵从风险上亦存在差异。因此，针对不同地区、规模及行业的税收分析指标体系应有所侧重。在构建税收分析指标体系时，我们应致力于反映区域经济及行业涉税生产经营活动的内在属性和规律，同时兼顾税收政策的内在要求，力求准确体现各行业的税收遵从风险特征。

（三）分层、分级构建法

分层、分级构建法又称分类构建法，是指构建税收分析指标体系时按照指标的不同范围和影响关系将指标体系分为不同层级分类构建的方法。

（1）分层构建，是指按照不同管理层级和管理范围构建税收分析指标体系，首先构建宏观的税收分析指标体系，然后构建行业税收分析指标体系，最后构建微观纳税人层面的税收分析指标体系，即从"面"到"线"，再到"点"的思路，分层构建，形成全面系统的税收分析指标体系。

（2）分级构建，主要是针对不同层面的税收分析指标体系，进一步分解和细化，分级构建，即区分为一级、二级、三级或更多层级的税收分析指标体系，反映和描述税收分析指标之间的数量影响关系及影响原因，如微观层面的税收分析指标体系应该包含纳税人和缴费人税收经济关系类指标、税源类指标、税收收入类指标三部分。

（四）与第三方信息比对构建法

在国际上，税收治理普遍通过第三方信息比对来实施。它通过将纳税人申报的信息数据与第三方获取的相关指标数据进行对比，构建出比率、比例和差值等分析指标。这种做法能够更准确地核实数据的真实性，从而更有效地监控税收遵从风险。因此，在构建我国的税收分析指标体系时，也应积极借鉴这一国际先进经验，如可以通过比对房地产企业申报的销售收入与房管部门获取的商品房网签销售收入，来评估房地产企业申报数据的真实性。通过这种方法，可以更全面地评估企业的税收遵从情况，提高税收治理的效率和准确性。

（五）按税收评价方向构建法

系统完整的税收指标体系的构建方法应包括正反两个方面，即正向构建法和反向构建法。其中正向构建法，即构建正指标体系，正指标是指风险指标数值越高，税收评价效果越好的指标，如征收率、税收负担率、税收收入增长率、净资产收益率、产出率等。反向构建法，即构建反指标体系，反指标是指指标数值越高，税收评价指标越差的指标，如税收流失率、成本费用变动率、成本费用率等。

第二节　数字经济税收指标体系构建

中国数字经济发展研究报告

党的二十大报告提出要"构建高水平社会主义市场经济体制"①。科学构建数字经济税收指标体系,提升税收分析的科学性和精准性,以此为基础来完善税收对数字经济的治理,对健全宏观经济治理体系、促进数字经济企业发展有着重要意义。随着"金税四期"的上线,我国税务部门"以数治税"能力进一步加强,税收分析指标体系及量化应用模型将更加优化。

一、数字经济税收宏观指标体系构建

数字经济税收宏观指标是以数字经济所涉行业纳税人、缴费人的微观指标为基础汇总计算得出的,主要内容包括三大类:一是税收数字经济关系宏观指标;二是数字经济税源宏观指标;三是数字经济税收宏观指标。

(一)税收数字经济关系宏观指标

税收数字经济关系宏观指标是税收指标和非税收指标之间的比值,反映了税收与数字经济内在的关联关系,间接反映了数字经济运行状况、质量和发展态势,具体包括以下内容。

1.数字行业税收负担率

数字行业税收负担率=数字行业税收收入/数字行业增加值×100%

2.数字行业税费负担率

数字行业税费负担率=数字行业税费总量/数字行业增加值×100%

3.数字行业税收弹性系数

数字行业税收弹性系数=数字行业税收收入增长率/数字行业增加值增长率

数字行业增加值增长率原则上采用现价增长率。现价增长率通过本期产业增加值与基期行业增加值两个绝对值相除计算得出。

4.数字行业税收负担率变动率

数字行业税收负担率变动率=[(报告期税负率/基期税负率)−1]×100%

该指标可以纵向观察分析税收负担率在时间上的变化,从而进一步从经济、税收政策以及税收征管三个角度来分析数字行业税收负担率变化的原因。

(二)数字经济税源宏观指标

宏观税源指标,即非税收指标与非税收指标之间的比值,包括绝对额和相对数指标。这些税源量化指标有助于了解、掌控真实的税源数量特征及发展状况,分析评判税源的营商环境,对进一步改革税收征管、完善税制、促进经济税收协调高质量发展具有重要意义。

---

① 习近平.高举中国特色社会主义伟大旗帜 为全面建设社会主义现代化国家而团结奋斗:在中国共产党第二十次全国代表大会上的报告[N].人民日报,2022-10-26(1).

1.数字行业增加值

该指标呈现的是整个数字行业在报告期内以货币形式表现的生产经营活动的最终成果,是数字行业一定时期内生产经营过程中新增加的价值。计算公式如下:

数字行业增加值＝数字经济生产总值－数字经济中间投入

2.数字行业经营收入

该指标反映了数字行业在一定会计期间内实现的各种产品、服务的销售收入及劳务收入。

3.数字行业经营利润

该指标综合反映数字行业在一定会计期间内实现的生产经营成果。该成果涉及企业经营收入扣除成本费用支出后的价值,以及各种投资回报或提供服务取得的净收入。它是企业所得税收入的税源分析指标,通常从企业的利润表或损益表取得。

4.数字经济涉及的纳税人、缴费人户数

纳税人、缴费人户数的多少和构成在一定程度上反映数字行业的税源规模及税费收入潜能,也可称税源监控户数。

5.主要产品产销量

该指标是依据数字行业经济活动中主要产品生产与销售的量价关系建立的,反映数字行业经济活动的能力与规模。

6.计税收入

计税收入是按照税目计算的分项税收收入的计税依据,是构成总体税源的基础指标。

7.计税收入率

该比率综合反映了数字行业所属企业在一定会计期间实现的总收入中所包含的税源的比例。计算公式如下:

计税收入率＝数字行业所属企业计税收入总额/数字行业所属企业收入总额×100％

8.增值率

数字行业企业总体销售增值率越高,表明该行业税源质量越好,增值税相应也越多。计算公式如下:

增值率＝数字行业所属企业增加值总额/数字行业所属企业销售收入总额×100％

9.销售利润率

数字行业总体销售利润率越高,表明该行业的税源质量就越好。计算公式如下:

销售利润率＝数字行业所属企业利润总额/数字行业所属企业销售收入总额×100％

10.盈利企业比率

数字盈利企业比率越高,税源质量越好,企业所得税的潜在收入就越多,税收负担率相对越高。计算公式如下:

盈利企业比率＝数字盈利企业户数/数字行业企业总户数×100％

11.户均盈利额

户均盈利额＝数字盈利企业利润总额/数字盈利企业户数×100％

12.数字行业内高新技术企业增长率

高新技术企业的数量是衡量一个行业创新能力和竞争能力的重要指标。数字行业内

高新技术企业规模增长率越高,说明税源质量越好。计算公式如下:

数字行业内高新技术企业增长率＝数字行业内新增加的高新技术企业数量/数字行业企业总户数×100％

13.数字行业内企业研发支出增长率

研发费用加计扣除政策是我国激励企业技术创新的重要手段,也是对企业研发活动给予财政间接投入的主要方式。数字行业内企业研发支出越多,享受的税收优惠也越多,行业内的税源质量也越好。计算公式如下:

数字行业内企业研发支出增长率＝数字行业内新增加的研发支出数额/数字行业企业基期研发支出数额×100％

(三)数字经济税收宏观指标

1.数字经济税收收入总量

数字经济税收收入总量反映一定时期内数字经济活动实现的税收收入总规模。

我国数字经济企业发展报告发布创新研发投入增速显著

2.数字经济税费收入增长率

数字经济税费收入增长率是报告期税费收入除以基期税费收入计算得出的动态比率,它反映了税费收入在一定时期内增减变动程度及发展态势。数字经济税费收入持续稳定增长,而非大起大落式的波动,说明数字经济持续稳定发展,财政状况稳定,税收遵从风险较低,同时也反映了财政、税收的法治化、规范化、科学化程度的不断提高。计算公式如下:

数字经济税费收入增长率＝报告期税费收入/基期税费收入×100％

3.数字经济税费收入异动率

税费收入异动率可以从两方面进行分析:一是税费收入突然大幅增长或者大幅下降,这表明税费收入变动处于不均衡、不稳定的状态;二是税费收入增长幅度大幅超过经济增长幅度,或者大幅低于经济下降幅度。数字经济税费收入波动幅度较大,说明税费收入增长质量不高,存在潜在的税收遵从风险,将会给国家财政、税收安全带来较大的风险隐患。

4.数字行业税费申报率

数字行业税费申报率是税费申报户数占登记户数的比重。它既可以反映纳税人、缴费人的税费实现程度,也可以反映税务部门的征收管理质效。该指标值越大,表明数字行业税收遵从风险越低。计算公式如下:

数字行业税费申报率＝数字行业内纳税缴费申报户数/纳税缴费登记户数×100％

5.数字行业欠税率

数字行业欠税率是报告期欠缴税额除以税费收入总额计算得出的比率指标,反映数字行业欠税费的严重程度。该指标值越大,表明数字行业税收遵从风险越高。计算公式如下:

数字行业欠税率＝报告期欠缴税额/税费收入总额×100％

6.数字行业税收违法率

数字行业税收违法率主要反映纳税人、缴费人和税务人员的涉税违法犯罪的比率。

该指标值越大,表明数字行业税收遵从风险越高。

7. 数字经济税费流失率

数字经济税费流失率是税费流失额除以税收收入总额计算得出的比率。税费流失额包括纳税人、缴费人不遵从税法行为所造成的税费流失额和税务人员的执法过错、犯罪造成的税费流失额。该指标反映纳税人、缴费人不遵从税法的违法行为和税务人员的执法过错、职务犯罪行为带来的税费流失的损失和危害程度。计算公式如下:

数字经济税费流失率＝税费流失额/税收收入总额×100％

二、数字经济税收微观指标体系构建

数字经济税收微观指标体系能够反映数字经济所涉纳税人、缴费人涉税生产经营活动与税费收入之间的数量关系特征及规律。微观税收分析与宏观税收分析不同,前者是针对具体纳税人开展的系列分析,包括其生产经营情况、财务状况及税收缴纳情况等。内容主要包括三大类:一是税收数字经济关系微观指标;二是数字企业税源微观指标;三是数字企业税收微观指标。

(一)税收数字经济关系微观指标

税收数字经济关系微观指标能够建立税收与数字经济之间的联系,反映具体纳税人税收申报数据与税源预期数据之间的相关关系,主要形式是税收指标与非税收指标的比值。

1. 数字企业总体税费负担率

数字企业总体税费负担率是数字企业报告期所有税费税负总额除以相应时期的营业收入对比计算得出的相对指标,反映数字企业税费的实现程度和税务部门的税费征收力度,同时也反映数字企业的实际税费负担水平。计算公式如下:

数字企业总体税费负担率＝报告期数字企业税费总额/报告期营业收入×100％

2. 数字企业增值税税收负担率

数字企业增值税税收负担率是数字企业报告期的增值税与相应时期的计税销售收入对比计算的相对指标,反映增值税税收的实现程度和税务机关增值税的征收力度,也反映数字企业实际增值税负担水平。在正常业务情况下(不包括特殊业务)企业增值税税收负担率与地区同行业、同类型增值税税收负担率预警值对比明显偏低,显示风险预警。计算公式如下:

数字企业增值税税收负担率＝数字企业报告期增值税/报告期计税销售收入×100％

3. 数字企业增值税弹性系数

数字企业增值税弹性系数是数字企业增值税应纳税额变动率除以计税销售收入变动率计算得出的相对指标,通常用系数表示。计算公式如下:

数字企业增值税弹性系数＝数字企业增值税应纳税额变动率/计税销售收入变动率

4. 数字企业所得税贡献率

数字企业所得税贡献率是企业缴纳的所得税与营业收入的比值。在正常业务情况下(不包括特殊业务),数字企业所得税贡献率与地区同行业、同类型企业所得税贡献率预警

值对比明显偏低,将显示风险预警。计算公式如下:

数字企业所得税贡献率=报告期数字企业缴纳的所得税/报告期的营业收入×100%

5.数字企业所得税负担率

数字企业所得税负担率主要是指在正常业务情况下(不包括特殊业务),企业所得税申报数据计算的税收负担率,与地区同行业、同类型企业税收负担率预警值对比明显偏低,显示风险预警。计算公式如下:

数字企业所得税负担率=报告期数字企业缴纳的所得税/报告期利润总额×100%

6.数字企业所得税弹性系数

主营业务收入变动率与企业所得税应纳税额变动率应保持同方向、同幅度增减变化,两者的配比指标即企业所得税弹性系数。计算公式如下:

数字企业所得税弹性系数=报告期数字企业所得税应纳税额变动率/主营业务收入变动率

7.数字企业应纳税所得额变动率与总资产变动率配比弹性系数

在正常情况下,应纳税所得额变动率与总资产变动率应保持同方向、同幅度增减变化,比值趋近于1是合理的,与1的偏差越大,税收风险越高。计算公式如下:

数字企业应纳税所得额变动率与总资产变动率配比弹性系数=应纳税所得额变动率/总资产变动率

8.数字企业销售收入的销项税额负担率

销售收入的销项税额负担率是指销项税额与计征增值税销售收入的比值,主要用于测算数字企业应税销售收入与销项税额的比例关系。通过具体分析税收优惠、税率变化等方面来量化说明不同时期指标变动情况。计算公式如下:

数字企业销售收入的销项税额负担率=数字企业报告期销项税额/计征增值税的销售收入×100%

9.数字企业销售收入的进项抵扣税额负担率

销售收入的进项抵扣税额负担率是指进项抵扣税额与计征增值税销售收入的比值,主要用于确定一个企业进项抵扣税额在其应税销售收入中占到多大比重。计算公式如下:

数字企业销售收入的进项抵扣税额负担率=数字企业报告期进项抵扣额/计征增值税的销售收入×100%

10.数字企业计税收入率

数字企业计税收入率是指数字企业各项计税收入合计占各项收入总和的百分比。该指标综合反映企业一定会计期间实现的总收入中排除非税计税收入后所含净税源的比重,可以从计税收入和非税收入关系来分析税源质量。计算公式如下:

数字企业计税收入率=数字企业报告期各项计税收入合计/各项收入总和×100%

(二)数字企业税源微观指标

数字企业税源微观指标是指具体纳税人涉税生产经营活动过程中的财务核算指标与财务分析指标,包括税源总量分析指标、主营业务相关涉税指标、往来账户相关涉税指标、资产管理相关涉税指标、销售业务相关涉税指标、技术研发相关指标。

1.税源总量分析指标

(1)数字企业主要产品产销量。

主要产品产销量是依据数字企业在经济活动中生产或开发与销售的量价关系建立起来的一项税源分析指标,能表现数字企业进行经济活动的能力和规模。它对从量计征的税种来说,是直接税源分析指标,对从价计征的税种来说,是一种间接税源分析指标。除了数字企业开发或生产统计报表,企业纳税申报表中也列示了主要产品产销量信息。

(2)数字企业增加值。

数字企业增加值是数字企业在报告期内以货币形式表现的生产经营活动的最终成果,是数字企业一定时期内生产经营过程中新增加的价值。

(3)数字企业经营利润。

经营利润综合反映企业一定会计期间实现的生产经营成果,包括企业经营收入扣除成本费用支出后的价值以及各种投资回报或提供服务取得的净收入。它对企业所得税来说是直接税源分析指标。数字企业的利润表或损益表通常会列示其经营利润。

(4)数字企业经营成本。

经营成本又称营业成本,是与营业收入关联对应的,应当与所销售商品或者所提供劳务而取得的收入进行配比分析。营业成本主要包括主营业务成本和其他业务成本,包括直接材料、直接工资、其他直接支出和制造费用。

(5)数字企业工资总额。

工资总额反映企业在一定会计期间支付给企业职工的劳动报酬,包括发给企业职工的基本工资、各种奖金和各种福利。它对个人所得税来说,是综合所得的直接税源分析指标,通常应按企业应付职工薪酬会计账户一定会计期间的贷方发生额合计数认定。

(6)数字企业计税收入。

计税收入是根据税法有关规定,按照税收品目要求分项计算税收收入的计税依据,也称税基。它是一种细化的分税种的具体税源分析指标,是构成总体税源的基础指标,它反映了按照税法规定分税种精确计算的税收收入。数字企业纳税申报表和收入分类核算明细账都列示了计税收入指标。

2.主营业务相关涉税指标

(1)数字企业主营业务收入变动率。

主营业务收入变动率是报告期和基期主营业务收入的差值与基期主营业务收入之间的比率。该指标变动异常是指主营业务收入变动率低于地区同行业、同类型企业主营业务收入变动率指标的预警值。计算公式如下:

数字企业主营业务收入变动率=(报告期主营业务收入－基期主营业务收入)/基期主营业务收入×100%

(2)数字企业主营业务成本变动率。

主营业务成本变动率是报告期和基期主营业务成本的差值与基期主营业务成本之间的比率。该指标变动异常是指主营业务成本变动率低于地区同行业、同类型企业主营业务成本变动率指标的预警值。计算公式如下:

数字企业主营业务成本变动率＝(报告期主营业务成本－基期主营业务成本)/基期主营业务成本×100％

(3)数字企业主营业务利润变动率。

主营业务利润变动率是报告期和基期主营业务利润的差值与基期主营业务利润之间的比率。主营业务利润率变动异常是指主营业务利润变动率低于地区同行业、同类型企业主营业务利润变动率指标的预警值。计算公式如下：

数字企业主营业务利润变动率＝(报告期主营业务利润－基期主营业务利润)/基期主营业务利润×100％

(4)数字企业主营业务收入变动率与主营业务成本变动率弹性系数。

主营业务收入变动率与主营业务成本变动率弹性系数是主营业务收入变动率与主营业务成本变动率的比率。正常情况下,主营业务收入变动率与主营业务成本变动率的比值与1的偏差一般较小,因为两者是同方向、同幅度变化的。当两者比值偏离1较多时,表现为异常的税收遵从风险。计算公式如下：

数字企业主营业务收入变动率与主营业务成本变动率弹性系数＝主营业务收入变动率/主营业务成本变动率

(5)数字企业主营业务成本与主营业务利润弹性系数。

主营业务成本与主营业务利润弹性系数是主营业务成本变动率与主营业务利润变动率的比率。正常情况下,主营业务成本变动率与主营业务利润变动率应保持同方向、同幅度增长,变化比值应接近于1。当两者比值与1的偏差较大时,表现为异常的税收遵从风险特征。计算公式如下：

数字企业主营业务成本与主营业务利润弹性系数＝主营业务成本变动率/主营业务利润变动率

(6)数字企业主营业务收入与主营业务利润弹性系数。

主营业务收入与主营业务利润弹性系数是主营业务收入变动率与主营业务利润变动率的比率。在正常情况下,主营业务收入变动率与主营业务利润变动率应保持同方向、同幅度增长变化,比值应接近于1。当两者比值与1的偏差较大时,表现为异常的税收遵从风险特征。计算公式如下：

数字企业主营业务收入与主营业务利润弹性系数＝主营业务收入变动率/主营业务利润变动率

3.往来账户相关涉税指标

(1)数字企业应付账款比率。

应付账款比率是报告期应付账款平均余额与报告期销售(营业)收入的比率。应付账款比率高于地区同行业、同类型企业应付账款比率指标预警值,表现为异常的税收遵从风险特征。计算公式如下：

数字企业应付账款比率＝报告期应付账款平均余额/报告期销售(营业)收入×100％

(2)数字企业应付账款变动率。

应付账款变动率是报告期与基期应付账款的差值与基期应付账款的比率。应付账款

变动率高于地区同行业、同类型企业应付账款变动率指标预警值,表现为异常的税收遵从风险特征。计算公式如下:

数字企业应付账款变动率＝(报告期应付账款－基期应付账款)/基期应付账款×100％

(3)数字企业应收账款比率。

应收账款比率是报告期应收账款平均余额与报告期销售(营业)收入的比率。应收账款比率高于地区同行业、同类型企业应收账款比率指标预警值,表现为异常的税收遵从风险特征。计算公式如下:

数字企业应收账款比率＝报告期应收账款平均余额/报告期销售(营业)收入×100％

(4)数字企业应收账款变动率。

应收账款变动率是报告期与基期应收账款的差额与基期应收账款的比率。应收账款变动率高于地区同行业、同类型企业应收账款变动率指标预警值,表现为异常的税收遵从风险特征。计算公式如下:

数字企业应收账款变动率＝(报告期应收账款－基期应收账款)/基期应收账款×100％

4.资产管理相关涉税指标

(1)数字企业总资产周转率。

总资产周转率是衡量资产投资规模与营业收入之间配比情况的指标。总资产周转率异常是指纳税人的总资产周转率存在异常变动情况,低于设定的预警值。计算公式如下:

数字企业总资产周转率＝营业收入/(期初总资产＋期末总资产)/2×100％

(2)数字企业净资产收益率。

净资产收益率指标反映股东权益的收益水平,用以衡量公司运用自有资本的效率。指标值越高,说明投资带来的收益越高。该指标异常是指纳税人的净资产收益率异常偏低,低于同行业、同类企业预警值的幅度较大。计算公式如下:

数字企业净资产收益率＝净利润/[(期初股东权益＋期末股东权益)/2]×100％

(3)数字企业总资产收益率。

总资产收益率是分析公司盈利能力和衡量企业收益能力的指标。该指标异常是指纳税人的总资产收益率异常偏低,低于同行业、同类企业预警值的幅度较大。计算公式如下:

数字企业总资产收益率＝净利润/[(期初总资产＋期末总资产)/2]×100％

(4)数字企业流动资产周转率。

流动资产周转率是指企业一定时期内营业收入同平均流动资产总额的比率,流动资产周转率是评价企业资产利用率的一个重要指标。该指标异常是指纳税人的流动资产周转率异常偏低,低于同行业、同类企业预警值的幅度较大。计算公式如下:

数字企业流动资产周转率＝主营业务收入净额/[(期初流动资产＋期末流动资产)/2]×100％

(5)数字企业流动资产收入变动比率。

流动资产收入变动比率是指本年平均流动资产减去上年平均流动资产后与上年平均

流动资产的百分比,其中平均流动资产是指期初流动资产和期末流动资产的平均值。该指标通过流动资产投入变动与收入变动是否匹配,判定收入是否真实。计算公式如下:

数字企业流动资产收入变动比率=(本年平均流动资产-上年平均流动资产)/上年平均流动资产×100%

(6)数字企业资产保值增值率。

资产保值增值率是财政部制定的评价企业经济效益的十大指标之一,反映了企业资本运营的效率、盈利情况以及安全水平。当该指标大于1时,表明投资人的所有者权益在企业经营过程中受到充分保障。计算公式如下:

数字企业资产保值增值率=期末所有者权益/期初所有者权益×100%

(7)数字企业所有者权益比率。

所有者权益比率是指企业所有者权益与资产总额的比率。所有者权益比率与资产负债率之和按同口径计算应等于1。所有者权益比率的大小与负债比例的大小呈反向关系,即所有者权益比率越大,负债比例则越小。这一变化趋势直接影响了企业的财务风险水平,当所有者权益比率上升时,企业的财务风险相应下降。该指标不仅体现了企业的长期财务状况,还从侧面反映了企业的长期偿债能力,是评估企业经济稳定性和可持续发展能力的重要依据。

(8)数字企业所有者权益与固定资产比率。

所有者权益与固定资产比率是指所有者权益与固定资产总额的比率。该指标是衡量企业财务结构稳定性的一个指标,反映购买固定资产所需要资金有多大比例是来自自有资本。

5.销售业务相关涉税指标

(1)数字企业销售毛利率。

销售毛利率是毛利占销售净收入的百分比,通常称为毛利率。其中毛利是销售净收入与产品成本的差。销售毛利率异常是指销售毛利率低于地区、同行业、同类型企业销售毛利率指标的预警值。计算公式如下:

数字企业销售毛利率=(销售净收入-销售成本)/销售净收入×100%

(2)数字企业收入费用率。

收入费用率反映企业费用在销售收入中所占的比重。收入费用率越高,表示企业经济效益越差。收入费用率异常是指收入费用率高于地区、同行业、同类型企业收入费用率指标的预警值。计算公式如下:

数字企业收入费用率=报告期间费用额/报告期销售(营业)收入额×100%

6.技术研发相关指标

(1)数字企业研发投入强度。

该指标用来衡量企业研发投入状况,可以消除规模的影响。计算公式如下:

数字企业研发投入强度=研发费用/营业收入

(2)数字企业研发支出费用化。

研发支出费用化指标是指当期研发支出费用化金额与期初资产总额的比率。创业板上市公司年度报告中对合并财务报表项目进行了注释,其中对管理费用的注释具体列示出了与研发支出费用化有关的数额。该指标可用来衡量企业研发支出费用化水平,计算公式如下:

数字企业研发支出费用化＝当期研发支出费用化金额/期初资产总额

(3)高新技术产品(服务)收入占比。

高新技术产品(服务)收入占比是指企业技术性收入与高新技术产品销售收入之和占企业当年收入总额的比例。该比例可以衡量数字企业技术收入的占比大小,进而判断企业经营对技术的依赖程度。

(4)大学专科以上学历的科技人员占比。

大学专科以上学历的科技人员占企业职工人数的比例可以反映数字企业人力资本的基本质量。

(5)研发人员占比。

从事高新技术产品研究、开发的科技人员占企业职工总数的比例可以反映数字企业核心人力资本的情况。

(6)数字企业国内市场占有率。

用数字企业产品销售收入与同行业产品销售收入总额的比例来衡量该数字企业国内市场占有率,它能反映高新技术企业成长状况。

(7)专利技术比例。

专利技术比例是指企业专利技术数与总专利技术数的比例,能够反映高新技术企业成长状况的代表性指标。

(三)数字企业税收微观指标

数字企业税收微观指标是指描述数字经济所涉纳税人税收特征的相关指标,反映具体纳税人的税金缴纳状况。

1.税收水平分析微观指标

(1)进项税额与销项税额弹性系数。

进项税额与销项税额弹性系数是企业增值税的进项税额变动率除以销项税额变动率计算得出的相对指标,通常用系数表示,计算公式如下:

进项税额与销项税额弹性系数＝进项税额变动率/销项税额变动率

(2)企业所得税贡献率变动率。

企业所得税贡献率变动率是报告期与基期企业所得税贡献率的差额与基期企业所得税贡献率的比率。企业所得税贡献率变动异常是指企业所得税贡献率的变动率与地区同行业、同类型企业所得税贡献率变动率指标预警值对比明显偏低,显示风险预警。计算公式如下:

企业所得税贡献率变动率＝(报告期企业所得税贡献率－基期企业所得税贡献率)/基期企业所得税贡献率×100%

2.税务管理分析微观指标

(1)海关进口增值税专用缴款书抵扣信息异常指标。

可用某期间申报海关完税凭证抵扣进项税额占全部进项税额比率的偏离率来判定海

关进口完税凭证抵扣进项税额占进项税额总额的比率是否异常。计算公式如下：

某期间申报海关完税凭证抵扣进项税额占全部进项税额比率的偏离率＝（某期间海关完税凭证申报抵扣进项税额占全部进项税额比率－某期间该行业海关完税凭证申报抵扣进项税额占全部进项税额比率）/某期间该行业海关完税凭证申报抵扣进项税额占全部进项税额比×100％

（2）运费抵扣凭证信息异常指标。

如果某期间运输发票申报抵扣增值税进项税额比率与该行业运输发票申报抵扣进项税额比率的偏离率异常偏高，则说明纳税人运费抵扣凭证信息异常指标的税收遵从风险较高。计算公式如下：

某期间运输发票申报抵扣进项税额比率＝某期间运输发票申报抵扣进项税额/某期间全部申报抵扣进项税额×100％

某期间运输发票申报抵扣进项税额比率的偏离率＝（某期间运输发票申报抵扣进项税额比率－某期间该行业运输发票申报抵扣进项税额比率）/某期间该行业运输发票申报抵扣进项税额×100％

（3）一人多职涉嫌虚假税务登记指标。

一人在一个企业或多个企业里同时担任多个职务，既是法定代表人，同时又担任财务人员、办税人员。办理税务登记时如果出现上述情况，则企业可能存在虚假税务登记，涉税虚开发票的税收遵从风险，一人同时担任的职务越多，税收风险越高。

（4）一人多注册、交叉任职涉嫌虚假登记指标。

一人同时登记多家企业，一人或几人同时在多个企业里交叉担任职务，既担任法定代表人，同时又担任财务人员、办税人员。登记的企业交叉任职的越多，税收遵从风险越高。企业办理税务登记时出现上述情况，可能存在虚假税务登记、虚开发票的税收遵从风险。同时，担任的职务越多，税收风险越高。

（5）未按规定办理变更登记指标。

本指标主要用于识别纳税人税务登记内容发生变化后，未按规定及时办理变更登记的风险。纳税人不按规定办理变更登记，将导致税务部门掌握的纳税人涉税信息与实际情况不符，造成管理混乱，后续管理中可能造成税收流失风险。

（6）虚假停业指标。

虚假停业指标主要用于识别采用定期定额征收方式的纳税人办理停业登记后仍继续营业的风险。

（7）虚假注销指标。

虚假注销指标主要用于识别纳税人经营期间有涉税违法行为，尚未被税务部门发现，为逃避法律制裁而故意注销税务登记后走逃的风险。有违法违章行为，尚未被税务部门查处的纳税人办理注销手续后继续其违法行为，会增加税务部门处理的难度，造成税收流失风险。

（8）走逃失联纳税人投资设立新企业指标。

走逃失联纳税人投资设立新企业指标主要用于识别纳税人有无涉税违法行为，不按规定办理注销税务登记,也不履行纳税义务。走逃失联纳税人通过转移经营地址等方式,导致税务部门无法强制其履行纳税义务,同时存在通过新办企业方式延续其经营的风险。纳税人走逃失联将导致税务部门无法强制其履行纳税义务,增加税收流失风险。

(9)未按规定报备银行账号指标。

该指标主要用于识别从事生产经营的纳税人在银行开立基本存款账户和其他存款账户以后,不按规定向税务部门报送备案的风险。从事生产经营的纳税人不按规定将全部银行账号向税务部门报送备案,将导致税务部门在后续管理中无法掌握其资金流动情况,同时给税务部门实施税收保全和税收强制执行措施带来障碍。税务部门需要对纳税人报送备案的银行账号、资金流动情况进行监控,与纳税人生产经营过程中的资金进出情况进行比对,以分析、识别是否存在未向税务机关备案的银行账号并进行资金结算的账外经营风险。

(10)未按规定时间建立账簿指标。

该指标是指纳税人领取营业执照或发生纳税义务后,不按规定时间建立账簿,建账之前取得的应纳税收入不在账簿上记录和体现,造成账外经营,导致税款流失。税收管理员应在日常管理过程中,对纳税人领取营业执照时间与建账时间进行审核、比对分析,将纳税人银行资金往来与账簿记录进行比对核实,分析识别其是否按时建账。

(11)虚假建立两套账指标。

纳税人为逃避纳税义务,建立两套账簿,向税务部门提供虚假的财务数据,导致虚假申报,少缴税款。税务机关应与银行、供电及其他有关部门建立信息比对制度,通过第三方信息进行风险识别,对纳税人报送备案的银行账号、资金流动情况进行监控,与纳税人生产经营过程中的资金进出情况进行比对,分析识别是否存在建立两套账簿向税务机关提供虚假的财务数据及账外经营的风险。

(12)有领购普通发票记录,后续月份申报为零指标。

该指标是指小规模纳税人在生产经营活动中领取了普通发票,但发票领取后的月份申报销售收入为0。风险指向可能存在开具了普通发票,为了少缴或缓缴税款,不按规定确认销售收入,导致税款不能及时申报、足额入库。

(13)发票开具金额异常增大、集中向顶额开票份数及金额占全部开票数量及金额比率高指标。

将两个指标结合分析,一是发票开具金额异常增长,二是集中向顶额开票份数及金额占全部开票数量及金额的比率高,风险指向企业存在虚开增值税发票的风险,造成违法犯罪及国家税款流失。

(14)享受增值税即征即退且税负异常指标。

享受增值税即征即退的纳税人,增值税税负比同行业平均税负明显偏高,显示异常的税收遵从风险特征。纳税人存在虚开增值税专用发票的情况包括:纳税人可能滥用税收优惠政策,在生产经营活动中购进材料时不按规定索取增值税专用发票,或销售货物时虚开增值税专用发票,为其他纳税人逃避纳税提供方便等。

(15)通过办理延期申报拖延缴纳税款指标。

该指标是指纳税人在一年内累计办理延期申报的次数达到三次以上,且在延期内办理税款结算时补税金额较大。纳税人通过提供虚假的资料频繁办理延期申报,可能存在人为拖延税款缴纳时间问题,导致税款不能及时足额入库。

(16)提供虚假资料申请延期缴税指标。

该指标是指提供虚假资料申请延期缴税指标不符合税法和税收政策规定的延期缴税条件,通过提供虚假资料骗取税务部门批准延期缴税。

(17)提供虚假资料骗取减免税资格指标。

该指标是指纳税人生产经营项目和其他条件不符合减免税规定,通过提供虚假的资料或者非法取得的证明材料骗取减免税资格。不符合法定条件而骗取减免税资格,将直接导致纳税人少缴税款,同时影响企业间的税收公平。

薇娅偷逃税
事件解读

(18)关联交易不按独立交易原则定价指标。

该指标是指国内外企业在中国设立的从事生产经营的机构、场所,与其关联企业之间的业务往来不按照独立交易原则,即按独立企业之间的业务往来收取或者支付价款、费用等。这将减少其应纳税的收入或所得额,带来相应的税款流失。

(19)在接受税务检查时提供虚假资料指标。

该指标是指纳税人在接受税务检查时向税务部门提供的会计核算资料不真实或隐瞒重要事实,不能准确全面地反映其生产经营情况,降低稽查工作效率,导致税款流失。

习题巩固

一、名词解释

经济税收指标体系　宏观税收指标体系　微观税收指标体系　税收数字经济关系宏观指标　数字经济税源宏观指标　数字经济税收宏观指标　税收数字经济关系微观指标　数字经济税源微观指标　数字经济税收微观指标

二、简答题

1.什么是经济税收指标体系?

2.经济税收指标体系构建时应考虑的因素有哪些?

3.什么是数字经济税收宏观指标,主要包括哪些内容?

4.什么是数字经济税收微观指标,主要包括哪些内容?

第三章习题
巩固答案

三、案例分析

根据某年我国部分地区的税收收入及其 GDP(国内生产总值)总量数据如表所示,计算宏观税收负担率并进行比较分析。

某年我国部分地区的税收收入及其 GDP 总量数据

地区	税收收入		税收增长幅度		GDP 总量		宏观税收负担率	
	总额/亿元	位次	增幅/%	位次	总额/亿元	位次	税收负担率/%	位次
山东	1840.64	6	28.6	6	21846.71	2	8.33	18
河北	806.17	9	19.6	20	11613.7	6	6.94	25

地区	税收收入		税收增长幅度		GDP 总量		宏观税收负担率	
	总额/亿元	位次	增幅/%	位次	总额/亿元	位次	税收负担率/%	位次
黑龙江	664.25	11	19.5	22	6216.80	14	10.69	10
河南	650.11	12	26.2	8	12464.09	5	5.22	31
湖北	602.86	13	20.1	14	7493.17	13	8.04	21
山西	598.70	14	21.9	23	4746.50	18	12.61	7
湖南	509.16	17	18.4	26	7493.17	13	6.79	26
安徽	448.22	18	24.6	2	6141.91	15	7.18	24
陕西	441.28	19	32.4	15	4383.91	20	10.22	13
吉林	401.39	20	29.4	5	4249.23	22	8.17	20
江西	347.06	22	16.5	28	4618.77	19	5.59	30
内蒙古	258.00	24	25.7	9	4790.00	17	10.49	17

参考文献

[1] 郭洪源.税收大数据服务高质量发展应把握的"五个关键点"[J].中国税务,2023 (11):43-44.

[2] 李海超,齐中英.我国高新技术企业成长力评价研究[J].经济研究参考,2012(26): 51-60.

[3] 李晓曼.税收大数据分析方法与应用案例[M].北京:电子工业出版社,2022.

[4] 刘啟仁,龙健雄,张展辉,等.税收激励、研发支出与出口绩效:基于高新技术企业认定 条件改革的聚束分析[J].中国工业经济,2023(4):79-97.

[5] 王鲁宁.税收经济分析理论与方法[M].上海:立信会计出版社,2021.

[6] 罗迎,吴秋生.研发支出、盈余水平与企业避税[J].财会通讯,2018(3):123-129.

[7] 王芸,陈蕾.研发费用加计扣除优惠强度、研发投入强度与企业价值[J].科技管理研 究,2016,36(5):18-22,29.

第四章　大数据与税收风险管理

◎ 教学目标

1. 了解税收大数据的应用。
2. 掌握税收风险预警指标体系。
3. 了解税收风险评估方法。

◎ 课程思政元素

科学方法；科学精神；改革创新

◎ 本章导读

随着新一轮科技革命和产业变革的不断推进，大数据、5G、互联网、区块链、人工智能等现代信息技术日新月异，我国正在不断加速推动税收征管数字化改革，奋力推进税收现代化以服务中国式现代化。《中华人民共和国国民经济和社会发展第十四个五年规划和2035年远景目标纲要》明确提出，"建立现代财税金融体制"，"完善现代税收制度"，"深化税收征管制度改革"。2021年3月24日，中共中央办公厅、国务院办公厅印发的《关于进一步深化税收征管改革的意见》指出："深化税收征管制度改革，着力建设以服务纳税人缴费人为中心，以发票电子化改革为突破口，以税收大数据为驱动力的具有高集成功能、高安全性能、高应用效能的智慧税务，深入推进精确执法、精细服务、精准监管、精诚共治，大幅提高税法遵从度和社会满意度，明显降低征纳成本。"为此，要建立以"信用＋风险"监管为基础的税务监管新体系，实现从"以票管税"向"以数治税"分类精准监管转变。本章根据我国政府提出的战略要求，从新的视角建立和完善大数据税收风险管理的理论和方法体系，对于提高税收法律合规性，提高数字经济环境下税收风险管控能力，进一步深化税收征管改革具有重要的理论和实践意义。

第一节　税收大数据获取及应用案例分析

一、税收大数据在税收风险中的应用

(一)税收大数据的内涵

税收大数据是指在与纳税人有关的,通过有效采集、加工、整合形成的,能够全面反映纳税人各种涉税情况的所有信息资产的集合。具体来说,它包含结构化数据和非结构化数据。

税收大数据的创新优势

(1)结构化数据,包括纳税人纳税申报数据、纳税人税收管理数据等,这些数据主要来源于税务机关的征管系统。

(2)非结构化数据,包括纳税人的基本信息、生产经营信息、税务机关的执法信息,以及其他非结构化数据,如 PDF 格式的公文等。税收大数据的应用主要在税务稽查方面,税务机关需深入挖掘纳税人涉税信息,评估潜在逃税风险,对逃税风险高的纳税人进行监控,促进税收合规。

(二)税收大数据的特征

(1)数据总量规模之大:税收大数据包含了海量的数据,这些数据不仅来源于税务系统内部,还包括了与纳税人相关的各类外部数据,如金融、房产、工商注册信息等。这些数据的总量远远超过了传统税收数据。

(2)获取、储存、维护、分析挖掘、共享功能之大:税收大数据的获取不仅依赖于税务部门的信息系统,还涉及与其他政府部门、金融机构、互联网企业等的数据交换和共享。储存和维护这些数据需要高性能的计算和存储设施。分析挖掘则需要运用复杂的数据分析技术和算法,以提取有价值的信息。共享功能则要求建立安全、高效的数据共享机制。

(3)应用范围之大:税收大数据的应用贯穿于税收治理的全过程,包括税制设计、税收征管、纳税服务、税收政策评估等各个环节。通过大数据分析,可以更好地理解税收政策的实际效果,优化税收征管流程,提高纳税服务质量。

(4)税务公共服务价值空间之大:税收大数据的增值利用可以极大地提升税务公共服务的价值。例如,通过分析纳税人的行为模式,可以提供个性化的纳税服务和建议;通过预测税收趋势,可以为政策制定者提供决策支持;通过公开透明的税收数据,可以增强纳税人的税收意识和遵从度。

(三)税收大数据在风险管理中的应用

税收大数据技术是指从各类海量的涉税数据中快速获取、处理、分析、挖掘有价值的税务信息的技术。当前所说的"税收大数据",不仅指数据本身的规模和数量,还包括获取、存储、挖掘和分析税务大数据的信息技术平台。税收大数据研发的目的是开发大数据技术,并将其应用于税务风险管理领域。通过解决海量涉税数据的处理和挖掘问题,促进突破性发展,更有效地推动

当前我国运用大数据推进税收风险管理的实践现状

税收现代化建设。因此,税收大数据给税务专业人员带来的挑战,不仅体现在如何处理海量数据,获取有价值的税务信息资源方面,还体现在如何加强税收大数据技术的研发和推广方面。税收大数据技术主要包括以下技术。

(1)数据获取技术:包括 ETL 工具、网络爬虫技术等。ETL 是从源代码中提取、变换、加载数据到目的地的工具,将分散的异构数据源(如关系数据、平面数据文件)中的数据提取到临时中间层进行清理、转换和集成,最终加载到数据仓库或数据超市,成为在线分析处理和数据挖掘的基础。例如,数据系统需要运用数据提取转换技术,将一批数据提取转换成两个信息包,系统集成后,进一步挖掘、分析、利用,完成数据源系统的功能。

(2)数据处理技术:是在进行数据分析前,对获取到的原始数据进行一系列技术操作,为的是提高税收大数据质量,这为以后的数据挖掘分析奠定了良好的基础。数据处理主要包括四个部分:数据清洗、数据集成、数据转换、数据协议等。

(3)数据存储技术:包括结构化数据存储、半结构化数据存储、非结构化数据存储技术。税务系统的区块链技术基础架构、分布式存储等技术正在开发运用进程中。

(4)数据统计分析技术:是一种用于分析、解释和呈现数据中的模式与趋势的方法和技术。这些技术可以帮助企业和组织从大量的数据中提取有价值的信息,以便做出更明智的决策。以下是一些常用的数据统计分析技术:描述性统计分析、推断性统计分析、相关性分析、回归分析、主成分分析、聚类分析、时间序列分析、多变量分析、数据挖掘、机器学习等。

(5)数据分析挖掘技术:是从大量数据中通过算法和统计分析方法发现模式、关系和洞见的工具和技术。这些技术可以帮助企业、研究人员和决策者理解复杂的数据集,并从中提取有价值的信息。常用的数据分析挖掘技术包括关联规则学习、分类分析、聚类分析、回归分析、时间序列分析、文本挖掘、社交网络分析、异常检测、预测建模、数据可视化、机器学习算法、自然语言处理。

(6)数据可视化展现技术:作为税收大数据技术分析结果的技术,数据可视化展现技术对于理解复杂的数据和开展数据深入分析,是不可缺少的。数据可视化展现技术还可以迅速、有效地简化税收数据流向。数据可视化展现技术一般通过图表展现,常见的图表有散点图、切线图、柱形图、地图、雷达图、k 图、箱形图、热力图、关系图、平行坐标、双键图、漏斗图、仪表盘等。

二、税收大数据获取技术方法概述

(一)税收大数据获取概述

1.税收大数据获取的内涵

在税收风险管理中应用税收大数据的目标任务是通过科学的大数据获取技术手段和方法,有组织、有计划地对涉税经济活动的信息数据进行采集和调查。这一过程旨在全面系统地了解、掌握涉税经济活动的数量状况及税收风险特点规律,为有效开展税收风险管理提供丰富、系统、全面的高质量税收大数据资源。税收大数据可以分为两类。

(1)初级数据(或称原始数据):这些是未经任何处理和整理的原始数据,通常混合有大量涉税信息数据,包括内网、外网上海量的非结构化、半结构化涉税大数据。

(2)次级数据(或结构化数据):是经过一定分类和处理的涉税信息数据,数据经过一定程度的分类收集、处理和汇总,能够初步反映和解释纳税人涉税经营活动的数量特征和纳税申报的基本情况。所有的结构化数据都是由原始的非结构化数据加工汇总处理而来的。

通过科学的方法和手段,有组织、有计划地对这两类数据进行采集和调查,可以确保获得全面、系统、高质量的税收大数据资源。这些资源将为税收风险管理提供有力支持,帮助识别、评估和管理税收风险,提高税收征管的效率和准确性。

总的来说,税收大数据在税收风险管理中的应用是一个复杂而重要的任务。通过科学的方法和手段,可以充分利用税收大数据的价值,推动税收事业的健康发展,提高税收治理的效率和公共服务的质量。

2.加强税收大数据获取的有效措施

(1)建立统一的数据平台。税务机构应整合各部门的涉税数据,建立统一的数据平台,实现数据共享和互通。这样可以避免数据孤岛的出现,提高数据的质量和可靠性。

(2)完善数据采集机制。税务机构应建立健全的数据采集机制,及时、全面地获取各种涉税数据。同时,要确保数据的真实性和准确性,避免数据造假和失真。

(3)加强数据安全管理。税务机构应建立完善的数据安全管理制度和技术手段,保障数据的安全性和隐私性。同时,要加强对数据使用人员的培训和管理,提高其专业水平和责任意识。

(4)拓展数据来源。除了传统的税收征管数据外,税务机构还应该积极拓展其他数据来源,如第三方数据、互联网数据等。这些数据可以提供更加全面和准确的信息,提高税收大数据的应用价值。

(5)加强数据分析能力。税务机构应建立专业的数据分析团队,引入先进的数据分析技术和方法,对税收大数据进行深入的分析和挖掘。同时,应该注重人才培养和技术创新,不断提高数据分析的水平和能力。

(二)税收大数据的获取渠道、内容及技术方法

1.税务系统内部大数据的获取渠道及内容

(1)渠道来源。

税务机构内部税务大数据主要包括金税系统核心征管数据,其中有各类税种的税务登记、各类识别和纳税申报数据、增值税发票系统大数据、税收征管系统数据、收入规划核算数据、税务大数据平台数据等。

(2)获取内容。

①金税系统"一户式"存储的纳税人各类纳税信息资料,主要包括:税务登记的基础信息、投资方信息、投资结构、总机构信息、分支机构信息等;各项核定、认定、优惠减免、留抵税额退税审批事项结果等相关信息数据。

②金税系统增值税防伪税控稽核系统、电子底账系统大数据、大数据云平台等各类发票信息及上下游比对结果信息。

③其他专项调研信息:税务管理人员日常检查、专项调研分析数据及调研报告。

④税务风险评估和税务稽查历史核查补充数据库数据,包括重大案件、案件司法认定结果、专项调查、境外审计等补充信息和处理信息。

⑤税务行政处罚信息、纳税信用状况及评定信息。

⑥按照国际税收协定情报交换机制取得的信息数据。

⑦纳税人申报纳税资料,财务会计报表数据以及要求纳税人提供的附报、补充申报等相关资料。

⑧其他统计指标数据包括:工业总产值、企业增加值、工业中间投入、中间投入中直接材料、全部从业人员劳动报酬、工业销售产值、产成品、从业职工人员、企业营业盈余等。

2.税务系统外部涉税信息数据获取渠道及内容

国家税务总局曾下发《国家税务总局关于印发〈税收数据标准化与质量管理办法〉的通知》(税总发〔2016〕97 号)等文件,提出各级税务机关应加强数据共享,逐步拓展数据共享范围,做到一方采集、共同使用,积极鼓励与第三方开展数据共享,构建第三方数据共享平台,为税收风险管理有效开展提供第三方大数据支持,为外部税收大数据获取提供政策支撑。

税务系统外部税收大数据的获取渠道及内容主要包括以下两个方面。

(1)纳税人涉税生产经营信息数据的获取。对纳税人涉税生产经营信息数据的获取,也称为第三方信息获取,是指通过搭建与企业经营管理模式相匹配的企业 ERP 信息采集、共享平台,结合生产经营专项调研和深入现场调研,深入了解和调查纳税人生产经营实际情况。获取并控制涉税生产经营实际情况及涉税风险特征数据,如运输物流企业实际拥有的运输车辆、载重能力等。第三方信息数据的主要特点是贯穿税务相关生产经营全过程的真实数据、非申报数据、第一手原始数据。具体包括以下内容:行业形势、行业景气指数及周期变化、企业中长期发展战略、组织结构及年度内控指标等信息数据;企业生产经营特点、工艺等级、主营业务及相关产成品,原材料采购、供应、库存材料、能耗及结构特点,设备、包装等生产特点,运输方式、销售合同、流通渠道、终端销售和售后服务等数据;企业实际财务核算状况;企业自身自设门户网站网页信息。

(2)第三方税收信息数据的获取。第三方税收信息数据是征、纳税双方以外的相关涉税数据。第三方信息范围广泛、渠道较多,主要途径包括政府行政事业机构,行业管理部门数据及业务往来单位的税金等。具体内容包括以下方面:政府部门及行业主管部门门户网站的涉税信息数据;行业协会涉税大数据;互联网第三方交易平台的交易大数据;会计师事务所或税务师事务所提供的涉税服务信息数据;专门研究机构专题研究报告信息;互联网开放平台及手机 APP 涉税信息。

3.税收大数据获取技术方法

当前税收实践中,税收大数据获取技术方法主要包括:网络爬虫技术方式、区块链技术应用、金税和税收大数据平台获取、税收专项调查与统计报表制度等。

(三)利用网络爬虫技术获取税收大数据概述

1.网络爬虫技术原理

网络爬虫技术是搜索引擎技术的重要组成部分,又称网络机器人,通常被称为网络追逐者,是一种自动从网上抓取信息的计算机程序或脚本。网络爬虫又被形象地称为网络蜘蛛,因专门用来检索信息的"机器人"程序像蜘蛛一样从一个网页爬到另一个网页,反复爬行,不知疲倦,在网络搜索引擎或其他网站上得到了广泛的应用。搜索引擎是现代意义上的搜索引擎技术,是利用网络爬虫抓取网页、文档、图片、音频、视频等涉税信息资源,并通过相应的索引技术整理这些信息,为搜索用户提供查询和应用。百度、谷歌等目前都是基于云计算,用成千上万台电脑组成一个庞大的爬虫系统,原理比较复杂,但是基本原理都是相同的。

传统搜索引擎有一定的局限性:一是搜索引擎返回的信息中包含了大量用户不关心的内容;二是搜索引擎服务器资源有限与网络数据资源无限之间存在矛盾;三是难以从不同的数据结构中有效获取信息。网络爬虫技术的出现,可以在不依赖用户干预的情况下,在互联网上实现自动抓取和搜索。按照既定目标,对相关涉税网络信息进行更精准地选择和抓取,有助于在互联网海量大数据中快速获取有用的涉税信息资源。

2.网络爬虫技术在税收风险管理中的拓展应用

(1)利用网络爬虫技术对税收风险实施监控预警。

税务部门可以利用网络爬虫技术,从企业和互联网上抓取与税收相关的大数据。股权转让造成的税收双方信息不对称问题一直困扰着税务部门。一旦股民抛出股票,税务部门在第一时间很难做到有效监控,在税收风险管理上存在一定难度。在股权转让方面,由于上市公司发布的信息透明,包括上市公司公告信息解禁信息、上市公司前十大股东信息等,税务部门都可以利用网络抓取技术,对上市公司涉税的大数据进行重点抓取。根据税收风险管理的需要,税务部门要分类抓取、实时监控、自动比对分析从互联网获取的大数据与金税系统的征管数据等第三方信息。税务部门要对企业实施税收风险提醒、评估预警或风险应对,从中选择有税收风险的纳税人。

爬虫技术目前主要应用于股东处置资产后是否报税等发现问题的阶段。网络爬虫技术未来的应用还将继续扩大:一是由发现问题转变为对税收风险的高概率预测、分析和评估。如果公司公告实施股权激励,那么若干年后,就应该重视股权激励的兑现与转让,并进行税收风险监控;如果一家公司打算对其进行重组,并吸引其他非关联投资者参与,那么可以预见的是,这家公司可能会因此减少留存收益。二是由分散应用向集成应用转变,主要包括数据源获取、分析模型构建、风险识别和评估预警等方面。其中,数据来源不仅应为区域上市公司信息,还应包括全国资本交易海外交易市场的涉税大数据信息;既关注资金交易,又利用网络抓取技术勾画出覆盖自然人的资金流向图;利用金税系统数据勾勒覆盖全国的发票流信息地图,并对两者进行综合比较,找到交易的本质,对税收风险点进行精准定位;通过数据分析,发现交易本质。此外,可参考反避税工作中开展的数据采集比对工作,以保证网络爬虫软件的效率,减少后期数据的清理核实。采用"买数据"的方式,由目前的海外搜索,转变为通过购买清洗过的大数据源到专业数据公司,"网络爬虫"对税务大数据的获取效率将得到极大的提升。

(2)利用网络爬虫技术监控税源信息,高效实施税务稽查。

完全能够按照税务稽查方向指令进行爬虫动作,是网络爬虫技术在税务稽查风险应对中的强大应用。这些爬虫能够针对税务稽查工作的要求,针对纳税人识别税务风险点,制定针对性的税务稽查策略,快速捕捉税务稽查人员所需的涉税大数据和风险分析结果。那么,纳税人申报纳税时的税务风险点,网络爬虫技术是如何捕捉到的呢? 利用网络爬虫软件,输入几个关键指标值,根据需要爬虫的信息,点击"确定",一条绿色的小虫子就会从电脑屏幕上缓缓爬出,以应对税务稽查风险。当有可疑的税收风险时,屏幕上就会显现红色预警信号;此时,税务人员仅需操作网络爬虫软件,就能将风险提示信息全部抓取并显示出来。

网络爬虫技术在税务稽查领域的应用主要体现在以下几个方面。

①数据采集。网络爬虫可以帮助税务部门采集大量的涉税数据,包括企业财务报表、交易数据、税务申报信息等。这些数据可以通过爬虫技术从互联网上获取,为税务稽查提供更加全面和准确的信息。

②数据分析。通过对采集的数据进行分析和挖掘,可以发现一些异常和潜在的税收风险点。例如,通过对企业的财务报表进行分析,可以发现企业是否存在偷税、漏税等行为;通过对企业的交易数据进行分析,可以发现企业是否存在虚开发票等行为。

③风险预警。基于网络爬虫采集的数据,可以建立风险预警系统。通过对数据的实时监控和分析,及时发现潜在的税收风险点,为税务稽查提供预警和线索。

④提高效率。网络爬虫技术可以自动化地采集和处理大量数据,提高税务稽查的效率。同时,通过对数据的分析和挖掘,可以发现一些规律和趋势,为税务部门提供更加科学和准确的决策依据。

需要注意的是,网络爬虫技术在税务稽查领域的应用需要遵循相关法律法规和规定,确保数据的合法性和合规性。同时,由于互联网上的数据量庞大且复杂,需要加强数据治理和质量控制,确保数据的准确性和可靠性。

三、互联网、第三方税收大数据获取及应用实务

互联网和第三方在税收大数据获取及应用中发挥着越来越重要的作用,它们为税务部门、为企业提供了更加全面、准确的数据资源。大数据的获取主要通过网络爬虫技术、政府数据共享平台、第三方信息应用等方式,抓取企业和互联网的涉税信息数据,实现税收数据的信息交互和共享利用,优化税收治理,并助力推动税收征管与服务、企业税务风控管理向现代化和智能化迈进。税务大数据行业正处于快速发展的阶段。随着金税工程的不断推进,税务部门对企业的税收征管已经实现了信息化、数据化。与此同时,企业也逐步加强了对税务数据的重视和应用,以提高自身的税收合规性和降低税务风险。

目前市场上的税务风险检测软件在技术上也不断创新,结合人工智能、大数据、云计算等先进技术,提高了软件的数据处理能力、风险识别能力和智能化水平。这些技术的应用使得税务风险检测更加准确、高效,为企业提供了非常好的风险管理工具。从众多的税收风控软件中,本教材选择了市场反应良好的税安科技自主研发的智能税务服务平台提供的专业版 3.0 风控产品(以下简称系统),对相关案例进行检测分析。

1.异常及虚开发票风险分析

案例1:取得大量"其他现代服务"发票+社保人数异常综合分析

风险分析:现代服务涵盖范围广泛,包括研发和技术服务、信息技术服务、文化创意服务、物流辅助服务、租赁服务、鉴证咨询服务、广播影视服务、商务辅助服务和其他现代服务。企业如果归集计入"其他现代服务"的金额过大,极易引起税务部门的关注。

经检测某企业2023年从某商业运营公司取得大额"运营管理费"发票,数据穿透显示发票来源于同一家公司,详细见图4-1和图4-2。

分析结果

高：其他现代服务是虚开发票风险的关注内容之一,该公司取得的其他现代服务金额较大,2021-2023年度间均从投资公司杭州钛合商业运营管理有限公司取得现代服务发票,且金额较大,尤其2023年度取得188.52万元的现代服务,且当年经营亏损,建议核实业务实质,排查接受虚开发票疑点。

其他现代服务费	2021年	2022年	2023年
含税金额	418,837.29	979,906.03	1,885,200.00
占总采购的比例	27.25%	8.08%	29.18%

图4-1 2021—2023年某公司的现代服务费数据

发票穿透

2023年		选择日期 开始日期 ~ 结束日期		类型 进项发票商品	

货物和劳务名称 请输入内容点击查询按钮 分类 金额 最小金额 至 最大金额 税率 查询

搜索公司名称

合计
金额:1,866,534.64元
税额:18,665.36元
价税合计:1,885,200.00元

杭州*有限公司**
金额:1,866,534.64元
税额:18,665.36元
价税合计:1,885,200.00元

货品和劳务名称	金额(元) ⇕	税率 ⇕	税额(元) ⇕	价税合计(元) ⇕
*现代服务*服务费	-1,188.12	1.00%	-11.88	-1,200.00
*现代服务*运营管理费	99,009.90	1.00%	990.10	100,000.00
*现代服务*运营管理费	99,009.90	1.00%	990.10	100,000.00
*现代服务*运营管理费	99,009.90	1.00%	990.10	100,000.00
*现代服务*运营管理费	99,009.90	1.00%	990.10	100,000.00
*现代服务*运营管理费	99,009.90	1.00%	990.10	100,000.00
*现代服务*运营管理费	99,009.90	1.00%	990.10	100,000.00
*现代服务*运营管理费	99,009.90	1.00%	990.10	100,000.00
*现代服务*运营管理费	99,009.90	1.00%	990.10	100,000.00
*现代服务*运营管理费	99,009.90	1.00%	990.10	100,000.00

图4-2 某公司现代服务涉税数据

进一步检测分析:①某商业运营公司社保人数异常,而交易金额达188万元(见图4-3);②该企业与某商业运营公司之间存在股权关系,可能存在通过"运营管理费"调节利润的情况;③双方业务真实性存疑,"运营管理费"可能是企业管理费,不得税前扣除。

综上,系统判定该事项为高风险等级。

分析结果
该公司存从社保人数异常的企业取得的发票金额偏高,存在虚开发票冲抵利润的风险,注意核实。

公司名称	社保人数	与之交易额	2021年	2022年	2023年
杭州***有限公司	0	1148686.00	0.00	1148686.00	0.00
杭州***有限公司	2	1885200.00	0.00	0.00	1885200.00
***集团有限公司	1	2000000.00	0.00	2000000.00	0.00
杭州***有限公司	2	2307131.98	1329750.20	977381.78	0.00
合计	-	7341017.98	1329750.20	4126067.78	1885200.00

图 4-3 某公司所取得发票的来源

风险管理意见和建议:①梳理关联方交易实质,进行合理的商业规划;②指标互相结合分析更能够发现事件全貌,形成画像从而精准定位风险。

2.关键财税指标异常风险分析

案例 2:带息负债合理性分析

风险分析:企业货币资金的收益率一般低于带息负债的利息率。

经检测某公司 2021—2022 年度财务报表中货币资金中有息负债(短期借款和长期借款之和)所占比例较大,且期间利息收入为 0,不符合商业逻辑,详细见图 4-4。

分析结果
企业货币资金的收益率一般低于带息负债的利息率,该公司2021-2022年度货币等价物全额占比与有息负债的比例均较大,不符合商业逻辑,可能存在货币资金不实、通过负债科目隐匿收入等风险,注意核查。

项目	2021年	2022年	2023年
短期借款	70,036,895.83	50,023,015.28	0.00
长期借款	0.00	0.00	0.00
借款合计	70,036,895.83	50,023,015.28	0.00
货币资金	48,230,085.26	93,079,038.39	54,652,566.60

图 4-4 2021—2023 年某公司的负债情况

分析认为:从经营公司获取利润的角度来看,企业当年账上有大额货币资金的同时很少存在大额借款,该公司可能存在货币资金申报不实、通过负债科目隐匿收入等情况,系统判定该事项为高风险等级,详细见图 4-5。

分析结果

该公司2021-2023年度货币资金收益率偏低,尤其2021-2022年度,货币资金金额较大且逐年增加,但是利息收入均为0,可能存在货币资金账实不符或者利息收入少入账的风险。

项目	2021年	2022年	2023年
利息收入	0.00	0.00	1,911,517.79
货币资金平均余额	36,088,483.08	70,654,561.83	73,865,802.50
货币资金收益率	0.00%	0.00%	2.59%

核实思路:

重点获取企业银行账户清单,将银行对账单期初期末余额与银行存款明细账期初期末余额核对,抽查利息收入的入账情况,排查疑点。

图 4-5　2021—2023 年某公司的货币资金收益率

风险管理建议:①检查企业借款合同与借款相关科目明细账,判断借款列报的真实性;②获取企业银行存款对账单、短期投资资产情况,与账面列示金额对比,判断货币资金的真实性。

3.采购与销售匹配异常风险分析

案例 3:能耗与收入情况分析

风险分析:水电气等能源性消耗与生产制造型企业的产出关系紧密,从财务会计上表现为营业收入越高,能源性消耗越大,反之,消耗则低。

经检测某制造公司的主要能耗类别为电。检测发现该公司电费消耗占比收入均值为3.13%,各年度详细情况见图 4-6。

分析结果

公司主要能耗类别为供电。各年度占比收入均值为3.13%,波动情况如下表所示。经分析,能耗投入与收入呈现的异常点为:公司2023年收入和能耗波动方向相反,可能存在以下情况:①发票开具时间与实际能耗发生时间存在偏差,请通过获取能耗结算单数据、分析收入确认政策进行核实评估对比情况;②若收入下降能耗上升,可能存在少记收入风险;③若收入上升能耗下降,可能存在虚开发票风险。

类别	均值	2021年	2022年	2023年
发电	0.00	0.00	0.00	0.00
供电	988,178.59	658,934.32	1,061,169.05	1,244,432.40
热力	0.00	0.00	0.00	0.00
供热	0.00	0.00	0.00	0.00
冷气	0.00	0.00	0.00	0.00
燃气	0.00	0.00	0.00	0.00
水冰雪	9,339.33	6,702.81	10,008.25	11,306.93
能耗小计	997,517.92	665,637.13	1,071,177.30	1,255,739.33
营业收入	31,962,040.84	24,448,688.51	41,367,379.62	30,070,054.39
能耗/营业收入	0.03	2.72%	2.59%	4.18%

图 4-6　2021—2023 年某公司的能耗与收入情况

分析认为,该公司 2023 年收入和能耗波动方向相反,可能存在以下情况:①发票开具与实际能耗发生时间存在偏差,需要通过获取能耗结算单据、结合收入情况进行核实评估;②若收入与能耗呈反比例变化,可能存在少记收入或虚开发票风险,系统判断该事项为高风险等级。

风险管理建议:①结合被检测单位主营业务,分析能耗投入(主次能耗类型等)是否合理;②了解疑点数据产生的业务原因,分析是否合理,排查风险。

4.申报或业务比对异常风险分析

案例4:合同与印花税申报比对异常分析

风险分析:印花税税目繁多、征税面广。企业在实际业务中,部分应税凭证涉及的税额不大,因此常常被忽略,申报不齐全,漏税现象较为普遍。一般情况下,纳税人书立应税凭证当日就是印花税的纳税义务发生时间。

经检测发现,某企业连续三个年度都取得大额经营租赁进项发票,但是租赁合同印花税未予申报,虽然涉税金额小,但系统仍然判定该事项为中风险等级(见图4-7)。

分析结果

该公司租赁合同印花税计税依据与测算的计税依据差异较大,存在租赁合同印花税申报不足的风险,建议核实。
提示:测算计税依据取企业进项发票经营租赁、融资租赁服务不含税金额。(测算计税依据不包含"经营租赁"通行费发票全额)

项目	2021年	2022年	2023年
进项品类 经营租赁	1,203,120.00	1,455,120.00	1,119,120.00
进项品类 融资租赁服务	0.00	0.00	0.00
销项品类 经营租赁	0.00	0.00	0.00
销项品类 融资租赁服务	0.00	0.00	0.00
测算计税依据合计	1,203,120.00	1,455,120.00	1,119,120.00
租赁合同申报计税依据	0.00	0.00	0.00
测算计税依据-申报计税依据	1,203,120.00	1,455,120.00	1,119,120.00

图4-7 2021—2023年某企业的租赁合同印花税票比对差异

同样,另一家企业由于采购仓储服务而未申报缴纳相应的合同印花税,因金额较大被提示为高风险等级(见图4-8)。

风险管理建议:①企业应当进行合同管理,及时缴纳印花税;②积极进行发票和申报数据的比对,作为查漏补缺的手段;③企业可以采取连续年度比对,从一定程度消除合同签订时间和发票开具时间的时间差,从而降低印花税少缴纳的风险。

5.高新及研发指标异常风险分析

案例5:研发费用直接投入转化异常分析

风险分析:研发费用加计扣除作为鼓励企业技术创新、驱动创新发展的一项重要战略,已成为企业广泛适用的一项优惠政策,但在业务执行过程中,研发费用加计扣除的适用又存在如费用归集不合理、费用占比异常等风险。

分析结果

该公司采购与销售仓储服务不含税金额与所申报的印花税仓储合同计税依据差异偏大，存在仓储合同印花税申报不足的风险，建议核实。

提示：

1.测算计税依据取自企业进销项发票仓储服务不含税金额。申报计税依据2022年7月1日之前包含保管合同计税依据，无法分割，注意考虑相关影响。

2.印花税申报计税依据可能有受到核定比例的影响，注意核实。

项目	2021年	2022年	2023年
进项品类（仓储服务）不含税金额	72,077,604.06	134,876,340.26	242,765,527.89
销项品类（仓储服务）不含税金额	30,590,336.43	90,004,571.40	241,793,712.75
测算计税依据	102,667,940.49	224,880,911.66	484,559,240.64
仓储合同申报计税依据	72,077,604.06	0.00	0.00

图 4-8　2021—2023 年某企业的仓储合同印花税票比对差异

经检测某制造企业的研发费用占比和利润总额比例偏高，2021—2022 年分别为 160%、465%，研发投入力度与创新成果不匹配，2022 年实现利润总额较上年降幅达 72%，详细见图 4-9。

分析结果

该公司研发加计扣除额占利润总额的比例偏高，可能存在人为控制适用税收优惠政策的风险，可适当关注。

项目	2021年	2022年
利润总额	9,245,551.29	2,592,022.25
研发加计扣除总额	14,865,535.28	12,051,002.68

图 4-9　2021—2022 年某企业的研发加计扣除总额与利润总额

经进一步检测，发现该公司直接投入费用较大而产生特殊收入或形成产品（包括组成部分）对应的材料部分则相对较低，研发费用直接投入转化亦呈异常，详细见图 4-10。

分析结果

该公司研发直接投入费用占比偏高，直接投入费用中若材料投入大，则大概率会产生特殊收入或形成产品（包括组成部分），但该公司特殊收入及形成产品的金额异常，可能存在超额享受研发费用加计扣除优惠政策的风险。

项目	2021年	2022年	2023年
自主、合作、集中研发费用	15,451,104.72	12,505,232.45	
直接投入费用	8,589,916.30	4,530,836.29	
直接消耗材料费用	0.00	0.00	
特殊收入金额	46,933.03	381,958.43	
形成产品金额	538,636.41	72,271.34	

图 4-10   2021—2022 年某企业的研发费用投入转化情况

分析认为：该公司可能存在超额享受研发费用加计扣除优惠政策的风险，系统将该事项列为高风险等级（见图 4-11）。

分析结果

该公司研发项目平均研发投入额较高，研发成果异常，研发活动真实性存疑。

项目	2021年	2022年
研发费用投入	15,451,104.72	12,505,232.45
资本化金额	0.00	0.00

图 4-11   2021—2022 年某企业的研发费用投入和资本化金额

风险管理建议：①查看企业研发活动立项文件，结合企业的业务分析研发活动的相关性、真实性；②查看研发辅助账，核实直接投入费用的组成部分是否主要为材料，排查材料去向；③查看相关政策法规，判断企业是否存在"假研发、造研发"的行为。

第二节   大数据税收风险预警指标体系与分析识别方法

一、税收风险预警指标体系分类与构建方法

（一）税收风险预警指标体系概述

1. 税收风险预警指标

税收风险预警指标是全面系统地反映和描述税收风险的数量特征、关联影响关系和变化规律，具体反映和描述税收风险特征的概念和量化数值。它既包含指标名，又包含指

标值。以增值税 2.67% 的税负为例,其中,增值税税负率是税收风险指标名称,也称统计学角度的税收变量;而 2.67% 是指标值,变量值和指标值两个方面综合起来就是增值税税负率这个指标。

2.税收风险预警指标体系

税收实践中单一税收风险预警指标常常只从某一侧面来反映问题,如纳税人税收收入指标就只能从侧面反映纳税人当期税收收入申报纳税的实际情况,如是否正常合理合法、是否存在税收风险等,无法全面反映和说明税收收入申报、纳税情况,更不能全面系统地反映产生税收风险的成因和特征、税收风险程度等。因此,有必要构造一个包含多个相互联系和影响的税收风险预警指标的指标集,对税收风险这一数量特征进行系统而综合地反映与解释,关联影响关系及其变化的规律,这一指标的集合就叫作税收风险预警指标体系。

(二)税收风险预警指标体系分类

1.按照税收经济关系原理分类,税收风险预警指标体系分为三类

(1)税收经济关系指标体系。该指标体系反映税收经济关系数量特征及规律的指标集合,如税负率、税收弹性系数、征收率等。

(2)税源经济指标体系。该指标体系反映涉税经济活动和行为特点的指标集,如国内生产总值、工业增加值、社会消费品零售额、企业销售收入、营业收入、主营业务利润、净资产收益率等。

(3)税收收入指标体系。该指标体系反映税收收入总量规模、结构及增减变动的指标集合,如税收收入总量、增减变动率、增值税税收收入、欠税率、所得税占比等。

2.按照分析的范围分类,税收风险预警指标体系分为三类

(1)税收宏观风险预警指标体系。该指标体系主要反映宏观经济发展与税收之间的数量关系特征及规律的指标集合,包括宏观税源经济指标、宏观财政税收指标和宏观税收经济关系指标,如经济增长率、宏观税负、税收弹性系数、征收率等。

(2)税收行业风险预警指标体系。该指标体系反映行业的税收增长与行业经济发展之间数量关系特征及规律的指标集合,如产业平均税负、行业增加值、收益率等。

(3)税收微观风险预警指标体系。该指标体系反映纳税人涉税生产经营活动与税收收入之间数量关系特征及规律的指标集合,如企业的实际税负率、利润总额、应收账款比率、主营业务收入增减变动率等。

3.按照分析评价的内容分类,税收风险预警指标体系分为三类

(1)税收风险分析评价指标体系。该指标体系反映纳税人依法纳税方面的税收分析特征的指标集合,如企业实际税负、申报率、企业税收弹性系数、税收贡献率等。

(2)税务机关执法风险分析评价指标体系。该指标体系反映税务机关征管质量和执法方面税收分析数量特征的指标集合,包括税收征管过程中的执法、绩效考核监督等指标。

(3)税收征管质效评价指标体系。该指标体系反映税务机关征管质量和效率等方面的指标集合,主要包括税款入库率、欠税率、欠税增减率、税负率等。

4.按照指标体系评价的方向分类,税收风险预警指标体系分为三类

(1)正向评价指标体系。该指标体系也称为正指标,与税收遵从度评价方向相同,与税收风险程度相反。因此,指标数值与税收遵从度呈正相关,与税收风险呈负相关,如征收率、增值税税负率、税收收入增长率、企业经营的利润率、税收贡献率等。

(2)反向评价指标体系。该指标体系也称为反指标,或称逆指标,与税收遵从度评价方向相反,与税收风险程度评价相同,如税收流失率、企业的成本费用率、单位产品耗电量大幅度高于同行业水平等。

(3)适度指标体系。适度指标体系是指标数值中等,中等是合理正常的数量特征。诸如税收弹性系数指标接近1比较合理,它体现了税收的变化与税源经济指标的变化同步进行并适度配合增减,主营业务成本与主营收入同步进行且适度配合增减;通过和第三方比较而构造出的指标如纳税人所申报销售收入和第三方部门所掌握销售收入应适度相匹配,其比值在1附近较为合理,偏离1越大则税收风险越大。

5.按照指标体系的影响程度不同分类,税收风险预警指标体系分为三类

(1)一级税收风险预警指标体系。该指标体系往往是反映税收经济关系的重要指标集合,是出现频率高、影响程度大的指标,如税负率、所得税贡献率、税收弹性系数等。

(2)二级税收风险预警指标体系。该指标体系通常是影响一级指标变动的指标集合,是关键的涉税财务指标集合和关键的税收收入指标集合,如企业的利润率、成本费用率、税收收入的增长率、税收结构比率等。

(3)三级税收风险预警指标体系。该指标体系通常是影响二级指标变动的指标集合,是二级指标的进一步细分的涉税财务指标集合,如反映纳税人涉税生产经营的财务分析指标,有单项成本率、物耗指标、耗电系数、销售费用率、管理费用率、财务费用率等。根据实际分析的需要,三级指标可以细化拆分为四级风险指标体系。

(三)税收风险预警指标体系构建方法

1.构建税收风险预警指标体系应考虑的因素

(1)税收征管的特点和实际情况。税收征管是一项复杂的工作,涉及税务部门、企业和个人等多个主体。因此,在建设税收风险预警指标体系时,需要充分调研各方的需求和意见,确保指标体系的科学性和适用性。

(2)数据来源的多样性和准确性。税收风险预警指标体系需要大量的数据支持,包括财务数据、税务数据、行业数据等。因此,需要保证数据的多样性和准确性,以确保指标体系的可靠性。

(3)行业和地区的差异性。不同行业和地区的企业面临的税收风险存在差异,因此在构建指标体系时,需要考虑行业和地区的差异性,针对不同行业和地区的企业制定不同的指标体系。

(4)税收风险预警指标的动态性。税收政策和市场环境的变化可能会导致税收风险的动态变化。因此,需要定期更新指标体系,以适应税收风险的变化。

(5)预警指标的可操作性。预警指标需要具有可操作性,能够在实际工作中得到有效应用。因此,在构建指标体系时,需要考虑指标的可操作性,以确保预警工作的顺利开展。

（6）定性和定量指标的结合。税收风险预警指标体系需要结合定性和定量指标，以全面反映企业的税收风险状况。定量指标可以通过数学模型和算法进行计算和分析，而定性指标需要通过人工评估和分析。

（7）预警指标的灵敏性和稳定性。预警指标需要具有一定的灵敏性，能够及时发现企业的税收风险；同时也要保持稳定性，避免因市场波动等因素导致预警结果的频繁波动。

2.税收风险预警指标体系构建方法

（1）按照税收经济关系基本原理构建。

构建税收与经济指标的对比关系，通过分析如税收负担和税收弹性系数等指标来实现。例如，通过比较企业的应缴税款和其销售收入，可以得出企业的实际税负指标；同时，将企业的应缴税款变动率与销售收入变动率对比，可形成税收弹性指标。这样的综合分析有助于深入理解税收和经济之间的相互影响，判断两者是否相互符合、是否协调发展，并探究是否存在税收漏洞等问题。

根据经济决定税收的税收经济学原理，以及税源经济发展的实际状况和发展趋势，构建和确定税源经济分析指标体系，如经济总量、行业增加值、经济指标增长率、营业收入、销售收入增长率、利润率等。

结合现行税收制度、税收政策，建立税收分析指标体系。根据税收征收管理工作的基本流程和相关工作内容，建立税收收入分析指标体系：一是建立税务登记类风险预警指标体系，包括登记、变更、注销等相关业务风险指标；二是建立发票发放、使用等相关业务指标在内的发票管理类的风险预警指标体系；三是建立包括申报、退税等相关业务指标在内的纳税申报类风险预警指标体系。

（2）仿生构建法。

仿生构建法是税收风险预警指标的常用方法，其核心思想是根据税收相关生产经营的内在本质属性和税收风险特征规律来构建指标。这种做法强调，指标要尽可能符合与税收相关的生产经营实际情况，更加准确地反映其税收风险。由于不同地区、不同规模、不同行业的生产经营特性不同，适用的税收政策、税收风险因素、风险特征规律及风险程度也不同。例如，煤炭采掘业和金融业随着风险特征的不同，风险程度也有所不同；国有大中型企业的税收风险一般小于中小民营企业；同样，汽车4S销售业与房地产行业的经营特点和运营方式也不同，其税收风险预警体系也会有明显差异。

为了更准确地评估不同行业的税收风险，在构建税收风险预警指标时，需要充分考虑涉税生产经营的内在本质属性和不同行业的税收风险特征规律。这就需要对各行业的运行模式、税收风险因素等有深入的了解，并据此构建相应的指标。这样，不同行业的税收风险点和特征规律就能得到更全面的反映，为企业和税务机关预警决策提供更准确的支持。

（3）分层、分级构建法。

分层、分级构建法又称分类构建法，是指构建税收风险预警指标体系时按照指标的不同范围和影响关系将指标体系按不同层级分类构建，并应用税收大数据技术建立决策树神经网络税收风控模型。

①分层构建,是指根据不同的管理范围构建税收风险预警指标体系。首先在宏观层面构建税收风险预警指标体系,其次在行业层面构建税收风险预警指标体系,最后在微观纳税人层面构建税收风险预警指标体系。分层构建按照从"面"到"线"再到"点"的思路,形成综合系统的税收风险预警指标体系。

②分级构建,主要是针对不同层次的税收风险预警指标体系进行分解细化,即区分为一级、二级、三级或更多层次,反映和描述税收风险预警指标之间的数量关联影响产生的原因。如微观层面的税收风险预警指标体系,应包括三部分内容:一是纳税人的税收经济关系指标,二是税源指标,三是税收收入指标。通常情况下,能够直接反映税源是否合法合理、税收与税源是否一致匹配、税收等税收经济关系类指标,被确定为一级重要关键性指标。影响一级指标变化的是二级指标,通常是利润率、计税收入率等关键性指标。影响二级指标变化的是三级指标,以此类推,多层次分析指标体系逐级构建形成。

二、税收风险预警指标分析识别方法

(一)税收风险预警指标体系分析识别概述

税收风险预警指标体系是用于评估和监控税收风险的工具,主要包括税收收入指标、税收经济关系指标和涉税财务指标等。该系统通过设置合理的预警范围和参数,运用静态和动态比对方法,对税收风险源、风险区、风险纳税人、特定纳税风险点等进行发现、判定和锁定。

税收风险预警指标体系的核心是静态和动态分析识别关键风险指标。静态分析识别方法适用于以各种税收经济指标为主要对比的定期评估税收风险,如年度评估,以发现异常或偏离正常范围的指标。动态分析识别方法适用于实时监控税收风险变化,通过比较各项税收经济指标的动态变化,及时发现异常或偏离趋势的指标。

(二)应用特点与原则

(1)税收风险指标分析识别比较灵活,既可以在宏观层面识别,也可以在微观层面识别,如可以在开展行业税收风险识别时使用税负率指标,也可以进行微观层面纳税人的风险识别并应用税负指标。

(2)应用税收风险进行风险分析和识别时,要在计算口径范围、计量单位、计算方法等方面保持指标的一致性和可比性,必须坚持一个重要原则。例如,应用增值税税负指标进行行业分析比较时,可以采用统计局公布的行业增加值,分母可以是该行业企业申报销售收入的总和。对增加值的宏观税收风险分析,企业层面的税收风险分析时,则采用纳税人的销售收入,也可通过第三方统计局的资料进行比对核实。但无论采用哪种方式,都应对统一口径范围和相关计算方法做出明确规定。

(三)税收风险指标静态分析识别方法

税收风险指标静态分析又称横向比较分析,是在同一时间条件下,即时间不变的情况下,利用纳税人的实际指标与同行业或同类企业的风险指标预警值进行比较分析,或与同行业标杆企业纳税信用较高的指标数据进行横向比较,进而对税收风险进行分析、认定和判断的一种分析方法。静态分析的指标也常被称为静态风险指标。具体分析方法步骤如下。

1.确定样本及样本数量

(1)确定抽取样品的数量。样本选取按照随机抽样和非随机抽样相结合的原则,通常采用30户以上的大样本指标,根据地区或行业纳税人规模数量和分布状况确定样本数量,如地区或行业纳税人数量较大,所抽取的样本单位数量相对较多,税收风险较大的地区或行业样本数量相应较多。

(2)审核样本数据质量。采取实地审核、第三方信息校验审核、指标逻辑关系审核等方法,进而审核、校验样本数据的真实性和合理性,确保样本数据的真实性。

(3)为了使样本数据具有一定的代表性,需对样本数据进行观察和处理,适当剔除极端值的影响。

2.计算样本静态风险指标的平均值

关键风险指标平均值的计算可以采取算术平均数方法、中位数法、几何平均数方法。对于静态指标数据,平均值通常采用算术平均数。以关键风险指标税费负担率为例,计算平均税负的方法如下。

(1)行业总体平均税费负担率计算方法。总体税费负担率包括所有税种(费)总额与相应的计税收入对比计算的强度相对指标。具体计算公式如下。

$$\mathrm{TB}_{ij} = \mathrm{TAX}_{ij} / \mathrm{CR}_{ij}$$

式中,TB 为行业总体平均税费负担,TAX 为税费总额,CR 为计税收入总额,i 为地区,j 为行业。注意,这里的 TAX 可以根据需要替换成相应税种(费)的收入,而 CR 可以替换成相应税种(费)的计税(费)收入或所得,来计算某税种(费)的平均税(费)负担。

(2)样本行业平均税负计算公式:

$$\bar{X} = \sum_{i=1}^{N} \mathrm{TAX}_i / \sum_{i=1}^{N} \mathrm{CR}_i$$

式中,$\bar{X}$ 为样本行业的平均税负水平;TAX_i 为测定行业税负水平时选定的样本企业的实际税负水平;N 为测定行业税负水平时选定的样本企业个数。

3.设置静态风险指标的预警阈值区间及预警参数

(1)设置风险指标预警参数的原则。

设置风险指标预警参数时主要依据行业设置原则、数据代表性原则、定性分析与定量分析相结合的原则、动态管理原则等,具体如下。

①行业设置原则。按区域范围的规模和行业对纳税人进行分类,结合现行税收法律、政策及行业的生产经营特点,对行业进一步细分,按行业细分的企业类型进行预警参数的测算和设置。

②数据代表性原则。参与测算预警参数的样本纳税人应是正常纳税的,样本数据应较为均衡,要适度剔除极端值的影响,使样本数据离散度较低且具有一定的代表性。

③定性分析与定量分析相结合的原则。在样本数据测算的基础上,根据行业经营特点、税收风险特征及征管质量的要求综合调整预警参数,使其具有较强的科学性、客观性

和可靠性。

④动态管理原则。预警参数的设定不是一劳永逸的,要通过纳税信用等级高的标杆企业和风险应对的数据对预警参数进行验证,同时要结合宏观经济的发展、行业景气周期变化、季节影响、进出口等因素以及征管质量的要求,对预警参数不断进行修正、优化和调整,使其不断趋近于客观标准且具有较强的科学性、公正性和权威性。

(2)预警参数设置的步骤和方法。

①计算离散指标。在税收风险分析识别中,主要的离散指标有标准差和标准差系数。一个行业关键风险指标的标准差和离散系数越大,说明这个行业的税收征管情况越复杂,相应的税收风险也较高。行业税负离散指标的计算公式如下。

$$S = \sqrt{\frac{\sum_{i=1}^{n}(X_i - \overline{X})^2}{(n-1)}}$$

式中,S 为样本标准差,反映样本总体关键风险指标的离散程度。但在实际应用中,由于样本个体指标的差异较大,会造成标准差的实际测算值远大于或小于税负值而失去意义,为此要根据实际情况对标准差进行修正,计算经验标准差,具体公式如下。

$$S = \sqrt{\frac{\sum_{i=1}^{n}(X_i - \overline{X})^2}{n}}$$

式中,S 为经过修正调整后的经验标准差,与客观的关键风险指标数值离散度存在一定的偏离,但在测定行业平均税负水平和预警参数时,如果行业指标数值分布变异较大,说明行业的税收风险相对较高,管理质量相对较低,所以要根据实际情况适度调整离散度,计算修正经验标准差,进而调整预警阈值区间,保证风险识别的有效性和精准性。

②测算和设置预警参数。

首先计算经验离散系数。经验离散系数是经验标准差除以平均值,计算公式如下。

$$\delta = \frac{S}{\overline{X}}$$

当 $\delta \leqslant 0.6$,预警参数的合理阈值取值范围为:$\overline{X} \pm S$。相应地,$(\overline{X}+S)$ 的临界值称作预警上限,超出预警上限的样本个体税负指标在实际情形中可能税负过重,也可能超前征收了"过头税"。当然,也可能存在个别需要退税的企业通过高税负多获取不合理退税的风险。$(\overline{X}-S)$ 的临界值称作预警下限,低于预警下限的样本个体,税负指标在实际情形中则可能存在税负过低的风险,会被风险识别模型系统筛查输出,预警推送,作为风险应对重点关注排查。

当 $\delta > 0.6$,预警参数的合理阈值取值范围为:$\overline{X} \pm 0.6S$。其中,0.6 是经验修正系数,由于离散系数超过 0.6,表明样本指标数据离散程度较大,纳税人的涉税风险较为复杂或税收风险较高,通过经验系数对标准差进行调整修正,以确保合理的预警阈值区间、预警参数及筛查输出的风险目标数目,进而提高行业的税收风险管理质效。随着后期纳税遵从度和风险管理质效的逐步提高,当离散系数低于 0.6 时,即可采用 $\overline{X}\pm S$ 确定较为合理的预警阈值区间。在上述公式中代入相应的税种税收收入和计税收入指标数据,即可计算相应税种税负的预警参数范围及预警值。

4.税收风险指标静态分析识别方法

(1)正向指标的税收风险分析识别方法。

通常情况下,正向指标数值越高说明纳税遵从度越高,而实际申报纳税数据往往较低,因此预警参数值即为下限值,不能低于预警下限。低于预警下限的正向指标数据显示异常,更有可能出现税收风险。例如,计税收入指标为正向指标,应与预警范围的下限值比较差异,进而对税收风险进行分析和认定。

(2)反向指标的税收风险分析识别方法。

通常情况下,反向指标数值越低,纳税遵从度越高,而实际申报纳税的数据往往偏高,因此应以反向指标的预警参数值为上限值,实际数据不应高于该上限。而高于预警上限的反向指标数据则显示异常,有可能出现税收风险。例如,投入类指标费用率指标、单位产品物耗和能耗指标反向指标,与预警范围的上限值存在比较差异,应对税收风险进行分析认定。

(3)适度指标的税收风险分析识别方法。

通常温和指数数值适中合理为好,过高、过低则会表现失常。例如,公路货物运输企业的燃料消耗量成本率在 $30\%\sim40\%$ 是合理的,过高或过低均为不正常的现象,这些异常都有可能指向企业的税务风险。从理论上讲,企业的实际税负是一个适中的指标,过高或过低均为不正常的情况。但在税收实践中,企业的实际税负率往往较低,因此在进行税收风险分析识别时,通常将部分适度指标处理,即利用企业的实际指标数据与预警下限值进行差异比较,计算偏离幅度低于预警下限即为异常,存在较高的税收风险。

(四)税收风险指标动态分析识别方法

动态分析又称纵向比较分析,是指利用不同时间的风险指标数据进行纵向比较,通过计算变动率指标,反映税收风险指标数据在一定时期内的发展变化和发展趋势,根据相互关联的税收风险指标在变化中相互制约的关联关系,对税收风险进行分析识别和判断的分析方法。动态分析的指标通常也被称为动态风险指标,如计算出的税收负担变动率销售额变动率、税收弹性系数,以及与税收相关的变化趋势。动态分析法的重要特点是需要考虑时间因素对指标数据的影响,系统地分析和识别税收风险指标数据的变化。具体步骤和方法如下。

1.确定样本及样本数量

(1)选择样本并决定样本的数量。根据随机抽样和分类抽样的原则进行抽样,一般使用 30 多户的大样本,以保证样本指标的有效性;样本数量依区域或产业内纳税人的规模数量和分布状况而定,即当区域或产业内的纳税人较多时,所选择的样本数量也要较多,税收风险越高,行业抽样数量也相应越多。

(2)对样本数据质量进行审核。采取抽样实地审核、第三方信息验证审核、指标逻辑关系审核等方法,对样本数据的真实性、合理性进行审核校验,保证样本数据具有较高的真实性。

（3）对样本数据进行观察和修匀,适当剔除极端值的影响,保证样本数据具有一定的代表性。

2.计算动态风险指标

以关键风险指标为例,计算动态分析指标,计算公式如下。

税负变动率＝(本期税负－基期税负)/基期税负×100％

税负＝应纳税额/应税收入×100％

3.设置动态风险指标的预警阈值区间及预警参数

（1）变动率预警参数的计算方法。

通常情况下,需要依据行业内不同纳税人的变动率指标测算预警参数,如税负率、利润率、成本费用率、流动比率等。通常是将个体纳税人的关键指标变动率与行业纳税人平均变动率进行比较,步骤如下。

①计算变动率指标的加权平均值,计算公式如下。

$$\bar{X} = \frac{\sum ((X_i - X)/X) f}{\sum f}$$

式中,$\left(\frac{X_i - X}{X}\right)$表示上年度同行业纳税人样本个体指标变动率数据,$f$表示各样本个体的权数,$\sum f$表示样本总数。

②计算变动率的标准差,计算公式如下。

$$S = \sqrt{\frac{\sum (X_i - \bar{X})^2 f}{\sum f}}$$

③设置预警参数的合理阈值取值范围。同样,如果测算的标准差数值过大,需要计算修正经验标准差,用修正标准差除以变动率的平均值计算经验标准差系数,根据标准差计算结果是否大于或小于0.6,对经验标准差进行调整设置,以确保合理的预警阈值区间、预警参数及筛查输出的风险目标数目,进而提高行业的税收风险管理质效。

（2）根据时间序列计算变动率趋势预警参数的计算方法。

根据时间序列指标数据,变动率趋势预警参数将个体指标变动率与同行业纳税人3年以上的历史指标数据结合测算出变动率的平均值,从而进行动态趋势的比较分析。按纳税人时间序列指标的变动率计算平均速度,此处需要使用几何平均法。

①时间序列变动率的平均值,计算公式如下。

$$\bar{X} = \sqrt[n]{X_n/X_1}$$

②计算标准差。

$$S = \sqrt{\frac{\sum (X_i - \bar{X})^2 f}{\sum f}}$$

③预警参数的合理阈值取值范围:$\bar{X} \pm S$。式中,$X_1, X_2, \cdots, X_n$,表示分年度的某一评

估对象分析指标的数值，f_1，f_2，…，f_n 表示分年度某一被分析对象的销售额。同样地，如果测算的标准差数值过大，需要计算修正经验标准差，用修正标准差除以变动率的平均值来计算经验标准差系数，根据标准差计算结果是否大于或小于 0.6，对经验标准差进行调整设置，以确保合理的预警阈值区间、预警参数及筛查输出的风险目标数目，进而提高行业的税收风险管理质效。

（3）税收弹性系数预警参数的算法。

税收弹性系数又称为税收关联指标变动的配比系数，反映具有内在逻辑关联关系的两个指标变动的相互协调和适应关系。弹性系数的预警参数反映了一定时期内同行业纳税人相关变化的正常范围。具体步骤和公式如下。

①计算税收弹性系数的平均值，用 Z 表示，计算公式如下。

$$Z = \frac{\sum\left(\left|\frac{(x_i - X)/X}{(y_i - y)/y}\right|\right)f}{\sum f}$$

②计算标准差如下。

$$S = \sqrt{\frac{\sum(Z - \bar{Z})^2 f}{\sum f}}$$

③预警参数的合理阈值取值范围。预警值＝$\bar{Z} \pm S$。

弹性系数的标准值是 1，或者说趋近于 1 是合理的，过高或过低都会显示异常。例如，增值税的变动率与计税销售额的变动率应该是大体同方向、同幅度的，对比的系数 1 是最标准合理的。所以弹性系数通常是以 1 的 ±20％ 为合理的预警阈值区间，即阈值区间介于 0.8～1.2 之间是相对正常合理的，预警上限值为 1.2，预警下限值为 0.8，个体弹性系数如果大于 1.2 或小于 0.8 就被视为异常，应结合具体指标情况进行分析识别。

4.税收风险指标动态分析识别方法

（1）正向指标变动率税收风险分析识别方法。

通常正向指标的变动率数值越大，税收风险越大、税收遵从度越大，实际纳税申报数据一般较低，因此其不应小于预警下限。正向指标变动率数据在预警下限以下表现为异常情况，发生税收风险的概率较高。例如计税收入变动率、利润率变动率指标和税收收入增长率指标等均为正指标，相比于预警区间下限值变化不同，需进行税收风险分析和辨识。

（2）反向指标变动率税收风险分析识别方法。

一般来说，反向指标变动率愈低，税收风险愈小，税收遵从度愈高。而且真实的纳税申报数据通常较高，因此反向指标变动率一般不会超过预警上限。以预警参数值为上限，超过预警上限的反向指标表现出异常情况，则税收风险发生概率较高。例如原材料涨幅、成本费用率涨幅，单位产品物耗变动率和能耗变动率均为反向指标并与预警区间上限值对比变化不同，进行税收风险分析和辨识。

（3）适度指标变动率税收风险分析识别方法。

首先，一般适度指标取值适度合理最好，过高或过低均表现异常。企业实际税负变动率从理论上看是一个适度指标。而在税收实际工作中,其通常处于较低的水平,因此在对税收风险的分析和认定上,一般将部分适度指标作为正向指标来对待,即通过风险指标变动率数据和预警下限值之间的差值来比较,计算偏离幅度并小于预警下限则表现为异常情况且税收风险较大。二是弹性系数指标值接近1比较合理,阈值在0.8～1.2之间比较正常合理,过高或过低都会表现出异常。税收弹性系数这种指标资料在税收实际工作中,一般也都比较低,因此在分析和认定税收风险时,也会将该指标作为正向指标来对待,即通过企业实际指标数据和预警下限值的比较来测算偏差,小于预警下限则表现为异常情况,税收风险较大。

三、宏观税收风险预警指标与分析识别方法

宏观税收风险预警指标体系包括宏观税源经济指标、宏观财政税收指标和宏观税收经济关系指标。

(一)宏观税收经济关系指标与风险分析识别方法

这类指标是从宏观层面描述,反映税收与经济协调发展的匹配程度、税源依法形成税收的程度以及税收流失程度,这对实施税收风险管理具有重要意义。具体可以分为以下三类。

1.宏观税费负担水平

宏观税费负担水平有小、中、大三种不同口径,分别是指政府当年获得的税费总额、财政收入总额、政府收入总额与国内生产总值的对比计算出的强度相对指标,又称宏观税费负担水平,这反映了政府对国民经济发展所获得的税费收入的实际负担水平。科学合理的税收制度下的宏观税负率将促进国民经济的持续高质量发展,而过高的宏观税负率将给经济发展带来沉重的负担和危害,从而抑制或阻碍经济的持续健康发展。

2.宏观税收弹性系数

税收弹性系数是将当年税收收入增长率(含负增长)与当年国内生产总值增长率(含负增长)进行比较计算得出的相对指标,通常用系数表示。它反映了税收与经济相互影响、相互依赖的协调发展和趋势,两者正相关。在现行国民经济核算制度下,由于税收增长率按当期价格计算,而经济增长率按可比价格计算,在剔除价格变化和税收政策调整的基础上,两者弹性系数趋近1是合理的,体现了税收与经济的同步协调发展;大于1,特别是大于1.2时,反映税收增长快于经济增长;小于1,特别是小于0.8时,反映税收增长滞后于经济增长,存在税收损失风险。

3.税费征缴率

税收征缴率是税务机关在一定时期内实际征收的税费金额强度的相对指标,反映了税收的征收强度。它也可以通过将实际税负与法定税负进行比较计算得出,是评价税收征管质量和效果的基本指标。该指标与税收损失率相反,指标值越高,税收损失风险越低。

(二)宏观税源经济指标与风险识别方法

史蒂文·高德(Steven Gold)的著作《国家财政危机:对未来的启示》(*The Fiscal*

Crisis of the States : Lessons for the Future)中详细分析了 20 世纪 90 年代美国各州金融危机的主要原因为经济衰退。他认为,经济衰退导致的财政收入大幅下降、财政支出大幅增加,是金融危机的根本原因。这一基本经济原则就是税收的经济决定论,这是任何国家都无法改变的客观事实。因此,反映宏观经济总体形势的指标是宏观经济税收分析和风险预警监测的首要指标,由于宏观经济发展的主要目标是经济增长、充分就业、物价稳定、进出口平衡、汇率稳定,掌握这些指标的含义和税收风险分析方法对开展税收风险管理具有重要意义。此外,在经济发展过程中,税收风险的产生与一定的税收制度以及社会公众对税负的认知和接受程度密切相关。如果公众普遍感到税负沉重,同时对与税收直接相关的政府支出不太满意,也可能会出现相应的税收风险。因此,在进行宏观税收风险预警分析时,需要将宏观税源与舆情调查指标分析相结合。主要指标与风险分析方法如下。

1.经济增长率

经济增长率是指将一个国家或地区的当期实际 GDP 与上年度 GDP 进行比较计算得出的增长率,反映该国家或地区的经济增长率,以及该国家或地区经济的整体发展趋势。一个国家或地区的税收增长率指标与该国家或地区经济增长率指标的发展趋势应总体趋同,保持一致。如果发展趋势不同,比如税收收入相对于经济增长的增长较慢,则表明潜在的税收损失风险。当然,这里不包括价格波动、税收优惠、产业结构调整等因素的综合影响。

2.失业率

失业率是指失业人员占总劳动力的比例,反映一个国家或地区的就业状况,也是反映宏观经济发展总体趋势的重要指标之一。通常,当经济增长率下降时,就业率也下降,失业率上升,且为社会不稳定创造了风险因素,同时经济发展缓慢导致的税收收入下降中也隐藏着税收风险。

3.通货膨胀率

居民消费价格指数(CPI)和生产价格指数(PPI)可衡量通货膨胀。在新兴市场国家,当 CPI 指数超过 5% 时,表明经济发展过快、过热,税收收入通常会随着物价指数的上升而加速增长。此时,国家宏观调控通常会逐步采取从紧的财政和货币政策,经济逐渐企稳,经济增速逐渐放缓,税收增速也会相应放缓。

4.金融风险程度

金融风险的严重程度可以通过不良资产占商业银行当年总资产的比例来体现。随着不良资产占商业银行当年总资产比例的提高,金融风险将逐步演变为系统性金融风险,影响宏观经济持续稳定运行和发展,导致经济下行风险,对税收产生下行影响。

5.国民税收心理承受度

国民税收心理承受度是指公民接受税收、认同自己愿意承担的税负的程度。可通过纳税人的月收入水平和纳税额占总收入的比例(即微观税负)进行分析。如果纳税人的月收入水平不高,微观税负过重,超过适度比例,将增加纳税人的负担,引起纳税人的不满,从而引发社会性和系统性的税收风险。

6.政府提供公共服务的满意程度

一般而言,纳税人对政府提供的公共产品和服务,包括税务机关提供的税收服务的满意度较高,与税收风险较低、税收满意度较高有关。但这种满意度水平难以衡量,只能通过大量问卷和大数据调查,或通过公众对公共服务的满意度来获得。

(三)宏观财政、税收指标与风险分析识别方法

1.财政支出对税收的依存度

财政支出对税收的依存度,即税收收入占财政支出的比重。该比例越高,说明财政支出对税收的依赖程度越高。财政支出对税收的依赖程度与一国的经济发展水平、政策取向、税收制度结构等因素有关。一般而言,经济发展水平越高的国家,税收收入占比越高,财政支出对税收的依赖程度也越高。此外,政策导向和税收制度结构也会影响财政支出对税收的依赖程度。

如果财政支出对税收的依赖程度过高,可能会影响财政支出的可持续性,因为税收收入受经济波动、政策调整等因素的影响较大。如果财政支出对税收的依赖程度过低,可能会影响政府的调节能力,因为税收是政府调节经济的重要手段之一。

2.行政支出比率、变化率指标

行政支出比率是指行政费用占财政支出总额的比例,是衡量政府行政效率的重要指标之一。行政管理费用是指政府为维持自身运营和履行行政管理职能而支付的费用,包括人员工资、办公费用、行政设备的采购和维护等。行政支出比率越高,政府行政效率越低,需要加强行政管理改革。如果相反,则说明政府具有更高的行政效率,能够有效控制行政管理费用的支出。行政支出变化率是指行政管理费用的变化率,反映政府行政管理费用的增长情况。如果行政支出变化率高于财政总支出增长率,说明政府行政管理费用增长过快,需要加强行政管理成本控制。通过对行政支出比率、行政支出变化率等指标的监测,可以评价政府的行政效率和对行政管理成本的控制情况,为政府制定合理的财政预算、推进行政管理改革提供依据。

3.民生支出比率、变化率指标

民生支出比率是指政府在民生领域的支出占财政总支出的比重,是衡量政府对民生问题关注程度的重要指标之一。民生领域包括教育、医疗、社会保障、就业、住房等与人民生活密切相关的领域。民生支出占比越高,说明政府对民生问题的关注度越高,对民生领域的财政投入也就越大,有利于提高人民的生活水平和幸福感。如果相反,则表明政府对民生问题的关注不足,民生领域的财政投入有待加强。

民生支出变化率是指民生领域支出的变化率,反映了政府在民生领域投入的增长情况。如果民生支出的变化率高于财政总支出的增长率,则说明政府在民生领域的投入增长较快,政府对民生问题的关注度较高。如果相反,则表明政府在民生领域的投入增长缓慢,需要加强对民生领域的金融支持。通过对民生支出比率、民生支出变化率等指标的监测,可以反映政府对民生问题的关注程度和在民生领域的财政投入情况,为政府制定合理的财政预算、改善民生提供依据。

4.行政支出、民生支出对比指标

行政支出与民生支出的比较指数,可以反映行政支出是否增加了公共财政负担,以及对科技、教育、文化、医疗、扶贫、社会保障等民生支出的挤出效应。而且,在大规模改革和市场经济体制改革逐步完善的形势下,科技教育、社保、医疗、扶贫等民生支出占比将有所增加,不仅对促进社会经济可持续发展具有重要作用,而且对提高纳税合规性也具有正向激励作用。

5.财政收支信息披露指标

这一指标可以表述为定期发布信息的单位数量占行政机构整体数量的比例。财政收支信息披露指标还包括财政收支信息能否及时公布,以反映财政收支的透明度,使公众在政策出台前有充分的心理准备。如果财政透明度高,预算中"关系本位"的非正式制度和非标准、非统一的收支势必减少。而且,财政收支透明度越高,政府职能就越明确,相应的法律规范就越完备,政策执行过程中的公共成本就越低,政府法令执行就越顺畅,政府政策执行效率也会相应提高。

6.税收收入占财政收入的比重

这一指标能够反映政府收入对税收的依赖程度。反之则反映政府收入对非税收入的依赖程度。一般来说,由于法治性强、税收规范性强,在发达市场经济国家,除战争和非常特殊的情况外,一般可以采用税收占财政收入的比重来评价政府财政收入的法治化、规范化程度,以及相关制度是否健全和完善,进而分析判断财税收入的稳定性和可持续性。

7.税费收入增长率

税费收入增长率是对报告期税费收入与基期税费收入进行比较计算的动态速度指标,反映了不同时期税费收入的增减程度和发展趋势。税费收入的持续、稳定、平衡增长,而不是大幅波动,能够反映国家经济的持续稳定发展、金融的高度安全性和较低的税收风险,也体现了财税法治化、规范化、科学化水平的不断提高。

8.税费收入异动率

税费收入异动率可以从两个方面进行分析:一是异常波动的状态,税费收入突然急剧增长或急剧下降,这表明税收和费用收入的变化处于一种不平衡和不稳定状态;二是税费收入的增长远远超过经济指标的增长速度或明显低于经济指标的下降速度。如果税费收入波动过大,说明税费收入增长质量不高,存在潜在的税收风险,将给国家财税安全带来更大的风险。当然,具体分析判断也要结合当前国际国内形势变化,排除宏观经济政策调控、物价指数变化、自然灾害、公共卫生事件等特殊因素的短期突发性影响,进一步细化和深入分析。

9.税费申报率

该指标为纳税申报户数占工商登记户数的比例,既能反映纳税人的纳税实现程度,也能反映税务机关征管工作的质量和效率。该指标值越大,税务风险越低。

10.欠税率

该指标是通过比较报告期内的欠税金额与税收总额计算得出的比率指标,反映欠税的严重程度。该指标值越大,税务风险越高。

11.税收违法率

该指标主要反映纳税人和税务人员涉税犯罪的发生率。该指标值越大,税务风险越高。税收违法率主要包括纳税人违法率、税收执法过错和违法率。其中,纳税人违法率反映纳税人违法犯罪的比率,包括纳税人税收违法率和纳税人税收犯罪率。税收执法过错和违法率反映税务人员执法过错和职务犯罪的比率,包括税务执法过错率和职务犯罪率。

12.税收流失率

该指标是税收流失占税收总收入比例的相对指标。税收流失金额包括纳税人不遵守税法所造成的税收流失金额,以及税务人员执法失误和犯罪所造成的税收流失金额。该指标反映了纳税人不遵守税法的违法行为和税务人员执法失误犯罪行为所造成的税收流失的损失和危害。实际税收流失的风险程度应结合税收流失的收回、补偿和追偿的实际情况进行分析。该指标值越大,税收流失风险越高。

四、企业生产经营税收风险预警指标与分析识别方法

常见的企业
风险预警指
标

企业生产经营税收风险预警指标是以纳税人涉税经济财务指标为基础,汇总计算得出的,包括指标释义、风险描述、计算和分析识别方法,这里重点介绍企业税收风险预警指标体系、相关算法及风险分析识别方法。

(一)企业税收经济关系指标与风险分析识别方法

1.企业总体税费负担率风险指标

企业总体税费负担率,是企业当期各项税费总额与同期营业收入比较计算出的相对强度指标,反映企业税费实现程度和税务机关的税收征管强度,以及一定税制下企业的实际税负水平。具体计算公式如下。

企业总体税费负担率＝风险期企业税费总额/风险期营业收入×100%

如果企业总体税费负担率低于设定的预警下限,企业可能存在因营业收入少计、促销项目虚假、进项税额超提、成本费用虚假列示等导致的税款少缴风险。低于预警值的程度越大,公司税收风险程度越高。

2.增值税税收负担率异常风险指标

增值税税收负担率异常风险指标是通过比较风险期内企业增值税与同期应税销售收入计算出的相对强度指数,反映了企业增值税的实现程度和税务机关征收增值税的力度,也反映了现有增值税税制下企业税负的实际水平。计算公式如下。

增值税税收负担率＝风险期应纳增值税额/风险期销售收入×100%

根据纳税人增值税申报数据计算出的税负明显低于同行业、同类型企业税负警示值,风险指向企业因可能存在的隐瞒、少缴收入、少缴销项税、多扣进项税、虚报抵扣等造成少缴增值税的税负风险。低于设定警告值的范围越大,税务风险越高。

具体风险应对步骤如下:①建立税收分析预警监控系统,自动监控税负偏低的纳税人涉税信息。②根据往年纳税人申报纳税等情况,结合纳税风险评估、稽查反馈信息,调整、修正行业增值税税负预警值,使预警值更加科学合理,提高税收风险分析识别的准确性。③对预警企业开展案头分析,结合企业相关财务指标数据和第三方涉税数据,运用电耗、

水耗等增值税发票信息进行深入分析。

3.增值税弹性系数风险指标

增值税弹性系数风险指标是企业增值税应纳税额变动率与计税销售收入变动率对比计算的相对指标,通常用系数表示。计算公式如下。

$$增值税弹性系数＝增值税应纳税额变动率/销售收入变动率×100\%$$

首先,进行初步分析识别。正常情况下,销售收入变动率与增值税应纳税额变动率应保持同方向、同幅度增减变化,两者的配比指标又称为弹性系数,比值趋近于1是合理的,与1的偏离度越大,税收风险越高,企业可能存在因销售收入少计、虚假抵扣、进项税违规超提等原因导致增值税少缴的税收风险。

其次,进行深入分析识别。当两者都为正时,比值＜1,且与1相差较大,可能存在虚增进项、少缴增值税的风险,应重点分析监控。当两者都为负时,比值＞1,且与1相差较大,可能存在虚增进项、少缴增值税的风险,应重点分析监控。当比值为负数,且前者为负、后者为正时,可能存在虚增进项、少缴增值税的风险,应重点分析监控。

最后,剔除价格指数变化、税收优惠政策调整因素,针对销售收入和有关进项明细进行深入分析核实。

4.进项税额与销项税额弹性系数风险指标

进项税额与销项税额弹性系数风险指标是企业增值税的进项税额变动率与销项税额变动率对比计算的相对指标,通常用系数表示,计算公式如下。

$$进项税额与销项税额弹性系数＝\frac{风险期进项税额变动率}{风险期销项税额变动率}×100\%$$

具体风险分析识别方法如下:数值在0.8~1.2之间较为合理,偏离合理区间越大,税收风险越高。如果指数值大于1.2,则风险指向进项税额抵减或抵减过多、收入少计、销项税额少计的税收风险可能性;如果指数值小于0.8,可能存在外部超开发票的税务风险。

5.企业所得税贡献率异常风险指标

企业所得税贡献率异常风险指标是指在正常业务情况下(不包括特殊业务),企业所得税贡献率与地区同行业同类型企业所得税贡献预警值对比明显偏低,计算公式如下。

$$企业所得税贡献率＝\frac{报告期企业缴纳的所得税}{报告期企业的营业收入}×100\%$$

当企业该指标实际值低于同行业、同类型企业所得税贡献率预警值时,风险指向企业可能少计收入、多计成本费用、扩大税前扣除范围或可能出现异常亏损的税收风险。低于预警值越多,税收风险程度越高。

风险应对时,首先,应根据往年纳税人申报纳税等情况,结合评估、稽查反馈信息,调整修正行业所得税贡献率预警值,使预警值更加科学合理,提高税收风险分析识别的准确性;然后,对预警企业开展案头分析,结合企业相关财务指标数据和第三方信息,运用物耗、电耗、水耗等涉税大数据,针对所得税的应纳税所得额及有关营业收入、成本费用及税前扣除项目等进行深入审核分析。

6. 所得税贡献率变动异常风险指标

所得税贡献率变动异常风险指标是指企业所得税贡献率变动率明显低于区域内同行业、同类型企业所得税贡献率指数的预警值，表明存在风险预警，企业可能存在收入少计、成本费用多计、扩大税前扣除范围等涉税风险，或者可能存在非正常情况的亏损等。计算公式如下。

所得税贡献率变动率＝（报告期所得税贡献率－基期所得税贡献率）/基期所得税贡献率×100%

企业所得税贡献率变动率小于行业预警值，显示预警。企业所得税贡献率变动率低于预警值的幅度越大，税收风险越高。具体风险应对时，首先，应对应纳税所得额及有关收入、成本费用及税前扣除项目进一步深入分析核实；其次，分析是否存在少计应税收入、扩大税前扣除范围、非正常情况亏损等税收风险；最后，对预警企业开展案头分析，结合企业相关财务信息和第三方信息，运用物耗、电耗、水耗等涉税大数据，针对所得税的应纳税所得额及有关营业收入、成本费用及税前扣除项目等进行深入分析核实。

7. 企业所得税税收负担率异常风险指标

企业所得税税收负担率异常风险指标是指在正常业务情况下（不包括特殊业务），纳税人企业所得税申报税负与地区同行业、同类型企业税负指标预警值对比明显偏低，显示风险预警。计算公式如下。

企业所得税税收负担率＝报告期企业缴纳的所得税/报告期企业的利润总额×100%

企业的所得税税收负担率小于行业预警值，显示预警。企业的所得税税收负担率低于预警值的幅度越大，税收风险越高，企业可能存在少计收入、多计成本费用、扩大涉税风险税前扣除范围等风险。具体风险应对时，一方面，根据往年纳税人申报纳税等情况，结合评估、稽查反馈信息，调整修正企业所得税税负预警值，使预警值更加科学合理，提高税收风险分析识别的准确性；另一方面，对预警企业开展案头分析，结合企业相关财务信息和第三方信息，运用物耗、电耗、水耗等涉税大数据，针对所得税的应纳税所得额及有关营业收入、成本费用及税前扣除项目等进行深入分析核实。

(二) 企业生产经营风险指标分析识别及应对方法

1. 未按规定办理变更登记风险指标

未按规定办理变更登记风险指标主要用于识别纳税人税务登记内容发生变化后，未按规定办理变更登记的风险。当纳税人不按规定办理变更登记，将导致税务机关掌握的纳税人信息与实际经营不符，造成征纳信息不对称，可能出现后续管理混乱的风险。

具体风险应对时，通过企业的增值税发票大数据掌握并监控企业生产经营的变化；然后，税收管理人员定期通过互联网企业的门户网站、"天眼查"、第三方交易平台等涉税大数据获取纳税人静态和动态涉税数据，与金税系统中相关登记数据进行比对分析、排查。

2. 虚假停业风险指标

虚假停业风险指标主要用于识别定期定额征收方式的纳税人办理停业登记后，继续经营的风险。当定期定额征收方式的纳税人虚假停业，将导致税收流失的风险。

具体风险应对时，一方面，在停业期间，税收管理员深入实地核查监控分析；另一方面,税务机关在办税服务场所和纳税人集中的区域公示停业信息,并通过公布举报方式及利用协税护税互联网系统进行风险监控。

3.虚假注销风险指标

虚假注销风险指标主要用于识别纳税人经营期间有涉税违法行为,但尚未被税务机关发现,为逃避法律制裁而故意注销税务登记后走逃的风险。对有违法违章行为尚未被税务机关查处的纳税人,办理注销手续后才发现其违法行为,将导致税收流失,同时也增加了税务机关处理的难度。

具体风险应对时,首先,对纳税信用等级低、税收风险高的企业重点予以风险监控,对申请注销企业建立注销前清算、检查制度;其次,通过税收大数据监控注销企业法定代表人,查询法定代表人在短期内是否申请设立与原企业经营范围及购销渠道相同的新企业;然后,通过税收大数据监控注销企业,查询注销企业原经营地址在短期内是否设立与原企业经营范围及购销渠道相同的新企业;最后,税务机关在办税服务场所和纳税人集中的区域公示注销信息,公布举报方式并利用协税护税互联网系统进行风险监控。

4.走逃失联纳税人投资设立新企业风险指标

走逃失联纳税人投资设立新企业风险指标主要用于识别纳税人有涉税违法行为,却不按规定办理注销税务登记,也不履行纳税义务,而是通过转移经营地址等方式走逃失联,导致税务机关无法强制其履行纳税义务,同时其还通过新办企业方式延续其涉税违法行为的风险。当纳税人走逃时,税务机关无法强制其履行纳税义务,将影响正常税收征管秩序,造成税收流失的风险。

具体风险应对时,首先,对走逃失踪纳税人,税务机关在新闻媒体、办税服务场所和纳税人集中的区域进行公告,并通过公布举报方式以及利用协税护税互联网系统进行风险监控;然后,在金税系统中设置强制监控,对走逃失踪纳税人的法定代表人身份证号码进行监控,当新开业企业的法定代表人或投资人身份证号码与其相同时,实行黑名单制,系统自动对其进行预警监控;最后,通过税收大数据监控非正常企业,查询非正常企业原经营地址在短期内是否设立与原企业经营范围及购销渠道相同的新企业,并进行比对分析。

5.虚假建立两套账簿风险指标

虚假建立两套账簿风险指标是指纳税人为逃避纳税义务,建立两套账簿,向税务机关提供虚假的财务数据和纳税申报数据。纳税人建立两套账簿,将导致虚假申报,少缴纳相应税款。

具体风险应对时,首先,税收管理员在日常管理过程中,应对纳税人经营情况与账簿记录情况进行初步审核分析;其次,税务机关与银行、供电以及其他有关部门建立涉税大数据共享交换机制,通过第三方数据识别企业生产经营、财务核算、纳税申报的真实性;最后,对采用计算机软件记账的企业,要求纳税人备案财务软件的操作说明、操作人员初始化资料以及服务器地址等,便于税务机关后续的监控管理。

6.纳税人连续3个月以上零申报风险指标

纳税人连续3个月以上零申报风险指标是指纳税人连续3个月申报的货劳税应税销售额为零,显示异常的税收风险特征,表明纳税人可能不按规定时间确认销售收入或虚假申报,导致当期少缴税款;纳税人也可能存在虚开发票、走逃风险,导致税务机关后续的管理措施难以实施。

具体风险应对时,首先,通过建立税收大数据分析系统,自动统计连续3个月零申报的纳税人清册,并对其进行重点分析监控;其次,税收管理员对暂停经营的纳税人实行备案制度,分析识别纳税零申报的真实性;最后,税务机关与有关第三方部门建立涉税大数据共享交换机制,掌握纳税人资金流动、能耗、物耗等涉税大数据,开展综合比对,分析识别其纳税零申报的真实性。

7.纳税人连续3个月以上等额申报风险指标

纳税人连续3个月以上等额申报风险指标是指纳税人连续3个月申报的货劳税应税销售额相等或接近,显示异常的税收风险特征,表明纳税人可能存在虚假申报行为,导致当期少缴税款。

具体风险应对时,一方面,通过税收大数据分析系统,自动统计连续3个月等额申报的纳税人清册,并对其进行重点分析监控;另一方面,税务机关与有关第三方部门建立涉税大数据共享交换机制,掌握纳税人资金流动、能耗、物耗等涉税大数据,开展综合比对,分析识别其纳税申报的真实性。

8.有领购普通发票记录、后续申报为零风险指标

有领购普通发票记录、后续申报为零风险指标是指小规模纳税人在生产经营活动中,领取了普通发票,但发票领取后的月份申报销售收入为零,这表明企业可能开具了普通发票,为了少缴或缓缴税款,却不按规定确认销售收入,导致税款不能及时申报、足额入库。

具体风险应对时,首先,通过税收大数据分析系统,自动提取有领票记录、后续月份申报销售收入为零的纳税人清册,并对其进行重点分析监控;其次,税收管理员在日常管理过程中,对零申报户要核实发票开具情况,分析识别是否存在虚假零申报;最后,建立发票巡查制度,对领购发票后长期不验旧购新的纳税人的经营情况进行深入核实、比对分析。

9.享受增值税先征后返或即征即退且税负异常风险指标

享受增值税先征后返或即征即退且税负异常风险指标是指享受增值税先征后返或即征即退的纳税人,增值税税负比同行业平均税负明显偏高,显示异常的税收风险特征,这表明企业可能滥用税收优惠政策,在生产经营活动中,购进材料时不按规定索取增值税专用发票,或者销售货物时虚开增值税专用发票,为其他纳税人逃避纳税提供方便。

具体风险应对时,一方面,税务机关建立税收大数据分析系统,提取享受增值税先征后返或即征即退、税负超过同行业平均税负30%以上的纳税人清册,并对其进行重点分析监控;另一方面,税收管理员在日常管理过程中,对享受增值税先征后返或即征即退的纳税人的购销价格信息进行定期采集,掌握税负变化规律,分析识别可能出现的虚开发票风险。

10.纳税人通过办理延期申报拖延缴纳税款风险指标

纳税人通过办理延期申报拖延缴纳税款风险指标是指纳税人在一年内累计办理延期申报的次数达到3次以上,且在延期内办理税款结算时补税金额较大。《税收征收管理法》规定,纳税人办理延期申报后,在规定外延期内办理税款结算的,纳税人结算补税时不

额外加收滞纳金;纳税人通过提供虚假资料频繁办理延期申报,可能存在人为推延税款缴纳时间的风险,导致税款不能及时足额入库。

具体风险应对时,首先,税务机关建立数据分析系统,自动监控纳税人办理延期申报情况,对一年内累计办理延期申报达 3 次以上的纳税人进行自动预警监控;其次,税务机关受理纳税人延期申报申请时,对申请资料要严格审核,必须通过随机抽查的方式进行实地调查核实,从源头上分析识别延期申报申请资料的真实性;最后,对延期申报的纳税人在办理税款结算时补缴税款数额较大的,列为重点监控对象,在下次办理延期申报时严格把关。

11. 增值税申报表销售收入与企业所得税申报表营业收入比对差异风险指标

增值税申报表销售收入与企业所得税申报表营业收入比对差异风险指标是指纳税人申报的增值税全部销售收入与企业所得税申报表营业收入比对偏差较大,显示异常的税收风险特征。增值税申报表销售收入与企业所得税申报表营业收入理论上应当趋于一致。如果偏差较大,表明纳税人某一税种可能少计收入,造成少缴相应税款的税收流失风险。

具体风险应对时,税务机关应建立全税种税收大数据比对分析系统,将增值税和企业所得税申报数据进行关联综合比对,对增值税销售收入与企业所得税的营业收入差异幅度超过预警值的,进行自动预警监控。

12. 提供虚假资料申请延期缴税风险指标

提供虚假资料申请延期缴税风险指标是指纳税人不符合税法规定的延期缴税条件,通过提供虚假资料骗取税务机关批准延期纳税所造成的税收风险。除《税收征收管理法》规定的可以延期缴税的情形外,纳税人必须依照税法规定的期限缴纳税款。纳税人通过提供虚假资料骗取延期缴税,将导致税款不能按期入库,为后续欠税追缴埋下风险隐患。

具体风险应对时,一方面,税务机关受理纳税人延期缴税申请时,除进行资料审核外,必须通过随机抽查的方式进行实地调查核实,综合比对分析;另一方面,通过与企业社会保险缴纳、银行等涉税大数据综合分析,识别确认延期缴税申请资料的真实性。

13. 提供虚假资料骗取减免税资格风险指标

提供虚假资料骗取减免税资格风险指标是指纳税人生产经营项目或其他条件不符合减免税规定,通过提供虚假的资料或者非法取得的证明材料骗取减免税资格,存在少缴或逃避缴纳税款的风险。纳税人不符合法定条件而骗取减免税资格,将直接导致少缴或逃避缴纳税款,同时影响公平的税收秩序和环境。

具体风险应对时,一方面,税务机关在受理纳税人减免税申请时,除对资料进行书面审核外,必须通过随机抽查的方式进行实地调查核实,重点分析核查实际经营情况是否满足法定的减免税条件;另一方面,税务机关通过与民政、商务、科技、工信等部门的涉税大数据共享交换平台,进行比对分析,识别确认减免税申请资料的真实性。

14. 关联交易不按独立交易原则定价风险指标

关联交易不按独立交易原则定价风险指标是指企业或者外国企业在中国境内设立的从事生产、经营的机构、场所与其关联企业之间的业务往来,不按照独立交易原则,即不按独立企业之间的业务往来收取或者支付价款、费用等。有关联关系的企业之间在购销商品、融通资金、转让财产和提供劳务等经营活动中,不按独立交易原则收取或者支付价款、费用,将减少其应纳税的收入或者所得额,存在少缴相应税款的风险。

具体风险应对时,一方面,税收管理员定期对企业静态数据和动态数据进行获取,建立企业关联方信息备案监控管理系统;另一方面,税务机关建立税收大数据分析系统,通过增值税发票的大数据系统提取纳税人与关联方之间的增值税专用发票开具和取得的信息,与同期非关联的独立销售价格进行比对,对价格差异超过 25% 的企业进行自动预警监控。

15.接受税务检查时提供虚假资料风险指标

接受税务检查时提供虚假资料风险指标是指纳税人在接受税务检查时,向税务机关提供会计核算资料不真实,或者隐瞒重要事实,不能准确、全面反映其生产经营情况。纳税人提供虚假资料,会导致税务机关难以核实其生产经营情况,降低稽查工作效率,造成税收流失风险。

具体风险应对时,税务机关应多渠道获取纳税人生产经营涉税大数据,建立互联网及第三方涉税大数据共享、比对验证分析系统,如企业耗电、耗水的数据变化,通过与第三方的数据比对,分析识别纳税人所提供的涉税资料的真实性。

第三节　大数据税收风险评估方法

一、税收风险预警评估概述

(一)税收风险预警评估概念

税收风险预警评估是税务机关加强对纳税人管理的一种措施,用来提醒可能存在影响正常纳税的经营问题和主观避税意愿的高风险纳税人。税收风险预警与评估作为税收风险识别的前置过程,在税收征管过程中发挥着非常重要的作用。税收风险预警评估主要通过公开信息和财务报告数据,评估企业在纳税过程中可能面临的税收风险。对于评估风险较高的企业,税务机关需要进行现场检查和访谈,提供证据。当疑问无法合理消除时,将被转移到税务稽查程序。一般而言,税收风险预警评估具有为税收征管寻找有效目标的功能,其运行是否高效将直接影响整个税收征管体系的有效性。税收风险预警评估的内容主要如下。

评价税收风险在一定时间内发生的可能性及损失的严重性,即风险概率大小和税收流失损失后果的严重程度。根据测算某一特定税收风险指标的风险发生概率和损失程度,综合估计和评价总体风险概率及损失程度。根据税收风险概率的评价结果,估计和预测可能产生的税收流失后果,为该风险指标在综合评估中的权重系数的确定提供依据。将达到一定相关度的税收风险指标体系综合起来,进行总体税收风险程度的综合评价。根据风险评估结果,确定税收风险程度,进行风险等级排序,发布预警信息,提出分级风险应对预案,为风险应对提供有效的决策依据。

(二)税收风险预警评估的意义

税收风险预警评估的意义主要体现在以下四个方面。

(1)提高企业风险管理能力。通过对企业财务和税务风险进行预警和评估,可以帮助企业识别和发现潜在的风险问题,提高企业的风险管理能力,有效避免和控制风险,保护企业的合法权益。

(2)保障企业的经济安全。通过税收风险预警评估,企业可以及时发现存在的风险问题,采取相应的措施进行控制和防范,保障企业的经济安全和稳定发展。

(3)增强企业竞争力。有效的税收风险预警评估可以帮助企业及时调整和优化经营策略,避免财务和税务风险的发生,提高企业竞争力和市场份额。

(4)提高税收征管效率。通过税收风险预警评估,税务机关可以排查和及时发现企业的税收问题,提高税收征管的效率和准确性,减少税收流失和防范税收风险。

(三)税收风险预警评估流程

税收风险预警评估是在税收风险分析识别的基础上,按照一定的步骤和方法对税收风险进行综合评估,完成税收风险程度的量化过程,从而确定税收风险等级并进行风险等级排序,为应对税收风险提供科学有效的决策依据。基本流程和具体实施步骤如下。

(1)根据构建的税收风险指标体系及有关参数,按照纳税人的具体风险属性及有关涉税风险的状况,进行风险分析识别。

(2)在税务风险监测信息技术平台对风险指标的信息数据进行处理,测量相关安全的参考值和识别参数,比较、测量偏差并分类。

(3)采用定性和定量分析相结合的方法,对税收风险特征指数在一定时期内发生的概率和税收损失风险的损失程度进行估算。

(4)根据税收风险特征指数计算风险概率和风险程度,综合评价整体税收损失风险程度和损失后果,给出税收风险得分。

(5)根据单个税收风险特征指标的税收风险概率和对整体税收风险的影响程度,设置风险权重,明确综合风险评价体系中单个税收指标的风险权重系数,确定权重系数体系。

(6)根据税收风险指数分析识别的实际偏离情况,采用评分评价的方法,通过综合风险评分等级确定风险程度,同时依据各类管理资源的实际配置情况确定税收风险等级并排序;发布预警信息,提出税收风险应对的建议和方案,为税收风险应对控制提供科学依据。

二、税收风险预警评估方法

(一)专家经验税收风险度评价法

1.专家经验法

专家经验法侧重于税收风险的定性分析和评估,是具有丰富税收征管经验和专业知识的专家管理人员根据多年来在税收征管中的实际经验,分析、判断和确定某些税收风险指标的概率、影响和权重,进而评估税收风险整体水平的一种方法。该方法操作简单、成本低、效率高,但受人为主观因素影响较大,容易被人为操纵,且缺乏系统监管。

2.专家经验法实施的具体步骤

(1)根据需要调查的问题的性质组建专家组。专家组成员均为熟悉风险因素现状及发展趋势的专家和经验丰富的管理人员。

(2)由专家以书面意见的形式独立反映风险指标变量,其根据可能出现的风险特征状态或状态范围、各种状态的发生概率以及该变量在状态范围内的发生概率来确定。

(3)梳理专家组成员意见,计算统计风险指标预期值和专家意见分歧,并将结果反馈给专家组。

(4)专家组讨论分析意见分歧的原因,每位专家独立填写变量可能的风险特征状态或状态范围、各种状态发生概率、状态范围内变量发生概率。

3.专家经验法的应用

为保证税务风险预警评估的质量和有效性,在运用该方法时,应建立动态高效的税务风险预警评估和管理机制,并组建来自不同专业岗位、具有丰富税务管理经验的专家团队。在一定的指导原则下,定性分析与定量分析评价方法相结合,科学客观地评价纳税风险程度。

(二)税收风险坐标图评价法

1.基本原理

税收风险坐标图的评价方法是将税务风险发生的可能性和风险对管理目标的影响作为二维变量绘制在平面直角坐标上,形成税收风险坐标图,对税收风险程度进行观察和评价。

在税务风险管理实践中,对税务风险程度的评估有两种不同的方法:定性和定量。定性方法侧重于使用"极低""低""中""高"和"极高"等词语来描述税务风险发生的概率及其对风险管理目标的影响。定量方法是指税收风险发生的概率及其对风险管理目标的影响,用具有现实意义的数值来描述。例如,概率比用来代表风险发生的概率,损失金额用来代表对目标的影响。通过将税收风险坐标图与其他定性和定量方法相结合,可以直观地反映税收风险的程度和水平。

2.原理应用

应用风险坐标图法的目的是直接比较多个税务风险事件,评估税务风险程度,确定各税务风险应对管理的优先级顺序和策略组合。在税务风险评估过程中,企业可通过绘制风险坐标图,对不同类型的税务风险进行定位和分析。根据风险在坐标图上的位置,企业可判断出哪些风险具有较高的发生可能性或较大的影响程度,从而优先对这些风险进行管理和控制。此外,税收风险坐标图评价法还可以帮助企业识别税务风险管理中的弱点和威胁,从而根据评估结果选择适当的应对措施。这种方法体现了税务风险管理的思想,即通过识别税务风险并将风险降低到可接受的水平,证明企业管理者的风险控制措施是有效的。

(三)蒙特·卡罗法

1.蒙特·卡罗法的含义

蒙特·卡罗法是以概率论和数理统计理论为基础,利用随机数或伪随机数对整体风险及相关数值计算问题进行分析和评估的一种数值计算方法。该方法被广泛应用于宏观经济学、生物医学、计算物理、金融风险管理、税收风险管理等多个领域。在税收风险管理方面,蒙特·卡罗法主要用于建立税收风险分析评估模型、量化税收风险特征、分析识别税收风险源、评估税收风险程度、采取有效措施控制和排查税收风险等领域。

2.蒙特·卡罗法的应用

(1)构建税收风险指标体系,量化税收风险。蒙特·卡罗法对加强税源风险特征排查,量化需要分析评估的税收损失风险,构建和优化税收风险预警评估指标体系,定义其计量单位,获取税收风险变量,收集历史和当前涉税信息数据具有重要意义。

(2)在分析历史涉税信息和数据的基础上,蒙特·卡罗法参考常用的建模方法,建立了能够描述未来税收风险变量变化的概率模型,以反映税收风险变化的特征和规律。建立概率模型的方法有很多,如差分方程法、微分方程法、插值拟合法等,这些方法大致可以分为两类:一类是假设税收风险变量与未来情况的关系,直接描述未来税收风险变量的分布类型,如正态分布或偏态分布,并确定其分布模型和参数;二是描述未来税收风险变量的分布类型,如加强房地产行业的税收风险管理,描述其分布特征的变化和未来趋势,并有针对性地采取措施提高税收合规性。

(3)计算概率分布的初步结果,确定相关变量参数。蒙特·卡罗法利用随机数生成器,将生成的随机数代入上述概率模型,得到税收风险变量概率分布的初步结果。

(4)分析、识别和评估税收风险。蒙特·卡罗法是应用最广泛的正态分布模型之一。一般来说,一个变量如果受到多个独立随机因素的影响,就会遵循正态分布,每个因素的影响都很小。在自然界和社会经济学中,大量变量是正态分布的。描述正态分布需要两个特征值,均值和标准差。在税收风险评估中,均值为税收风险指标变量值的标准差,也称安全值;标准差反映的是各税收风险指标变量与均值的偏差,偏差越大,其指标风险分值得分越高,风险程度相应越高。

(5)修订完善模型。在税收征管实践中,通过对高风险纳税人实施纳税评估或税务检查等风险应对措施,及时修订完善模型,堵塞税收风险漏洞,控制和排查税收风险,提高税收征管质量,使税收风险指标的标准值更加合理。同时,通过税收风险管理,逐步缩小纳税人个人风险指数值与安全标准值的偏离范围,从而实现税收风险管理目标。

第四节 税收风险应对方法

一、税收风险应对概述

(一)税收风险应对的含义

税务风险应对,又称税务风险应对处理或处置,是对税务风险进行分析、识别、评估和排序,并根据已识别的税务风险源、风险等级和税务风险点,采取差异化的应对策略、措施和方法,实施有效的处理和控制管理活动,以达到预防、控制和降低税务风险的管理目标。

税务风险应对是税务风险管理过程中非常重要的一个阶段。税务风险应对决定了是否采取有效行动以及采取何种策略和方法应对,核心目标是选择差异化应对策略和方法,进而有效应对、控制、消除和化解税收风险。

(二)税收风险应对意义

税收风险应对的意义主要体现在以下几个方面。

(1)保障税收安全。通过有效的税收风险应对措施,企业可及时发现和解决税收风险问题,降低税收流失和税收风险的发生率,保障税收的安全和稳定。

(2)提高企业竞争力。有效的税收风险应对可以帮助企业避免因税收问题而引发的经济损失和声誉损失,提高企业的合规性和信誉度,进而提高企业的市场占有率和竞争力。

(3)促进企业可持续发展。通过税收风险应对,企业可以优化税务管理流程,降低税务成本和风险,为企业的可持续发展提供坚实的税务保障。

(4)推动税务机关的规范化管理。针对企业的税收风险问题,税务机关可以采取相应的应对措施,加强税收征管和监管,推动税务机关的规范化管理,提高税收征管效率和准确性。

(三)税收风险应对流程

为实现简化管理程序、提高税收风险应对质量和效率的目标,企业应按照科学合理的程序实施税收风险应对,建立规范化的应对流程体系,明确和细化税收风险应对过程中的各个环节、具体内容以及彼此之间的衔接和协调,实现简化管理程序、提高税收风险应对质量和效率的目标。税收风险应对流程主要包括以下几个步骤。

(1)风险识别。通过收集和分析涉税数据,企业识别出可能存在的税收风险点,如税收优惠政策未充分利用、税款缴纳不及时等。

(2)风险评估。对识别出的税收风险点进行评估,分析其可能对企业财务状况和经营业绩的影响,以及风险发生的可能性。

(3)制定应对措施。根据风险评估结果,制定相应的应对措施,如完善税务管理制度、调整会计核算方式、申请税收优惠政策等。

(4)实施应对措施。企业将制定的应对措施付诸实践,加强与税务机关的沟通与协调,确保应对措施的有效性。

(5)监控与调整。企业对实施的应对措施进行持续监控和评估,及时发现并解决存在的问题。同时,企业根据内外部环境的变化,对应对措施进行适时调整。

(6)定期回顾与总结。企业定期对税收风险应对工作进行回顾与总结,分析成功与失败的原因,提炼经验教训,为未来的税收风险管理提供借鉴。

"走出去"常
见涉税风险
应对指南

二、税收风险应对控制策略

在当前积极深化税收征管改革、跨部门协同监管的形势下,税务部门与政府各部门持续深化拓展税收精诚共治格局。因此,应从宏观层面明确税收风险应对的总体原则、方向和实施策略。

税收风险应对控制策略主要从以下几个方面入手。

(1)建立风险预警系统。企业通过建立风险预警系统,对企业的涉税数据进行实时监控和分析,及时发现可能存在的税收风险点,提高风险识别的准确性和及时性。

(2)完善税务管理制度。企业应建立健全的税务管理制度,明确税务管理流程和规范,确保企业税务操作的合规性和准确性,从源头上降低税收风险的发生率。

(3)加强与税务机关的沟通与协调。企业应积极与税务机关沟通,了解税收政策法规和最新动态,及时解决存在的税收问题,提高企业税收风险应对能力。

(4)提高税务人员的专业素质。税务部门应加强税务人员的培训和学习,提高其专业素质和技能水平,使其能够更好地应对税收风险问题。

(5)建立税收风险应对团队。企业应成立专门的税收风险应对团队,负责企业税收风险的识别、评估、应对和监控工作,确保税收风险应对工作的专业性和有效性。

(6)制定应急预案。企业应针对可能发生的重大税收风险事件,制定应急预案,明确应对措施和责任人,确保在事件发生时能够迅速响应,降低风险损失。

(7)定期进行税收风险评估。企业应定期进行税收风险评估,全面梳理企业存在的税收风险问题,及时发现和解决潜在的风险点,提高企业税收风险的防范意识和应对能力。

◎ 习题巩固

一、名词解释

税收大数据　税收风险预警评估　网络爬虫　蒙特·卡罗法　税收风险应对

二、简答题

1.税收大数据获取的技术方法有哪些?

2.简述税收风险预警体系的分类与构建方法。

3.税收风险预警评估方法有哪些?简述这些方法各自的优劣。

4.简要说明税收风险应对控制策略。

5.生活中税收大数据的应用对你有哪些影响,请举例说明。

三、案例分析

某税务局税收管理人员小张,通过"巨潮资讯"网站平台,查阅获取相关上市公司股权交易信息,进一步查询了解到其辖区内的乙公司持有甲公司的限售股,进而采取以下三个步骤开展税收风险分析识别与应对。

(1)查看乙公司"长期股权投资""交易性金融资产"等会计科目,并与企业向税务机关申报的企业所得税《投资收益纳税调整明细表》、增值税申报数据等信息进行综合比对,分析企业股票减持事项的属性及营业收入。

（2）小张通过比对分析发现，乙公司于 2020 年 2 月 1 日在甲公司实施重大资产重组时取得了该公司的限售股 1000 万股，解禁日为 2023 年 5 月 31 日，股票复牌首日至解禁日期间孳生送、转股 400 万股。甲公司因重大资产重组股票停牌，且停牌前一交易日的收盘价为买入价 10 元/股，完成资产重组后，股票恢复上市首日的开盘价为买入价 18 元/股。

（3）小张与乙公司财务人员沟通询问后了解到，2023 年 7 月，乙公司陆续减持了甲公司股票 200 万股，平均卖价为 20 元/股。乙公司并没有针对减持甲公司股票的行为申报增值税，于是及时辅导、提醒企业补充申报，避免产生滞纳金、罚款等税收风险损失。

第四章习题
巩固答案

请根据上述资料，对该企业的涉税事项进行更正。

◎ 参考文献

[1]蔡昌，赵艳艳，戴梦妤．基于区块链技术的税收征管创新研究[J].财政研究,2019 (10):114-127.

[2]Dorfman．当代风险管理与保险教程[M].齐瑞宗,等译.北京:清华大学出版社,2002.

[3]姜敏．纳税申报数据案头分析实务与案例[M].北京:中国税务出版社,2018.

[4]兰虹.保险学基础[M].3 版.成都:西南财经大学出版社,2010.

[5]李晓曼．大数据税收风险管理及应用案例[M].北京:金城出版社,2021.

[6]李晓曼．税收遵从风险管理[M].北京:电子工业出版社,2016.

[7]李晓曼．"营改增"后我国公路货运业税收风险识别与控制策略[J].税务研究,2015 (8):75-79.

[8]邵凌云．纳税评估的国内外比较[J].涉外税务,2011(2):58-62.

[9]舍恩伯格,库克耶.大数据时代[M].盛杨燕,周涛,译.杭州:浙江人民出版社,2013.

[10]赵连伟．构建我国税收风险识别方法体系的思考[J].税务研究,2012(7):77-80.

第五章 大数据智慧税务平台建设

教学目标

1. 了解智慧税务的内涵。
2. 掌握我国建设智慧税务平台的基本思路。
3. 掌握智慧税务在优化我国税收征管方面的作用。
4. 了解智慧税务在我国的初步应用。

课程思政元素

税收征管现代化;依法征税;以人民为中心;国家治理

本章导读

2021年3月24日,中共中央办公厅、国务院办公厅印发的《关于进一步深化税收征管改革的意见》中,将"智慧税务"作为新发展阶段进一步深化税收征管改革的主要着力点,对税收征管提出了更高的要求。"互联网＋税收"成为税收征管数字化改革的发力点,表明我国对大数据智慧税务平台建设的需求更加迫切。"金税四期"是我国智慧税务平台建设的国家级项目,是在"金税三期"的基础上进行改革和优化,利用大数据和人工智能等技术的优势,达到税收征管高效精准的目标,从而实现从"以票管税"到"以数治税"的全面转变。当然,智慧税务是一个较为宏大的概念,其不仅局限于"金税四期"项目,还包含其他利用大数据、云计算、人工智能、区块链等技术进行税收征管优化的内容。我国智慧税务的提出离不开先进技术的发展,亦离不开我国多年来税务管理积累的经验,在此基础上我国智慧税务的框架基本建成,各地基于此框架也涌现了诸多有针对性的智慧税务应用。这些智慧税务的实际应用可以开阔税收视野,引发下一步如何改革的深度思考,亦可窥见我国智慧税务平台建设的一些机遇与挑战。

第一节 大数据智慧税务概述

一、大数据的智慧演化过程

(一)智慧税务的由来

智慧税务的由来可追溯到20世纪80年代初,当时我国开始探索现代信息技术在税收征管中的应用。在税收信息化上升为全国重点项目的基础上,税务机关以实现税收规划、统计、核算"电算化"为主要内容,着重提升"面对面"政务服务效能。自 1994 年分税制改革以来,我国陆续启动了金税工程的各期建设,从开票、认证、报税到稽查等各个环节对增值税专用发票进行了全程管控和监督,健全了"以票管税"的新型制度,使增值税的管理水平得到进一步提高。2009 年,金税三期项目工程启动,在建立国家统一征管技术基础平台的基础上,致力于建立一个覆盖全税种、全工作流程、全税务机关的税收征收管理系统。2015 年 9 月,国家税务总局印发的《"互联网＋税务"行动计划》中提出了"智慧税务"的概念。该行动计划提出"以提升税收治理能力为目标,深化互联互通与信息资源整合利用,构建智慧税务新局面"。2021 年 3 月,《关于进一步深化税收征管改革的意见》明确指出,智慧税务的建设要"充分运用大数据、云计算、人工智能、移动互联网等现代信息技术"。

云计算简介

新兴的数字技术通过交叉融合,向各个产业渗透,带动产业创新。数据逐步成为信息科技革命与数字时代重要的生产要素,不仅在经济活动与市场运转中发挥着举足轻重的作用,也成为新时代国家治理的关键手段。数据生产要素的价值发挥所带来的数字化业务与新兴技术的发展是相辅相成的。近年来,依托新一轮数字革命,智慧税务备受关注,作为数字政府的有机组成部分,智慧税务成为推动税收治理现代化的重要抓手。从税收治理视角来看,智慧税务适应信息化时代的发展,能够有效地提高税收治理的效率,可达到对大量纳税人缴费人进行有效管理的目标,更快落实大规模减税降费政策,满足个性化服务需要。

(二)智慧税务的具体提出过程

智慧税务的具体提出过程分为三个阶段,如图 5-1 所示。

> "智慧税务"首次被写入《"互联网＋税务"行动计划》　　"十四五"规划提出将"智慧税务"作为税收征管现代化规划之一　　《关于进一步深化税收征管改革的意见》明确提出"智慧税务"的三个阶段目标

图 5-1　智慧税务的具体提出过程

1. 首次将智慧税务写入"互联网＋税务"行动计划

2015 年 7 月印发的《国务院关于积极推进"互联网＋"行动的指导意见》中明确将"互联网＋"提升为国家战略,提出"互联网＋"就是把互联网技术创新成果与经济社会各领域融合,推动技术进步、效率提升和组织变革,提升实体经济创新能力和生产力水平,构建以互联网为载体、以创新为核心的经济社会发展新模式,明确"互联网＋"等 11 项重要举措。为探索"互联网＋"理念在税收工作中的运用,2015 年 9 月 28 日,国家税务总局印发了《"互联网＋税务"行动计划》,首次提出"智慧税务",并明确提出要加快"线上线下融合",并逐步实现"网上申报"的目标。为了进一步提高我国的税收征管水平,要深入开展互联互通、信息资源整合应用工作,构建"智慧税务"新模式。

"互联网＋"将对税收征管产生双重影响。一是在"互联网＋"的背景下,由于技术发展,产生了许多新型商务模式,而这种新的经济模式所引起的税源的改变,以及纳税人和缴费人之间的经济行为也变得越来越复杂,这导致税收征管工作在信息不对称的情况下,正面临着越来越严峻的挑战;二是以"互联网+"为代表的信息技术,可以从根本上解决征纳双方信息不对称等诸多问题。面对巨大的挑战和机遇,智慧税务正成为税务机关主动适应"互联网+"发展趋势,高效运用现代科技手段,整合税收征管资源,使税收活动形成有机生态的战略目标。随着"互联网+"战略的实施,全社会越来越意识到数据的重要性,同时以云计算、大数据、人工智能、区块链等为基础的数字技术正驱动着社会治理与经济模式的数字化升级。

2.提出将"智慧税务"作为税收征管现代化规划之一

2021年3月12日,国务院发布的《中华人民共和国国民经济和社会发展第十四个五年规划和2035年远景目标纲要》中,明确指出"深化税收制度改革,建设智慧税务,推动税收征管现代化"。"智慧税务"被首次写入"十四五"规划纲要,是深化征管改革的重要内容之一,也是未来一段时期内税收征管现代化建设的重中之重。目前,我国税务机关全面启动了"智慧税务"建设,建设智慧税务既是深化税收征管改革的一次实践,又是推进税收现代化的必然选择,更是国家治理战略目标和创新举措的生动例证。智慧税务的出现,是与信息化、数字化经济、税收治理现代化相辅相成的。

3.明确提出"智慧税务"的三个阶段目标

2021年3月24日中共中央办公厅、国务院办公厅印发的《关于进一步深化税收征管改革的意见》提出,要进一步深化税收征管改革,着力构建以纳税人缴费人为中心,以电子发票改革为突破口,以大数据驱动为动力的智慧税务。该意见进一步为数字化背景下智慧税务建设描绘了蓝图,明确了建设要求。意见对深入推进精确执法、精细服务、精准监管、精诚共治,深化税收征管改革做出全面部署,并明确改革时间表:第一个阶段到2022年,在税务执法规范性、税费服务便捷性、税务监管精准性上取得重要进展;第二个阶段到2023年,基本建成税务执法、税费服务、税务监管新体系;第三个阶段到2025年,深化税收征管制度改革取得显著成效,基本建成功能强大的智慧税务。

二、大数据智慧税务的基本内涵

智慧税务就是把数字化和智能化的理念结合在一起。在新发展阶段,智能化和数字化是信息化的两个方面,其中智能化基于数字化,而数字化的服务是智能化的,两者的理念和目标虽然有区别,但它们都服务于新发展阶段的新发展目标,即智慧税务。智能化是伴随着数字化而出现的,但又超越了数字化的生存状况,是利用通用智能技术,使得数字系统不仅具有数字化的形态,而且具有一定的人类智慧,能够自主地处理业务。税务系统智能化改造不再完全依赖人一机交互,而是要使税收信息化应用和数字化应用具有机器"学习"、自动处理等功能。在此基础上,充分利用大数据、云计算、人工智能、移动互联网等现代信息技术,实现内外涉税数据的汇集与联通,实现线上与线下的有机融合,推动税务执法、服务、监管体制创新与业务变革,进一步优化组织架构与资源配置,是智慧税务建设的重要途径,也是智慧税务内涵的重要组成部分。智慧税务,就是要具备"类人思维",让系统能够像人一样思考、分析和判断,最终做出科学决策。

总之,智慧税务是基于大数据、云计算、人工智能、移动互联网等现代信息技术,以税务系统内外部涉税数据为动力,以纳税人缴费人为中心,突破地域、空间和部门的限制,实现对服务、执法、监管、共治的数字化、智能化的感知和决策,从而促进税务部门的业务重组、流程再造、征管模式和治理理念的革新,进而推动我国税收治理现代化的生态体系建设。

三、大数据智慧税务的特征和框架

(一)智慧税务的特征

1.治理理念的革新

首先,我国智慧税务建设需要坚持"以纳税人缴费人为中心"的理念,实现由原来的"管理关系"向"服务关系"转变,从而提高税务机关的服务质量和水平。以纳税人缴费人为中心的治理理念贯穿于税收改革的全过程和各个环节,全方位做好为纳税人缴费人服务的工作,对纳税人缴费人关切诉求进行及时回应,使纳税人缴费人的遵从度和满意度持续提升。

其次,我国智慧税务应构建"多方参与""协同共治""数据共享"等税收征管格局,倡导全社会参与税收治理。如何以最小成本、最轻税负达到最高效的纳税遵从,是税务部门必须重新思考的问题。从整体治理的角度来看,将税务机关、纳税人、相关职能部门等多个层面进行联合,实现税收业务办理、税收征管执法、业务风险防控等多项功能的有机结合,利用数据整理、数据比对、数据建模等多方位技术,最大限度地实现各种主体、技术、信息等资源的互联互通,降低税收征纳之间的壁垒,提升工作的效率与精度,促进税收管理由粗放式向精细化、由经验型向数据化、由个人向协作转变。

最后,我国智慧税务应秉持"以数治税"的治理理念,实现税收服务、执法、监管数字化。以数字治税为依托,以涉税涉费业务的数字化升级为基础,运用大数据分析技术,提升大数据的价值,为税收服务、执法和监管提供决策参考。把"以数治税"思想贯穿于税收征管全过程,把税法规则、算法和数据直接嵌入纳税人缴费人的生产经营活动之中,更好地发挥大数据在税收治理中的核心作用,充分发挥大数据资源的治税价值,降低征管成本,为深化税务"放管服"改革提供决策支持。

2.技术手段的革新

智慧税务的技术核心,就是充分利用大数据、云计算、人工智能、移动互联网、区块链等先进信息科技,在税收大数据的带动下,努力实现内部和外部的涉税数据汇集与联通,以及线上与线下的有机融合,从而实现对税收管理的信息化与智能化转型。与传统的税务管理信息化相比,智能税务在功能上集成度高、安全性能高、应用性能强,是一种崭新的科技与方法集成的全新生态系统。

区块链简介

首先,智慧税务的基本特征是数字化,未来的智慧社会"所有事物都可以数字化"是最基本的特征和条件,智慧税务亦不例外。智慧税务利用信息技术,实现税收法律、政策、涉税系统、纳税人缴费人、税务干部、涉税机构等涉税要素的数字化,利用人工交互、智能终端等技术,实现纳税人缴费人交易信息自动感知和数据获取,实现税收服务、监管、执法等各环节的数字化。数字化与传统的信息系统不同,它不是过分依赖人工录入数据、处理和计算分析,而是对各类涉税的结构化数据以及非结构化的海量数据进行自动记录、集成、分析、使用,并对其进行分类汇总和管理,从而达到对事物运行过程全面感知的目的。

其次,智慧税务具有智能化的本质特征。智能化是指在税收征管的各个环节都进行数字化的基础上,利用机器学习、深度学习等算法,自动地发现各种逻辑关系,从而对事物进行合理有效的判断,能够像人类一样,根据数据和环境进行自我学习,并具备一定的自动处理能力。比如,以电子税务局为依托,把纳税人缴费人的诉求、税务机关的行政行为、税企行为进行数字化处理,达成纳税人缴费人智能咨询、智能申报、智能反馈、政策智能推送等智能化服务事项。

最后,智慧税务具有高集成功能、高安全性能、高应用效能三大能力。一是高集成功能,即解决目前数据获取不完备、分析结果不一致、对外数据交换不规范等问题,实现跨部门、跨系统之间的信息共享和灵活高效管理。智慧税务整合了内外大量的税务信息,实现了"一户式""一人式""一局式""一员式"等智能化汇集,形成了强有力的征管动力。二是高安全性能,即增强系统的稳健性,增强数据的安全性和保密性,抵御外界的攻击,并对纳税义务人的税收隐私进行有效的保护。安全是实现智能化税收的一项重要保证。三是高应用效能,即提升应用系统的易用性与友好性,更多地从纳税人缴费人的视角出发,根据基层税务人员的使用习惯来优化系统,从而让智慧税务更好地发挥其功能。由于其高效的应用性能,智慧税务在实现政府各部门信息传递与共享方面有着得天独厚的优势,全面、翔实、准确、高效的信息传递能够有效缩短纳税人"办税路程",降低税收成本,提升群众满意度。

3.业务流程的再造

智慧税务以科技为基础,通过数字化、信息化的方式实现税收征管智能化,从而促进税收业务流程的重构。

首先,是税务服务流程的再造。智慧税务是在税收大数据的驱动下,在云计算、人工智能等技术的支持下,在手段标准化、智能化的基础上,将智能、高效、准确、便捷的交互方式融入税费服务的整个过程。智慧税务将涉税涉费数据进行整合共享,以数据的线上流转取代纸质信息的传输,使纳税人缴费人的申报事项减少,极大地简化了办税程序,缩短了办税时间。与此同时,税务机关也始终坚持以问题为导向,充分运用信息技术,全面优化了税务管理和智慧税务,使之由"无差别"向"精细化"转化,全面提升了纳税人的满意度。通过推进智能化个性化服务,以更精准地"把脉"为出发点,以更精准的需求为目标,"量身定制"个性化服务,为每个纳税人缴费人贴上个性化标签,从而更好地满足纳税人缴费人的需求。同时,定期对征求意见进行汇总,并对常见问题进行分期分类推送,促进税务宣传由过去"漫灌式""广而告之"到"一户一策"的"点穴式"指导。

其次,是税务执法流程的再造。税收征管的数字化、智能化,实现了税收执法由事后预防、经验性执法向科学化、精准化方向发展。运用大数据、云平台等技术手段,构建一个数字化的执法质量监控系统。在此基础上,税务机关建立了一套能够对税务执法进行全程跟踪的管理体系。同时,以网络技术为依托,建立了统一的税务执法信息公开平台,并通过平台及时向社会公布执法信息,实现执法信息在网上录入、执法程序在网上流转、执法行为在网上监督、执法结果在网上查询。

最后,是税务监管流程的再造。智慧税务以"信用＋风险"为核心,构建新型税收监管机制,实现由"以票控税"到"以数治税"的分类精准监管。以发票电子化改革为突破口,将电子发票与财政支付系统、金融支付系统、各类单位财务核算系统、电子档案管理信息系统相结合,使监督工作实现数字化和便捷化;加快应用大数据分析、人工智能等新一代信息技术,构建风险分析模型与信用管理系统,对信用等级较高、风险较小的纳税人缴费人实施"无风险不打扰"的无感管理,对信用等级较低、风险较大的纳税人缴费人实施重点监管,实现"以数治税"的分类精准监管。

4.征管模式的革新

信息技术的发展将传统产业和新兴产业连接起来,催生出新的商业模式和新的经济业态,极大地激发了生产力,促进了传统产业的升级和新经济的发展。信息化对传统税收征管模式提出了新的挑战,但同时也为实现新的税收征管模式提供了技术支撑与动力。智慧税务提出了一种新型的税收征管模式,它以信息化为导向,积极推进税收征管改革。与传统的以业务流程分工为基础的管理制税收征管模式不同,智慧税务注重建立以数据流为核心的管数制税收征管模式。

(二)智慧税务的建设框架

智慧税务的建设可以分为三个层次:第一个层次是技术创新层面。智慧税务需要大数据、云计算、人工智能、区块链等先进技术的支撑。通过上述技术的应用,实现了对税收数据的有效治理与整合,为后续数据分析与决策提供依据。云计算技术帮助税务部门实现了云化,提高了税务服务的可靠性与效率。通过大数据分析、人工智能等技术,税务部门可以深度挖掘大数据的价值,为税收管理与决策提供强有力的支撑。同时,区块链技术为税收数据的真实性、可靠性提供了保障,提高了数据治理的能力。第二个层次是业务创新层面。智慧税务从流程优化、税收征管改革、税收服务创新三个方面来提高税务工作效率、提高人民群众的满意度。税收工作的数字化、自动化极大地简化了烦琐的人工工作,提高了工作效率。税收征管改革是以信息化为手段,实现税收征管向精细化、智能化方向发展。同时,为纳税人提供个性化、智能化的纳税服务,满足纳税人多样化的需要,提高纳税人的满意度与遵从性。第三个层次是组织创新层面。在智慧税务实施过程中,组织结构调整与管理制度改革是实施智慧税务的重要环节。组织结构的扁平化、网络化、柔性化,提高了企业对外部环境变化的适应性和反应能力。在此基础上,加强对税务干部的数字化培训与教育,培养一批具有数字化思维与技术能力的税务人才,为智慧税务建设提供人才保障。另外,建立健全的信息安全保障制度和技术防范措施,可以保证税收信息的安全性、保密性、完整性、可控性和可用性。

总之,智慧税务机制的构建是一个多维度、多层次的复杂系统,需要从技术、业务和组织层面对其进行整体规划与实施(见图5-2)。通过技术变革、业务变革和组织变革的有机结合,智慧税务能更好地为经济社会发展服务,提高税务工作效率和公共服务水平。

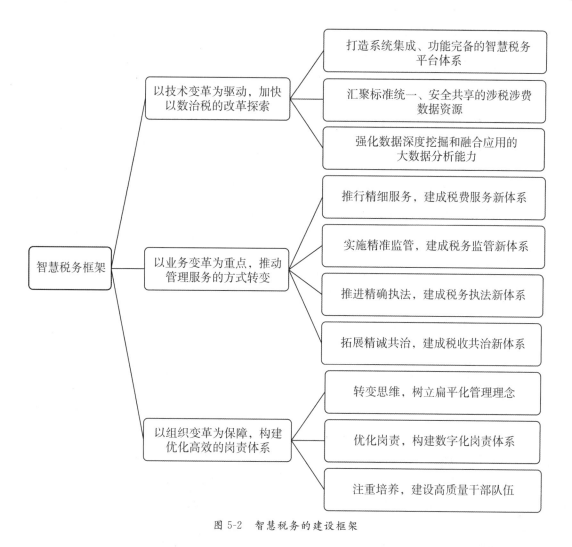

图 5-2 智慧税务的建设框架

第二节 智慧税务平台建设路径探索

一、智慧税务面临的机遇与挑战

(一)构建智慧税务面临的机遇

1. 智慧税务在税收征管方面带来机遇

目前,在数字产业化、产业数字化的背景下,如何优化征管流程,最大限度地降低纳税人缴费人的税收负担,实现征纳双向减负,是当前需要解决的关键问题。运用大数据、云计算、人工智能、移动互联网等现代信息技术,以发票电子化改革为突破口,以税收大数据为驱动力,构建智慧税务,为税收征管优化提供新思路。目前的优化重点是金税四期的应用,不断地对科技和信息高度融合的集成系统进行优化,构建"征管大数据存储和风险辨识信息库",拓展纳税人缴费人征管数据的应用范围,使其与各部门的信息共享正规化、常态化,对纳税人缴费人的经营、财务、资金等情况进行全面掌握,引入税收风险管控机制,转变"人盯户、票管户"的征管模式,提高风险应对和纳税评估的准确性,保证应征税款及时足额入库,实现对纳税人缴费人经营纳税情况的全面监控。

2. 智慧税务在提高纳税服务水平方面带来机遇

智慧税务以数字化、智能化为核心,在数字化技术的帮助下,网络办税模式得到了进一步的改进和优化,纳税人缴费人可以自主地选择自己的申报和纳税方式,智能化将为纳税人缴费人带来足不出户办税的新体验。税务机关可利用数字化技术,加强与纳税人缴费人、自然人之间的实时互动,努力开发新型的办税模式,如智能导税、远程协助、异地通办等,满足纳税人的税务咨询、税务援助、税务救济等服务需求。同时,也可以借助微信、钉钉、抖音等互联网社交工具,建立纳税人智慧课堂,提高辅导效果,减少学习成本,提高服务质量,实现征纳关系的和谐,树立良好的公共形象。其中,"互联网+税务"是智慧税务构建纳税服务新模式的一种途径,主要体现在"电子税务局"建设方面,税务业务基本上均为在线办理。

(二)构建智慧税务面临的挑战

1. 运用机器算法模型识别税收风险面临的问题

2018年国地税机构合并后,各省(区、市)新建的大数据与风险管理部门,在金税三期税收大数据管理平台的支持下,对各种数据进行了全面的整合,将原有的风险指标与风险模式进行整合,构建了一个涵盖全税种、全行业和具体事项的税收风险辨识指标与模型,实现省域内统一、分级分类的风险应对管理。税收风险辨识模型是发挥税收大数据价值、影响税收风险管理效果的关键。然而,构建模型所使用的样本数据在数量与质量上均存在局限性,导致现有算法模型过于简单、片面,且过于依赖建模人员的经验水平,无法充分发挥税收大数据的优势,导致识别精度较低,难以适应大数据环境下的税收风险管理需求,主要表现在税务风险辨识指标缺乏针对性和可辨识性,税务风险指标设置不当,风险等级不合理,模型修订费用太高,未能紧密结合风险响应需要等方面。

2. 运用人工智能识别税收风险面临的问题

税收大数据具有多样性、复杂度高的特点,利用人工智能技术对其进行深度挖掘,可以达到事半功倍的效果。然而,构建高效的人工智能数据处理计算系统仍然任重而道远。

首先,税务数据收集存在一定的局限性,受纳税人缴费人权益保护和运营信息收集等方面的限制,税务部门很难获得完整的纳税人缴费人信息资源。就算是用先进的人工智能算法,也不一定能反映出纳税人纳税的真实情况。其次,由于纳税人缴费人的资料来源和征纳税双方信息不对称,税收风险分析结果与现实存在很大差距。由于数据采集端口不同,在采集频率、采集时间等方面都存在一定的误差,使用人工智能分析很难找出税务可疑点和风险点,很难保证数据分析的准确性。

其次,构建大数据纳税平台面临资金短缺的现实问题。目前,全国各级税务机关对人工智能的硬件和软件进行了大量的投入,但在运行资金、场地使用、人员跟进等方面都存在着明显的问题。这就限制了税收大数据的应用效果,削弱了税收风险分析的能力。

最后,将人工智能应用到税收风险管理中,不仅要求税务人员具有专业的业务技能,而且还需要财税、会计学、经济学等专业知识的支持。但是，当前全国税务系统内现有的人才储备，已不能满足现代经济条件下税收管理向"高、精、深"发展的需要。

3. 推进税收现代化进程面临的挑战

数字经济以数字产业化和产业数字化为手段，改变了传统的经济形态，它涉及生产、交换、分配、消费等各个环节，从内容到形式都发生了系统重构，这给传统经济模式下的税收体系、税收制度、税收征管方式提出了新的挑战。首先，数字经济对现有的税收制度提出了挑战，数字经济对税收对象、纳税人、税率、税目、纳税环节、减免税和其他税收优惠都产生了影响，这些税制要素受到了数字产业化和产业数字化的冲击，传统的经济税源概念变得模糊，如大数据、云计算、区块链等数字技术对产品的生产、交换、分配、消费等概念的内涵与外延进行了破坏，数字经济产品的多变性、隐蔽性和高速性越来越明显。此外，现行税制在征管数字经济要素方面，由于经验不足、技术难度大等原因，不能覆盖新产品、新业态、新模式。这样，既定的税收权利和纳税义务关系也随之发生改变，这就给税收征管带来了困难。其次，数字经济不仅冲击了现行税制，也对现行税法体系提出了挑战，对税收实体法与程序法都提出了挑战。就税收实体法而言，在增值税法体系中，由增值税法、实施细则以及各项政策方法组成，目前增值税的纳税人、征税对象、税目、税率、计税依据等都不能覆盖数字经济领域中的这些要素，这就造成了增值税纳税人的确定、适用哪些税目和税率以及计税依据的确定等新的问题。在税收程序法层面，我国《税收征收管理法》在加强税收征管、规范税收征管、保障国家税收征收等方面存在问题，已不能满足数字经济发展的需要。最后，数字经济对现有税收征管模式提出了挑战，在数字化经济背景下，纳税人缴费人基础信息具有流动性、隐蔽性、虚拟性等特点，依赖于现行税制、税法及征管手段，很难确定"对谁征税、对什么征税、怎样征税"，从而进一步加剧了征纳双方信息不对称的矛盾。

二、智慧税务与精准监管

（一）智慧税务支持税务稽查流程重构

首先，要用科学技术手段助力税务稽查流程再造。在检查和实施过程中，要求税务稽查人员组成工作组，携带执法记录仪，全程录音录像，以此来进一步强化税务稽查工作的执法监督与风险防控，维护税务稽查干部和税务执法对象的合法权益，保证税务稽查工作的顺利开展。在查访约谈环节，语音可以由机器进行识别，将其实时转换成文字记录，从而提高办案人员对询问笔录进行记录的效率，并将录音档案留存，以便于后续追踪。用户只需要对笔录稍作修改和校对，就可以根据不同的稽查案件类型，选择不同的常用问句模板，就能完成询问笔录，并支持输出，大大提高了人工笔录的速度，缩短了查问的时间。在协助办理案件，特别是发票协查案件的过程中，可以使用智能协查辅助系统。作为一种软件流程自动化技术在税务稽查工作中的初步应用，智能协查辅助系统可大大降低稽查人员过去需要在各个信息系统模块间反复跳转、复制粘贴的机械性人工劳动，促进协查流程智能化、自动化。税务稽查智能文书生成系统，运用文本分析、智能抽取、流程自动化等技术，对案件卷宗材料进行智能分析，并将其自动填充到标准的模板中，并以点选的方式添加处罚依据。与此同时,系统还会自动地推荐有关的处理和处罚意见,大大提高了稽查人员撰写稽查报告的工作效率和标准化程度。

其次,要用精准稽查优化税务稽查流程。税务部门可以根据近几年的已查案例,对同行业的纳税申报资料、财务核算系统及其他涉税资料进行合理分析,制订同行业检查计划;把重点税源企业分为不同行业,根据不同行业特征,梳理并汇总常见的涉税风险点、历年检查中发现的问题及处理依据,并根据这一点,研究制定行业内具有前瞻性、针对性和可操作性的检查风险点实施方案,同时编制行业检查模板。税务稽查干部按这个模板进行精准检查,由原来的全面检查转变为有针对性的检查,做到查深、查细、查严、查实。对税务稽查案件的办理时限、文书规范、业务流程等进行统一的细化规定,让稽查工作和风险管理更好地结合起来,对稽查执法行为进行全程、全方位的规范,增强对风险的反应能力。对已结的案件,实行一案一查,在检查汇报、收集数据、交换信息、反馈问题的过程中,适时地对检查计划进行调整,并对行业偷税的新手段进行总结,使检查模板不断充实,形成内容丰富、有见解、有价值、高品质的案例。

最后,要用协同稽查完善税务稽查流程。税务机关应与公安、人民银行、海关等部门共同签订有关税务稽查案件协查备忘录,加强各部门间的横向联动,使各部门之间能够在最大限度上达到信息共享、案件同查、协税护税,对违法案件进行联合惩戒。在此期间,税务机关内部的相关部门要积极地进行联系和协调,公司内部的各个部门和岗位都要在申请的过程中积极地进行配合,为相关的软件数据管理赋予权限,帮助提取出稽查需要的各种征管数据、发票数据等。建立跨地区税务稽查协作机制;可以建立以重点案发地为牵头单位,上下游相关单位为联动检查单位,同步开展案件查处工作,形成税务违法企业一起打、上下游涉案企业一起查的联动打击模式,高效、精准查处跨区域涉税大案要案。建立互相通报案件信息的机制,为在合作区域内的重大稽查案件提供数据和人力支持。同时,还建立了一个办案经验交流机制,让他们在业务上进行更好的沟通和配合,将所有的工作都准确地联系在一起,可以定期召开业务联席会议,对各种典型的案件进行分析,交流工作经验与办案技巧,提高跨区域税务稽查联合协作成员单位的稽查执法能力。

(二)税务智能化辅助企业纳税信用管理对策

纳税信用是社会信用体系的重要组成部分,与健全市场秩序、提升税收管理水平、优化纳税服务、提高纳税人的税法遵从度密切相关。目前,我国纳税信用管理存在法律保障不足、纳税信用管理缺乏,实操性、纳税信用评价指标设定不合理,纳税信用评价结果运用不充分等问题。

首先,对税收信用进行法律保障。我国的《税收征收管理法》是调整纳税人纳税行为最为关键的程序法,其立法内容应当摒弃单一的行政处罚理念,确立"纳税信用"的概念,将纳税信用分级制度纳入《税收征收管理法》,并引入"失信惩戒"条款,引导全社会树立诚信意识,促进构建社会普遍认可的信用管理制度。《税收征收管理法》应对税收法律责任主体的范围做出规定,特别是在法定代表人或负责人、财务人员、办税人员、代理人、投资人等方面,对各主体的纳税权利和义务做出具体规定。就自然人而言,对于其所应负的失信责任,更应给予足够关注。《税收征收管理法》应当进一步扩大税务机关的管理及处罚权力,并在此基础上,率先在税收诚信"记录权"制度上寻找突破口。《税收征收管理法》应对纳税信用信息的使用与查询范围做出明确规定。纳税信用评价系统,在进行内部查询的同时,也要做到资源共享,将其与个人征信系统相结合,进行统一存储,从而扩大纳税信用的社会知晓度和影响力,更好地发挥诚信监督作用。通过构建"纳税户口""税务登记证""涉税人身份证"等多维信息系统,进一步健全我国税务登记相关法规。

其次,应优化税收信用管理的可操作性。拓展纳税信用评估的范围,把个体工商户和自然人都纳入纳税信用评估。设立纳税信用评估办公室,将纳税信用评估列入每日的工作内容,按月动态调整纳税信用评级,在动态信用评估系统中加入纳税人员的风险及事后风险辨识的结果,并与风险监控等部门加强合作,全方位加强后续管理。在此基础上,还需要完善相应的法律法规,强化对企业纳税信用评估工作的监管与约束,提升企业信用评估结果的可信度。科学设定纳税信用评价指标:一是要明晰并细化外部信息指数的获得途径与来源,改变目前 90 分以上的不合理规定;二是统一评分标准,并动态监控纳税人的信用状况,将财务状况、经营状况等纳税遵从能力的评估指标纳入其中,确保纳税信用指数体系进一步完善;三是对纳税信用评分标准进行优化,在扣分规则的基础上,加入加分项,对纳税人的总体纳税信誉进行综合评估;四是从纳税依从性和主观遵从意愿两个方面进行纳税信用评估,以克服评估指标在评估过程中存在的片面性。

最后,应强化纳税信用成果的运用。一是构建一个大数据交换平台,使内部和外部的各个部门能够相互沟通。一方面,要构建一个统一的国家税收征管信息平台,将全国税务系统内的数据进行联网,可以实时获得各省区市、各部门之间的纳税信息,从而为纳税信用评价收集到的信息提供更好途径。另一方面,通过建立税收信用信息共享机制,将奖惩机制推广到社会生活的各个方面,拓宽其适用范围,增强其社会影响。推行"套餐式纳税服务",即针对纳税信用度较高的纳税人的自身需求,提供"套餐式"纳税服务。二是建立纳税风险积分系统,通过建立健全的税收信息共享平台,对不同行业纳税人的纳税信息进行采集,并将其与税务系统内部数据进行融合,实现纳税风险评价,构建纳税风险积分体系。对信用等级不高、存在风险隐患的纳税人,应及时给予预警;对于信用评级达到 A 级的纳税人,采取更好的制度鼓励措施,如增加加速折旧、加大减税幅度等。

(三)数据助力精准监管

首先,要提高税收征管的智能化水平,进一步提高税收征管的准确性。依托优惠政策的实施,充分利用新技术和新方法,强化对政策的宣传、辅导和操作,将税费优惠政策"自行享、自动享、容缺享、智能享"的范围不断扩大,对新技术新思想的运用进行探索,加强内外部互联互通、数据共享、业务协同,将各方的信息资源充分整合,实现全数字化的管理链和控制链。此外,还需要加强对涉税情报信息的收集和利用,通过各个主要论坛、网站、微博、微信、新闻客户端、重点企业网站信息、税务外网公告信息、重点企业公开数据、主流媒体涉税信息等渠道,全面收集互联网智能涉税信息,丰富税务大数据云平台的数据资源,为税务执法、税务服务、税务监管、税务稽查等业务工作提供辅助信息。

其次,要不断完善税收数据共享。在大数据管理、云计算等技术的支持下,对各种税务应用系统进行进一步的改造升级。加强增值税发票电子底账系统、金税四期征管系统、自然人税收管理系统的相关数据比对工作,构建并充分发挥智能税务数据模型机器学习识别功能;最大程度地实现各种涉税数据在税务部门内部的互联互通,推动建立税务部门与其他有关部门之间的常态化、制度化的数据共享和协调机制;依法保障涉税涉费信息的获取,完善税务信息对外提供机制,提升共享数据的应用能力,形成规模大、类型多、价值高、颗粒度细的税收大数据。

再次,要治理税收风险源头。一是建立税收数据质量评价指标体系;利用数据采集系统,全面获取纳税人生产经营情况、成本、价格、利润等方面的动态信息,加强对数据质量管理。二是要做好资料管理工作。在此基础上,建立健全数据需求管理、质量监测、征管效能监测、数据安全管理、数据标准化管理等基础管理制度,从根源上提高数据质量,确保税收风险分析数据准确有效。

最后,加强大数据分析,实现精准调控。税收大数据既连接宏观经济,又连接微观个体的,为各级政府研究微观经济运行状况提供了更为直观有效的依据。因此,迫切需要加强税收大数据的深度应用,为我国宏观经济决策与社会管理服务。一方面,它能有效地降低税费违法犯罪及违法行为,对当地的税收环境进行有效的净化,为守法的纳税人缴费人营造一个公平、有序的营商环境。另一方面,为地方政府制定经济政策提供了新的思路和方法,达到了智能化决策的目的。

三、智慧税务与精细服务

(一)数字技术托起智能纳税服务

首先,税务部门将依托智慧税务大数据平台,充分发挥政策、数据、人才等优势,对各项减税降费政策进行梳理,利用税收大数据,对纳税人缴费人进行分行业、类别、规模等方面的详细信息进行提取,并根据纳税人缴费人申报情况、开票情况,准确分析企业可享受的税费优惠政策,筛选符合优惠政策条件的纳税人,并利用电子税务局、税务企业号等业务平台推送给纳税人缴费人,或者通过其他信息渠道,对企业进行"一对一""点对点"的宣传指导。告知企业可享受到的优惠政策和具体操作方式,以便更好地服务于市场主体,让他们充分享受到政策红利。智慧税务大数据平台最大的优点就是,税务部门能够对应享未享企业进行筛查,及时发现应享未享企业,从而主动与企业进行对接,对税收政策进行及时的宣传和辅导,保证企业能够享受到政策的红利。对于大型集团企业或者一些特殊的行业,也可以将其与企业的运营系统进行对接,从而能够实时地对企业的税务信息进行分析监控和个性化辅导,比如可以与货运公司的业务系统直接对接,详细地记录每一笔交易订单和资金流水,并利用货运信息对公司的经营状况进行分析,有针对性地与税收政策对接。

其次,税务部门要根据不断变化的服务需求,制定相应的应急预案,做好相应的人才储备。针对"新政"频发的特点,税务部门要对因政策更新引发的咨询高峰提前做好应急预案。实行首接责任制和过错追究制,及时回应纳税人缴费人的投诉建议,对纳税服务措施进行及时完善,做到事事有人管,人人有责,及时疏导、化解征纳矛盾。为让纳税人缴费人的权益得到更便捷、更顺畅、更有效的维护,加强申诉与调解功能,规定涉税听证、复议、诉讼等程序之间的最长时间间隔,促进各个程序之间的快速衔接,降低进入司法程序给纳税人缴费人带来的成本和精力困扰。探索纳税人缴费人的参与机制,系统开发软件的功能和办税流程的制定,能让纳税人缴费人的实际需要得到最好的体现,从而保证纳税服务的质量和效率。政府部门应该明确鼓励第三方纳税人缴纳税款权益保护服务机构的发展,促进纳税人缴费人的社会互助维权机制建立,对税企矛盾进行有效的调解,创造一个良好的社会环境。

再次,利用数字技术不断优化平台功能提升。研制语音聊天机器人时,应结合生物识别技术与人工智能技术,以提升机器人对语音提问的识别率及语义理解能力,并对纳税人缴费人咨询意图进行准确的识别,从而达到人机流畅的交互效果,使用户咨询体验得到优化。智能咨询系统的数据库采用机器式深度学习技术不断对其进行更新,并通过大数据算法对其进行持续的迭代应用,给聊天机器人提供后台数据支持,可以实时地满足纳税人缴费人的咨询需要,充分发挥智能咨询服务在政策解答方面的积极作用。完善24小时智能咨询与全民咨询"一线通答"咨询服务模式,通过网站、手机APP、电话等方式进行咨询,打破地域限制,满足纳税人缴费人在任何时间、任何地点进行咨询和获取相关服务的需求。

最后,整合各类平台资源,实现网上便捷办税。建设全国统一规范的电子税务局,将各项事项捋顺,为纳税人提供最佳的办税渠道;并逐渐改变以表单为载体的传统申报方式,对自然人税费缴纳,如个人所得税、社保费等,要让信息系统自动提取数据,自动计算税额,自动预填报表;最终由纳税人缴费人确认或补正后,即可在线上提交。逐步整合多平台资源,搭建集成的税费服务一体化平台,真正做到"送问办询平"的一体化运作,在这一基础上,融合各项业务,把咨询、辅导、查询和评价等工作融入税收管理的各个环节。为更好地满足纳税人的新需要,建设高度集成化的办税服务厅,可以创建高效率的"一站式"服务窗口,根据业务类别合理配置多个服务窗口,选派业务能力强、办事效率高的税务干部充实到一线窗口。

(二)构建"互联网"时代多元化办税服务模式

一方面,要提高社会公众对"互联网+"的认识。自2015年国税总局发布《"互联网+税务"行动计划》以来,"互联网+申报纳税""互联网+办税流程全覆盖"等创新产品不断涌现,但多为"互联网+产品或渠道"的零散模式,尚未形成一套完整的制度。为此,要增强"互联网+"的观念,构建多样化的"互联网+税收"服务模式;应结合实际,对网络思维的内涵进行准确理解,并进行创新。提供多样化的税收服务,可以利用平台思路进行集成,搭建一个统一平台,提升税收征管的效率;以生态思维整合多方面资源,形成优势互补,构建多元税收服务生态系统;以多学科交叉思路,强化各部门间的协作,完善社会税务服务体系。

另一方面,要整合资源,充分发挥多种税收征收手段的优势。一是实体税收管理向精细化方向发展。办税服务厅作为一种传统线下办税渠道,可以将面对面办税模式全面和周到的优势充分发挥,着重于满足个人纳税服务需求。二是全面实现网上办税。从"线下办税"向"网上办税"转变,已成为我国税收现代化发展的必然趋势。三是实现自助办税的便捷化。自助办税作为实体办税和在线办税的一种有益补充,其最大优势在于能够打破时空局限,在任何时间、任何地点办理所有税务业务。根据不同税务处理流程需求和约束条件,可以选择部分能够即时完成的业务模块,作为自助服务终端。四是实现咨询热线智能化。当前12366纳税服务热线已成为具有社会共识的权威智慧咨询渠道,但其也存在不能及时、有针对性地解决企业具体问题等劣势。实施12366服务平台智能化升级改造势在必行,应建立广泛收集问答知识库内容、进行纠错更新和补充完善机制,保证问答内容准确、权威;同时做好12366热线咨询品牌建设和推广工作,提升其品牌形象,提升其在社会上的影响力;积极拓展12366热线新功能,在咨询阶段实现精准推送政策链接、业务指引;运用大数据分析方法,对电话、网络咨询数据进行深度分析,归纳出纳税人缴费人关注的热点、盲点问题,并对政策进行针对性地推送,实现对涉税涉费业务咨询的准确解答。五是实现社会化税收征管的一体化。在"互联网＋"生态系统中,将社会组织、相关政府部门、纳税人缴费人等都纳入其中,真正实现社会化办税的一体化协同工作。同时,实现信息共享,建立档案情报在"互联网＋"平台上的作用,实现多种形式的广泛联网与资源共享。

四、智慧税务与精确执法

(一)智慧税务助力执法流程再造

税收执法工作是税务部门的核心业务,具有较强的专业性;对税收执法方式进行优化是发挥税收功能的重要环节。目前,税务执法应注重依法征税与减税降费之间的辩证关系,统筹考虑,协同共进,在依法征税聚财力的同时,将减税降费用于发展,更好地为国聚财,为民造福,为社会主义现代化国家提供稳定的财力支持,夯实国家治理现代化的物质基础。从纵向上看,由于税收征管体制具有局限性,我国的税务执法权在省、市、县、区等不同层级之间存在着较多的重叠和薄弱环节。从横向上看,各地税务机关和跨区域税务执法机关在各自辖区内均享有税法赋予的税务执法权,并享有相应的自由裁量权,在执法尺度上不可避免地存在着一定的差距。

如果不同层级、不同部门、不同地区的税务执法尺度不明确、执法标准不统一、执法程序不严格、执法方法不规范,都会对税法权威和执法公正性产生很大的影响。想要解决这一问题,一方面,要规范所有的税务执法制度,从上到下,全方位地进行整合,让执法的尺度变得统一,让执法的准确性变得更加清晰,达到执法一把标尺、处理一套流程、处罚一个标准,从而避免和纠正粗放式、选择性、一刀切的任意执法行为。另一方面,要将尺度横向对比,对于涉及跨区域的税务执法问题,要用系统的思维来思考,强化顶层设计,加强地区间的协调,缩小甚至是消除不同地区之间在税务执法要求与标准方面的差异,通过精准执法来提升税收遵从程度,为国家治理提供法治基础。

同时,随着企业经营方式的不断创新及信息化水平的不断提高,各种涉税违法行为也呈现出越来越多、越来越复杂、越来越隐蔽的特点。要适应这一新变化、新常态,就必须精准发力。税务部门可以充分利用税收大数据资源在征管信息化方面特有的优势,充分发挥纳税缴费登记、增值税发票、各税种纳税申报数据覆盖范围广、及时性强、颗粒度细等独特优势,对各类税收风险进行实时、全面的动态监测,建立起快速反应机制,大力推进科技稽查、精准稽查,对各类涉税违法行为进行快速、准确地打击。其次,要形成震慑威力,针对严重扰乱市场秩序的"假发票",涉税"假出口",明星"假申报"等涉税违法问题,要大力整治,通过完善税收立法,依法依规从重处罚,形成有效震慑,达到查处一例警示一片的效果。同时各部门要团结起来,共同治理。税收工作涉及面广、综合性强,仅凭税务部门的力量很难达到优化税务执法的目的。通过进一步深化机构改革,转变政府职能,积极推进更多部门之间包括税务部门内部之间的资源整合和信息共享,实现联合执法、协同执法,在基层形成强有力的治理合力。

智慧税务给税务执法工作带来了新的契机。第一,基于对"精确执法"的准确理解,智慧税务为推进依法治税提供了一条科学的实现途径和可信的技术平台,以数字化升级与智能化改造为手段,使税收法治体系与信息科技相互融合。第二,通过不断推进税收法定化工作,进一步构建逻辑统一、通俗易懂、便于执行的多级税制。在此基础上,结合税收大数据和自然语言处理等技术,把立法成果融入智慧税务相关平台中,实现税务执法的合理化。第三,基于已有的大量涉税案例,利用人工智能、知识图谱等技术,构建"文本+案例"智慧税务执法系统,以丰富的应用场景,实现准确的税务执法过程与结果。例如,对于纳税人逾期不办理税务登记、没有按时申报和缴纳税款等情况,利用数字化的税务执法过程,可以实现对纳税人行为的实时监控、提醒、定位和送达等精准化服务。第四,以宽严相济的税务执法理念为指导,构建"自主+主动+互动"的智慧税务执法平台。在明确的程序和明确的职责范围内实施自动化;支持税务人员积极配合执法;为征税方和纳税方之间的交流提供多样化的互动平台。第五,在持续推进智慧税务建设的过程中,通过分析纳税人缴费人的需求与行为,开展制度创新,追踪新技术的开发与应用,持续提升依法治税的水平与效率。通过智慧税务建设,使纳税人缴费人感受公平、公正、公开的纳税过程。

(二)智慧税务助力纳税评估流程再造

智慧税务通过整合内外部涉税信息,与"金税三期"系统实现高效对接,建立"纳税全息图",实现对纳税人行为的预测,提前制定应对措施,使执法既有力度又有温度。纳税评估过程对税务数据的汇集和联通、税务机关和人员提出内在要求。例如,税务机关应在"智慧税务"建设的基础上,进行在线评估和即时评价,以方便及时地确认应纳税额。税收评估过程中的一个重要环节就是税务信息的披露,智慧税务的建设将提高税收信息披露的安全性。税收评估工作的良性运行离不开与之相配套的制度保障。截至2025年2月,作为税务评估支撑体系的重要组成部分,涉税信息披露的相关制度在我国还未建立。而其他配套制度的建立已经具备一定的条件,如在现行的税务评估机构中增设税务评价机构,并在税务稽查中引入专业人才等。在精细化设计涉税信息披露体系基础上,进一步完善税务评估制度,提高税务评估的可操作性,使税务评估更好地发挥其防范、化解税务风险的作用。在税收征管过程中,税务信息披露是指除纳税双方以外的其他金融组织,如银行和其他金融组织,向税务部门提供其所拥有的相关税收信息。在此之前,税务部门能够获得的信息主要是纳税人提供的资料和稽查所得的资料。建立税收信息披露制度,可以拓宽税务机关获取税收信息的渠道,增强税务评价的权威性和科学性。"信息披露"是"税额确认"的保护伞,"税额确认"是"信息披露"要达到的核心目标。

由于这些信息的获取往往涉及纳税人的隐私,因此在建立涉税信息披露制度的过程中,需要对涉税信息的获取方式、内容范围和适用方式进行详细规定。首先,应完善税收信息获取机制,构建一个完备的采集目标基础信息库,这项工作可由税务机关中的纳税评价专业人员来承担,并通过法律条款预先设定各个主体的涉税信息,使整个过程变得更加便捷和快速。其次,应建立保密责任的问责机制,这种机制以对税务机关获得信息的限制为重点,对涉税信息披露制度进行细化,并不是将纳税人的全部信息都透露给税务机关,而要按照法定要求,在必要的范围内,满足税务机关对税收评价的需要。在制度设计上,应突出税务机关的保密义务,如《税收征收管理法》修订时可将"不得向他人透露"一词改为"应当保密"。最后,完善税收征管信息使用机制。在获取了相关信息后,如何通过数据分析方式,将其应用于税务评估和税务稽查,还需要参考国外的税收管理经验,尝试在纳税评估机构中建立一个风险监控部门,通过数据管理、模型构建等方式,更好地利用获取的第三方涉税信息,实现税收风险管理机制的良性运行。

五、新时代我国智慧税务建设目标与实现路径

(一)我国智慧税务建设目标

1. 全程无死角的智慧税收管理

目前,随着电子税务局、"12366"等网上纳税服务平台的不断优化和推广,以及智能办税终端的广泛应用,纳税人的办税渠道得到了进一步的拓展,纳税人的办税体验不断提高。而在推进智慧税务建设、建立新的税收服务体系、依托税收大数据驱动,对纳税人缴费人涉税数据进行深度分析解读的基础上,根据纳税人缴费人所涉及的行业、税种、税率、纳税遵从度等数据指标,编织出清晰明确的纳税人标签,对各类纳税人的涉税业务进行精准画像,实现纳税人个性化特征与一体化管理的协同兼顾,实现"一户式"法人税务信息和"一人式"自然人税务信息智能汇聚,构建"一站式""一网式"智慧办税平台,基本建成"线下服务没有死角,线上服务不打烊,定制服务广覆盖"的税费服务新体系。

2. 提高监管效率和严格监管模式

目前,我国税务部门已经基本形成较为完善的内部风险评估体系,对外数据共享监控系统,"以数治税"的税收监管环境日趋成熟。税务部门推进智慧税务建设,建立新型税收监管体制,实现由"以票控税"向"以数治税"转变。在税源监管方面,依托税收大数据构建的纳税人画像库,实现税务部门信息"一局式"和税务人员信息"一员式"智能收集,使税务人员不仅能从宏观层面把握各种类纳税人的分布情况,还能从微观层面了解纳税人的具体情况,实现税源管理的科学化和精细化。在风险监管方面,通过建立税收风险指标库、纳税人涉税行为监测系统,对纳税人历史数据进行比对分析,实现对各种类型的税务风险进行集中、高效地筛选。通过筛选和分析涉税风险,找出相应的风险疑点,自动触发系统监测,并采取相应的措施,有效地打击税务违法违规行为。

3. 提高执法的公正性和规范性

目前,税务部门正在深入推进精准执法,税务执法方式不断优化和创新,"首违不罚"

清单制在全国范围内全面推广,实现税务执法方式从观念到制度的创新。推进智慧税务建设,建立新的税务执法制度,构建高效集成的智慧税务,将进一步促进税务执法的数字化、智能化升级,使税务执法的规范性和精准性得到持续提高。通过构建税务执法决策支持库,对过去的税务执法案例进行筛选和分析,生成海量的税务执法数据,并将这些数据输入税务执法决策支持库中,方便税务执法人员根据决策支持库中的数据对税收案件进行分析,从而达到对执法全过程的指导作用,使之由经验式执法向科学的、精准的执法转变。

(二)我国智慧税务建设路径

1.推进全社会全链条智慧一体化进程

首先,对智慧税务的战略任务进行界定,明确以"纳税服务为主+适度税收执法=自愿纳税合规"为战略支柱。赋予所有纳税人权利,降低税收成本,使其更容易履行纳税义务。社会团体与个人的活动可以分为商业、金融、法律和税务四大类。以"业务"为核心,以"财务、法律、税收"为三大支柱,构建以信息互动为特征的"内聚式"耦合管理模式,实现"互证互补"的均衡状态。

其次,对智慧税务的战略重点进行界定。要正确把握税收契约思维,把握交易结构、融资及税收安排等方面的法律界限;确保交易结构、融资方案、税务安排构成"证据链",并在证据材料上体现出内在逻辑上的一致性,为实现"业—财—法—税一体化"提供强有力的法律支撑。大数据、区块链、云计算等技术驱动着数据流,利用区块链中的智能合约技术,为底层业务、财务、法务、税务等各个层次提供各类证据链支撑,从而达到合规认证、事中监控、国际结算、绩效评价、业务挖掘等功能,推动其向标准化、数字化、流程化和合规化发展。

最后,要树立"以纳税人缴费人为中心"的思想,坚持为民便民的原则,进一步完善利企便民服务措施,满足纳税人缴费人合理需要。要深入推进"放管服"改革,健全税务监督制度,营造市场化、法治化、国际化的营商环境,为市场主体的发展提供更好的服务。要把服务贯穿于执法,把监督贯穿于服务之中,将服务理念与税收征管的各个环节有机地融合,使税法的遵从性和满意度得到极大提高,税收成本得到明显降低。

2.搭建新一代税务大数据共享平台

新一代税务大数据共享平台旨在突破"信息孤岛"困境,构建共建共享的税收治理模式,帮助各级政府(部门)制定政策与经济决策,提高市场主体对相关数据的利用率。数据标准化为涉税信息互通、处理和集中提供了基础,需要对各个业务系统进一步整合,将各业务系统的数据库界面进行整合,进一步规范和统一涉税数据处理加工的全过程,并建立一个标准化的数据处理体系,从采集数据到选择数据,再到数据分析和输出整个过程都进行优化和改进。

目前,我国各政府部门及事业单位,包括税务部门,都已建立了比较完善的信息化数据处理体系,但各部门之间还没有实现及时的数据互联。在涉税数据方面,当前税务部门只和金融机构建立了有关涉税数据的帮助和共享机制,而检察机关、证券保险机构等部门单位则有大量的纳税人涉税数据还未有效整合和利用,如能与税务部门进行及时的收集共享,对于提高税收征管效率、优化税收大数据治理将起到极大的推动作用。对此,税务部门应主动打破信息孤岛,对多部门涉税数据进行集成,建立跨部门联动联系机制,并与各个部门共同建设一个统一的大数据联合分析数据库。以互联网大数据为基础,对数据进行分析与赋能,将全国范围内的数据资源进行有效整合,构建创新高效的"数据超市"。

同时,通过与第三方公司建立新的合作伙伴关系,保证数据分析的质量,消除信息的安全隐患、技术壁垒等;培养、引进具有税收大数据分析能力的专业人才;严把信息渠道,精挑细选,保证信息的安全性和可靠性。建立企业经营、纳税和税收等信息的安全共享机制;在政府部门、社会团体、企业间架起"信息桥梁",搭建信息共享平台;完善有关数据共享的法律、法规;加强税务人员的安全教育与技术培训,增强其数据安全意识,增强维护数据安全的意识与主动性;建立完善的数据安全保障法律法规,建立税务数据采集、存储、管理和使用的风险预警机制。

3.加大涉税数据保护力度

首先,要紧扣《数据安全法》的相关规定,在提供、使用、管理和监督等方面,进一步明确相关的责任和义务,使社会治理中的数据共享、功能共享、系统共建,共同保证数据的安全性,维护系统的稳定性。

其次,针对我国纳税人权益保护和涉税信息安全立法滞后的现状,应该加快建立纳税人权益保护法律体系,制定专门的"纳税人权益保护法",对纳税人的信息隐私和信息安全进行保护,防止纳税人涉税信息泄露,加强征纳双方的信任机制。与此同时,充分发挥外部监督机制的作用,强化司法保障,建立健全纳税人权利救济体系,对纳税人的诉求进行及时的处理,并对税务机关在税收管理中的越权和违法行为进行及时有效的治理,切实保障纳税人的利益,彻底解决涉税信息共享中公权与私权的冲突。

最后,针对当前涉税数据平台存在的数据存储压力大、纳税人缴费人隐私泄露风险、涉税数据平台稳定性有待提高等问题,需要对各类涉税数据平台和数据处理系统的统一使用管理标准进一步明确,并出台相关涉税数据平台优化维护制度,定期对平台进行优化升级,进一步提高涉税数据的安全性。

4.大力培养任用"复合型人才"

应重点培养"传统型人才",也就是具有传统税收业务知识的业务骨干,重点学习和辅导与智慧税务有关的新兴技术,如大数据技术、统计核算技术、人工智能技术等,培养既懂税收又懂信息技术的复合型专业人才。与此同时,定期从大学、研究机构、社会组织等方面吸纳和招揽复合型人才,以基础培养、以老带新等方式,让引进的复合型人才能够更快地适应新环境,投身智慧税务的建设之中。同时,还可以利用税收人才库,选拔出一批具有税收专业知识和智慧税务思维的复合型人才,并将其安排到与智慧税务有关的重要岗位进行轮岗锻炼,如税收大数据岗位、风险管理岗位、纳税服务岗位等,既能进一步优化干部培养机制,又能起到提升作用。另外,各级税务机关和税务干部都要清楚地认识到,智慧税务的探索和实践,是大势所趋。所以,应该鼓励和引导广大税务干部更新传统的税收征管理念,树立智慧税务思维,加强辅导和培训,让相关人员既能适应"以数治税"的时代,又能掌握动手的能力。

第三节　智慧税务平台应用探索

一、智慧税务在税收监管中的应用

(一)税务"微警"可信身份实名认证

近年来,税务系统一直在推行实名制,然而,在实际操作中,却未能真正解决个体"被股东""被法人""替股东""替法人"等问题,这也是我国税务机关改革的一个重要内容。部分地区税务局以"人脸识别"技术为依托,结合税务实名认证系统,推行税务"微警"可信身份实名认证,实现"五实合一"的"人脸识别"身份认证功能。

微警是一个综合网络警务服务平台,可以通过微信小程序"微警"登录使用,它具有三个功能:一是微警认证;二是微警支付;三是微警服务。其中,"微警认证"以粤港澳大湾区政务服务名片工程"可信身份认证平台(CTID)"为依托,提供线上线下多种业务场景的统一接入方案,支持居民身份证、港澳台居民居住证、港澳回乡证、海外华侨护照等身份信息的联网验证,具有重要的现实意义。

一方面,在实体办税大厅的各个窗口均安装了可信身份认证机。纳税人到窗口办理"实地"业务时,由认证器"实时"采集"实人"面部信息及"实名""实证"信息,由认证机将收集到的信息发送至公安机关进行智能比对验证,最后由公安机关将验证结果反馈。同时,对于已经进行了实名预约的纳税人,在进行身份信息收集时,除了可以刷身份证,刷CTID网上认证二维码外,也可通过对接税局内部的实名预约系统,自动获取身份信息。这样,就可以让纳税人更方便地进行身份认证。

另一方面,将实名认证模块与电子工作平台进行整合,并与税务实名系统进行对接,在收到公安机关核实结果后,可以调取纳税人的实名信息,对办理单位业务的,需要存在实名绑定信息或者能提供委托证明的,才为其办理业务,在保障办税人员身份准确可信的前提下,有效落实实名信息的应用。同时,对于没有办理过税务实名认证的人员,也可直接使用此模块采集税务实名信息。对有高风险业务的纳税人,应将其身份信息、税务行为等信息写入"金税三期",以便后续监管。实施了可信身份实名认证后,可以准确地验证被调查人员的身份,解决伪造证件的问题,避免由于身份审核过程中因主观因素造成的审核失误,同时,还对纳税人进行了具体的监管,并对其进行了有效记录,使违法行为有线索、后续监控分析有依据。

(二)智能化一键生成数据分析报告

部分地方税务局按照基本情况、发票、申报、收入、处罚、欠税、平台经济、新办纳税人服务等几个方面,建立了涵盖全区管户增减变化、发票申领情况、按时申报情况等多项数据指标,开发一键自动生成征管状况分析报告功能,实现对税务局征管变动情况实时全面监测;同时,设置报告订阅功能,每月自动将上月征管情况分析报告发送至行政管理平台,便于全体人员及时掌握最新征管情况。

(三)全流程电子化专票智能化风险管理新模式

风险防控是专票电子化试点顺利实施的关键所在。只有通过"事前防控＋事中监控＋事后管控"三个环节的闭环风险管理,形成合力,才能严防风险。

首先,要做好事前防控工作。部分地方税务机关积极推进监管方式创新,探索建立"大征管"体系下的发票使用共管新机制;多部门合力做实户籍管理,常态化开展新开业户100％户籍信息核实,实现对虚假登记信息系统自动推送、按日生成户籍管理报告等功能,有效打击假税务登记企业,做到"四个有人管";坚持服务在先、服务与执法并重,从源头防范涉税风险,对虚假登记企业进行有效打击,营造更加规范公平的税收营商环境。

其次,做好事中监控工作。由专人对金税三期系统进行监控,跟进高中低风险预警工作。依托省局专票电子化监管功能,由网格员对每日新增的核定电子专票票种企业、开具电子专票企业、接受电子专票企业开展案头分析,实现逐户逐票跟进分析。指定专人负责对试点纳税人每日开具增值税发票情况进行案头分析,对纳税人进货匹配情况、户籍专班核查情况进行跟踪管控。

最后,要做好事后管控工作。提炼发票风险清单目录,与申报比对资料相结合,定期对特定项目进行数据筛选和风险辨识,并在案头分析的基础上,发布风险任务,对进销不符、特定行业、变更法人等风险点进行针对性的打击,全方位防控发票及货劳税政策风险。同时,整合系统内外数据,构建多重风险共管库,包括冒用身份证件库、黑地址共享库、稽查案例分析库、黑名单企业风险库和汇算清缴风险库等。

(四)税收数据融合分析智慧平台

首先,部分税务局已经建立起重点纳税人、税务分局、区局三级的实时纳税预测系统,增加了分税种、分级次和总量的偏离率自动复盘功能,为税务部门提供了事后分析和改进的方向。

其次,对重点税源的变化进行实时监测,设定异常收入变化风险指数,生成异常企业名单,实现税收精准监管,服务组织收入大局。结合每月发布的重大税源、税种、行业分析要求,全面监控月度税收增减异常、增值税和企业所得税异常、月度重大税源变动及前50名企业税收增减变动情况。税务部门应找准税源变动情况,了解税收收入增收因素和减收因素,排查征管风险漏洞,为税源分析和组织收入提供抓手。

最后,目前部分地区已经实现了对核心征管系统数据的实时统计,并自动生成税收统计套表。一键生成税务经济分析月度报表,准确研判税收形势,为组织税务决策提供服务,为组织税收工作提供强有力的支持。通过对各系统数据的集成,实现了多个报表的实时生成,为企业及时掌握税务状况、做好企业收入规划提供决策依据。

(五)非税收入风险预警探测机制

随着国有土地使用权出让收入等四项政府非税收入全面划转税务部门征收,税务部门税费皆重、协同发展的工作格局已经形成,具体包括非税收入"风险雷达"平台初步建成、非税收入预警监测指标体系的优化与构建、创新推行非税收入风险监察员制度、初步建立非税收入风险扫描处置机制,逐步加强税收与非税数据之间的联系分析等。

二、智慧税务在税费服务中的应用

(一)快速直达市场主体退税服务机制

首先,智慧税务在税费服务中应用后将逐步实现退税"大提速",使退税向市场主体高效便利直达。按照"先办理,后监管"的理念,进一步缩短办理出口退税时限,大大压缩退税时间,使纳税人获得退税具有可预期性。税务机关实行前台即时受理,后台快速审批,实行"无须申请""主动退费"机制,通过优化程序、优化效率,大大压缩退税办理时间60%以上;同时,在退税业务中广泛运用无纸化、网上办等形式,实现纳税人"最多跑一次""一次不用跑"的目标。

其次,智慧税务在税费服务中应用后将逐步实现征纳"双减负",有效降低企业成本和税务机关工作压力。退税快速直达市场主体服务机制并非机械地压缩时间、对流程进行简单的优化,而是对退税管理服务理念、制度机制和业务流程进行创新,为纳税人办理退税带来极大的便利,同时也降低纳税人的办税成本。利用"大数据"、信息化等手段,对退税工作进行优化配置,减少工作压力。

最后,智慧税务在税费服务中应用后将实现对出口退税监督的"全覆盖",严格防控出口退税风险,创新出口退税监管机制。在事前将出口退税管理责任前置至税务机关,在事后对出口企业退税进行分类管理,之后再利用数据监管系统对风险进行监测,全面扫描出口退税风险,建立"征退查评一体化"的出口退税风险防控体系。加强对增值税一般退税和多缴退税业务的事中事后监管,运用数据管理、智能监管和定期抽查等手段,实现对增值税一般退税和多缴退税业务的后续监管,营造法治化的税收营商环境。

这一新的退税服务模式是一项重要的税务制度创新。它极大地减少了企业的办税成本,帮助公司稳定了资本预期,降低了资本压力,提高了资本的周转效率,真正地激发了市场的活力和外贸经济活力,取得良好的改革效果,受到了纳税人的一致好评。

(二)税收信用的多维度动态应用机制

为进一步加强纳税信用管理与应用,提升纳税人税法遵从度,营造诚信纳税缴费环境,税务部门创新构建纳税信用"实时调整＋多维度运用"的优质服务机制,构建"立体式"的结果应用模式,协同政府搭建"信易税"平台,建立粤港澳大湾区税务服务专区,将"数据管税"与"信用管税"有机结合,使信用等级较高的纳税人享受到更优质的税收服务。

首先,新信用机制致力于"差异化"的服务举措,帮助高信用等级纳税人享受"优体验"。部分税务局推出3A级纳税人"贴心"服务二十七条,A级纳税人"舒心"服务二十二条等,从税费办理"加"快,材料精简"减"负担,优化措施"乘"服务,回应诉求"除"难点,让A级及以上纳税人享受税费业务快办、增值税发票按需领、重大事项跟踪、快速退税、税务"健康"体检、"走出去"个性化定制服务、"银税互动"等便捷办税服务。

其次,新信用机制服务模式实现"智能化",助力高信用级别纳税人"快速办"。建立智慧办税服务厅,建立以纳税信用信息为基础的智能柜台,对信用等级较高的纳税人进行智能识别,提供更多的即时办结、先办、后审等优质服务。推行增值税发票"自动领票",综合评估纳税人信用等级、开具发票信息和风险管理信息等，实现对信用良好、风险等级低的纳税人"秒速""按需"提供发票。

再次，新信用机制在管理模式上"极简化"，助力高信用级别纳税人"减负担"。对信用等级较高的纳税人，采取"无扰"管理方式，采取不下户调查代替下户调查的方式，采用案头评价或网上约谈的方法，并对后续管理采取风险共担的方法，尽可能地实现"少打扰""免打扰""不打扰"，减少对诚实经营企业的最大影响。同时，通过"一键"风险检测、智能推送等方式，对可能存在的税务风险进行预警，并给予专业的辅导咨询，提高纳税人的风险防范能力，推动诚信纳税的建设。

最后，新信用机制使得纳税体验"极致化"，助力高信用级别纳税人"税易行"。税务机关与政府共同建立"信易税"平台，为 A 级纳税人提供个性化服务，如专属预约、绿色通道等。利用平台，扩大纳税信用在社会上的影响力，使守信企业的荣誉感得到进一步提升，在社会上形成诚实守信的氛围。"大湾区税务服务专区"为粤港澳大湾区 3A 级纳税人和"信易＋"纳税人设立独立办税空间，由专业人员解答疑难问题，提前裁定复杂涉税事项，让"更高信用"的纳税人享有"更高质量"的税收管理。

建立极具特色的纳税信用服务与管理机制，强化守信激励与失信惩戒，提升纳税人的遵从性，营造诚实、和谐的税收营商环境，切实加强事前、事中、事后管理，促进"数据管税"与"信用管税"相结合，实现纳税人信用资产的"保值"与"增值"，推动我国税收信用生态的构建。

（三）实现数字人民币办税缴费全覆盖

数字人民币是中国人民银行发行的一种以数字形式发行的法定货币，其特点是"支付即结算"，方便安全。我国"十四五"规划提出了建立现代金融制度、健全货币供给调控机制、稳妥研发数字货币、完善市场化利率形成与传导机制等方面内容。2020 年，商务部印发了《全面深化服务贸易创新发展试点总体方案》，提出在京津冀、长三角、粤港澳大湾区和中西部等具备条件的地区，开展数字人民币试点工作。税务局率先在非税收入支付场景中引入数字人民币，并首次以数字人民币支付土地出让金，实现税费均使用数字人民币支付。推行数字人民币缴税办费，不仅是支付方式的转变，同时还有助于扩大数字人民币的应用场景，方便纳税人缴费人办税缴费，优化税收营商环境，推动税收征管数字化升级和智慧税务建设。

在省（区、市）税务部门的支持和指导下，就"数字人民币＋税务"的可行性进行了深入研究；加强与各省（区、市）局的沟通，了解有关开设数字人民币钱包、优化征管系统等方面的问题，为数字人民币在税务场景中的成功应用做好准备。在此基础上，以广东省非税收入协同工作平台为基础，进一步拓展数字人民币在政府部门的应用场景，为数字人民币在政府部门税费征收领域全面推广提供了成功案例。

（四）非接触式办税"云税厅"

为降低办税人员聚集风险，减少对企业办税造成的影响，更好地协助企业生产经营，税务局以全面升级改造智慧办税服务厅为契机，依托深度集成互联网、大数据、云计算等技术的纳税服务综合管理系统,建设了全面领先的纳税服务运行中心——"云税厅"。

省(区、市)税务服务运行中心主要负责服务资源的统筹调配与业务办理的跨区域协作,而区县级纳税服务运行中心(简称"云税厅")除协同跨区域运作、协调区域内服务资源外,其最重要的功能是承接"非接触式办税"业务的受理与应用推广。"云税厅"以"送、问、办、询、评"一体化、智能化的服务理念为核心,对各渠道的服务能力进行整合、调度,创新服务模式,实施集约化管理,打破机构属性和地理位置的局限,将作业资源的效益发挥到最大,对远程可视化办税、问办一体征纳互动、电子税务局需求响应等进行全流程、规范化、智能化的保障,实现了"非接触式办税"再扩围,远程办税成为纳税人缴费人的首选途径和主要渠道。

智慧税务应用案例一

税务部门通过科学规划,逐步整合原有实体办税厅,向"云税厅"提供"非接触式办税"服务,提高对涉税需求的响应速度,减轻工作负担,对线上线下服务资源进行整合优化,使现有资源的运作效率最大化。同时,"云税厅"的服务功能也在持续扩展中。"云税厅"整合咨询热线,组建"云坐席"团队,整合资源,成立"全电"发票征纳联动工作组,实现网上受理、"问办一体",为纳税人缴费人提供线上办税的全景式体验。在此基础上,税务局将智慧办税柜台及终端网格化布局,延伸"云税厅"服务触角,丰富线上服务场景,实现"节点倍增,弹性部署"的网格化服务。

通过合理设置功能区,"云税厅"提高了"非接触式"办税服务的效率和效果。线上受理小组对辖区内所有纳税人缴费人提交的线上业务进行统一受理,为纳税人缴费人在办税过程中遇到的疑难问题提供高效的解决方案;根据工作实际和业务发展需要,设置了"业务咨询组""全电发票组""审核审批组""综合保障组"等;并通过集中办公、协同工作,大大提高了服务效率。

"云税厅"的构成结构和运行模式与传统的实体办税服务厅有很大区别,电子系统实现了对多数岗位业务数据的访问与追踪,绩效评价指标中可量化的比例较高。"云税厅"各岗位根据具体考核指标和工作强度来计算绩效成果,充分发挥业务数据的基础作用,设定科学的、有针对性的、有效果的、可量化的指标。一方面,根据在非接触式办税模式下的工作类型、工作方式的变化,"云税厅"对绩效评价指标及机制进行调整,使之更加符合工作实践;另一方面,"云税厅"建立绩效评估的传导与反馈机制,分析跟踪绩效评估数据,确定税收服务资源配置的优先次序,为"云税厅"的组织架构调整和优化提供重要的参考依据。

"云税厅"与实体税务厅实行不同组别、不同岗位的定期轮换与调度机制,使线上线下的服务资源能够灵活调配、相互补充和充分利用,进一步推动线上线下融合、前台后台贯通、内外共享的管服一体化,实现大厅运行状态感知、管理服务资源统一调度及突发事件的全景式指挥,有效提升办税服务整体承载力、服务效率及应急处置能力,促进线上办税服务向智能化、个性化、集约化方向发展,促进"传统纳服"向"智慧纳服"的转型升级。

(五)人脸识别智能办税服务厅

智慧办税服务厅与 AR、大数据、人工智能等智能技术相结合,从服务精度、速度、广度、深度、力度五个维度出发,为纳税人缴费人提供"一键式响应、一张脸通办、一站式服务、一条龙学习、一体化集成"的办税服务新体验,充分展现"我知、我会、我懂"的纳税服务文化和"线上线下融合、前台后台贯通、内部外部共享、学习体验一体"的现代化税收服务理念。

作为全国首家智慧办税服务厅,国家税务总局广州市南沙区税务局智慧办税服务厅占地面积为2574平方米,分上下两层,一层以"无感导税、智慧学习"为主要功能,设置了咨询辅导区、智慧办税应用广场、智慧学习广场、南税暖心港等功能区域;二层以"线下服务+线上运营"为主,设置了线下办税(费)服务中心、纳税服务运行中心、大湾区税务服务中心等多个功能区,为纳税人营造智能高效、温馨舒适的办税环境。

无感办税系统中的人脸识别摄像头会自动识别已进行预约并到大厅办税的纳税人缴费人,对于已经授权税务机关使用人脸身份信息的纳税人缴费人,无感办税系统会立即为其取号,并推送排队等候信息至纳税人缴费人的手机上,无须纳税人缴费人再咨询取号,直接根据手机提示到相应的办税窗口办理业务即可。无感办税系统还能根据纳税人缴费人的高频到厅情况,向税务人员发出"最多跑一次"服务要求的提示;同时,对于高龄老人、孕妇、残疾人等特殊人群,也可以识别和提醒税务人员,让其主动提供服务。

咨询辅导区本着"智能引导,自主学,自助办"的理念,根据纳税人缴费人涉税业务的复杂程度及办税需求,依次分离,手持导办平板和佩戴无感识别眼镜的流动导税人员靠前服务、快速识别并主动询问,进行动态分流,在对应处理方式上细分为"直达办理、简易咨询、深度辅导、权益维护"四个层次,满足纳税人缴费人多元化、个性化的需要。

税务服务运行中心设有受理调度组、网上审批组、服务保障组、运营管理组、综合服务组等5个小组,运作上形成了"一个闭环服务流程+两个服务支撑"的"1+2"办公模式,达到了线上线下融合、前后台贯通、内外共享的目的,对各个渠道、各个厅组的服务资源进行了统筹调度,保证了资源的高效利用和平稳运行。

办税服务区包括"表单填写区、窗口办税区、等候休息区、政策宣传栏"四大传统功能区域,为纳税人缴费人提供各项涉税费事项办理服务。大湾区税收服务专区为粤港澳大湾区高信用级别纳税人缴费人、其他高信用评级体系(如政府"信易+")纳税人缴费人开辟独立办税空间,由专业团队提供绿色通道急事急办、税费优惠优先享、重大事项全程跟办等优质化服务,实现"更高信用"纳税人缴费人享受"更高质量"税收服务。

(六)智慧税源管理"云税所"

"云税所"是一种以网上服务为主,实体下户为辅的新型税务管理模式升级,全面开启税收征管高效化、税宣政策云集成、涉税服务暖人心的新变革,为进一步优化自贸试验区税收营商环境助力。为进一步优化纳税人缴费人的办税体验,降低税收双方负担,打通征纳沟通难点堵点,税务所(税源管理派出机构)整合多个互联网应用载体,创新打造集税务约谈、业务咨询、资料传递、政策宣传等功能于一体的新型"云税所"服务模式,在办税服务和税源管理两个方面分别与"云税厅"进行对接。

1.云约谈

部分税务部门充分利用远程可视化办税平台等,打破时空、距离等客观限制,与企业开展多人、多方、多地的实时税务访谈及税企互动,有效降低征纳双方办税成本及沟通困难。通过视频会议等方式,与涉税专业服务机构进行线上税企交流座谈会,对纳税人缴费人关心的热点问题进行线上解答。这种高效便捷的线上交流方式,受到企业的一致好评。

2.云咨询

部分税务部门通过网络与企业开展"面对面"的涉税沟通咨询,有效地减少了因沟通不及时而引起的涉税服务投诉。同时,建立网上税务沟通渠道,提供全天候咨询服务,对涉税问题迅速做出回应。"云税所"整合已有的信息技术,建立了"云咨询"服务平台,大大提高了纳税人的办事效率,提高了纳税人的满意度。"云税所"注重发挥团队的优势,打破各个业务部门之间的藩篱,建立跨部门的专家智囊团,在线进行多方协同,针对企业复杂的涉税问题进行集中"会诊",缓解纳税人缴费人的后顾之忧,促进涉税服务的集中化、专业化和深度化。

3.云传递

通过拓宽线上平台的数据传递渠道,让纳税人缴费人可以在网上向税务系统的内部服务器上传数据,大大减轻了纸质材料的传送、扫描和保管的负担,提高了数据的流转和审核效率,对纳税人缴费人的信息安全提供了更好的保护。与此同时,充分发挥线上平台的信息推送和互动功能,对税收政策要点进行大范围的推送,提高对税收政策宣传的时效性、准确性和针对性,保证纳税人缴费人能够在第一时间通过线上收到最新的涉税资讯和重要事项提醒,实现一键"云端"推送,减轻税务机关和企业双方的负担。

三、智慧税务在税务执法中的应用

(一)推行税务执法与政策落地新举措

一方面,结合地区的实际情况,从收入、流转税、非税收入、税收征管、执法和司法创新五个方面,研究提出了一系列的税收政策建议和创新措施,并配合区域税收政策的测算和落地做好准备工作。在自贸区内深化实施国际航运保险免征增值税和启运港退税的政策,稳步推进综合保税区增值税一般纳税人的试点工作,推动现代产业体系的高质量发展。

另一方面,初步建立税收政策差异分析比对机制。智慧税务有助于构建更科学的税收比对机制,通过设置税收负担率、税收优惠政策覆盖率、税收征管效率等分析指标,能够更加精确地测度不同区域和行业之间的税收政策差异。对我国不同地区、不同产业、不同企业在税率、减免税、扣除项目、税收优惠、税收政策等方面进行详细比较,分析其差异性进而评价其对经济社会发展的影响。在此基础上,结合对比分析结果,提出一系列优化措施,包括调整税收政策、强化税收征管、改善税收服务。

(二)优化增值税留抵退税三步法

税务部门不断创新推进增值税期末留抵退税政策,2021年实施"专班预审＋服务前置＋分类处置"的留抵退税工作机制,针对性解决留抵退税工作专业性强、风险点多、审批耗时、通过率不高等问题,对照世界银行营商环境评价标准流程指标,助力地区打造一流营商环境。自实施增值税留抵退税新机制以来,正式文书审批时的工作负担得到了极大的缓解,获得退税的企业数量和退税额都有了很大的提高,留抵退税的时限也达到了世界银行营商环境评价的较高水平。税务机关帮助企业充分、快速地享受到税收改革红利,形成支持企业扩大投资、升级技术装备、快速复工复产的强大动能,以税收改革创新激发经济活力。此外,税务机关推行"管服前移""提速提质"等新举措,将留抵退税政策辅导服务、日常监管重心前移,提高税企双方风险防控能力,为国家税收安全提供有力保障。

1.专班预审

抽调相关业务骨干成立增值税留抵退税专班审核攻坚工作小组,由专班对预估下月将会符合增值税留抵退税资格的企业提前预审,重点抓好重大项目、优先扶持企业、A级纳税人等退税风险排查工作,有效提高留抵退税效率和准确度。

2.前置服务

强化审核基础工作,编制增值税期末留抵退税核查底稿,全面核实企业留抵产生的原因、上下游及关联交易情况、兼营简易计税与免税所涉及的进项转出情况、不合理抵扣情况、社保个人所得税申报数据等,通过政策辅导引导纳税人在申请前及时对存在的问题进行税务调整,有效提升税企双方风险防范水平。

3.分类处置

建立留抵退税企业台账,全面掌握留抵退税企业涉税风险,分类快速处置。对于申请增值税留抵退税的企业,没有风险的尽快退出;有风险可以排除的,在辅导后马上退出;风险暂时无法排除的,继续跟进,按照政策规定进行处理。

(三)自主有税申报

由税务机关进行税费种认定一直以来是税务机关的管理手段之一,但这并非是一种法定管理要求。同时,随着商事登记改革的深入和商事主体的不断增多,仅凭税费种认定进行管理已逐渐陷入瓶颈,既无法真实反映纳税人缴费人的经营情况,又增加了税务人员的负担。同时,从智能管理视角来看,税收治理应该以纳税人缴费人为中心,对商事主体的管理体现为对纳税人缴费人的自主管理以及税务机关对纳税人缴费人的风险管理。基于此思路,为主动适应商事登记制度改革后的新常态,部分税务部门开始着手解决目前纳税申报方式中纳税人过分依赖税务机关,自主纳税意识不强,大量零申报,以及税务人员日常事务性管理任务繁重,与深化行政审批制度改革,加强事中事后监管相结合,对纳税申报方式进行创新,推出自主有税申报,从还责还权纳税人、做大做强风险管理两方面入手,为确立适应智能管理的税收基本程序提供例证。

自主有税申报是以自主认定税费种为前提的,部分税务局纳税人缴费人不需要再认定税费种,改变以往纳税人在没有发生纳税义务的情况下,仍然需要在规定时间内完成零申报的情况。目前,只有在发生法定纳税义务的情况下才需要申报。在此基础上,通过税务数据比对、税务风险监测、"点对点"向纳税人推送涉税风险等方式,实现对纳税人错报、漏报等问题及风险的管控。完善现有的纳税申报制度,将以前因税务机关认定税种,而纳税人即使没有发生法定纳税义务,也要按期进行零申报的做法,调整为在发生法定纳税义务时,按规定的纳税期限申报纳税。

聚焦于征管链条,综合考虑了现行法律法规的有关规定、各个办税环节的联动性和交互性以及后续管理要求,改变了税务机关对申报税种的事前判定,由纳税人缴费人自主认定税费种、进行税费申报,实现了对过去税收征管中认定、申报、催报、非正常户认定整个管理链条的优化和重组。

税务局实施自主有税申报后,一方面减少了税费种认定业务,减少了大量的零申报;另一方面,对于未按期申报附加税费、印花税等税费的单位纳税人缴费人进行催报,原有对纳税人逾期零申报行为的非正常户认定、税务行政处罚也不再进行,避免了非必要非正常户认定流程的启动和非必要的违法行为处罚,实现纳税人缴费人和税务机关"双减负"。

(四)复杂涉税事项税收事先裁定

对于复杂的涉税事项,税务事先裁定主要是为了解决新业态税收政策的确定性问题。近几年来,我国新业态不断发展,但在现有的税法中,对部分新业态、新业务模式并没有进行明确的政策规定,税收政策的不确定性会影响企业的投资热情。部分税务局实施的税收事先裁定,是以税务机关的权限为基础,充分发挥其功能和主观能动性,对新业态可能遇到的税收政策问题进行解释,使纳税人对自己投资事项产生税收后果的确定性有了很大的提高,同时也能帮助纳税人减少涉税风险,使纳税人更准确地进行投资决策。

复杂涉税事项的税收事先裁定,主要是为了解决新业态税收政策的确定性问题,即税务机关针对企业提出的,关于未来预期发生的特定复杂事项,应如何适用现有的税收法律法规,进行个性化的纳税服务。借鉴经合组织和中国香港税务裁决经验,将简单涉税事项从事前裁定中剔除,并明确要求纳税人提供信息,减少企业事前裁定的随意性。

比如有的税务部门经过充分的研讨与分析,借鉴国际成熟做法,结合我国的税制特点与管理权限,制定了《复杂涉税事项税收事先裁定暂行办法(试行)》。目前,已形成较为规范的"税收事先裁定申请表""税收事先裁定知情书""税收事先裁定集体审议意见""税收事先裁定意见书"等正式文书,逐步走向制度化、规范化和标准化。通过集体讨论和书面告知等方式减少征纳纠纷,提高政策的公信力;通过电子化、标准化和规范化的办理,保证公平公正,使纳税人能够享受到预期稳定的制度红利,进一步激发商事登记主体的创业和创新活力。

事前裁定服务对象为税务部门征收的企业和管理的税种,其覆盖范围比我国大型企业预判服务范围要广,且适用于更多的新业态。近年来,税务部门已经依法为若干项目提供了事先裁定服务,帮助企业减少新形式投资的税收风险,便利企业的投资与贸易,得到企业和招商部门的一致好评。

(五)不确定事项报告制度

不确定事项报告制度是指纳税人在发生了有关经济行为后,如果发现存在法律法规未明确是否征税的涉税事项,可以将其上报税务机关,经过税务机关的审核,证实是不确定事项的,税务机关在依法征收税款的同时,视情况不予罚款或不加收滞纳金的一项管理制度。

不确定事项报告制度以依法治税的理念为基础,法律法规明确规定应当征收的才依法征收,没有规定的暂不征收。推行不确定事项报告制度,一方面可以帮助税务人员更加全面、深入地了解相关的法律法规，同时也有助于完善税收法律法规，还能让纳税人对税务机关依法治税有更切身的体会，提高税法的遵从度，形成良好的依法治税氛围。

不确定事项报告制度实质上是一项咨询制度，它体现了为纳税人服务的宗旨。税务机关通过深入研究和分析纳税申报问题，向纳税人提供纳税确定性服务，有助于增强税收稳定预期，促进当地营商环境的改善。

不确定事项报告制度是对税收管理中"灰色地带"的管理制度，它可以避免在执行过程中产生大量的"先收后退"，有效地减轻了纳税人的负担。同时，税务部门也通过对不确定事项的申报收集了大量有效的信息，从而提高了后续管理的效率。不确定事项报告制度以依法治税为基础，以服务纳税人为主要目的，以提高税收管理效率、降低纳税人负担为目标，自实施以来，深受纳税人欢迎，社会反响良好。

(六)探索实施非税收入不确定性消解服务机制

针对非税收入政策复杂、专业性强、影响面广的特点，以及针对涉及新经济、新业态、新模式和重大投资项目非税收入的不确定事项，运用评估、调研、磋商等事前机制，形成征纳双方适用法规政策的合议结果，帮助市场主体防范涉费风险、明确事项预期、科学进行决策，助力建设规范化、可预期的非税收入征缴营商环境。

非税收入不确定性事项化解服务机制，指的是税务机关以缴费人已经发生或将来预期发生的实际业务为前提，以与业务有关非税收入的法律、法规、规章、规范性文件解释及适用条件为核心的个性化缴费服务。鉴于非税收入涉及的业务主管部门较为分散，为提高政策实施的一致性，该机制采取了"税务部门统筹、社会协作"的方式来实施。对内业务部门要与税源管理部门紧密配合，对外要加强与非税收入业务相关部门的沟通，全面畅通不确定事项化解需求的渠道。税源管理部门受理非税收入的不确定性事项，由各部门非税业务经办人员担任第一联络员，负责事项预受理、跟踪联络、合议形成等工作。政策依据明确事项，税源管理所予以答复，并说明理由，对符合本机制处置范围的事项，以书面形式提出不确定事项处理申请，并由联络员登记，传递至社会保险费和非税收入科。对于非税收入业务主管部门以及其他政府职能部门从企业处收集到的不确定事项，根据需要召开多方协调会，对事项进行初步协商，协商结果仍不确定的，由税务部门按照上述程序进行登记。

根据项目的性质、内容，在税务机关内部建立临时性项目工作组，如有需要，可组建跨部门临时项目组，开展非税收入不确定事项的排查。小组成员根据自己的职责范围，对有关问题的实质、所涉及的环节、政策的适用等提出自己的意见，以团队运作的方式，让成员各司其职、各尽其责。与此同时，要加强与社会科学院等外部机构的交流合作，根据需求动态调整专家组成员，广泛听取专家意见。在项目协商期间，项目组可以通过与企业面谈、实地调研等方式，了解企业的经营活动及业务实质。针对短时间内企业提出的共性问题，举行专场集体座谈会，听取各方观点。在本部门协商无法确定的事项，可以向上级主管部门提出意见，并根据需要向其他有关部门征求意见后出具答复书。

基于数据应用管理系统，根据具体的企业或业务内容等信息，编制特色指标，对数据进行定期筛选和实时更新。对影响较大的政策议题，在完成具体议题协商之后，再进行政策宣讲,零距离地将政策红利传递出去。深入推进本机制在同类企业或业务中的应用,增强利企服务的主动性和政策实施的统一性,营造公平公正的营商环境。

紧紧抓住"信用"与"大数据"这两大抓手,重点防范机制实施过程中可能出现的征管风险。创新并拓展纳税信用评估结果的应用场景,为后续监管提供参考依据。对纳税信用等级为 A 级的企业,干扰程度相对较小,切实提高了监管的准确性。要密切注意回复意见依据的政策、规定和企业的实际业务情况。要把握好业务全过程的核心要素和关键环节,充分利用大数据分析提升发现问题的能力,做到及时发现和规范化处理。

(七)探索实施税务执法尽职免责制度

探索建立税务执法尽职免责制度,为敢于担当、踏实做事、不谋私利的干部提供支持和激励,充分调动税务执法人员的创新积极性,营造勇于改革、勇于担当、勇于作为的良好氛围,推动创新工作向更高的层次迈进。

首先,通过"正列举"的方式简化问责程序。明确各项指标对应的税务执法人员在开展业务时可以纳入尽职免责的具体情形,经核实符合清单所列情形的,可以不经告知和申请程序而直接做出尽职免责决定,进一步简化现行执法责任追究流程,减轻基层工作量。

其次,可以通过"灵活式"的责任清单来扩大内部控制的监管范围。在推行"团队管户"改革和组合式税费支持政策的同时,根据工作进展,对需要纳入税收尽职免责清单的具体情形进行总结,对适用范围进行灵活拓展,保障税务执法人员的合法权益和工作积极性。

最后,以"动态式"的尽职免责清单为依托,助力创新工作。针对即将开展的大规模增值税留抵退税、新区域所得税优惠等制度和政策创新工作,联合业务主管部门,对新政策可能出现的尽职免责事项进行及时、逐项的分析和研究,编制出一份适用于所得税优惠政策过渡保护期的尽职免责事项清单,并针对创新后业务流程时限发生变化的事项,及时调整动态的尽职免责清单,营造愿干事、敢干事、能干事的良好创新氛围,让内控监督为创新工作保驾护航。

(八)进出口业务涉税政策适用计算器

为了更好地推进税收征管便利化改革,我国自贸试验区主管税务机关创新开发了进出口业务涉税政策适用计算器(测算工具),为需要了解具体税收政策的纳税人、政府部门及税务人员提供政策适用参考,为进入实际决策与操作环节纳税人提升政策适用的预见性,提高各主体的沟通效率,推动税收政策的有效宣传,进一步助力优化营商环境。

在此项措施下,纳税人可借助进出口业务涉税政策适用计算器(计算工具),获得适用于特定税收政策的参考依据。通过输入纳税人已知的公司基本信息和相关变量,计算工具就能自动提取出相关因变量,减少由于对政策条款理解不同、政策适用信息不对称等原因造成的税企交流时间成本。目前,这款计算器主要是用表格和函数来实现的。出口退税专项税收政策的适用计算均已纳入。这一工具的应用,一方面增强了税务人员对出口退税政策的敏感性;另一方面,也提高了纳税人获得适用政策的便利性,使纳税人、税务人员和各个政府部门之间的交流效率得到了极大的提高。

四、智慧税务在基层税务机关中的应用

(一)建设业务云化的智慧办税

首先,税务机关依托前期建设的智慧办税平台,在"远程帮办"服务机制的基础上,建立了"纳税人网络之家"联动中心,从传统的以前台为中心,向发挥大后台中枢力量的模式转变,从单一部门对接到整体联动,从限定的互动界面到线上、掌上等多种服务渠道。联动中心是打通各部门关节的中坚力量,通过常态化的工作运行和转办机制,强化线上与线下的协作,对纳税人、缴费人的个性化难点、堵点进行精准对接,为"纳税人网络之家"的统筹运转铸就强大合力,构建起积极有效的线上咨询辅导体系。

智慧税务应
用案例二

其次,在"远程帮办"的功能性服务中,纳税人特征的采集不再限于传统的人工录入方式,而是主动从"网络"中抽取信息,编制出细致清晰的纳税人标签,对纳税人涉及的行业、税种、重点问题进行大数据分析,对纳税人的标签类型进行智能画像,对不同类型纳税人所需的涉税信息进行识别,使其能够对不同类型纳税人所需的涉税信息进行智能一体化对接。

最后,秉承"让网速代替脚步,让数据代替马路"的理念,"远程帮办"把办税大厅延伸到企业,建立了以线上为主、线下为辅的多元化辅导模式,让纳税人足不出户就能完成办税和答疑。在辅导期间,税务人员可以与纳税人通过语音视频、远程接管等多种方式进行沟通,对纳税人进行24小时的涉税辅导与精准服务。同时,通过"远程帮办",构建"部门—分局—纳税人—部门"三方沟通的闭环,实现高效获取税收信息,全天候解答税收疑难问题,实现无门槛智能服务。

(二)以数据驱动建设智慧管税系统

首先,对"智慧决策"体系进行初步构建。科学的智能决策体系的第一个特点是闭环管理。以"智慧管税"平台为载体,构建"智慧税务指挥中心",建立"一级中心管理,二级任务辐射"的组织结构,形成指挥中心统筹下发任务清单、承接单位任务处理、结果反馈、综合评价的闭环管理流程。科学的智能决策体系的第二个特点就是实时监测。指挥中心通过语音、视频和数据通信,将线上线下连接起来,将机关与分局连接起来,实现税务部门内部工作流程的信息化再造,实时指挥调度现场事件。科学的智能决策体系的第三个特点是统筹协调,指挥中心负责对各项工作任务进行统筹组织、追踪和实施,定期召开联席会议,协调各单位的工作,达到资源共享、信息交互、统一部署的目的。

其次,初步构建一套行之有效的"智慧监控"体系。高效的"智慧监控"系统具有税源管理可视化的特点。通过税源地图,可以直观地展现辖区纳税人的基本情况,发现税源管理中的风险隐患。税务机关通过绘制出的税务经济三维图,对出现在地图上的企业可疑信息进行预警,提请税源管理部门核实和反馈。高效的"智慧监控"系统的特点二是风险应对模式化。针对风险可疑点,编制"任务导航图",把风险点支撑数据查询方法、对比结果、核实要求、分析结论等内容形成嵌入智慧管税平台的信息化工作流程。高效的"智慧监控"系统的特点三是构建信息共享的数据平台。拓宽数据收集渠道,探索构建规范、共

享、安全的综合治税信息平台,实现与第三方涉税信息的交流与深度利用,强化重点领域的风险防控与监管,建立基于"信用＋风险"的新型监管机制。

最后,初步构建标准化"智慧执法"体系。部分税务机关制作了"执法规范语音导航应用程序"。税务机关对各类执法场景进行梳理,对具体执法事项进行语言和行为指导,开发"执法规范语音导航 APP",对执法人员进行语音、文字、图像、动画等多种形式的规范指引,为执法人员在执法前学习时提供必要的参考资料。部分税务机关开发了智能化的执法记录仪监控系统。在执法记录仪中嵌入各种执法场景需要遵循的步骤和规范用语,选择实施场景就可以获得规范流程。执法记录仪能自动识别执法人员的关键言语行为,及时制止违法行为,指导现场纠正,达到对执法全过程的记录、提醒和监督。同时,建立一个实时智能互动系统,通过指挥中心,将约谈室的监控设备与执法记录仪连接起来,定期对执法行为数据进行智能分析与点评。利用视频交互系统,实时监控约谈或执法现场,并提供预警提示或远程指挥调度,现场执法人员还可主动向指挥中心申请业务帮助,初步建立起对执法事项进行事前引导、事中阻断、事后追责的信息化内控监督体系。

◎ 习题巩固

一、名词解释

产业数字化　数字产业化　生产要素　税法遵从度

二、简答题

1.智慧税务三个阶段目标是什么?

2.简述智慧税务具体有哪些特征。

3.我国税收监管存在哪些问题?

4.什么是"以票管税"? 什么是"以数治税"? 两者有什么异同?

5.简述智慧税务在税收监管、税费服务、税务执法中的具体应用。

三、案例分析

中共中央办公厅、国务院办公厅印发的《关于进一步深化税收征管改革的意见》,围绕把握新发展阶段、贯彻新发展理念、构建新发展格局,为"十四五"时期税收改革发展提供了重要制度遵循。5G、云计算、大数据等科技创新,为智慧税务建设提供了坚实的技术保障。河北智慧税务建设在合理规划布局、打破信息壁垒、实现数据共享等方面不断探索、取得突破。

河北省税务局通过技术和数据的流动、共享,努力建立税收治理跨层级覆盖、跨部门辐射、跨地区融合的共治格局,实现协同共治的"智慧模式",在保障民生、服务发展、维护纳税人缴费人合法权益等方面,形成内外联动、共促改革的工作合力。

河北省税务局加速智慧税务建设从顶层设计到各层级创新驱动的全覆盖,形成省市县三级税务机关"选项目""亮品牌""做推广"的联动效应。对照国家税务总局划定的可积极探索主动实施的43项改革措施,河北省税务局强化信息化项目管控,严格把控项目审核。各市局立足实施智慧税务创新重点,结合本地特色产业、税源特点、人力资源等实际情况,实现远程问办、"智慧税务城"等创新功能。各县(区)局是试点推广的前沿阵地,累计承接试点工作 127 个。

智慧税务在跨部门协同上形成辐射效应。2021 年,银税企三方线上互动贷款审批,为 21.26 万户企业发放信用贷款 628.3 亿元,解决"融资难"问题。与财政、自然资源、生态环境等部门协同共治,实现缴费人申报缴费"零跑腿"、不动产交易"一窗受理、集成办理",助力绿色发展。在风险管理上协同联动,与公安、海关、人民银行等部门联合成立省级数据化合成作战指挥中心和市级作战中心,充分运用大数据精准监管,高压强势打击涉税违法犯罪。

智慧税务在支持京津冀区域税收共治中发挥重要作用。2021 年 6 月,京津冀三地税务部门联合印发《税收支持和服务京津冀协同发展便利化举措》,推出执法标准统一和三地通办、服务提速增效、做好数据共享等方面的 19 项举措,打通了税务信息和数据交换的省界"断头路"。《京津冀税务行政处罚裁量基准》在 7 类 43 项税务行政处罚标准上实现了京津冀"一把尺",获评 2021 年河北"十大法治成果"。河北智慧税务同时注重深化国际税收合作,应用跨境利润水平监控系统,对跨境关联交易展开深入分析,及时发现反避税案源。智慧税务建设既要求系统外的数据用于税收治理中,也要求税务系统积极主动融入当地数字政府建设,让税收"数据流"变成促进国家治理和社会治理的"要素流""价值流"。河北税务积极探索,在数据资源拓展应用和共享数据模型建立方面进行了有益尝试。

河北税务与 14 个省级外部门建立了长期数据共享机制,对国家税务总局、省局和外部门涉税数据进行分类管理,加强数据的关联整合;依托税收大数据平台,开发"惠冀享"和"数冀查"等功能,进一步拓宽数据应用广度,挖掘数据应用深度,为重点工作和决策提供有效的数据支撑,促进"以数治税";积极拓展河北省"冀时办"平台,将图像识别技术、语音识别技术、光学字符识别技术、对话机器人有效应用于 12366 智能客服、资料智能审核等业务场景,构建多部门动态沟通机制,让办税缴费更加方便快捷;推进"成品油站智慧监测云平台"建设,安装加油站监控和数据采集装置,搭建数据统计和共享平台,基于地方政府出台的成品油流通市场监管长效机制和多部门综合治税体系,有效破解当前加油站税收监管难题;搭建"涉地税收监管应用场景",归集政务信息共享数据及互联网爬取数据,通过大数据智能分析识别,有效破解信息不对称导致的税收风险识别问题。

河北税务充分利用大数据,深挖数据价值,在重点行业、重点领域建立共享数据模型,构建以税收数据为基础的多维数据监管模式,破解税收监管、环境监管、资源监管等诸多领域的监管难题;建立房地产、黑色金属矿采选、电力、热力生产及供应等重点行业 34 个指标模型,推进行业化管理;与电力部门签订战略合作协议,选取煤炭开采和洗选业、黑色金属冶炼和压延、石油煤炭及其他燃料加工业等七大类制造行业,联合开展河北省"高能耗、高污染"企业税电贡献指数分析、税收风险分析以及电费回收风险分析等示范应用,实现了基于可用不可见状态下的涉税数据安全共享与联合分析。

试概括总结河北税务局在税务协同共治方面做出的具体努力。

第五章习题
巩固答案

参考文献

[1]纪亚方,张源昆.以数治税视域下河南省智慧税务建设与发展研究[J].河南财政税务高等专科学校学报,2023,37(6):11-15.

[2]廖莉,张纪宇,李欣.中国式现代化视域下智慧税务生态建设路径探析[J].税务研究,2023(12):125-130.

[3]罗洪涛,曹静波.基层税务机关"智慧税务"建设的成效与思考:以国家税务总局钟祥市税务局"税莫愁"智慧办税服务厅为例[J].税收征纳,2023(12):28-30.

[4]佘陈凤.以数治税视域下智慧税务建设的优化路径探究[J].国际商务财会,2023(15):42-46.

[5]王志平,张景奇,杜宝贵.新坐标、新维度框架下的智慧税务建设研究[J].税务研究,2021(12):124-128.

第六章　区块链与数字税收

◎　**教学目标**

1.了解区块链的概念。

2.掌握区块链的应用流程。

3.了解房地产行业中的区块链应用。

◎　**课程思政元素**

科学方法；科学精神；依法纳税

◎　**本章导读**

区块链技术的集成应用在新的技术革新和数字经济发展变革中起着重要作用，也与税收治理具有高度的契合性。将区块链技术集成应用到税收治理，对税务部门可以达到助力提升管理效能、优化信息管税的效果，也可以助力数据生产要素在部门之间的双向流动，如对经济数据生产要素的捕捉、对税收数据生产要素关系链的补充和融合、助力税收信息化从系统内集成向社会集成升级。特别是区块链实现的编码化程序可在促进数据流通共享的同时，减少数据权利让渡的复杂程度和社会成本，提升数据作为生产要素的社会效益。因此，区块链技术在推进税收治理现代化进程中起到非常重要的作用：一方面税务部门有了将社会公众纳入税收管理和服务工作的信任基础，推进税收管理向网络化和精准化的模式转变；另一方面，社会公众有了积极参与税收管理和服务的工具，不再仅仅是被服务、等服务，也成为税收管理和服务的参与者和提供者。税务部门与社会公众之间形成的高效互动可充分发挥社会综合治理的效能，有助于改善税收治理的环境，形成以社会化协同为基础的现代化税收共治新格局。

第一节　区块链技术与税收治理现代化

一、区块链技术原理及发展

(一)区块链的内涵

区块链是一种按照时间顺序将数据区块以顺序相连的方式组合成的一种链式数据结

构,并以密码学保证的不可篡改和不可伪造的分布式账本。此类分布式账本的设计核心在于高度安全性。从广义上来讲,区块链技术不仅涵盖此种数据结构,还涉及分布式节点共识算法、密码学保障以及智能合约的应用。这些要素共同确保数据的有效验证、存储、传输及操作,构建了一套安全、高效且透明的记录体系。

简而言之,区块链是一种基于密码学的创新应用,整合了分布式记账、加密存储、点对点传输、共识机制及加密算法等多种计算机技术。在区块链中,账本的角色与日常生活中的账本相似,皆用于记录交易信息。在数字货币领域,交易信息则主要为转账记录。随着技术不断进步,区块链所记录的内容已从简单的转账扩展至各个领域的多元化数据。

(二)区块链的特征

通常一个成熟的区块链系统具有去中心化、可追溯性、防篡改和智能合约四大特征。

1.去中心化

中心化是指中心机构负责统一安排和管理各项事务,以确保所有相关节点在整体上保持一致性。在这种模式下,所有数据均由中心机构控制,导致对中心机构的依赖性极大。一旦中心机构出现任何问题,将无法保障信息安全,交易风险也随之增加。当数据通过某些节点传输时,可能会出现数据丢失或被篡改的情况,从而降低数据的可靠性。

而区块链的本质是去中心化,即通过特定的算法记录每一个交易事项数据,交易的每一个后续变化,都在可连接和可追溯的链条下创建另一个数据区块,以块一链结构存储数据,并且在交易的每一个环节都实时复制一定时间内全部的交易数据,使交易数据几乎不可能被伪造、篡改或销毁,具有无与伦比的数据可靠性和安全性。去中心化能够显著提高交易的安全性。它摒弃了中心机构的控制,数据无须集中存储在某一中心位置。当区块链的节点受到攻击时,由于每个节点都是一个独立的中心,个别节点的攻击不会对整个系统运行造成影响。

在区块链架构中,各个节点能够自我连接,并相互制约,无须第三方中心节点的监管。这种设计确保了节点间的平等地位和数据交换的自由,进而构建出多样化的网络结构,从而维护了区块链系统的透明度和公开性。同时,区块链的去中心化属性有助于减少信息不对称,推动税收治理领域的信息共享。

2.可追溯性

区块链可以被视为一个大型的数据库系统,其与众不同之处在于数据的存储和处理方式。相较于传统的集中式数据库,区块链采用了分散式架构,数据储存在众多节点中,而非单一的中心化服务器。这种去中心化的特性使得数据篡改的难度极大,因为任何的修改都需要同时控制网络中超过半数的节点,这在现实中几乎是不可能的。区块链的公开性和透明度是其另一大特点。在区块链上的每一笔交易、每一个信息,都是对所有参与者开放的。这种透明度不仅使得信息易于追溯,也大大提高了系统的可信度。在区块链环境中,由于信息的可追溯性,我们无须担忧信息的真实性问题。一旦发现虚假信息或欺诈行为,可以迅速追溯至源头,对其进行有效打击。

3.防篡改

在区块链技术中,每个节点均承载着相同的数据内容,这些数据不仅公开透明,而且具有极高的可靠性和持久性。若某一节点数据丢失或遭遇篡改,其他节点所存储的数据依然保持完整,使得丢失的数据得以迅速恢复,被篡改的数据则将被视为无效。这种分散式的存储机制显著提升了数据的安全性,大幅降低了数据丢失的风险。值得注意的是,区块链上的数据具有无限期、无边界可追溯的特性,任何对数据的篡改行为,必须获得超过半数的节点共识,这在实际情况中几乎难以实现。

此外,一旦区块内的交易信息被确认,与之相关联的其他区块也会通过哈希值进行多重验证。这种机制确保了数据的一致性和完整性,任何对数据的修改都将涉及后续多个区块的调整,进一步增强了数据的安全性。区块链技术以其不可篡改的特性,为用户提供了强有力的数据安全保障,树立了高度的信任基础。在实际应用中,这种技术展现出了严谨、稳重、理性和官方的语言风格,为各类应用场景提供了坚实的支撑。

4. 智能合约

智能合约,作为一种计算机协议,其核心在于以信息化的方式确保合同的传播、验证与执行。其独特之处在于,智能合约能够在无须第三方介入的情况下,实现交易的可信性、可追踪性和不可逆转性。智能合约在区块链技术的基础上运行,能够支持各类公平且公开的自动化服务。当触发条件得到满足时,区块链程序将严格按照合约条款自动执行,确保操作的准确性与公正性。因此,这些在多个节点上运行的智能合约,其所有操作和决策均保持高度的公开与透明,极大地降低了外部干扰,并有效减少了交易过程中的不确定性。

(三)区块链的发展历程

区块链是一种去中心化的数据库,可用于追踪并检索交易信息。每个区块都是区块链的基础元素,内含所有交易数据。各区块间以加密方式互相连接,形成一种像线状列表般的构造。区块链技术的发展可以分为三个阶段:区块链1.0、区块链2.0和区块链3.0。比特币的诞生,标志着区块链1.0时代的开启。2009年,比特币的出现引领了一个全新的技术潮流,它以去中心化的数字货币和支付平台为核心功能,为全球范围内的货币流通提供了全新的解决方案。随着区块链技术的深入发展,2013年以太坊白皮书的发布,标志着区块链进入了2.0时代。这个阶段,区块链技术不仅在数字货币方面有了更深入的应用,更重要的是,智能合约的引入使得区块链的应用场景得到了极大的拓展。在区块链2.0时代,我们可以看到股票、债券、期货、贷款、抵押、产权、智能财产和智能合约等各类金融产品和服务纷纷涌现。以太坊的出现,不仅推动了数字货币的发展,也催生了 ICO (initial coin offering,首次代币发行)和 STO(security token offening,证券化通证发行)等新型的融资形式,为初创企业提供了全新的融资渠道。区块链3.0则是在电子货币、金融和经济市场之外的更广泛的应用。在这个阶段,区块链技术开始走出金融领域,向政府治理、医疗卫生、科学教育等社会各领域拓展。区块链3.0的目标是构建一个去中心化的、安全可靠的、高效透明的社会体系,让区块链技术真正服务于全社会。

自2014年起,我国金融部门已组建专业区块链研究团队,旨在探讨数字加密货币在降低传统纸币发行量、遏制洗钱与逃漏税等非法活动,以及优化货币流通控制力等方面的应用。2016年,我国工信部发布《中国区块链技术和应用发展白皮书》,为区块链行业的有序发展提供了政策依据。至 2017 年,国家税务总局成立区块链研究团队,此举标志着税务部门已将区块链技术纳入国家层面的战略考量,特别是在纳税征管应用方面。由此可见,区块链技术对于提升我国公共服务效能具有举足轻重的作用,尤其是在大数据时代背景下,在推动税收治理现代化进程中将发挥不可或缺的作用。预计该技术将成为我国政府区块链发展计划的核心组成部分之一。

二、区块链技术背景下的税收治理现代化

(一)区块链技术在税收治理现代化应用中的特征

区块链技术随着社会经济的发展也在不断地高速发展,主要用来获取、存储和计算管理应用数据,是进行数据加工和信息传递的基础。区块链技术凭借其去中心化、防篡改等特性,相较于传统数据库具有显著优势。这些优势能够有效消除税收治理过程中征纳税双方因信息不对称而长期面临的难题。

1.去中心化与信息共享理念

本质上,区块链是一种具有中心化特征的分布式账本数据库,它通过将数据存储在多个节点上,实现了数据的去中心化。这种技术与税收治理中信息共享的理念完美契合,为现代税收治理提供了新的可能。在传统的税收治理模式下,税务部门和纳税人之间信息不对称的问题确实是一个长期存在的挑战。税务部门作为税收征管的主体,需要全面、准确地掌握纳税人的涉税信息,以确保税收的公平、公正和有效征收。然而,由于信息不对称,纳税人可能无法提供完整、准确的税务信息,导致税收流失和税务纠纷。而区块链技术的去中心化特征为解决这一问题提供了新的途径。

区块链技术能够推进信息与技术共享,实现管理层与治理层、纳税人与税务部门之间信息的有效对称。通过区块链,税务部门可以实时获取纳税人的税务信息,确保数据的准确性和完整性。这样一来,纳税人无法隐瞒或篡改税务信息,从而降低了税收欺诈和舞弊行为的发生。区块链技术也有助于实现税收大数据的共享和社会共治。在区块链网络上,各参与方可以共同维护和管理税务数据,确保数据的安全和透明。这有助于提高税收治理的效率和公正性,实现政府、税务部门、纳税人和社会公众的共同利益。此外,在确保数据安全的同时,赋予了纳税人更多的自主权。纳税人可以通过授权,允许税务部门访问相关税收数据。这种方式既保证了税收治理的透明度和公正性,也确保了纳税人的隐私权不受侵犯。

2.可追溯性与税收征管应用

在区块链技术的支持下,信息数据的可追溯性得以实现,这为涉税信息数据的管理和应用提供了坚实的基础。区块链技术确保了涉税信息数据链条的完整性。以往的传统数据库管理方式,由于中心化的管理模式,容易出现数据篡改、丢失等问题。而在区块链系统中,每笔交易产生的信息数据都会被完整且准确地记录,确保了数据的真实性和可靠性。并且区块链技术赋予了每笔交易产生的信息数据的唯一性。在区块链系统中,每一笔交易都被视为一个独立的单元,拥有唯一的标识符。这种唯一性不仅保证了数据的准确性,还为数据的追溯提供了便利。

区块链技术确保了涉税信息数据链条的可追溯性和完整性。在区块链系统中，交易信息数据根据时间顺序永久存储在各个节点上，形成了无法篡改的数据链。这使得无论是税务部门还是其他相关部门，都可以追溯到任何一笔交易的来源和去向，为打击虚开发票、逃避税收等税收违法犯罪行为提供了强有力的工具。区块链技术的高安全性也为其在税务领域的应用提供了保障。由于区块链采用了加密算法，只有拥有正确密钥的用户才能访问和修改数据，这大大降低了数据泄露的风险，保障了税务信息的安全。

3.防篡改和数据可靠性

区块链技术的不可篡改特性保证了税收大数据的准确性。在传统的数据管理方式中，数据的篡改和伪造是一个难以解决的问题。然而，区块链技术的出现使得这一问题得到了有效解决。在区块链系统里，所有的交易数据都会经过校验并被永久地储存下来，按照时间顺序进行标记，产生难以篡改的信息。这意味着，一旦涉税交易事项发生，其相关信息将被永久存储在区块链中，以确保数据的准确性。由于区块链技术的不可篡改性，纳税人一旦存在违法行为，其在区块链上的记录将永久保存，难以抹去。这将使得纳税人更加自觉地遵守税收法规，提高纳税遵从度。在优化税务管理流程、提升工作效率的过程中，亦能有效降低潜在的违法风险。利用区块链技术的信息公示机制，我们可以即时且公开展示违反规定者的相关数据，此举旨在进一步强化对诚信纳税行为的正向激励，同时加大对失信纳税人的惩戒力度，确保税收征管的公正性与权威性。

4.智能合约与降低征纳成本

从比特币到以太坊币，区块链最大的变化是智能合约机制。税收领域的智能合约机制基于区块链上可靠且不可篡改的真实涉税交易信息数据，基于事先约定的税收业务法律规则，通过算法代码将涉税信息流、资金流、发票流、货物流等整合到一起，以智能合约的方式内置于区块链系统网络中，建立起一系列的税收业务自动判定和执行系统。当区块链中的涉税交易事项满足预定的规则条件时，如发票开具条件、收入确认条件和纳税义务发生的时点、时期等，系统便通过智能合约机制自动完成交易活动的纳税义务、自动开具区块链电子发票、自动生成纳税申报表、税款自动解缴入库等。这种智能合约机制可以显著减少税款征收的费用，提升税务管理的效率。

(二)区块链技术背景下的税收治理模式创新

1.区块链技术背景下税收治理模式的基本框架

区块链技术在税收治理领域的应用前景广阔，我国税务部门正积极研究其在优化税收治理方面的创新路径。在税收治理中，税收收入与治理成本是影响治理效率的重要因素。税收收入体现了经济交易在税法规定下应履行的纳税义务，其总量在特定税法和经济环境下具有确定性。然而，纳税人的纳税不遵从行为是导致实际税收收入不确定性的主要因素。因此，提升纳税人的遵从度对于提高税收治理效能至关重要。

税务监管过程中的各类成本开支，包括纳税评估、税务稽查等活动的成本，以及相应的沟通成本，是构成税收治理成本的主要部分。为提升税收治理绩效，需从两方面着手：一是通过增加纳税不遵从的成本来提高纳税人遵从度；二是降低税务监管成本，实现税务管理的高效与合规。

在区块链技术的背景下，可以建立"纳税遵从—纳税评估—纳税信用评级—税收征管"的税收治理框架。事前，纳税遵从和纳税信用评级主要通过纳税不遵从成本影响纳税人行为；事后，纳税评估和税收征管主要通过事后控制方式纠正纳税人不遵从行为。在这一税收治理框架中，税务部门运用纳税人的声誉机制，以之作为影响纳税人纳税遵从行为的关键因素。在此基础上，税务部门深入开展纳税评估工作，全面审视纳税人的涉税行为，并根据实际情况不断更新纳税人的纳税信用评级。税务部门将纳税评估与纳税信用评级相结合，深入开展税收征管工作，针对纳税人的不遵从行为进行及时纠正，从而构建了一个闭环管理体系。这一闭环管理不仅强化了税收征管的连续性和有效性，还提高了纳税人的税收遵从度，为税收治理的持续优化奠定了坚实基础。

（1）纳税遵从。纳税人通常会基于自身利益最大化的原则来做出纳税遵从的决策。在这个过程中，违反纳税规定所产生的费用主要是指逾期缴纳的罚款及滞纳金。当纳税人在决定是否要履行纳税义务时，也会考虑到自己可能面临被揭露的风险，也就是机会成本。就政府的角度而言，通过提升处罚力度如加大税收滞纳金和罚款的数额是一个有效的方法；然而，如果站在技术的角度，增强对违法行为的辨识能力则更为关键。对于税务机关来说，它们也受限于成本效益的原则，特别是在涉及的信息共享、鉴别等方面的花费上。在控制监管成本的前提下，提高纳税不遵从行为的识别概率具有至关重要的意义。

对于纳税遵从中可能会出现由于错误或欺诈等问题引发的数据失真情况，采用区块链技术作为一种有效对策切实可行。区块链技术能确保财务数据和涉税数据与企业内部保持一致且真实无伪，避免企业提供假冒或有误的税务资料，进而减少涉税数据的鉴定费用并提升企业纳税不遵从行为被发现的可能性。这将有助于税务部门更加高效地进行纳税监管，提升纳税遵从度，实现税收的公平与效率。

（2）纳税评估。纳税评估所面临的挑战主要集中在信息收集、处理及标杆选择等方面。这些挑战更加凸显了对税务评估信息多样化需求与获取信息的被动性、可靠性，以及准确度和即时性之间的冲突。为了有效应对这些挑战，建议引入区块链技术来优化纳税评估流程。在此过程中，应特别关注信息的加工、挖掘与分析环节。

目前，我国税务系统已通过"金税三期"工程实现了风险识别、评估、分析及评价的系统化流程。为了充分发挥区块链技术的优势，相关部门需要解决涉税信息的对接问题，确保信息的顺畅流转。从涉税信息流转的角度来看，纳税评估首先需从区块层提取相关涉税信息，然后将其转化为数据层所需的信息格式，进而基于这些信息生成纳税评估报告，作为纳税信用评价的重要依据。

当前，我国税务部门已经成功地利用"金税三期"项目完成了对税收风险识别、评定和解析的评估流程建设。将区块链技术融入现有评估流程，关键在于解决涉税信息对接问题，即涉税信息来源与去向的问题。从涉税信息流转角度看，纳税评估首先从区块层提取相关涉税信息，转化为数据层所需信息，进而基于此生成纳税评估报告，作为纳税信用评价依据。在纳税遵从方面，评估对象包括纳税遵从及纠正纳税遵从两个部分。技术层面上，应结合区块链技术与大数据思维，构建从区块层至数据层的信息转换途径与方法，并运用数据挖掘等技术，提升数据层至报告层信息深度加工水平，增强信息应用价值。

再者,纳税遵从的评价标准的选择上,要充分发挥区块链技术的潜力来获得更多的信息进行比较,构建多元化的纳税评定指标系统。详细来说,可以根据税种、产业和区域等元素,创建对应的指标库作为评价依据。与此同时,也可以使用线性模型或非线性模型等分析方法去评估特定纳税义务,以此为纳税评估提供额外的参考资料。通过这些措施的实施,税务机关将能够更全面地评估纳税人的遵从情况,为税收管理提供更加有力、更加科学的支持。

(3)纳税信用评级。税务机关每年都会对纳税人的信用等级进行综合评价,并将结果以红黑榜的形式及时向社会公众公布。针对涉案金额达到一定标准的税收违法案件,税务部门会将其列入"黑名单",并将相关信息通报给相关部门,以达到共同监管和联合惩戒的目的。虽然"黑名单"会定期更新并公布,但由于信息不对称和纳税信用信息共享范围有限,纳税人因不遵守税法规定而产生的声誉损失成本相对较低。区块链技术在纳税信用评级方面能够提供强大的技术支持,优化评级流程并提升其准确度。区块链技术为纳税信用评级提供了透明、可追溯的数据来源。通过区块链系统,每一笔交易、每一次申报都被真实记录,不可篡改。这对于纳税信用评级来说是极其重要的,因为评级的依据必须是真实、可靠的数据。通过区块链技术,可以确保数据的真实性和完整性,从而为信用评级提供准确的基础。区块链技术通过智能合约实现了自动化的信用评级。传统的信用评级往往需要人工操作,不仅效率低下,而且容易受到人为因素的影响。而区块链技术中的智能合约则可以自动执行预定的条款和条件,进行实时的信用评级。这样可以大大提高评级的效率和准确性,降低人为操作中所存在的风险。

区块链技术还能为纳税信用评级提供隐私保护。区块链技术通过非对称加密技术,合理配置公钥和私钥,确保评级数据的安全和隐私。只有经过授权的人员才能访问相关数据,并且只能查看自己所需要的数据部分,不能获取完整的数据库信息。运用区块链技术,可实现纳税信用评级在纳税人利益相关者之间的有效公示,在保障信用评级信息安全的情况下,降低纳税信用评级的共享成本。

(4)税收征管。税收征管工作涉及管理、征收与检查三大核心环节,每个环节都严谨而稳重地维系着税收秩序。在识别出纳税不遵从行为时,税收征管即刻启动,以理性的态度和官方的方式,确保纳税人依法履行纳税义务。目前,"金税四期"工程已经建立起一套以纳税评估为基础的全面风险应对流程。此流程通过统筹协调、快速处置、持续跟踪及及时反馈,确保税收风险得到及时有效的管理。为进一步提升税收征管的效率和质量,应将区块链技术融入现有的征管体系中,利用其分布式账本的特点,确保税收数据的真实性和不可篡改性。借助区块链技术,纳税评估及纳税信用评级的结果将会成为启动智能合约的重要参数。当智能合约激活时,税务机关会根据合约执行相应的税收征管行为,以纠正纳税人的违规行为,并深入剖析其性质和原因,最后生成一份税收征管报告,供决策者参考。从税收征管的任务分配看,可以在合约层中设立多层次的智能合约,以便快速且精确地把任务传达到相关的责任单位。对于一些特殊的征管任务,可以通过智能合约推送至相关部门进行统筹,再通过智能合约下发征管任务,优化信息的传播速度,削减内耗,保证征收管理的顺畅运行。从税收征管的最终目的看,税收征管是通过后期监督来推动纳税人自觉自愿遵循税收法律规定,构建循环式的税收征管模式,保障税收征管的稳定性和公允性,助力国家财政的稳定健康发展。

2.基于区块链技术的税收治理创新模式

基于我国税收治理的现行状况,以及大数据、区块链、人工智能等先进技术的深度融合所带来的显著优势,税务部门正在积极筹划并构建一套基于智能合约、税源管理、服务优化的数字化税收治理新模式。该模式的核心在于以税收遵从风险管理为导向,以现代互联网、大数据和信息技术为支撑,确保税收征收工作的合法性、公正性和效率性。通过此种创新模式,我国税收治理将能够更好地实现智能化、精准化和高效化,进而为国家的经济发展和社会进步贡献更大的力量。

"小闭环＋大链条"优化征管方式试点

(1)构建新型的数字化税收治理模式。在区块链技术的支持下,数字化税收治理模式得以实现,彻底摒弃了传统的税收征管方式,以大数据为核心。借助涉税信息数据系统这一重要信息获取渠道,税收征管的核心数据得以获取、分析、计算、存储、追溯和应用。这些数据在区块链系统中顺畅流动,并在各相关部门及节点之间进行交互使用,从而有效破解了因征纳信息不对称导致的税务部门税收征管难题,顺利实现税收治理目标。

(2)关注税源节点与税源管理节点。税源管理被视为税收治理工作中至关重要的环节。鉴于区块链技术的特性,企业、个人等税源被纳入区块链技术的主要节点。这些节点的稳定性、精确性以及可靠性对于整个系统的顺畅运行具有决定性的影响。因此,建立并实施一套针对性强的税源管理体系显得尤为关键。为加强税源管理,必须对税源节点与税源节点之间、税源节点与税源管理节点之间的信息数据流动进行全面、深入的监控与分析,从而有效降低税收流失的风险,保障国家财政收入的稳定与安全。

(3)基于智能合约架构的税收治理逻辑。随着区块链技术的发展与应用推广,收集整理相关涉税信息的效率将会得到显著提升,通过合约规则实现税收业务智能化。把税收法律法规嵌入区块链技术中,使其成为一种由计算机代码构成的算法模型,通过智能合约的规范性程序处理,形成科学严密的税收征管逻辑。一旦消费者入链后,所有商业行为都将在该链条中留下痕迹;根据交易产生的相关涉税信息,通过智能合约自动计算出应纳税额,这极大地简化了纳税申报流程。另外一点值得注意的是:这种方式有助于消弭由于法律法规含糊不清或者地域差别导致的错误判断,保证税务机关和纳税人对相关税收政策的理解保持一致。借此机会,税务机关可以通过使用这一工具提高他们向公众提供服务的质量水平(如线上办理各种缴费事项)。

(4)构建税收遵从风险管理导向的税收治理框架。税收遵从风险管理在税收征管全过程的方向和目标,是税收治理的核心业务的组成部分。在税收征管全过程中,将各个参与节点的涉税活动行为的信息数据进行采集、整理与储存,通过指标建模及将算法内置于区块链系统中的方式,对可能产生税收遵从风险的税源节点及具体业务环节开展税收数据挖掘,总结规律,提炼风险特征,增强风险分析的精准性。从个人、企业到行业,从微观到宏观,全面系统地分析识别税收遵从风险发生的区域、行业、企业及个人,并进行风险等级排序确认,实施预警发布,采取不同的风险应对措施,提高风险管理的科学性和有效性。

(5)推进区块链技术融入依法治税全过程。依法治税作为税收治理的核心目标,其重要性不容忽视。它是引领税收工作的根本指针,也是推动税收法治建设的重要基础。首先,要持续强化税务立法工作,不断优化税务实体法律架构和征管法规。通过制定和完善相关法律规范,确保税收征管工作有法可依、有章可循。这将有助于维护税收法治的严肃性和权威性,保障税收收入的稳定增长。其次,要提高税收法律地位,增强全社会的税收法治观念。通过加强税法宣传教育,引导纳税人自觉依法纳税,税务部门严格依法治税。这将有助于营造公平、公正、透明的税收环境,促进税收治理体系的持续优化。在税收法律制度相对健全的情况下,有关部门可以积极地研究和应用区块链和智能合约技术。通过将税务法规量化和代码化,实现税务管理的精确性和智能性,这将有助于提高税收工作的效率和准确性,推动税收治理体系的现代化进程。

第二节　区块链技术在税收治理现代化中的场景应用

一、区块链技术为税收信用体系建设提供全新路径

在推进税收治理现代化的进程中,纳税信用管理的重要性不容忽视。引入区块链技术能够有效推动纳税信用管理体系的建设。纳税人通常以追求自身利益最大化为目标,因此在决定是否遵从纳税规定时会仔细权衡纳税不遵从的成本与潜在利益。这些成本包括税收滞纳金、罚款以及声誉信用损失等。在传统的税收征管模式下,尽管有纳税信用信息公示和重大税收违法案件信息公示等机制,但由于信息不对称等问题,这些机制的惩戒力度往往有限。

区块链技术的出现,为建立更完善且记录详细的纳税信用信息公示系统提供了可能。借助此项技术手段,税务机关赋予每位纳税人唯一的纳税识别号并加注日期。所有的纳税信用信息和重大税收违法案件信息的相关资料都会及时并且以一种无法修改的形式存储于分布式账本中。这一系统具备如下特性:一是可追溯性。利用这种新型工具能使每条失信行为都可以精确追溯到具体的纳税人,保证了纳税信用信息公示的全面性和准确性。二是不可篡改性。该技术不允许对已有的历史数据任意做变更或者删除,而应确保了数据库的安全稳定运行。三是信用信息公示的针对性。通过设定相应代码,可以有针对性地公示失信记录,既保护了失信纳税人的隐私和商业机密,又确保了相关方能够获取必要的信息。四是自动化与智能化。使用智能合约规则可以让这些失信记录得到快速有效的自动化处理,减少相关方因时效性而造成的经济损失。

利用区块链技术来运行税收激励机制可以更好地提升公平性和有效性。在一个理想的区块链场景中,系统会根据纳税人的纳税信用等级按照不同比率阶段性地分别匹配相应的政府奖励或符合条件的税收优惠措施,这既能提高税收激励的效应,也有助于达到纳税信用的实施目的,进一步推动纳税遵从度的上升。

二、区块链技术在税收风险管理中的场景应用

(一)降低纳税遵从成本

纳税遵从成本是指纳税主体(包括自然人和法人)在遵守既定税法和税务机关规定,进行纳税相关操作时,除税款及税收固有经济扭曲成本(如工作与休闲选择的扭曲、商品消费或生产选择的扭曲)之外的其他费用。这类费用可能包括时间成本、人力成本、信息获取成本等。区块链技术凭借其去中心化、透明化、不可篡改等特性,能够提升税务处理的效率和准确性,从而降低纳税主体在遵从税法过程中所需承担的额外成本。

1.区块链技术助力降低纳税遵从的货币与时间成本

应用区块链技术能实现税收征缴环节中的无障碍衔接,所有涉及纳税的信息都将在区块链系统内得到全面记载。在事前阶段,区块链的不可篡改性使得产生纳税义务的前提条件无法随意修改;在事中阶段,该项技术的高稳定性和实时响应能力保障了当纳税义务发生时,申报和缴纳能够及时进行;而在事后阶段,去中心化和分布式记账技术保障了纳税数据长期保留且可追溯,这对于税务审查工作起到了强有力的支撑作用。区块链技术覆盖了税款征收的全步骤,实现了高度信任化的目标。所以,纳税人不再需要聘请税务专家或中介税务机构,减少了财务开支,同时节约了时间成本。这一技术的应用,不仅提高了纳税过程的效率和准确性,还有助于提升税务管理的整体水平和公信力。

2.区块链技术助力降低纳税遵从的非劳务成本

在传统税收管理的流程中,纳税人的交易记录和税款申报缴纳是分离的。税务机关只能掌握到纳税人的报税和缴纳的信息资料,但由于信息的不对称性,他们无法完全相信纳税人所提供的涉税数据。这就使得纳税人在处理这些事务时需要支付额外的开支,如计算机设备、通信工具和往返税务部门的成本费用。而当区块链技术被应用于此场景之后,这种局面得到了改善。所有交易信息的全面存储并实时更新和不可篡改的特性,使税务机关对其提供的数据保持信任。因此,交易过程可与纳税过程同步进行,大幅提升税款结算与清算效率。通过这种方式,非劳务成本显著降低,从而提高了税收遵从度。

将区块链技术应用到自然人股权转让税收征管中

(二)减少纳税不遵从因素

1.区块链技术:税收争议的终结者

区块链技术的不可篡改性保证了交易资料的精确记录。同时,分布式记账的设计也提供了一种新的方法来获得更多的视角以提升交易的可见度,这使得税务部门能够得到更详细和正确的纳税数据。借助智能合约,区块链可以使交易双方迅速配对,并且使用分布式记账的技术迅速计入系统,自动实现交易双方的结算、清算。因为区块链的数据记载是无法被修改的,而且会在每个交易阶段同步更新,因此这些记录其实起到了公示的作用。这样一来,区块链技术大大减少了交易记录的不稳定性,同时也有效地削弱了因交易发生和所有权确认等环节引发的税收争议。另外,区块链技术还提供了公开透明、可验证

的交易记录,为纳税人和税务部门之间建立了税收信息数据的信任与共识,进一步减少了税收争议,促进了纳税遵从。

2.区块链技术:有效遏制自私性纳税不遵从的新武器

自私性纳税不遵从表现为纳税人出于个人利益的考虑,企图通过操控会计或财务事项来减少或避免税收。传统的集中记账方式在这方面存在明显的漏洞,因为单一的记账人可能受到控制或贿赂,从而记录不真实的账目。然而,区块链技术的引入改变了这一局面。它利用去中心化和分布式账本的优势,确保涉税交易记录由多个地理位置不同的节点共同完成,并且每个节点都保存有真实、完整的交易记录。这一机制既提升了交易的公开程度,也杜绝了造假的可能,因此能有效地防止及惩治逃避税收的行为。

3.区块链技术:减少无知性或懒惰性纳税不遵从的催化剂

无知性或懒惰性纳税不遵从,主要源于纳税人对税法及相关程序的认知不足,进而未能准确、及时、足额地完成税款缴纳。利用区块链技术可以全面追踪个人的经济信息,如消费支出、收益详情、金融活动、财产与债务等信息。这样一来,税务机关可以通过查看这些资料精确计算出应纳税额,并能在报税结束后直接从纳税人的银行账户里扣取相应的费用。这个转变预示着无须个人手工输入报税表格,而是基于区块链上的交易数据自行生成,税务机关使用专门的税务软件来自动处理税款的计算及收取,大幅度降低纳税人的工作负担。这种方法能显著降低乃至完全避免因知识匮乏或怠慢而造成的欠税情况。

(三)区块链技术在增值税风险管理中的应用

区块链技术与增值税管理系统结合具有显著的优势。利用加密技术和防篡改的分布式记账机制,区块链能够详细记录商品生产环节、流通环节、消费环节等全过程涉税交易信息。这些数据不仅真实可靠,而且无法被篡改,保证了数据的完整性和可信度。通过区块链技术的运用,增值税管理系统能够实现更高的透明度和效率。增值税抵扣链条将变得更加精确和完整,从而有效降低税收遵从风险,提高纳税人的税收遵从度。这种结合不仅有助于税务部门更有效地管理涉税事务,还能为纳税人提供更加便捷和准确的税收服务。

1.区块链技术在增值税发票电子化方面的应用

2009年11月我国开始发放电子票据,电子化票据的发行改善了政府与企业、金融与税务等方面的诸多不足。区块链电子发票有别于传统电子发票,通过结合区块链互联互通的技术优势,建立相应的公有链或联盟链,能够最大限度地避免票据的遗失与造假、发票错开与虚开等弊端。

比如2018年,腾讯与深圳市税务局联合建立的"智税"创新实验室,利用区块链、大数据、云计算、人工智能、区块链、大数据等技术,逐步推进拓展四部门信息情报交换平台、自然人信息共享智慧平台等区块链技术应用,并整合升级成为深圳市税务局税务链,重点探索利用区块链技术解决发票管理中的"痛点、难点、堵点"。2018年8月正式开始区块链电子发票试点工作,推出了世界上首个将区块链技术应用到发票管理领域的项目——区块链电子发

区块链共治
质效双升

票。目前,深圳市区块链电子发票已覆盖公共交通、政务民生、金融保险、零售餐饮等领域。

区块链电子发票系统实现了从注册、领票、开票到报销的全流程线上化,通过将发票相关信息上链,实现"交易即开票",每一张发票都可查、可验、可信、可追溯,对发票从开具到报销的过程实现全流程管理。纳税人在区块链上实现发票开具和收取,消费者在区块链上开票和报销,税务机关在区块链上开展税收风险管控,有效提升了税收管理服务科学化、精细化、智能化水平,为纳税人提供了便捷、绿色、现代的发票服务,取得良好的社会效益。

区块链电子发票作为区块链技术的一项重要应用,展现了其独特的优势。通过其分布式账本技术,区块链能够实现跨地域、跨纳税主体的电子交易信息记录与多方达成共识,并采用非对称加密技术确保数据存储的安全性。结合智能合约,它可以自动判断纳税义务的发生,并即时生成增值税电子发票。这种电子发票与真实的交易记录紧密相连,完全符合发票的逻辑,实现了资金流与发票流的完美融合,极大简化了发票的全流程管理,包括申领、开具、报销和报税等环节。区块链技术对于推动电子发票的普及具有重要作用。特别是对于中小规模业务而言,通过简单记录交易数据,即可自动生成电子发票,为纳税人带来了极大的便利。这种便捷性不仅提高了业务效率,还有助于减少纸质发票的使用,从而推动绿色环保的发展。区块链技术在整合现有电子发票信息方面也发挥了关键作用。以往,电子发票数据分散存储于不同的服务商手中,难以进行有效的整合和管理。然而,借助区块链技术,各大服务商之间的增值税电子发票数据系统可以进行集成,实现所有电子发票数据的透明、防伪、防篡改的分布式加密存储。这种存储方式不仅具有高信任度和准确性,还具备强大的可验证性和可追踪性,使得发票的来源和真实性能够迅速得到验证,有效提升了电子发票的可靠性和安全性。

2. 区块链技术可以防止虚开增值税发票

近年来,部分纳税人为了谋取私利,利用虚假信息大量伪造增值税发票,并通过这种方式骗取增值税抵扣,以逃避纳税。区块链技术有望有效解决这一问题。首先,区块链的分布式记账技术能够去中心化记录交易,保证交易记录不被篡改,确保记录的准确性。其次,区块链技术可以实现交易的可追溯性,每笔交易的信息都可以被记录在一个链条上,并在交易中实时复制交易数据,为税务审计提供可靠的路径,降低监管成本。最后,区块链的智能合约可以直接将监管规则写入数据链,实现增值税管理的自动化。此外,区块链技术还可以根据交易记录自动开具增值税发票,确保发票的真实性,有效应对一票多报、假发票等问题,降低增值税发票虚开的风险。

3. 区块链技术与会计税务处理高度契合,减少人为因素影响

由于区块链技术的去中心化属性,任何已发生的交易都无法被修改或撤销。尽管可以采取逆向交易来更新记录,但是过往的交易记录仍然保持不变。这一特性在会计、财务和税务管理中具有重大价值,与会计准则和税法规定紧密契合。即如果出现交易退款的情况,需要通过执行一次相反的交易才能实现,并且会自动生成红字会计分录和红字发票。此外,基于区块链技术的去中心化和智能合约机制保证了财务会计原始信息的不可

伪造性,使得会计信息和财务数据变得公开透明且无误。所以,区块链技术有能力大幅度减低财务风险和税收风险,削弱人工干预对财务数据和税务处理的影响,让会计记录更为公平,财务数据更精准,进而提升纳税遵从度和税收征收效率。

4.区块链技术助力识别和控制骗取出口退税风险

当前我国纳税人骗取出口退税的风险不容忽视。他们常采取的手段包括非法获取出口单证和代理出口业务、非法获取虚开或代开的增值税专用发票、勾结不法商人与外贸企业非法调汇,以及通过行贿或欺骗方式获得已加盖海关验讫章的出口货物报关单。这些方法的共同点在于利用票证单据与实际货物及交易信息的不匹配,即信息不对称来达成目的。

区块链技术为解决这一问题提供了新的视角。该技术能够详细记录货物从产生到出口的全程信息,并加密存储。通过查询交易背景、交易双方的真实身份及交易数据,包括每条货物信息和相关资金流信息,区块链技术能够在纳税人申请出口退税时自动验证信息的匹配性,迅速识别潜在的骗取退税风险。

随着区块链技术的进一步发展,其可以与海关、税务、市场监管、银行等相关部门进行深度合作。通过智能合约,将出口退税的标准流程规则和计算逻辑嵌入区块链系统。这样,纳税人在申请退税后可以迅速计算应退税额,不仅有效降低了因信息不对称导致的骗税风险,还为纳税人提供了高效、环保、现代化的发票服务。

第三节 区块链技术在房地产税收治理现代化中的运用研究

一、区块链技术在房地产行业税收治理中的必要性分析

房地产行业具有多重特点,如资金密集、高风险、长周期、广泛的产业链、复杂的运作环节、多样的销售模式,以及独特的财务核算和经营方式。这些特点导致税务部门在获取房地产企业的有效信息和真实营业收入方面面临困难,同时也难以准确评估企业的成本费用支出的真实性和合理性。因此,房地产行业的税收管理已成为当前税收治理的一大挑战。

为了应对这些挑战,将区块链技术引入房地产行业的税收治理中,可以有效地解决税收征纳过程中的信息不对称和不透明问题。区块链技术可以提升事前、事中和事后的跟踪管理效果,为房地产行业的税收治理和数字化征管提供坚实基础。此外,通过跨部门资源共享、信息互通和税收共治,也可以进一步巩固和完善税收管理体系。

二、基于区块链技术的房地产税收治理基础技术架构

基于区块链技术的房地产行业税收治理系统的基础架构共有5层(见图6-1),分别是基础数据层、智能合约层、基础服务层、外部接口层以及治理应用层。

基础数据层	智能合约层	基础服务层	外部接口层	治理应用层
分布式网络 分布式储存 哈希算法 加密模块 共识模块 数字签名	合约虚拟机 合约语言 合约部署 规制管理 合约接口	应用程序编码 接口 智能合约应用 审计和监控 账户管理 证书管理 日志记录 信用管理 授权和认证	土地管理部门 规划管理部门 建设管理部门 住建部门 发改委 税务部门 金融部门 工商部门 不动产登记管理部门	不动产交易缴税 房地产企业申报纳税 电子发票 完税凭证 税收优惠 税收入库 信息汇总统计

图 6-1　基于区块链技术的房地产税收治理基础技术架构

(一)基础数据层

基础数据层扮演着底层数据存储、校验与传输的核心角色,它专门处理来自房地产行业各主体在应用端接入的区块链应用数据。这一层级涉及制定共识算法,例如区块链的工作量证明(PoW)算法,并通过链下协议确保数据的一致性。此外,数据在传输过程中采用了先进的加密技术,数据存储服务也得到了优化。在整体流程上,基础数据层将数据打包成区块,进行区块校验,并在各节点间实现共识。这一层级的关键技术包括分布式存储、共识机制、非对称加密和数字签名等。

(二)智能合约层

智能合约层在区块链技术应用于房地产行业税收治理中发挥着关键作用。它提供多样化的智能合约,主要应对各种应用场景中的灵活记账问题,以及具体的数据应用和数据监控。这使得区块链系统能够满足房地产行业在复杂业务环境下的数据需求。智能合约层的主要工作涵盖合约语言、合约算法、合约部署和合约接口等多个方面。

(三)基础服务层

基础服务层的核心职责是为税务部门、发改委、住建部门等监管机构提供全面的后台管理功能,确保这些机构能够高效地进行系统管理和调控。同时,它也扮演着与各类信息化系统相似的基础性后台管理角色,如账号管理、权限管理和证书管理等。在税收治理体系的全面覆盖下,基础服务层承担着关键的数据统计分析、企业信用评定以及市场交易行为实时监控等任务。这些任务不仅有助于提升税收管理的效率和准确性,还对于维护市场秩序和保障公平竞争具有重要意义。

(四)外部接口层

外部接口层为外部应用提供各类接口的调用服务,这样就能方便税务机关等区块链中的主体以接口形式把信息同步到区块链内。这种利用封装接口对外部软件供给服务的模式,目前已经在现有的信息管理系统里普遍运用,它不仅能保证各个主体能以较低的费用在短时间内进入税收征管系统,同时也能确保系统的稳定性和可靠性。在税收征管系统对接的初期阶段,由于考虑到了所有主体在联结之前可能会采取不同标准的数据收集、数据储存、数据构造及数据参数,为了确保系统正常运作,每个主体必须依照一致的 API 接口和标准化数据格式的规则来输入数据。这有助于实现各主体之间的信息交流和共享,从而大大减少各主体之间的工作负担。

(五)治理应用层

治理应用层作为整个系统的表现层,提供针对税收治理工作的征收、管理和稽查等活动中遇到的问题的解决方案。在原有的税收征管机制和业务流程中,逐步确定多个使用区块链技术进行优化处理的应用场景。目前,这些应用场景主要围绕三个核心方向展开:一是信息透明化,通过消除信息不对称的方式来对抗偷逃税、税收政策不匹配和高昂的征管成本等问题。例如,通过实现 B2B 和 B2C 交易数据与涉税数据的入链管理,可以实现自动化的计算和核查过程。二是税收智能化,即在交易过程中,自动生成电子发票、智能匹配并执行税收优惠,以及自动完成税收入库、分成和退税等征管活动。三是数据分析挖掘,通过长期数据积累,税收征管系统可以利用大数据方法和数据挖掘技术,结合风险建模等手段,提前分析和识别潜在风险点。这不仅有助于政策前期的数据调研和预期结果分析,还能在政策实施后进行效果评估和监控。通过将区块链技术应用于各类税收治理场景,逐步构建一个高效且智能化的税收征管体系,最终实现税收治理的目标。

三、基于区块链技术的房地产行业税收治理的主要模块

(一)基础数据模块

税收治理系统本质是一套数据库管理系统,其运作离不开基础数据的产生、传递、储存及验证。为了保障数据的安全性和稳定性,由税务机关和其他监督机构产生的原始资料会采用加密技术实施分散式的存储,并且接入政府公开的信息网络中。这个开放性的信息平台其实就是一种区块链架构,可以整合各类信息且保证数据不可被修改。而税收治理体系作为一个分支部分,也被纳入了这个区块链框架内,以确保数据一致性和安全性。

房地产行业区块链涉及多个业务环节和多个参与方,如房地产开发企业、建筑企业、监理单位、规划设计单位、金融部门、税务部门以及政府监管部门等。为构建基于区块链的税收治理系统,政府监管部门需协同制定准入流程,并公开相关文档。参与此系统的房地产企业需按规定准备申报材料并向工商部门提交申请。当经过了初始的审查阶段之后,工商部门会公开信息,而其他的监督单位如税务、社会保障、质检、公安等也会对该信息再次进行核实与认证,只有所有部门都达成了统一意见才会正式同意房地产企业的请求。如果一切顺利的话,房地产企业将会得到包含各类证件及个人信息的数据包,并获得进入税收治理系统的权限。

按照相关规定,房地产企业需要将交易数据和涉税信息纳入税收治理系统,并对数据真实性承担责任。企业完成数据接入后,可凭借证书展开正常经营活动。在税收治理系统内,房地产企业的交易数据和涉税信息将实时上传,然后在一定时间周期内被打包成区块,并标记时间戳。以企业 A 与企业 B 的交易为例:企业 A 通过智能合约向企业 B 支付货款。支付机构接收合约后,确认并冻结企业 A 账户中的相应金额,并发送确认信息给企业 B。企业 B 在收到确认信息后,按照合约发货。企业 A 确认收货后,支付机构将相

应金额从企业 A 账户划转至企业 B 账户,并发送确认信息。企业 B 确认收款后,交易完成。通过区块链上的交易流程和智能合约机制,能够自动计算出应缴税额,并将税款纳入库中。这样做有效避免了由于税务部门与纳税人对税收政策理解出现差异而导致的征收混乱,同时也从根源上确保了企业涉税信息的真实性和不可篡改性。

(二)税种管理模块

1.增值税模块

(1)虚开增值税发票问题的解决方案。在区块链技术的助力下,房地产行业的企业间交易数据得以实时、准确地记录。这些数据通过特定的加密方式进行传输和存储,确保了数据的安全性和不可篡改性。即便在部分服务器遭受攻击的情况下,交易记录仍然能够保持完整和真实。这些记录的数据在系统内进行多节点备份,增强了数据的可靠性和稳定性。此外,系统能够根据这些交易记录自动生成电子发票,并在企业申请抵扣时实现自动核验。这一流程不仅提高了税收治理的效能,还大大降低了虚开发票和虚抵增值税的风险。在审核管理方面,所有交易数据在存储时都会附带时间戳,明确标注交易数据的产生时间。这为相关部门开展审核查验工作提供了极大的便利,确保了审核的准确性和高效性。

(2)增值税管理覆盖范围问题的解决方案。增值税管理模块为房地产企业引入了电子发票的功能,对那些经济条件欠佳、收益有限但不能承担过高的税收负担的小型公司来说非常关键。这样可以让这些小企业更加公正地参加商业活动,避免因为没有增值税发票所带来的困扰。得益于区块链技术的支持,税收治理系统能依据储存在区块内的交易记录,联合各个监督机构,依照当前的开发程序和标准化信息,使用智能合约储存电子发票的计算规则。此外,该系统还可以检查并计算公司的全部交易数据,只要检验合格,就会自动产生电子发票。企业只需要通过标准的 API 接口连接到税收治理系统,就能使其交易数据与相关税务信息保持一致,从而以最低费用、最高效率获得所需的电子发票。这一创新举措有望推动我国增值税管理迈向全区域、全行业覆盖的全面统一。

(3)出口退税问题的解决方案。假设有一家拥有外贸运营资格的公司 A 从另一家没有该资质的公司 B 购买了商品,然后在国内市场出售而并未提供增值税发票。接着,公司 A 协助一间缺乏外贸运营资格的制造业工厂 C 将其产品出口到海外。由于购买生产企业生产的货物不能抵扣增值税,因此它无法享受进出口税收减免政策。但是,如果这家有外贸运营资格的公司 A 宣称出口的商品是来自公司 B,并且提交了一份出口清单,这样就出现了进出口骗税问题。在这个基于区块链技术的增值税管理模块里,所有产品的交易数据和流通情况,都将会被存储在一个区块之中。一旦企业提出要办理出口退税手续的时候,系统就会自动检查是否有任何不符合规定的情况。随着信息化的不断提升,企业可以联手资源部、税务部门、商业部等相关的监管机构,利用智能合同的形式把出口退税的标准操作步骤和计算方法植入企业的系统当中,让企业在完成出口退税程序之后,能够立即算出应返还的税款,从而减少因为信息不对称造成欺诈事件发生的概率。

2.企业所得税模块

企业所得税的征管活动面临多重挑战。首先,由于不同类型的企业经营模式和财务状况不同而无法采用同一准则去评估应纳所得税额。对于各种繁复多样的税收减免政策,企业可能会感到困惑,并不能完全理解如何正确运用这些政策,最后导致出现少征、错征,从而加大了征管的难度。其次,税务机关在审查资料的过程中,往往只能依靠企业提供的相关数据,但这些数据很难保证是完整的、真实的和有效的,这进一步提升了征管难度。最后,小微企业所得税管理工作也存在许多问题。因为大量的小微企业处于初创阶段,它们的组织结构和财务管理通常不够完善,因此准确地估算它们的运营成本变得相当困难。为了解决这个问题,税务机关采用了核定征收的方法,也就是依据企业的业务情况来决定应纳税所得额。但是,这个办法并不精准,有可能造成税款过多或者过少的情况,使税收管理失去了标准化,进而影响到税收规定的统一执行。

对于上述难题,在房地产行业引入区块链技术的企业所得税管理模块中,首先应由税务部门主导,其他部门协同审核企业所得税各项指标的核算标准及算法逻辑。然后,把这些规定和公式以智能合约的形式融入该系统内。一旦完成该步骤,系统就会从各个节点的企业交易记录和税务资料中提取所需的数据,根据事前设定的智能合约来计算企业的业务收入,并且自动检查生成企业的利润总额。与此同时,系统还会对各类税收减免的情况进行检验,确定是否有符合享有税收减免或补助的条件,并对它们做出相应处理,最后计算出该企业应缴纳的税款,如图 6-2 所示。

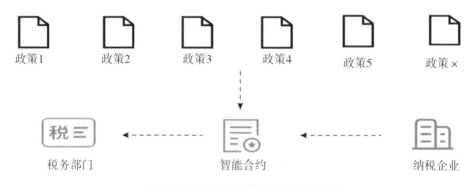

图 6-2　企业所得税智能合约运行机制

3.土地增值税模块

土地增值税是针对在我国境内转让国有土地使用权、地上建筑物及其附着物的单位和个人,根据其转让房地产所获取的增值额而征收的一种税。我国当前的土地增值税采用四级超率累进税率,根据土地增值率的高低来决定税额的多少,增值率高的多征税,增值率低的少征税,无增值则不征税。土地增值税涉及的企业和个人类型繁多,包括房地产开发经营企业及其关联企业和个人,税源节点主要是转让国有土地使用权、地上建筑物及其附着物并取得相应收入的单位和个人。此外,与房地产业务相关的建筑项目施工企业、建筑材料经销企业、金融企业等也涉及土地增值税的征收。

在区块链技术的支持下,土地增值税管理模块通过智能合约的方式,将税收法律政策和相关算法嵌入其中,以实现对土地增值税的高效管理。这一模块由税务部门主导,并联合国家发改委、自然资源部门、住建局等多个相关部门,共同负责审核企业和个人在土地使用权转让、房屋销售以及开发成本扣除等方面的核算标准和算法逻辑。税务部门通过区块链系统收集企业和个人的交易数据和涉税信息,结合政府部门的审核验证,按照预设的智能合约进行计算,自动核验并生成土地增值税的应纳税额。同时,智能合约中还包含了校验税收优惠适用情况的相关条款,以判断企业和个人是否满足享受土地增值税税收优惠的条件,并进行相应的扣减和补贴计算。最后通过以上步骤,可以精确地计算出企业和个人的土地增值税应纳税额。

4. 税收宏观调控模块

区块链技术驱动的税收治理系统,其核心在于构建一个庞大的分布式数据库。此数据库包含大量的交易记录与纳税信息,同时保证了它们的真实性及不可篡改性。另外,这项技术也融合了大数据和云计算的技术,通过深入研究并解析这些数据,进而为税收治理提供有力支援。对于税收宏观调控模块来说,它的职责和关注点主要聚焦于如下三点。

(1)有效评估、预判税收治理政策的影响效应。透过深度解析交易记录与税务资料,我们可以评定先前实行的税务治理措施的效果,对其优劣做出判断,并优化调整相关数据及阈值。当新的税收政策发布后,通过监控政策变动对交易数据的影响,能够分析出政策效果,并在参数异常时及时发出预警,保障政策制定和实施的有效性。在政策制定过程中,通过运用数据建模来指导政策制定策略,分析实施过程中的影响因素和效果,并运用过往的数据来做预判,给决策人员提供了科学的支持,从而更合理地制定税务方针。

(2)通过智能合约形成税收治理逻辑。由于税收征管各环节的数据已经全面整合到税收治理系统中,包括交易数据、审核数据和信用数据,因此当新的税收政策发布后,智能合约能够迅速构建或调整税收征管逻辑,确保这些逻辑能够实时生效。系统会根据新政策自动调整计算规则,精确计算各企业应缴纳的税额,并进行必要的调整。这种自动化的处理方式不仅提高了政策执行的效率,还有效地消除了企业高管、财务人员与税务部门之间因对新政策理解不同而产生的矛盾。

(3)利用区块链技术实现数据不被篡改,推进我国税收信用体系建设。公司若成功提交申请且得到许可,便会被吸纳进税务管理框架内,同时会获取独一无二的标识符号。公司在商业活动中的交易资料及与税务相关的资讯将会被汇集至区块链上,从而保证长久稳定的数据储存。假如纳税人有违反规定、规章或者犯罪行为发生时,相关记录也将会在区块链里留下痕迹,并会始终存在并且无法更改。当这些信息产生时,所有系统的参与者都能看到和访问。税收治理系统则会依据公司的过往业务往来情况,定时对它的税务信誉度做出评定,以此推进中国房地产业税务信用体系的发展。

习题巩固

一、名词解释
区块链 账本 去中心化 智能合约 税收治理成本 纳税遵从成本

二、简答题
1. 什么是区块链技术,区块链的技术原理是什么?
2. 简述区块链技术的特征。

第六章习题
巩固答案

3.区块链技术的发展分为哪几个阶段? 简述区块链技术的发展历程。

4.举例说明区块链技术在税收治理现代化中的应用。

三、案例分析

案例1

2022年以来,南京税务部门主动将"以数治税"融入地方数字政府建设,创新区块链应用,持续深化不动产登记税收征管改革,率先打造"一窗受理数据共享、一网办结并联审批、一键缴费清分入库"的税收服务模式。

南京市政务办牵头,税务、规资、房产等部门联合构建"房产交易及不动产登记一体化平台",运用"智能合约"技术,"一房式"聚合交易登记、申报核税、票证档案等涉税数据,实现"一链采集、链上校验"。截至2022年12月,12个部门19个独立系统844个核心字段信息已全部上"链",人工录入量减少50%以上。

通过区块链技术持续加力不动产登记"一件事"改革,税务、房产、规资等部门变"串联审批"为"并联审批";在省内创推税费"一键缴款、直入国库",纳税人只需一次支付操作,就可以缴纳各种税费。"一网通办"高效支撑跨部门业务协同,该市不动产登记税费业务办理流程从7步缩减为3步,材料由19份压缩至9份,付款操作减少50%,实现了"减资料、减时间、减成本"的多方减负。

依托区块链共享平台、电子证照等技术,南京市税务局创新拓展"E办证"商品房登记税费掌上办理业务,建立"外网申请、内网审核、线上缴费、快递送证"线上办税模式,优化商品房登记"24小时不打烊""交房即办证"等服务,为纳税人提供更多智能办税新体验。借助区块链技术全程可溯源、不可篡改等优势,南京税务部门大力推行不动产登记领域税务票证电子化改革,将税务电子票证纳入全市"电子证照库",做到"一方授权自证、多方可信共认"。

电子票证将房产、税费等信息与纳税人身份紧密捆绑,加密后在区块链上分布式记账,可以实现公积金提取、银行还贷、户籍办理等多场景应用。同时,市场监管、公安、银行等部门通过链上信息,还可以对纳税人进行"全景式"画像、"全链条"管理,及时开展提示预警和风险应对,共同构筑诚信纳税防火墙。

阐述南京税务部门如何将区块链技术应用到实际,并简述区块链技术在税收管理中的意义。

案例2

广州市税务局创新将区块链技术运用在办理纳税业务中,推出"区块链+电子发票""区块链+股权转让""区块链+出口退税"等系列应用,提升办税效率和便利度。

(1)"区块链+电子发票"。经营活跃的大企业开具发票的频率高、数量多,对开票系统性能要求高,传统模式下,需要反复向主管税务机关申请增量发票或改变发票版本。广州市税务局研究推出将区块链技术运用在开票业务中,从发票的申领、开具、查验到入账,全流程在区块链链上储存和流转。数据分多个副本存储和使用,有效避免单点故障带来的服务不稳定,满足企业和个人快速开票的需要;区块链发票没有数量和金额的限制,满足业务需求多样、量大的企业开票需要;全流程完整追溯、信息不可篡改等特性,满足税务部门完善发票管理、税收分析和监管的需要。

（2）"区块链＋股权转让"。股权转让涉及申报完税、股权变更等多个流程，以往，纳税人需要向税务、市场监督管理等部门重复提交多份材料、多头跑动，也存在虚构完税证明等风险。广州市在全国率先推出"区块链＋股权转让"，实现"申报完税－数据上链－智能审核－股权变更－后续管理"跨部门、全流程实时链上流转。新模式下，纳税人只需在税务部门完成股权转让个人所得税申报，相关完税信息将自动归集上链，系统自动查验确认完税情况和股权转让金额等关键信息后，将数据实时传送到市场监管部门，市场监管部门以此为依据办理转让股权变更登记，系统自动将股权变更明细数据实时回传上链，供税务部门用于个人所得税、企业所得税及后续风控管理。这既为纳税人提供全流程网上办结的便利服务，压缩办理时间近 60%，也规避人工审核的诸多风险、堵塞征管漏洞。

（3）试点"区块链＋出口退税"。以前，企业在办理出口货物退税时，需要向主管税务机关申请开具《代理出口货物证明》《委托出口货物证明》，由于税务、海关等部门间信息共享不够完整和及时，受托方主管税务机关数据比对工作量大、审核时间长，委托方也无法掌握证明办理进度。为进一步提升出口退税效率，2021 年 8 月，广州市税务局试点上线"区块链＋出口退税"应用，将纳税人基础信息、出口退税海关数据、发票数据等所有出口退税基础信息上链，企业办理业务过程中免于提交各种已上链信息证明。在《代理出口货物证明》《委托出口货物证明》开具过程中，出口退税数据在委托方税务局、受托方税务局、税务总局和海关之间即时共享、便捷应用，一方面为受托方主管税务机关提供数据自动比对和审核功能，有效缩短两种出口货物证明开具时限；另一方面为纳税人提供证明开具过程全程跟踪功能，提升出口退税便捷度和透明度。

简述广州市税务部门如何将区块链技术与纳税业务相结合，说出其中包含的区块链原理。

参考文献

[1]蔡昌,林淼,李梦娟.数字税收生态系统:运行机制与演进路径[J].清华管理评论,2021(4):30-39.

[2]蔡昌,赵艳艳,戴梦妤.基于区块链技术的税收征管创新研究[J].财政研究,2019(10):114-127.

[3]邓力平,陈丽.新时代中国特色税收现代化之路再思考[J].税务研究,2020(5):5-12.

[4]樊勇,姜辛.论我国税收征管理论体系建设的推进[J].国际税收,2021(11):42-47.

[5]高彬,侯正施.基于区块链技术的税收征管现代化研究[J].大陆桥视野,2023(9):61-63.

[6]龚辉文.数字服务税的实践进展及其引发的争议与反思[J].税务研究,2021(1):39-46.

[7]国家税务总局青岛市税务局课题组,史育红,谭伟.数字经济的特征与税收应对[J].税收经济研究,2022,27(1):47-52.

[8]华为区块链技术开发团队.区块链技术及应用[M].北京:清华大学出版社,2019.

[9]李慧敏,燕晓春.韩国税收征管数字化的主要做法、效应评价及启示[J].税务研究, 2023(3):131-136.

[10]李晓曼.税收大数据分析方法与应用案例[M].北京:电子工业出版社,2022.

[11]刘和祥."以数治税"税收征管模式的基本特征、基础逻辑与实现路径[J].税务研究, 2022(10):69-75.

[12]罗江敏.区块链对我国税收治理能力创新的推动[J].纳税,2023,17(34):1-3.

[13]马洪范,胥玲,刘国平.数字经济、税收冲击与税收治理变革[J].税务研究,2021(4): 84-91.

[14]宋星仪,宋永生.大数据环境下税收风险管理的路径选择[J].税务研究,2020(3): 99-103.

[15]汤晓冬,周河山.基于区块链技术的税收治理框架构建[J].税务研究,2018(11): 98-104.

[16]王丽娜.数字经济下税收征管数字化转型的机遇与挑战[J].国际税收,2021(12): 65-70.

[17]王淑珍.我国税收征管模式选择的理论与实践[J].税务研究,1997(2):43-45.

[18]许子明,田杨锋.云计算的发展历史及其应用[J].信息记录材料,2018,19(8):66-67.

[19]杨庆.数字经济对税收治理转型的影响与对策:基于政治经济学和治理理论分析视角 [J].税务研究,2020(10):56-62.

[20]袁继军,陈懿赟.区块链技术在税收管理中的应用研究:基于长沙市税务系统房地产 和新业态税收管理的案例分析[J].湖南税务高等专科学校学报,2021,34(2):23-28.

[21]张敏翔,张来生.财税数字化[M].北京:经济科学出版社,2022.

[22]中国税务学会课题组,汪康,庄毓敏,等.适应数字经济发展的税收制度建设与完善 [J].税务研究,2023,(11):94-98.

第七章　数字经济核心产业税收负担水平

◎ **教学目标**

1.了解数字经济核心产业的概念及发展现状。
2.了解数字经济核心产业的税收优惠政策。
3.掌握数字经济核心产业的税收负担水平。

◎ **课程思政元素**

创新驱动;绿色发展;社会责任

◎ **本章导读**

在全球化与数字化交织的浪潮中,数字经济已成为推动经济增长的新引擎,数字经济核心产业的发展尤为引人注目,呈现出蓬勃发展的态势。数字经济核心产业,涵盖了数字产品制造业、数字产品服务业、数字技术应用业、数字要素驱动业四个大类,是数字技术与实体经济深度融合的产物,不仅重塑了传统产业的格局,更催生了全新的经济形态和增长模式。大力发展数字经济核心产业对于推动我国数字经济高质量发展、实现经济转型升级、推动创新驱动发展以及满足人民日益增长的美好生活需要等方面都具有重要意义。

随着数字经济核心产业的快速发展,与其相关的税收政策也成为社会各界关注的焦点。数字经济核心产业是技术密集型产业,其发展高度依赖于技术创新,通过税收优惠政策,可以大大促进技术创新与产业升级,进一步优化资源配置与提高经济效率。当下,政府根据数字经济核心产业的发展特点和需求,制定相应的税收优惠政策,可以实现对数字经济核心产业税收的精准征管,提高税收征管效率和质量。在制定数字经济核心产业税收优惠政策时,税收负担分析是不可或缺的基础工作,通过深入分析税收负担状况,可以制定更加科学合理、具有针对性的税收优惠政策,为数字经济核心产业的快速发展提供有力支持。

第一节　数字经济核心产业范围及高质量发展意义

一、数字经济核心产业范围

党的二十大报告指出:"加快发展数字经济,促进数字经济和实体经济深度融合,打造具有国际竞争力的数字产业集群。优化基础设施布局、结构、功能和系统集成,构建现代化基础设施体系。"[1]中央要求要加速推动数字化建设,形成数字经济发展优势,协调推动数字产业化和产业数字化转变。

2016 年 G20 杭州峰会对数字经济的定义和数字经济活动的具体形态进行了界定。为进一步明晰其本质,2019 年中国信息通信研究院又将数字经济划分为两大领域,即数字产业化和产业数字化。2021 年 6 月国家统计局发布《数字经济及其核心产业统计分类(2021)》,把数字经济产业范围确定为数字产品制造业、数字产品服务业、数字技术应用业、数字要素驱动业和数字化效率提升业等 5 个大类,在此之下还包括 32 个中类和 156 个小类。其中前四大类尤为突出,它们主要聚焦于数字产业化领域,构成数字经济核心产业,其涵盖了以下一系列具体项目。

数字经济及其核心产业统计分类(2021)

(一)数字产品制造业

数字产品制造业致力于研发和生产数字经济发展所必需的硬件设备系列,涵盖各类元件、设备、机器人等多元化产品,并特别注重通信基础设施的建设,如光纤电缆等关键设施的打造,为数字经济的稳健发展提供了坚实的物质基础和技术支撑。

(1)计算机制造,包括计算机整机制造、计算机零部件制造、计算机外围设备制造、工业控制计算机及系统制造、信息安全设备制造等计算机应用电子设备等的制造。

(2)通信及雷达设备制造,包括通信系统设备制造、通信终端设备制造、雷达及配套设备制造。

(3)数字媒体设备制造,包括广播电视节目制作及发射设备制造、广播电视接收设备制造(不包括家用广播电视接收设备的制造)、广播电视专用配件制造(不包括家用广播电视装置的制造)、专业音响设备制造、应用电视设备及其他广播电视设备制造、电视机制造、音响设备制造、影视录放设备制造(不包括广播电视等专业影视设备的制造)。

(4)智能设备制造,包括工业机器人制造、特殊作业机器人制造、智能照明器具制造、可穿戴智能设备制造、智能车载设备制造、智能无人飞行器制造、服务消费机器人制造等其他智能消费设备制造。

(5)电子元器件及设备制造,包括半导体器件专用设备制造、电子元器件与机电组件设备制造、电力电子元器件制造、光伏设备及元器件制造(不包括太阳能用蓄电池制造)、电气信号设备装置制造、电子真空器件制造、半导体分立器件制造、集成电路制造、显示器件制造、半导体照明器件制造、光电子器件制造、电阻电容电感元件制造、电子电路制造、敏感元件及传感器制造、电声器件及零件制造、电子专用材料制造等其他元器件及设备制造。

(6)其他数字产品制造业,包括记录媒介复制,电子游戏游艺设备制造,信息化学品制造,计算器及货币专用设备制造,增材制造装备制造,专用电线、电缆制造,光纤制造,光缆

① 习近平.高举中国特色社会主义伟大旗帜 为全面建设社会主义现代化国家而团结奋斗:在中国共产党第二十次全国代表大会上的报告[N].人民日报,2022-10-26(1).

制造,工业自动控制系统装置制造。

(二)数字产品服务业

(1)数字产品批发,包括计算机、软件及辅助设备批发,通信设备批发,广播影视设备批发。

(2)数字产品零售,包括计算机、软件及辅助设备零售,通信设备零售以及音像制品、电子和数字出版物零售。

(3)数字产品租赁,包括计算机及通信设备经营租赁、音像制品出租。

(4)数字产品维修,包括计算机和辅助设备修理、通信设备修理等数字产品服务业。

(三)数字技术应用业

数字技术应用业提供数字经济发展所需的软件产品、信息通信技术服务和信息传输服务。

(1)软件开发,包括基础软件开发、支撑软件开发、应用软件开发等软件开发。

(2)电信、广播电视和卫星传输服务,包括电信、广播电视传输服务和卫星传输服务。

(3)互联网相关服务,包括互联网接入及相关服务、互联网搜索服务、互联网游戏服务、互联网资讯服务、互联网安全服务、互联网数据服务、其他互联网相关服务,不包括互联网支付、互联网基金销售、互联网保险、互联网信托和互联网消费金融等互联网信息服务。

(4)信息技术服务,包括集成电路设计、信息系统集成服务、物联网技术服务、运行维护服务、信息处理和存储支持服务、信息技术咨询服务、地理遥感信息及测绘地理信息服务以及动漫、游戏及其他数字内容服务等信息技术服务业。

(5)其他数字技术应用业,包括3D(三维)打印技术推广服务、其他未列明数字技术应用业。

(四)数字要素驱动业

数字要素驱动业在推动产业数字化进程中发挥着举足轻重的作用。它一方面给信息基础设施等提供关键性支撑,另一方面也覆盖了一系列高度数字化的传统产业领域,如互联网批发零售、互联网金融以及数字内容与媒体等。

(1)互联网平台,包括互联网生产服务平台、互联网生活服务平台、互联网科技创新平台、互联网公共服务平台等互联网平台。

(2)互联网批发零售,包括互联网批发以及互联网零售,不包括仅提供网络支付的活动,以及仅建立或提供网络交易平台和接入的活动。

(3)互联网金融,包括网络借贷服务、非金融机构支付服务、金融信息服务。

(4)数字内容与媒体,包括广播、电视、影视节目制作(不包括电视台制作节目的活动),广播电视集成播控、电影和广播电视节目发行(不包括录像制品如以磁带、光盘为载体的发行、电影放映)、录音制作(不包括广播电台制作节目的活动),数字内容出版、数字广告。

(5)信息基础设施建设,包括网络基础设施建设、新技术基础设施建设、算力基础设施建设等信息基础设施建设。

（6）数据资源与产权交易。

（7）其他数字要素驱动业，包括供应链管理服务、安全系统监控服务（不包括公安部门的活动和消防部门的活动）、数字技术研究和试验发展。

二、我国高质量发展数字经济核心产业的意义

数字经济对中国 GDP 增长具有显著促进作用。中国信息通信研究院发布的《中国数字经济发展研究报告》（2023 年）数据显示，2022 年我国数字经济在 GDP 中的占比持续攀升并高达 41.5%。同时，数字经济同比增长率达到了 10.3%，相较于 GDP 的名义增速，高出了 4.98%，这也是我国数字经济增速显著高于 GDP 增速的第十一年。过去十年，数字经济全要素生产率从 1.66 上升至 1.75，同期国民经济全要素生产率从 1.29 上升至 1.35。可见，数字经济全要素生产率在提升国民经济生产效率方面扮演着重要基石与强劲引擎的角色。作为新一代数字技术的典范，数字产业化集中展示了最新的应用成果，是当前数字经济稳固发展的基础，从中可以深入剖析数字经济的发展趋势与突出特点。该报告也显示，2022 年我国数字产业化增加值上升到 9.2 万亿元，增速超 10%；数字产业化占 GDP 比重较上年提升 0.3 个百分点，达到 7.6%，增幅创下 2018 年以来的历史新高。

数字产业化以数字技术为载体，使各类新产品和新服务面世，经过持续积累，进一步形成产业规模。一方面，数字产业化直接助力经济产出增加，另一方面，数字产业化还促进数字经济和传统产业实现互融，以新技术提升传统产业效率，推动国家产业结构升级。不仅如此，升级后的传统产业能够反哺于数字经济，为数字经济的发展拓展出更深层次、更宽领域的平台、机会和资源，进而推进高质量发展进程，实现经济长期、高速增长。此外，这一动态的过程所具有的适应性是广泛的，这将有助于增加产业结构整体的合理性。结合我国经济发展历程来看，产业的转型升级及其相关的改革措施对推动经济增长进程具有积极意义，具体表现如下。

（一）数字产业化赋能实体经济发展

随着数字经济的蓬勃发展，众多实体企业洞察新时代发展趋势，纷纷顺应这一时代大潮，加快自身的数字化转型步伐，以期加速自身的升级与变革，实现可持续发展。相关统计数据显示，2012—2017 年，有 677 家在深市和沪市主板上市的实体企业经历了数字化转型，遍布几乎所有行业，涉及企业数量年均增幅高达 157.4%。这些企业的数字化变革行动具有连贯性，占比高达 90.72%。深入观察中国数字产业化的进程发现，它极大地推动了中国工业企业全要素生产率的提升，这无疑为实体经济的蓬勃发展注入了强劲动力。数字技术，凭借其独特的渗透性和融合性，正深刻地影响着传统部门。特别是其"替代性"和"协同性"这两项关键技术经济特征，不断推动价值创造能力的升级与跃迁。数字化转型推动了产业间融合进程，显著提升了生产要素的流通速度及其配置效率。这一系列的变革增强了企业技术创新能力，进而推动了产业技术的升级与效率的提高。这种正向的循环效应进一步促进了产业的数字化转型，为实现更高质量的发展奠定了坚实的基础。随着发展程度不断提高，数字产业化赋能实体经济的边际贡献呈正向递增趋势。深入探

讨数字经济时代的企业生产成本结构时发现,其呈现出一种显著的变化趋势,即高固定成本和低边际成本的特征愈发明显。这种成本结构使得企业在扩大生产规模时,能够更有效地利用固定投入,从而降低单位产品的成本,进而更容易实现规模经济。随着数字经济的持续推进,各行业间的经济界限日渐模糊,获取信息所需成本亦显著降低。这一变化激发了更多的市场参与者积极利用网络效应,以增强其市场影响力和整体竞争力。在规模经济和网络效应的深度结合之下,传统的边际效用递减规律已逐步失去其适用性。当前,各部门间紧密的协作不仅成功缩减了边际成本,更是催生了边际递增效应的显现。这种递增效应与网络效应的叠加,促进了要素的流动,进而为数字经济时代的高质量发展注入了强大的内生动力。

为支持数字经济发展,政府也积极推进相关政策,企业数字化转型也逐渐深入,这使得经历过数字化变革的企业业绩提升效应显著,这种优化主要体现在经济效益、运营效率、成本损耗和创新产出等方面。

(二)数字产业化是促进产业结构升级的基础性和先导性条件

以新一代信息技术创新为核心的科技革命正处于一个快速发展的阶段,正是这场具有深远影响的革命,持续推动着数字产业的繁荣壮大,为我国产业结构的优化升级提供了难得的机遇。尤其是在新冠肺炎疫情时期,尽管传统产业遭遇了前所未有的困境,但数字产业却是异军突起,实现了惊人的爆发式增长。这种增长态势不仅凸显了数字产业的强劲动力,也推动了传统产业的数字化转型步伐,推动了产业的整体进步与发展,为我国经济的持续发展注入了新的活力。首先,数字产业化对产业结构升级具有积极的促进作用。提升企业的生产力和市场竞争力是产业结构升级的核心目标,最终是要实现更加高效、可持续的发展。在数字产业化的浪潮下,新一代数字技术如人工智能、物联网和大数据等正逐渐向传统产业渗透,应对其进行全面的改造和提升,从而推动整个产业结构的优化和升级。深度的渗透融合有效调和了企业间要素供需的冲突,显著降低了联动的边际成本,同时妥善解决了产业内部公平与效率之间的矛盾,从而推动了产业的协调发展。通过数字技术的引入,传统产业广泛享受到数字产业化的溢出效应,其生产力和市场竞争力得到了显著提升。这种提升不仅有助于企业个体的蓬勃发展,更能够推动整体产业结构的升级,使企业朝着更加高效、可持续的方向发展。因此,引入数字技术这一重要举措无疑是推动产业结构升级中的重要一环。其次,数字产业化对产业结构升级的影响呈现出显著的边际递增效应,表明其在推动产业升级中的作用日益凸显。其核心实质在于新兴信息通信产业的迅速崛起并蓬勃发展,这些新兴产业正逐步成为推动产业结构升级的核心力量。而在这一进程中,数据作为核心生产要素,发挥着举足轻重的作用。数据要素的边际效应递增规律赋予了数字产业高成长性的特质,并进一步促使数字产业化展现出边际效应递增的规律,彰显了数字产业化的强大生命力,体现出持续创新和快速发展的潜能。最后,数字产业化展现出了显著的正向空间溢出效应,这一效应的核心在于数据要素与数字平台的协同作用。数据要素,作为数字产业化的关键生产要素,其高流动性特质使得信息能够在不同区域间自由流通,促进了经济活动的广泛关联。而数字平台,作为数据要素的重要载体,通过在线协同效应,进一步打破了时空限制,深化了企业间的交流与合作。这种数字产业化的模式不仅拓宽了经济发展的空间范围,也加强了企业间的联系与合作。这一变化不仅提升了经济运行的效率,还促进了区域经济的协调发展,为构建更加紧密的产业协作体系奠定了坚实基础。从数据要素的角度看,数据传播所需成本低而传播速度快,能够高效地突破地理空间的束缚,形成一个自发的、跨越距离的传播网络,展现出强大的地理空间溢出效应。通过数据的共享与开放,地理位置相近的企业因处于相同或相近的经济圈或产业链中,得以更有效地利用数据要素,进而推动区域间企业生产效率的协同增长,为区域经济的协调发展注入新的活力。数字平台不仅为企业提供了线上协同建设数据资源的契机,更为其搭建了一个寻找合作伙伴、促进交流与对接的便捷信息获取通道。通过数字平台,企业能够更加高效地管理和分析数据,从而更快速地发现并建立合作关系,实现与客户的深度沟通和紧密联系。此外,企业通过线下研讨、共建实体平台、实地调研等多种举措,深化了彼此间的合作,实现了共同发展。由此,数字经济不仅为当地产业结构的优化升级注入了强劲动力,更凭借其数据要素的高流动性和数字平台的在线协同效应,积极助推全国范围的产业结构升级。这种正向的空间溢出效应进一步凸显了数字产业化在推动产业结构升级中的重要地位和作用。

第二节　我国数字经济核心产业税收优惠

一、数字经济核心产业的基本税收政策

作为引领全球数字经济发展的重要国家,我国已不可避免地面临着一系列由数字经济带来的税收问题。数字经济,作为新时代下推动经济增长的新兴动力,其快速发展对税收体系提出了新的挑战与机遇。在此背景下,通过实施合理的税收优惠政策,以促进数字经济的稳健发展,显得尤为必要且具备充分的合理性。

(一)数字经济背景下增值税税收政策

根据我国增值税相关法律法规,数字经济核心产业涉及的增值税税率主要为13％、9％和6％三档。当前我国数字经济核心产业主要包括大数据、云计算、人工智能、物联网、区块链等新兴技术产业。这些产业的主要业务收入来源于多个方面,包括但不限于:①技术服务与软件开发:涉及为客户提供定制化的技术解决方案、软件开发、系统集成等服务。②数据处理与分析:提供大数据收集、清洗、分析、挖掘等服务。③云计算服务:提供基础设施即服务、平台即服务和软件即服务等云计算服务。④数字内容销售:包括电子书、数字音乐、视频等数字产品的销售和分发。⑤电子商务平台服务:提供在线交易、支付、物流等电子商务平台的运营服务。根据我国的增值税制度,数字经济核心产业的企业主要属于"现代服务业"税目。在增值税的税收制度中,针对纳税人的不同规模,税率的设定亦有所区别。对于一般纳税人而言,其在现代服务业领域的增值税税率被明确规定为6％。相对而言,小规模纳税人在增值税的征收上则享有一定的税收优惠政策。根据规定,小规模纳税人的增值税征收率为3％。

此外,数字经济核心产业的企业的进项税额主要集中在以下几个方面:①设备购置与

维护:包括购买计算机、服务器、网络设备等硬件设备的进项税额。②软件购买与升级:购买或升级软件产品的进项税额。③研发支出:包括研发材料费用等。④云服务费用:使用外部云服务提供商的服务所支付的费用。

(二)数字经济背景下所得税税收政策

在所得税方面,纳税人主要是公司制企业、合伙企业和个人独资企业,其中公司制企业缴纳企业所得税,其余纳税人则缴纳个人所得税。作为所得税的居民纳税人,其对于源自我国境内外所得须缴纳企业所得税,承担无限的纳税义务,而非居民纳税人仅就来自我国境内的所得承担有限的纳税义务。

我国企业所得税的标准税率为25%,适用于大多数企业,是我国企业所得税制度的重要体现。我国政府大力支持数字经济产业的创新与创业,为特定的高新技术企业、科技型中小企业等提供一系列税收优惠政策,促进其加大创新投入和技术研发的力度。在数字经济核心产业中,多数公司具备高新技术特征或属于技术先进型服务企业。这类企业若符合相关规定,则按照15%的优惠税率征收企业所得税。

税收优惠

在个人所得税方面,合伙企业的合伙人和个人独资企业的投资人按照经营所得缴纳个人所得税,适用五级超额累进税率,税率为5%~35%。经营所得以每个纳税年度的收入总额减去成本、费用以及损失后的余额为应纳税所得额。个人独资企业的投资者以全部生产经营所得为应纳税所得额。合伙企业的投资者按照合伙企业的全部生产经营所得和合伙协议约定的分配比例确定应纳税所得额。为鼓励对数字企业的投资,国家对符合条件的合伙企业投资者也制定了投资抵免的个人所得税税收优惠政策。

二、数字经济核心产业税收优惠

税收优惠是国家通过税收政策在税收法律和相关行政法规中设定的一种特定措施,以减轻一部分特定企业和课税对象的税收负担。具体的减免税形式主要包括三种:税基式减免、税率式减免和税额式减免。

税基式减免是通过缩减计税基础来实现税收减免的一种方式。这种税收减免方式涵盖了多元化的具体措施,诸如设定起征点、实施免征额、扣除特定项目及实行跨期结转等。其中,起征点是指当课税对象的数量或价额达到某一特定标准时,开始对全部数量或价额进行征税的临界点;而免征额则是指在对征税对象进行税款计算时,从全部金额中扣除的那部分无须缴纳税款的金额。具体来说,如果纳税人的所得或收入在免征额以下,那么该部分金额将完全免税。只有当个人或企业的所得或收入超过规定的免征额时,超出该免征额的部分才会被纳入计税范围,并据此缴纳相应的税款。此外,项目扣除作为一种重要的税收减免手段,是指在计算应纳税额时,允许从征税对象的总额中扣除特定项目的金额,以扣除后的余额作为计税基础。而跨期结转则是一种税收调整机制,它允许将前一纳税年度的经营亏损用于抵扣当前纳税年度的经营利润,从而实现对税收负担的合理调节。

税率式减免是指通过调整税率的方式来减轻纳税人的税负,具体形式包括重新设定税率、选择适用其他税率,以及实施零税率等。这些方式旨在针对不同纳税主体或特定情况,体现税收政策的灵活性和有效性。

税额式减免作为一种税收优惠政策,其核心在于直接减少应纳税额。其具体操作方式包括多种,如全部免征,即对特定的纳税人或征税对象,完全免除其应纳税额;减半征收,则是将应纳税额减半征收;核定减征率征收,则是根据一定的标准或条件,对纳税人的应纳税额进行一定比例的减免;另定减征额,则是针对特定情况或纳税人,另行规定一个减征的税额。

根据以上三类减免形式,针对数字核心产业相关企业的部分增值税、所得税税收优惠政策如下。

(一)税基式减免

1.企业研发费用加计扣除

《关于进一步完善研发费用税前加计扣除政策的公告》(财政部 税务总局公告 2023年第 7 号)第一条规定:"企业开展研发活动中实际发生的研发费用,未形成无形资产计入当期损益的,在按规定据实扣除的基础上,自 2023 年 1 月 1 日起,再按照实际发生额的100%在税前加计扣除;形成无形资产的,自 2023 年 1 月 1 日起,按照无形资产成本的200%在税前摊销。"

2.委托境外发生的研发费用加计扣除

《关于企业委托境外研究开发费用税前加计扣除有关政策问题的通知》(财税〔2018〕64 号)规定:"委托境外进行研发活动所发生的费用,按照费用实际发生额的 80% 计入委托方的委托境外研发费用。委托境外研发费用不超过境内符合条件的研发费用 2/3 的部分,可以按规定在企业所得税前加计扣除。"

值得说明的是,失败的研发活动所产生的研发费用同样享有加计扣除的税收优惠政策。首先,企业的研发活动本身就伴随着一定的风险和不确定性,政府旨在鼓励和推动企业的创新活动。其次,所谓的"失败"研发活动并非完全失去价值,但在过程中往往能取得其他有价值的成果或经验。最后,许多研发项目的执行周期跨越多个年度,因此在研发项目开始执行的同一年度内,相关的研发费用便可获得加计扣除的税收减免待遇,无须拖延至整个项目完成后再进行申请。

(二)税率式减免

(1)《国家税务总局关于实施高新技术企业所得税优惠政策有关问题的公告》(2017年第 24 号)规定:"国家重点扶持的高新技术企业减按 15%税率征收企业所得税。"

高新技术企业的认定不是一成不变的,其证书只有三年的有效期,超出有效期后企业需要重新认定。

(2)《关于将技术先进型服务企业所得税政策推广至全国实施的通知》(财税〔2017〕79号)规定:"技术先进型服务企业减按 15%税率征收企业所得税。"

(三)税额式减免

1.增值税

(1)《财政部 税务总局关于全面推开营业税改征增值税试点的通知》(财税〔2016〕36

号)规定:"纳税人提供技术转让、技术开发和与之相关的技术咨询、技术服务免征增值税。"

(2)《关于继续实施科技企业孵化器 大学科技园和众创空间税收政策的通知》(财政部 税务总局 科技部 教育部公告 2023 年第 42 号)规定:"对国家级、省级科技企业孵化器、大学科技园和国家备案众创空间自用以及无偿或通过出租等方式向在孵对象提供孵化服务取得的收入,免征增值税。"

(3)《关于软件产品增值税政策的通知》(财税〔2011〕100 号)中规定:"增值税一般纳税人销售其自行开发生产的软件产品,按 17% 税率征收增值税后,对其增值税实际税负超过 3% 的部分实行即征即退政策。"

(4)《关于延续动漫产业增值税政策的通知》(财税〔2018〕38 号)第二条规定:"自 2018 年 5 月 1 日至 2020 年 12 月 31 日,对动漫企业增值税一般纳税人销售其自主开发生产的动漫软件,按照 16% 的税率征收增值税后,对其增值税实际税负超过 3% 的部分,实行即征即退政策。"

2.所得税

《关于创业投资企业和天使投资个人有关税收政策的通知》(财税〔2018〕55 号)中对创业投资企业和天使投资个人进行了详细规定,《关于实施小微企业普惠性税收减免政策的通知》(财税〔2019〕13 号)则主要针对有限合伙制创业投资企业。

(1)创业投资企业采取股权投资方式投资于未上市的中小高新技术企业 2 年(24 个月)以上的,可以按照其对中小高新技术企业投资额的 70% 在股权持有满 2 年的当年抵扣该创业投资企业的应纳税所得额;当年不足抵扣的,可以在以后纳税年度结转抵扣。

(2)有限合伙制创业投资企业采取股权投资方式投资于未上市的中小高新技术企业满 2 年(24 个月)的,该投资企业的法人合伙人可按照其对未上市中小高新技术企业投资额的 70% 抵扣该法人合伙人从该投资企业分得的应纳税所得额,当年不足抵扣的,可以在以后纳税年度结转抵扣。

(3)公司制创业投资企业采取股权投资方式直接投资于符合条件的种子期、初创期科技型企业(以下简称"初创科技型企业")满 2 年(24 个月)的,可以按照投资额的 70% 在股权持有满 2 年的当年抵扣该公司制创业投资企业的应纳税所得额;当年不足抵扣的,可以在以后纳税年度结转抵扣。

满足规定条件和 2 年时限时可以抵扣的投资额就一次性确认了,可以抵扣的是公司制创业投资企业自身全部整体的应纳税所得额。

(4)有限合伙制创业投资企业(以下简称"合伙创投企业")采取股权投资方式直接投资于初创科技型企业满 2 年(24 个月)的,法人合伙人可以按照对初创科技型企业投资额的 70% 抵扣法人合伙人从合伙创投企业分得的所得;当年不足抵扣的,可以在以后纳税年度结转抵扣。个人合伙人可以按照对初创科技型企业投资额的 70% 抵扣个人合伙人从合伙创投企业分得的经营所得;当年不足抵扣的,可以在以后纳税年度结转抵扣。

财税〔2018〕55 号中规定,合伙人对有限合伙制创业投资企业投资,不需要直接实缴出资,可以包括受让份额。实缴出资和实缴出资比例按认缴出资限额内的实缴出资确认,不包括计入资本溢价出资。

(5)天使投资个人采取股权投资方式直接投资于初创科技型企业满 2 年(24 个月)的,可以按照投资额的 70% 抵扣转让该初创科技型企业股权取得的应纳税所得额;当期不足抵扣的,可以在以后取得转让该初创科技型企业股权的应纳税所得额时结转抵扣。

天使投资个人投资多个初创科技型企业的,对其中办理注销清算的初创科技型企业,天使投资个人对其投资额的 70% 尚未抵扣完的,可自注销清算之日起 36 个月内抵扣天使投资个人转让其他初创科技型企业股权取得的应纳税所得额。

天使投资人确认的投资额可以抵扣的是转让被投资企业的股权转让所得,因此满 2 年时不一定能开始扣除,只有被投资企业股权转让后才能开始抵扣,也就是说天使投资人一直不出售股权,可抵扣的投资额就一直挂账。全部转让股权后仍不足抵扣的,将无法再抵扣。只有清算而尚未抵扣的,才能抵扣转让其他初创科技型企业股权取得的应纳税所得额。

3.其他税

(1)《关于科技企业孵化器 大学科技园和众创空间税收政策的通知》(财税〔2018〕120 号)规定:"对国家级、省级科技企业孵化器、大学科技园和国家备案众创空间自用以及无偿或通过出租等方式提供给在孵对象使用的房产、土地,免征房产税和城镇土地使用税。"该通知意在促进大众创新,推进技术发展。

(2)《财政部 国家税务总局关于转制科研机构有关税收政策问题的通知》(财税〔2003〕137 号)、《财政部 国家税务总局关于延长转制科研机构有关税收政策执行期限的通知》(财税〔2005〕14 号)规定:对经国务院批准的原国家经贸委管理的 10 个国家局所属 242 个科研机构和建设部等 11 个部门(单位)所属 134 个科研机构中转为企业的科研机构和进入企业的科研机构,从转制注册之日起,5 年内免征科研开发自用土地的城镇土地使用税、房产税。上述政策执行到期后,再延长 2 年期限。

(3)《财政部 海关总署 税务总局关于"十四五"期间支持科技创新进口税收政策的通知》(财关税〔2021〕23 号)规定:"对科学研究机构、技术开发机构、学校、党校(行政学院)、图书馆进口国内不能生产或性能不能满足需求的科学研究、科技开发和教学用品,免征进口关税和进口环节增值税、消费税。""对出版物进口单位为科研院所、学校、党校(行政学院)、图书馆进口用于科研、教学的图书、资料等,免征进口环节增值税。"

(四)其他优惠

(1)企业预缴申报当年第 3 季度(按季预缴)或 9 月份(按月预缴)企业所得税时,可以自行选择就当年上半年研发费用享受加计扣除优惠政策,采取"自行判别、申报享受、相关资料留存备查"办理方式。未选择享受研发费用加计扣除优惠政策的,可在次年办理汇算清缴时统一享受。这意味着要申报享受上一年度研发费用加计扣除的企业需要在 5 月 31 日前汇算清缴时填报享受。由于研发费用加计扣除是采取"先享受后抽查"的形式,企业应预先充分准备相关资料,以确保在后续的抽查中能够迅速、准确地提交所需材料。

(2)软件企业在取得增值税退税时,该笔退税款被视为不征税收入,即该部分资金不纳入企业的应税收入范畴,因此无须就此缴纳税款。

符合条件的软件企业按照《财政部 国家税务总局关于软件产品增值税政策的通知》（财税〔2011〕100 号）规定取得的即征即退增值税款，由企业专项用于软件产品研发和扩大再生产并单独进行核算，可以作为不征税收入，在计算应纳税所得额时从收入总额中减除。

随着税收优惠政策在数字经济核心产业中广泛实施，科技创新成果不断涌现，不少企业成功获得了新的竞争优势，使得数字核心经济产业取得了巨大的发展。这些税收优惠措施不仅降低了企业的税收负担，也激发了企业的创新活力，为数字经济持续增长和创新发展提供了坚实的支撑。

第三节　我国数字经济核心产业发展现状

一、我国数字经济核心产业发展历程

自改革开放政策实施后，我国数字经济核心产业增加值经历了显著的跨越式增长，其增速呈现出强烈的指数化特征。数字经济核心产业增加值由 1981 年的 103 亿元迅猛攀升至 2020 年的 76784 亿元，增长了数百倍。与此同时，数字经济核心产业增加值占 GDP 的比重也不断提升，从 1981 年的 2.09％增加至 2020 年的 7.58％（见图 7-1）。[①]

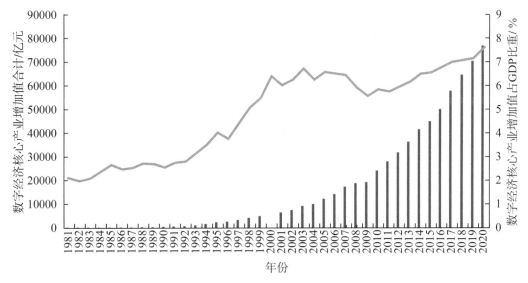

图 7-1　我国数字经济核心产业增加值及其占 GDP 比重

我国数字经济发展历程丰富且多元，每个阶段都独具特色。1993 年之前，我国数字经济核心产业正处于摸索与初创阶段，虽然当时的规模相对较小，但却孕育着惊人的发展潜力。值得一提的是，1984 年，电子振兴领导小组经国务院同意，发布了"我国电子和信息产业发展战略"，明确提出了将计算机应用作为产业发展的首要地位，成为我国信息化

---

① 李海霞,周国富.中国数字经济核心产业规模再测算研究[J].统计与信息论坛,2024,39(1):3-15.

建设道路上的重要里程碑。经过数年的耕耘与积累,到 1992 年,数字经济核心产业增加值已显著增长,达到了 762 亿元,这标志着我国数字经济发展迈出了坚实的步伐。这一阶段的成长与积累,为后续的蓬勃发展奠定了坚实的基础,也预示着数字经济在我国经济发展中的重要作用日益凸显。

1993—1999 年,我国数字经济发展到达第二阶段。在这一阶段:我国"三金工程"正式启动,这一历史性事件标志着信息化应用正式步入规模化发展的新阶段;我国成功接入国际互联网,这一重要节点意味着我国正式迈入互联网时代,信息交流的壁垒被打破,数字经济的发展迎来了全新的机遇。这一时期,信息基础设施得到了全面建设,数字经济的规模逐渐扩大,展现出强大的发展势头。从数据上看,数字经济核心产业增加值实现了显著增长,从 1993 年的 1116 亿元攀升至 1999 年的 4953 亿元,这预示着数字经济未来巨大的发展潜力。

二十国集团数字经济发展与合作倡议

我国数字经济的发展历程中,第三阶段(2000—2010 年)是一个充满挑战与机遇的时期。尽管全球互联网泡沫的破灭曾给我国互联网产业带来短暂的低迷,但凭借着坚定的政策导向,我国数字经济逐渐走出低谷,迎来了规模化发展的新时期。在这一阶段,我国政府出台了一系列重要政策,如 2000 年的《鼓励软件产业和集成电路产业发展若干政策的通知》、2002 年的《振兴软件产业行动纲要(2002 年至 2005 年)》等。在这些政策的推动下,数字经济规模不断壮大,核心产业增加值从 2000 年的 6412 亿元迅速增长至 2010 年的 24122 亿元,这一数字的增长体现了我国数字经济的强劲发展势头。

2011—2015 年,我国数字经济发展进入了第四个阶段。这一时期我国正式迈入了移动通信和手机互联网时代。在这一阶段,政策导向继续为数字经济的蓬勃发展提供有力支持。2011 年,国务院印发《进一步鼓励软件产业和集成电路产业发展若干政策》。到 2015 年,政府工作报告中首次提出了"互联网＋"行动计划,这一举措为数字经济的深度融合与广泛应用开辟了新道路。在这一时期,数字经济蓬勃发展,展现出强劲的增长势头,其核心产业增加值稳步增长,由 2011 年的 27996 亿元一路攀升至 2015 年的 45039 亿元。

我国数字经济发展自 2016 年至今,已迈入第五个阶段,这是一个具有里程碑意义的时期。G20 杭州峰会上发布的《二十国集团数字经济发展与合作倡议》,标志着数字经济发展迈入了全新时代,开启了更为广阔的发展前景。随后,在 2017 年,数字经济首次被写入政府工作报告,这进一步体现了数字经济在我国经济发展中的重要地位。在这一阶段,数字经济成为推动我国经济高质量发展的重要力量。在政策的有力支持下,数字经济核心产业持续壮大,其增加值由 2016 年的 50251 亿元增长至 2020 年的 76784 亿元,增长了约 0.53 倍。这一显著的增长预示着数字经济未来将持续为我国经济的高质量发展注入强大动力。

总体而言,我国数字经济发展经历了多个阶段,每个阶段的政策导向和市场环境都为数字经济的蓬勃发展提供了有力支持。随着技术的不断进步和应用场景的不断拓展,数字经济将继续发挥重要作用,推动我国经济的高质量发展。

二、我国数字经济核心产业的结构分布

以数字经济核心产业增加值内部结构的视角分析,数字产品制造业和数字技术应用业占据了主导地位。然而近年来,数字产品制造业与数字技术应用业在增速上呈现出显著的差异。具体来说,数字产品制造业的增加值年均增速在16.07%,而数字技术应用业的年均增速则高达22.49%。这种增速的差异,直接影响了两者在数字经济核心产业增加值中的比重变化。

数字产品制造业在数字经济核心产业中的增加值占比呈现逐年递减的趋势,自1981年的67.96%开始,这一比例持续下滑,至2020年已降至30.5%,这意味着数字产品制造业从最初占据数字经济核心产业2/3的份额,现已缩减至不足1/3。与此同时,数字技术应用业的增加值占比则呈现出稳步上升的趋势,从1981年的15.53%起,这一比例持续扩大,至2020年已达到56.83%。特别值得一提的是,在2016年,数字技术应用业的增加值出现逐步超越数字产品制造业的苗头,至今已稳固占据数字经济核心产业的一半以上,这充分展示了数字技术应用行业旺盛的生命力和巨大的发展潜力。统观全局,数字产品制造业和数字技术应用业两者的增加值占比合计在1981—2020年间呈现出稳步增长的态势,从83.50%增长至87.32%。此外,数字产品服务业与数字要素驱动业也在此期间展现出强劲的发展势头,在1981—2020年间,两者的增加值年均增速分别为16.98%和18.09%。与数字经济核心产业整体年均增速18.48%相比,这两个领域的增速略低,但仍保持增长趋势。在数字经济核心产业增加值中,数字产品服务业和数字要素驱动业的占比呈现出轻微的下降趋势。此变化在1981—2020年相对平稳,但在后期出现了小幅反弹。虽然增速和占比有所波动,但整体上对数字经济的贡献是积极且具有持续性的。具体而言,1981—2020年数字产品服务业和数字要素驱动业在数字经济核心产业中的占比分别在5%和10%以下。

总体而言,随着数字技术应用业的快速增长,其占比逐渐超过数字产品制造业。而数字产品服务业和数字要素驱动业虽然占比略有下降,但仍保持相对平稳的趋势。

三、我国数字经济核心产业发展现状

(一)数字产品制造业发展现状

数字产品制造业主要包括计算机制造、通信机雷达设备制造、数字媒体设备制造、智能设备制造、电子元器件及设备制造等,而电子信息制造业涵盖的领域与其高度重合,包括雷达及配套设备制造、通信设备制造、广播电视设备制造、电子计算机制造、非专用视听设备制造、电子元件制造电子元件及专用材料制造、智能硬件设备制造等。因此,下面将以电子信息制造业相关数据分析数字产品制造业发展现状。

根据工业和信息化部的数据,近年来电子信息制造业主要呈现以下特点:第一,生产稳步上升。2022年,规模以上电子信息产业增加值比上年同期增长7.6%,比工业高出4%(见图7-2)。第二,出口交货值与利润总额增长速度波动幅度较大。2022年,规模以上电子信息制造业出口交货值同比增长1.8%,增速较2021年12.7%增速回落10.9个

百分点;实现利润总额 7390 亿元,同比下降 13.1%,较 2021 年 38.9%增速回落 52 个百分点(见图 7-3)。第三,固定资产投资快速增长。2022 年,电子信息制造业固定资产投资同比增长 18.8%(见图 7-4)。

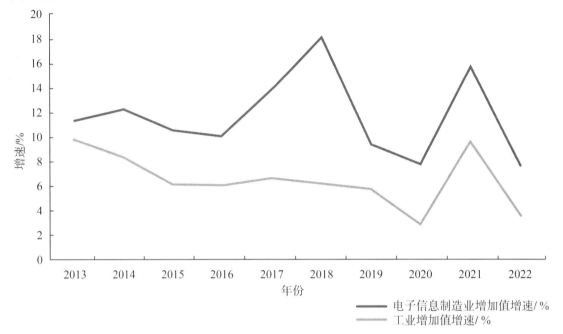

图 7-2 2013—2022 年电子信息制造业和工业增加值增速情况

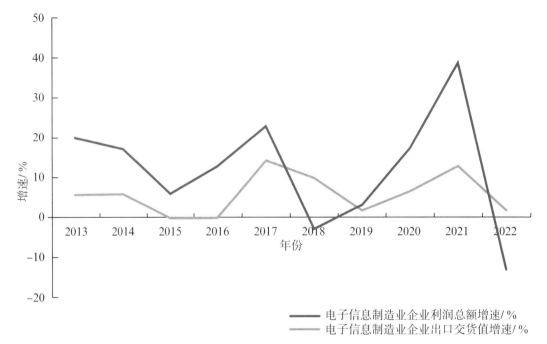

图 7-3 2013—2022 年电子信息制造业企业出口交货值和利润总额增速情况

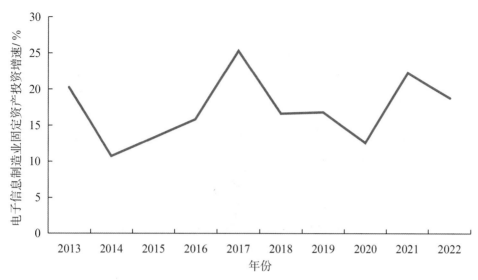

图 7-4　2013—2022 年电子信息制造业固定资产投资增速情况
数据来源：中华人民共和国工业和信息化部。

（二）数字产品服务业发展现状

数字产品服务业主营数字产品的批发、零售、租赁、维修等。由于相关企业规模、营收、市值小，此处仅选取全国电子出版物进出口金额、家用电器及电子产品销售额两个宏观指标进行说明。根据国家统计局相关数据，近年来，我国音像、电子出版物出口金额基本维持在 200 万美元左右，而进口金额要远高于出口金额，且总体呈上升趋势。2022 年，我国音像、电子出版物进口金额达到 4.35 亿美元（见图 7-5）。家用电器及电子产品销售额稳中有降，2022 年相关商品销售总额为 2949.9 亿元（见图 7-6）。

党的二十大报告强调，要构建优质高效的服务业新体系。数字产品服务业作为数字经济的重要组成部分，对于畅通国内国际双循环具有重要意义。在当前全球科技革命、产业变革和消费升级的大背景下，提升我国数字产品的国际竞争力和市场需求空间，需要推进数字产品服务业与制造业的深度融合发展。为此，应聚焦产业链布局创新链、服务链、供应链，构建"设计—制造—流通—服务"全产业链一体化数字产品服务新体系。通过数字产品服务业的供给创新，可以提供更多优质的数字产品供给，从而培育形成新质生产力的强大驱动力。

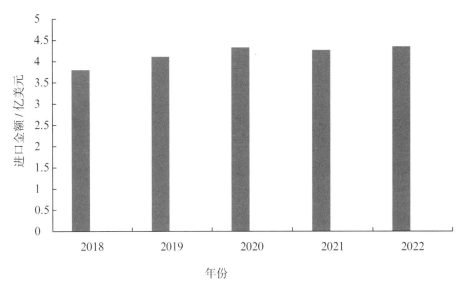

图 7-5　2018—2022 年全国音像、电子出版物进口情况

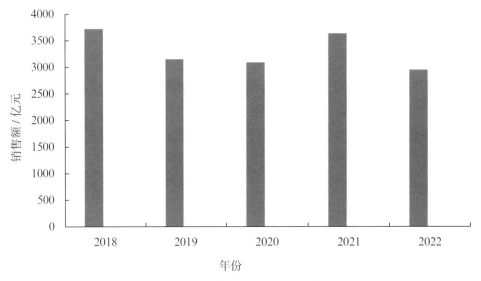

图 7-6　2018—2022 年家用电器及电子产品销售额
数据来源:国家统计局。

(三)数字技术应用业发展现状

数字技术应用业主要提供软件产品,电信、广播电视和卫星传输服务,互联网相关服务以及信息技术服务等,下面主要选取软件业和通信业来分析本行业发展现状。

根据工业和信息化部的数据,近年来全国软件和信息技术服务业主要呈现以下三个特点:第一,软件业务收入持续跃升。2022 年,软件业规模以上企业超 35000 家,累计实现软件业务收入 108126 亿元,同比增长 11.2%(见图 7-7)。第二,盈利能力维持稳定。2022 年实现利润总额 12648 亿元,同比增长 5.7%。第三,软件业务出口持续增长。2022 年,软件业务出口 524.1 亿美元,同比增长 3.0%,增速较上年同期回落 5.8 个百分点。其中,软件外包服务出口同比增长 9.2%。

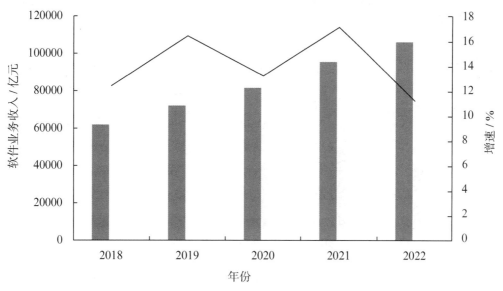

图 7-7　2018—2022 年软件业务收入增长情况
数据来源:中华人民共和国工业和信息化部。

根据工业和信息化部的数据,近年来全国通信业主要呈现以下特点:第一,行业运行整体向好。电信业务收入和业务总量保持较快增长,2022 年电信业务收入累计完成 1.58 万亿元,比上年增长 8%;固定互联网宽带接入业务收入平稳增长,到 2022 年实现 2402 亿元,比上年增长 7.1%;新兴业务收入增势尤为突出,自 2018 年起,维持 20% 以上增速, 2022 年更是达到 32.4%,共完成业务收入 3072 亿元(见图 7-8),在电信业务收入中占比由上年的 16.1% 提升至 19.4%,拉动电信业务收入增长 5.1 个百分点。第二,用户规模持续扩大,具体体现为电话用户、固定宽带接入用户、物联网和网络电视用户总规模均实现稳步增长。第三,电信业务量保持增长。移动互联网接入流量、全国移动短信业务量均实现新高。第四,网络基础设施建设加快推进。网络基础设施优化升级,2022 年全国光缆线路总长度达 5958 万公里,互联网宽带接入端口数达到 10.71 亿个。5G 网络建设稳步推进,网络覆盖能力持续增强。

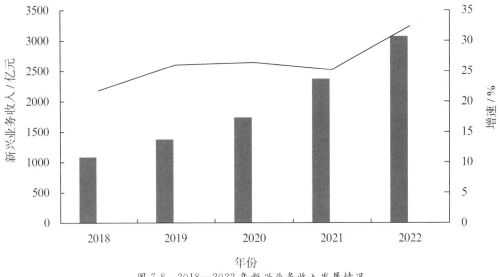

图 7-8　2018—2022 年新兴业务收入发展情况
数据来源：中华人民共和国工业和信息化部。

(四)数字要素驱动业发展现状

数字要素驱动业包括互联网平台、互联网批发零售、互联网金融、数字内容与媒体、信息基础设施建设、数据资源与产权交易等,下面主要以互联网业务为主来分析本行业发展现状。

根据工业和信息化部的数据,近年来互联网业务主要呈现以下几个发展特点:总体来看,互联网业务收入持续提速增长(见图 7-9),利润总额保持增长,研发经费规模增长稳中有落(见图 7-10)。分领域来看,主要表现为信息服务领域企业收入稳步增长。2021 年,共完成信息服务收入 8254 亿元,同比增长 17%,2022 年,以信息服务为主的企业互联网业务收入同比增长 4.9%。

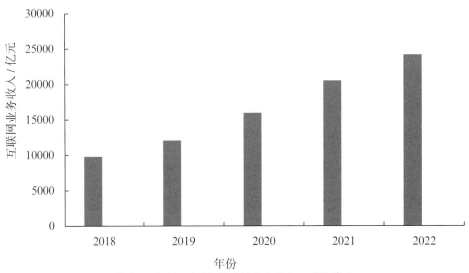

图 7-9　2018—2022 年互联网业务收入发展情况
数据来源：中华人民共和国工业和信息化部。

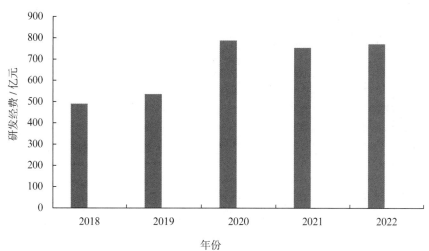

图 7-10 2018—2022 年互联网企业研发经费投入情况

数据来源：中华人民共和国工业和信息化部。

第四节 我国数字经济核心产业税收负担水平

一、总税收负担水平

根据《数字经济及其核心产业统计分类（2021）》，数字经济核心产业确定为：数字产品制造业、数字产品服务业、数字技术应用业、数字要素驱动业四大产业。同时又明确指出，数字经济核心产业对应的前四大类，即数字产业化部分，主要包括计算机通信和其他电子设备制造业、电信广播电视和卫星传输服务、互联网和相关服务、软件和信息技术服务业四大行业。基于上述情况，数字经济核心产业的总税收负担水平将对这四大类上市公司的总税负率、总增值税税负率和总企业所得税负率进行分析。

（一）数字经济核心产业的总税负率

本次分析将统一选取总税负率＝总税额/营业收入为计算公式，其中，总税额是指企业在一个会计期间内所缴纳的所有税款，包括增值税、企业所得税、城镇土地使用税等；营业收入则是指企业在一定期间内经营业务所获得的收入。总税负率详见表 7-1。

表 7-1 2019—2021 年数字经济核心产业企业总税负率

年份	总税额/万元	营业收入/万元	总税负率/%
2019	3686181	357892136	1.03
2020	3232028	409701094	0.79
2021	8109084	638571554	1.27

数据来源：CSMAR 数据库。

（二）数字经济核心产业的总增值税税负率

依照公式，行业总增值税税负率＝增值税总额/营业收入×100％。总增值税税负率如表 7-2 所示。

表 7-2　2019—2021 年数字经济核心产业总增值税税负率

年份	增值税总额/万元	营业收入/万元	总增值税税负率/%
2019	8311340	275942541	3.01
2020	9755341	337183342	2.89
2021	11091892	439828742	2.52

数据来源：CSMAR 数据库。

(三)数字经济核心产业的总企业所得税税负率

本次分析以总企业所得税税负率作为企业所得税税负的衡量指标,即

$$总企业所得税税负率 = \frac{所得税费用}{利润总额} \times 100\%$$

数字经济核心产业的总企业所得税税负率如表 7.3 所示。

表 7-3　2019—2021 年数字经济核心产业总企业所得税税负率

年度	所得税费用/万元	利润总额/万元	总企业所得税税负率/%
2019	49889	12036	24.13
2020	25849668	3729302	14.43
2021	60665681	9319866	15.36

数据来源：CSMAR 数据库。

二、行业税收负担水平

计算机通信和其他电子设备制造业、电信广播电视和卫星传输服务、互联网和相关服务、软件和信息技术服务业是数字经济发展的重要驱动力,具有高技术、高智力、高附加值等特点,是当前税收政策支持的重点领域。这四类行业的发展促进了数字经济的深度融合,推动了传统产业的数字化转型,提高了生产效率和经济效益。且该行业具有广泛的渗透性和融合性,能够与其他产业进行深度融合,推动产业升级和创新发展,其在数字经济核心产业中的特殊性和重要性不言而喻。故本次行业税收负担水平分析以其为切入点,对税收负担水平进行深入分析,可以为政策制定者提供有价值的参考依据,进一步优化税收政策,促进整体数字经济的健康发展。

(一)行业总体税负

本次分析以行业总税收负担率作为总体税负的衡量指标,即

$$行业总税收负担率 = \frac{行业支付的各项税费}{行业营业收入} \times 100\%$$

如表 7-4 所示,可知数字经济核心产业四大行业的总税收负担率。可以看出,在 2021 年四大行业的总体税负率差距较大,计算机通信和其他电子设备制造业因优惠政策,收到较多的国家税收返还,其总体税费负担率为负数,而其他三个行业总体税负率较为接近。

表 7-4　2021 年数字经济核心产业四大行业总体税负

行业	各项税费/万元	营业收入/万元	总体税负率/%
计算机通信和其他电子设备制造业	−1594303	390590712	−0.41
电信广播电视和卫星传输服务	6677688	166047563	4.02
互联网和相关服务	585688	17881211	3.28
软件和信息技术服务业	2440011	64052068	3.81

数据来源:CSMAR 数据库。

(二)行业增值税税负

依照公式,行业增值税税负=行业缴纳的增值税/营业收入×100%。2021 年数字经济核心产业四大产业增值税税负率见表 7-5。

表 7-5　2021 年数字经济核心产业四大行业增值税税负

行业	增值税/万元	营业收入/万元	增值税税负率/%
计算机通信和其他电子设备制造业	2185795	119193480	1.83
电信广播电视和卫星传输服务	607765	49929514	1.22
互联网和相关服务	372451	18410010	2.02
软件和信息技术服务业	880346	27054285	3.25

数据来源:CSMAR 数据库。

从表 7-5 中可以看出,软件和信息技术服务增值税税负水平是其中最高的,电信广播电视和卫星传输服务是最低的。

(三)行业所得税税负

本次分析以所得税税收负担率作为所得税税负的衡量指标,即

$$所得税税收负担率=\frac{所得税费用}{利润总额}×100\%$$

如表 7-6 所示,电信广播电视和卫星传输服务企业所得税税负水平最高,而软件和信息技术服务最低。

表 7-6　2021 年数字经济核心产业四大行业所得税税负

行业	所得税费用/万元	利润总额/万元	企业所得税税负率/%
计算机通信和其他电子设备制造业	3820169	33529162	11.39
电信广播电视和卫星传输服务	4768008	20894474	22.82
互联网和相关服务	246926	1465293	16.85
软件和信息技术服务业	484763	4805209	10.09

数据来源:CSMAR 数据库。

三、微观税收负担水平:以个别企业为例

在微观层面的税负分析中,将在数字产品制造业中选取一家上市公司作为研究对象,

根据上市公司主营业务来判断其所属的行业,并进行微观上的总税负、增值税、企业所得税税负分析。

(一)指标选取

税收负担以税额与税基的比率衡量,分别以企业总税收负担率、增值税税收负担率、企业所得税税收负担率衡量企业的总体税负、增值税税负和企业所得税税负。

1.总体税负衡量指标

本次分析以企业总税收负担率作为总体税负的衡量指标:

$$企业总税收负担率 = \frac{企业支付的各项税费-税收返还}{营业收入} \times 100\%$$

2.增值税负担衡量指标

分析增值税负担衡量指标,首先要明确企业增值税的实缴税额。增值税税收负担率以企业实缴增值税与企业营业收入的比值表示,即:

$$增值税税收负担率 = \frac{实缴增值税}{营业收入} \times 100\%$$

3.企业所得税负担衡量指标

以企业所得税税收负担率作为企业所得税税负的衡量指标,即:

$$企业所得税税收负担率 = \frac{所得税费用}{利润总额} \times 100\%$$

(二)案例分析:数字产品制造业——京东方科技集团股份有限公司

1.案例研究对象选取说明

案例选取京东方科技集团股份有限公司(股票代码 000725,简称京东方)为研究对象。选取理由如下:

①京东方科技集团股份有限公司(BOE)于 2001 年 1 月 12 日上市,是一家领先的物联网创新企业,核心事业包括端口器件、智慧物联和智慧医工三大领域。全球市场调研的知名机构 Omdia 发布的数据显示,在 2022 年,京东方在电视、显示器、笔记本电脑、平板电脑,以及智能手机这五大液晶显示屏应用领域,均实现了出货量的全球领先地位,充分彰显了其在数字产品制造领域拥有强大的市场领导力和竞争力。②2018 年,京东方科技集团股份有限公司在专利领域取得了瞩目的成就。这一年,公司新增专利申请量高达9585 件,其中发明专利占比更是突破 90%,凸显了其在创新研发领域的卓越实力。同时,京东方已累计拥有超过 7 万件可使用的专利,这些专利遍布美、日、韩等多个国家和地区,充分展现了公司全球化发展战略和丰富的专利资产。京东方作为一家高新技术企业,可享受企业所得税优惠政策,而且因海外业务较多,也享受到了国家对于进出口业务的优待,得到了税务部门在税收优惠政策方面的大力支持。

2.税负分析

数据来源于京东方 2012—2022 年度财务报表。

(1)总体税负。

根据企业总税负公式:税收负担率＝[(企业支付的各项税费－收到的税费返还)/营业收入]×100%。对京东方2012—2022年的税负测算如表7-7所示。

表 7-7　2012—2022 年京东方总税负

年份	收到的税费返还/元	支付的各项税费/元	营业收入/元	税收负担率/%
2012	0.00	23279216.00	728301635.00	3.20
2013	0.00	23053921.00	759552672.00	3.04
2014	0.00	16132147.00	1131460958.00	1.43
2015	0.00	41607593.00	1425473680.00	2.92
2016	0.00	79647917.00	1890892555.00	4.21
2017	0.00	127394546.00	2815561521.00	4.52
2018	23508537.00	284079728.00	4048349688.00	6.44
2019	0.00	528982127.00	4785387719.00	11.05
2020	0.00	513631723.00	4541676195.00	11.31
2021	0.00	495289004.00	5716998034.00	8.66
2022	0.00	676007600.00	4873328715.00	13.87

根据京东方2012—2022年的税收负担率数据得出:企业税收负担率呈现出明显的阶段性变化。2012—2018年,税收负担率在4%左右浮动,说明此阶段企业经营、税收政策等影响税负的因素较为平稳,企业处于相对稳定的发展期。而2018年以后,税收负担率大幅上升至11%左右。从原因来看,市场需求是关键因素,2016年以后市场对面板需求呈爆发式增长,推动企业业务规模的扩张。

(2)增值税税负。

企业增值税税负率＝(实际缴纳增值税/营业收入)×100‰,京东方2012—2022年增值税税负测算如表7-8所示。

表 7-8　2012—2021 年增值税税负

年份	当期实缴增值税/元	营业收入/元	增值税税负率‰
2012	2028812	728301635	2.79
2013	2152732	759552672	2.83
2014	721354	1131460958	0.64
2015	57325	1425473680	0.04
2016	4484304	1890892555	2.37
2017	3669240	2815561521	1.30
2018	6867140	4048349688	1.70

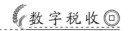
续表

年份	当期实缴增值税/元	营业收入/元	增值税税负率‰
2019	5045520	4785387719	1.05
2020	5799860	4541676195	1.28
2021	12503600	5716998034	2.19

京东方为多元发展集团,其2012—2022年间主要业务为显示和传感器业务,收入占比达到了80%,与此同时还涉及部分智慧物联、健康服务等业务。面板业务技术发展迅速且投资周期较长,会导致面板的销售价格呈现周期性波动。企业增值税税负在2012—2013年维持在2‰左右,恰好对应屏幕需求爆发期,销售价格相对较高,企业增值较多,进而导致企业税负增加。2014—2015年,企业增值税税负均较低,其原因为市场需求下滑,企业面临去库存压力,需要降价销售去库存,使得增值税税负率低。而随着技术进步,屏幕价格逐渐降低,企业取得增值逐渐趋于稳定,企业增值税税负在2016—2020年均处于1‰左右,较为稳定。

(3)企业所得税税负。

企业所得税税负率=(所得税费用/企业利润总额)×100%,2012—2022年间京东方企业所得税税负的分析如表7-9所示。

表7-9　2012—2022年企业所得税税负

年份	利润总额/元	所得税费用/元	企业所得税税负/%
2012	79436000	−5226473	−6.58
2013	−173183945	0	0.00
2014	855151087	0	0.00
2015	908080900	22348918	2.46
2016	1557771412	48793448	3.13
2017	1478106402	13100199	0.89
2018	2864737938	234879588	8.20
2019	3916375498	230811042	5.89
2020	3990565256	251373672	6.30
2021	4657352570	260856004	5.60
2022	3683944409	202080897	5.49

根据京东方2012—2022年所得税税负测算结果可以得出,由于京东方属于国家重点扶持的高新技术企业,其所得税税率为15%,并且为了打破我国"缺芯少屏"的局面,各级政府对于京东方的支持力度巨大,不仅给予大量财政补贴,还给予了较大的税收优惠政策,使得其所得税税负率始终在较低的水平,仅为5%左右浮动。2012—2014年,京东方由于以前年度建造大量生产线以及固定资产,导致折旧额较高,企业所得额较低,其所得

税税负基本为 0。

习题巩固

一、名词解释

数字经济核心产业　税基式减免　税率式减免　税额式减免　税收负担水平

二、练习题

1.谈谈你对我国高质量发展数字经济核心产业的看法。

2.简述我国数字经济各核心产业的范围及发展现状。

3.简述数字企业税收优惠政策的主要分类及其特点。

4.从数字产品服务业、数字技术应用业、数字要素驱动业中选择一家具有代表性的企业,对其进行税负分析。

三、案例分析

大华股份是一家从上市之初(2008 年 5 月 20 日上市)即拥有高新技术企业身份,且自主研发能力稳步提升的高新技术企业。根据浙科发高〔2008〕250 号,大华股份被正式认定为 2008 年首批高新技术企业。大华股份业务范围以计算机软件开发及服务为主,同时涉及进出口,又是高新技术企业,因此享受的增值税和企业所得税优惠政策较多。

2023 年 1 月 12 日,大华股份发布 2023 年度业绩预告。经公司财务部门初步测算结果显示,在 2023 年,公司全年营业收入达到了 322.3 亿元,相较于去年实现了 5.45% 的稳健增长。同时,归属于上市公司股东的净利润更是高达 73.7 亿元,同比增长了惊人的 217.10%,这一成绩不仅彰显了公司强劲的盈利能力,更是刷新了自上市以来的净利润纪录。对于业绩的变动,大华股份方面表示,公司坚定聚焦智慧物联领域,进一步加大了研发投入,旨在持续增强自身的创新能力和核心技术竞争力。同时,公司还积极改善营销网络的结构和功能,力求打造一个更加高效、精准的营销体系,以更好地适应市场需求,以确保在市场竞争中保持领先地位,以生态体系建设为重点,积极推动创新业务发展,提升公司业务竞争力,促使公司业绩稳步增长。

众所周知,2023 年,全球范围内的生成式 AI 浪潮来势汹汹,AI 大模型千帆竞发,并且已在金融、电商、能源等行业进行"试水"。

作为行业的佼佼者,大华股份在 AI 方面具备行业领先优势。2023 年第四季度,大华股份迎来了技术创新的又一高峰,成功推出了名为"星汉"的多模态融合行业视觉大模型。这款模型不仅以视觉技术作为坚实基石,更通过巧妙的多模态能力融合,为众多行业量身打造了一套强大的大模型解决方案。星汉大模型的推出,引领企业数智化转型与升级的潮流,并有力地促进视频数据产业价值体系的完善与发展,为数字经济的发展提供强劲的助推力。

大华股份在研发投入上的力度一直保持强劲且并未减弱,以技术迭代为驱动力,推动业务不断升级,并在当前火热的人工智能领域取得了显著突破,进一步加速了产业化进程。数据显示,2018—2022 年,其研发投入分别为 22.84 亿元、27.94 亿元、29.98 亿元、34.52 亿元、38.83 亿元,累计达 154.11 亿元。数据显示,2023 年上半年,大华股份继续加大创新力度,研发投入为 18.15 亿元,同比增长 16.06%,占公司总营收的 12.40%。

请对上述案例进行深入分析,重点探讨企业所得税优惠政策在数字要素驱动业中对研发投入的激励效果,以及企业如何利用税收政策提高研发能力和市场竞争力。

第七章习题
巩固答案

参考文献

[1] 蔡跃洲,牛新星.中国数字经济增加值规模测算及结构分析[J].中国社会科学,2021(11):4-30,204.

[2] 丁志帆.数字经济驱动经济高质量发展的机制研究:一个理论分析框架[J].现代经济探讨,2020(1):85-92.

[3] 冯素玲,许德慧.数字产业化对产业结构升级的影响机制分析:基于 2010—2019 年中国省际面板数据的实证分析[J].东岳论丛,2022,43(1):136-149,192.

[4] 国家互联网信息办公室.数字中国建设发展报告(2022年)[EB/OL].(2023-05-23)[2024-06-20].https://www.cac.gov.cn/2023-05/22/c_1686402318492248.htm.

[5] 何帆,刘红霞.数字经济视角下实体企业数字化变革的业绩提升效应评估[J].改革,2019(4):137-148.

[6] 李海霞,周国富.中国数字经济核心产业规模再测算研究[J].统计与信息论坛,2024,39(4):3-15.

[7] 刘建平.数字经济对经济增长的影响:数字产业化的中介效应[J].中国商论,2022(17):1-5.

[8] 宋旭光,何佳佳,左马华青.数字产业化赋能实体经济发展:机制与路径[J].改革,2022(6):76-90.

[9] 徐建斌,彭瑞娟.企业所得税优惠政策对数字经济企业研发投入的激励效应研究[J].税务研究,2022(7):70-75.

第八章　数字经济背景下经合组织与联合国的应对

教学目标

1. 熟悉经合组织"双支柱"方案的核心要点、内在创新。

2. 熟悉联合国为应对数字经济的冲击在调整税收制度方面做出的探索与尝试。

3. 了解税收变革的发展路径、目前局限与未来展望。

课程思政元素

国际视野；时代精神；合作共赢

本章导读

在数字化经济时代，信息传播更加便捷，技术手段使得各类商品与服务得以在更广泛的地区进行交易。国家边界已不再是决定数字产品或服务销售地点的唯一因素，这无疑削弱了政府对这些企业征税的能力。随着数字交易与收入价值的持续增长，相较于实体企业，这些交易与收入在税收中所占比例的失衡，为政府制定针对数字经济征税的有效政策提供了有力依据。党的二十大报告中强调了数字经济的重要性，并提出了推动数字经济和实体经济深度融合的战略目标，这为数字经济税收政策的制定提供了指导思想。

以印度尼西亚为例，鉴于数字服务提供商的市场规模，印度尼西亚有着巨大的潜力获取此类潜在税收收入。随着印度尼西亚互联网用户普及率的逐年提升，数字商品和服务的销售无疑将成为其国家财政支出的重要资金来源。然而，印度尼西亚在多年时间里并未充分利用这一潜在税收来源。相较于澳大利亚和新西兰等其他司法管辖区，印度尼西亚在数字经济税收管理方面尚存在一定差距。2020年，印度尼西亚政府颁布第2号法律，明确了通过增值税征收间接税以及通过收入或电子交易税征收直接税的相关规定，这标志着印度尼西亚在数字经济征税方面取得了重要进展。因此，有关数字税收的很多问题亟待解决：数字经济背景下各国应该如何对国际税收进行改进？从数字经济中收取税收有哪些挑战？往后税收征管的发展将何去何从？

第一节　经合组织的指引方案

21世纪以来，数字经济的快速发展为全球经济注入了新的增长动力，通过互联网、移动技术、云计算和大数据等数字技术的应用,企业能够创新商业模式、产品和服务,推动经济增长和创新。新兴技术的运用从各个方面降低了企业的基础设施、营销、生产等成本,大大提高了企业的竞争力。

然而,数字经济在带来机遇的同时,也带来了一些挑战。数字技术的广泛应用使高技能工人与资本所有者能够获得更高的收入,而低技能工人的收入却相对较低,这加剧了收入不平等。数据隐私问题也是数字经济面临的挑战之一。随着企业大规模收集个人数据,并将其用于营销和其他商业目的或销售给第三方,个人数据的隐私和安全问题日益突出。

数字经济的特性还带来了税收方面的挑战,数字产品和服务的全球交易与传输导致税收征管的复杂性增加,需要解决税收权益分配、利润转移和避税等问题,对传统税收规则提出了挑战。特别是利润转移至低税率地区的行为,可能导致税基侵蚀和利润转移(base erosion and profit shifting,BEPS),损害国家的税收收入。为了应对这些挑战,国际社会需要加强国际税收合作,采取反逃税措施,如共同申报准则(common reporting standard,CRS)等,以加强全球税收合规和打击逃税行为。经合组织呼吁各国政府采取一系列措施来应对数字经济带来的挑战,包括投资数字基础设施建设、促进数字技能培训、加强数据隐私保护、加强网络安全措施以及制定公平的税收政策,以有效应对数字经济所带来的挑战。这些举措的实施将有助于推动数字经济的可持续发展,促进经济的包容性和公平性,确保税收公平和稳定。作为世界重要的经济组织之一,经合组织也为如何应对数字经济带来的税收征管挑战贡献了自己的智慧。

一、BEPS 行动计划

2008 年全球金融危机之后,各国加强了对偷税漏税的监管,针对跨国企业偷逃税的诉讼日益增多。例如 2015 年英国正式推行"转移利润税"(diverted profits tax),包括谷歌、苹果在内的多家跨国公司面临被征收该项税收的局面。据经合组织统计,每年因避税造成的税基侵蚀在 1000 亿~2400 亿美元。为此,2012 年 20 国集团(G20)财长和央行行长委托经合组织对全球税基侵蚀和利润转移问题开展研究。BEPS,是指部分跨国企业利用各国的税制差异和征管漏洞,恶意向低税或免税地区转移利润,造成全球总体税负最大限度地减少,从而对各国税基造成侵蚀。2013 年 6 月,经合组织发布了 BEPS 行动计划,共包含 15 个行动项目,涵盖数字化经济、利润转移、税收协定滥用、转移定价等方面,旨在解决跨国企业滥用税收规则、转移利润和侵蚀税基的问题,并增强国际合作和透明度,以确保公平的国际税收体系。以下是 BEPS 行动计划的 15 个行动项目。

行动 1:应对数字经济的税收挑战(Address the Tax Challenges of the Digital Economy)

行动 2:消除混合错配安排的影响(Hybrid Mismatch Arrangements)

行动 3:制定有效受控外国公司规则(Designing Effective Controlled Foreign Company Rules)

行动 4:对利用利息扣除和其他款项支付实现的税基侵蚀予以限制(Limiting Base Erosion via Interest Deductions and Other Financial Payments)

行动 5:考虑透明度和实质性因素,有效打击有害税收实践(Countering Harmful Tax Practices)

行动 6:防止税收协定优惠的不当授予(Preventing Treaty Abuse)

行动 7:防止人为规避构成常设机构(Preventing Artificial Avoidance of Permanent Establishment Status)

行动 8~10:无形资产转让定价指引(Transfer Pricing Revisions)

行动 11:衡量和监控 BEPS(Measuring and Monitoring BEPS)

行动 12:强制披露规则(Mandatory Disclosure Rules)

行动 13:转让定价文档和国别报告(Transfer Pricing Documentation and Country-by-Country Reporting)

行动 14:使争议解决机制更有效(Making Dispute Resolution Mechanisms More Effective)

行动 15:制定用于修订双边税收协定的多边协议(Developing a Multilateral Instrument)

这些行动旨在解决跨国企业滥用税收规则、转移利润和侵蚀税基问题,并增强国际合作和透明度,以确保公平的国际税收体系。每个行动项目都有着具体的目标和推荐措施,以应对不同方面的税基侵蚀和利润转移挑战。

(一)国别报告

为配合 BEPS 行动计划行动 13:转让定价文档和国别报告,要求跨国企业向税务机关提供有关其全球运营、利润和税务情况的详细信息,经合组织于 2015 年提出国别报告(Country-by-Country Reporting,CbCR)。CbCR 作为 BEPS 行动计划的一部分,旨在增强税收透明度和信息披露,应对跨国企业利润转移和税基侵蚀的问题。CbCR 要求,跨国企业需要向其总部所在国的税务机关提供一份报告,其中包括企业在各国家或地区的利润、纳税额、雇员人数、资产和营业额等信息。这些信息将被共享给其他参与国家的税务机关,以加强税务信息的交流和合作。通过国别报告,税务机关能够更好地了解企业全球运作情况,监测利润转移和税基侵蚀的情况,并进行更有效的税收审查和监管。这将有助于确保企业按照其实际经济活动在各国缴纳应纳税额,减少利润转移和不当避税行为。CbCR 的具体要求可能会因国家或地区的法规和规定而有所不同,但通常包括以下要素。

(1)报告实体信息:报告需要包括跨国企业的基本信息,如名称、注册地址和税号等。

(2)全球运营信息:报告需要提供涵盖全球范围的运营信息,包括企业在各国家或地区的子公司、分支机构和关联企业的清单。这些信息包括这些实体的名称、注册地址、所在国家或地区、业务性质等。

(3)财务信息:报告需要提供有关企业全球范围内的财务信息,包括利润、纳税额、未分配利润、缴纳的税款、净营业额、资产和负债等。这些信息通常根据各国的会计准则和报告要求进行填报。

(4)雇员信息:报告需要提供企业在各国或地区的雇员人数,包括全职和兼职员工等。

(5)资产和营业额信息:报告需要提供企业在各国或地区的资产和营业额的详细信息,以便了解企业在不同国家或地区间的经济活动规模。

(6)主要业务活动和商业模型:报告需要提供关于企业主要业务活动和商业模型的信息,以便了解企业的运作方式和利润分配。

(7)知识产权和研发活动:报告需要提供关于企业在各国或地区的知识产权和研发活动的信息,以便评估知识产权的转移和利润分配情况。

(8)税务信息和筹划安排:报告需要提供企业在各国或地区的税务信息,包括纳税义务、享受的税收优惠、与税务当局的争议等。此外,还需要披露企业的税务筹划安排,如涉及跨国利润转移的具体安排。

这些信息将由跨国企业编制并提交给其总部所在国的税务机关。随后,这些信息将根据相关协定和安排,与其他参与国的税务机关进行信息共享和合作,以加强税收透明度和合规性监测。

CbCR详尽地揭示了企业在全球范围内的运营信息,为跨国企业解决利润分配问题提供了有力支持。通过报告中的数据,税务机关得以全面了解企业在各国或地区的经济活动规模、资产和营业额等信息,从而更准确地评估企业在各国或地区应缴纳的税款,有效避免利润被不当转移至低税率管辖区域。此外,该报告还深入揭示了跨国企业利润转移和税基侵蚀的情况,为税收规则的完善提供了宝贵的实证依据。这不仅推动了税收规则的优化,使其更好地适应全球化经济的发展,还有助于提升全球税收治理水平,促进国际社会的协作,共同应对跨国税收挑战。

(二)BEPS 多边公约

《实施税收协定相关措施以防止税基侵蚀和利润转移的多边公约 (Multilateral Convention to Implement Tax Treaty Related Measures to Prevent Base Erosion and Profit Shifting)》(以下简称《公约》)的发布,旨在实施税收协定的相关措施,以遏制税基侵蚀和利润转移。该公约针对 BEPS 第二项行动计划(消除混合错配安排的影响)、BEPS 第六项行动计划(防止税收协定优惠的不当授予)、BEPS 第七项行动计划(防止人为规避构成常设机构)以及 BEPS 第十四项行动计划(使争议解决机制更有效)的成果建议进行了

实施税收协定相关措施以防止税基侵蚀和利润转移的多边公约

整合与实施。《公约》于 2016 年 11 月签署,其中包含了一系列措施和规定,主要内容有:

(1)最低标准和最优待遇。《公约》规定了一系列最低标准,包括国际税收规则的适用范围,以及避免滥用税收协定的规定。《公约》还确保了所有缔约方享有相等的权利和义务。

(2)预防税基侵蚀和利润转移的措施。《公约》包括一系列措施,旨在防止企业通过人为安排和合同设计来转移利润或减少纳税义务。这些措施包括限制利息扣除、控制关联方转移定价、避免滥用税收协定等。

(3)强化税务透明度。《公约》要求缔约方共享企业信息,包括跨国企业的财务和税务信息。这有助于国家税务机关更好地了解企业的全球运营情况,并遏制不透明的税收安排。

(4)持续监测和评估。《公约》建立了一套监测和评估机制,以确保缔约方按照公约的规定履行自己的义务,并在必要时进行调整和改进。

(5)纠纷解决机制。《公约》设立了一套纠纷解决机制,以解决涉及税收争议的问题。这有助于减少因不同国家之间的税收规则和解释差异而引发的争端。

截至 2023 年 1 月,有 137 个国家和地区成为《公约》的缔约方。其中,欧洲地区包括法国、德国、英国、意大利、西班牙、荷兰等国家和地区;美洲地区包括日本、加拿大、墨西哥、阿根廷、巴西、智利、哥伦比亚等国家和地区;亚洲地区包括日本、韩国、印度、印度尼西亚、马来西亚、新加坡等国家和地区;大洋洲地区包括澳大利亚和新西兰等国家和地区;非洲地区包括南非、摩洛哥、肯尼亚、尼日利亚等国家和地区。

《公约》在现实和理论上都具有重要意义。在现实上,它提供了一系列措施和规定,帮助防止税基侵蚀和利润转移。同时要求缔约方共享企业的财务和税务信息,促进了税务机关之间的信息交流和合作,遏制不透明的税收安排,增强税收透明度。《公约》还设立了一套纠纷解决机制,有助于降低不同国家或地区之间因税收规则和解释差异而引发的争端,促进跨国或地区税收合作和协调。在理论上,它根据公平税收原则为国际税收合作提供了一个框架,强调了跨国或地区合作和合作行动的重要性,推动规范全球税收标准。同时,《公约》充分考虑了全球化和数字化经济的现实,鼓励各国加强其国内税收规则和标准,推动了税收规则和实践的改进,以更好地适应变化的商业模式和国际经济环境。这些方面的综合作用有助于建立更公平、透明和可持续的国际税收体系。

二、双支柱方案

近年来,越来越多的国家面临着应对经济数字化和全球化发展给税收领域带来的诸多挑战。鉴于此,OECD/G20 包容性框架持续推进"应对经济数字化带来的税收挑战"项目(BEPS 2.0 项目),致力于建立一个更公平、更高效的国际税收框架。该项目最初于 2020 年 10 月 12 日提出,目前已在全球范围内取得了一系列重要的进展。

双支柱方案(Two-Pillar Solution)由支柱一方案和支柱二方案构成。其中,支柱一方案旨在解决超大型跨国集团利润重新分配问题;支柱二方案旨在设定全球最低税,解决大型跨国集团利用低税地转移利润和税收逐底竞争问题。支柱一方案和支柱二方案共同组成了应对经济数字化税收挑战的多边方案,以确保跨国集团缴纳公平份额的税款。BEPS 2.0 项目是在全球范围内针对数字经济征税问题的重大改革,自 2021 年 7 月 OECD 就"双支柱"方案发布声明(以下简称"《七月声明》")以来,OECD/G20 包容性框架推进的 BEPS 2.0 项目已经取得了显著进展(见图 8-1)。

(一)支柱一方案

支柱一方案由金额 A、金额 B 和税收确定性三部分组成。金额 A 是为应对经济数字化税收挑战,对大型跨国公司在其拥有消费者的辖区所获得的部分剩余利润进行公式化的重新分配,赋予市场所在辖区对该应税利润的征税权,是支柱一的最重要组成部分。金额 B 是通过简化运用独立交易原则,确定对跨国集团所从事的基本营销和分销活动的回报。税收确定性则是指,对于金额 A 适用范围内的跨国集团,通过强制有约束力的争议预防与解决机制,避免金额 A 的双重征税。税收确定性机制的相关细节,仍尚待确定。

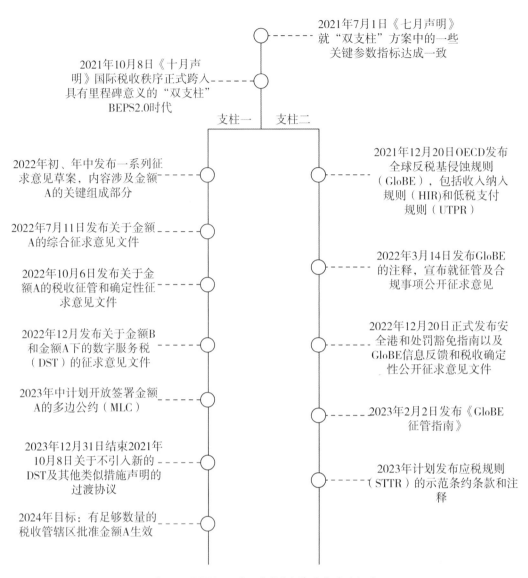

图 8-1 BEPS 2.0"双支柱"发展的主要时间点

1. 金额 A

在引入金额 A 之前,经合组织对支柱一的最初建议仅侧重于基于公式的分摊方法,以将利润重新分配给市场管辖区。然而,人们担心仅根据销售额、劳动力和用户群等因素来确定适当的公式和分配利润,可能会变得复杂并产生潜在争议。为了解决这些问题,经合组织引入了金额 A 的概念,作为重新分配跨国企业部分利润的一种更简单、更可预测的方法。金额 A 是根据跨国企业的全球营业额和盈利能力,按认定利润额的固定百分比计算的。

金额 A 的计算包括以下步骤。

(1)全球营业额(global turnover):跨国企业的全球营业额由其在全球所有来源的收入总和决定。

（2）盈利能力阈值（profitability threshold）：跨国企业的盈利能力根据指定阈值进行评估。如果跨国企业的盈利能力超过阈值，则需进行金额 A 的计算。

（3）推定利润额（deemed profit amount）：推定利润额的计算方法是对跨国企业的全球营业额采用一个固定的百分比。

（4）计算金额 A。

2023 年 10 月 11 日，OECD 正式发布《实施支柱一金额 A 的多边公约（The Multilateral Convention to Implement Amount A of Pillar One》，其中明确说明市场辖区有权针对全球收入超过 200 亿欧元且总利润超过其全球收入 10% 并与该国市场有明确联系的跨国企业集团，就其 25% 的剩余利润（超过其总收入 10% 的集团利润）行使征税权。该公式规定金额 A 的分配根据跨国企业在各辖区的销售额与其全球销售额的比例确定。这种方法提供了一种直接、透明的利润分配方法，减少了潜在的争议和行政复杂性。

实施支柱一中金额 A 的多边公约

2. 金额 B

支柱一的最初建议侧重于采用单一的基于公式的分摊方法将利润重新分配给市场管辖区。然而，仅根据销售额、劳动力和用户群等因素来确定适当的公式和分配利润，会非常复杂，并可能引起争议。为了解决这些问题，经合组织引入了金额 B 的概念，作为利润重新分配的补充方法。金额 B 允许根据具体经济因素对利润进行更细致的分配。

2024 年 2 月 19 日，OECD 发布了关于金额 B 的最终报告，标题为《支柱一——金额 B（Pillar One-Amount B）》。该报告围绕金额 B 展开的工作旨在支持各国达成一种方法，根据公平交易原则，为发生在市场管辖区确定的基础营销和分销活动计算固定回报，旨在简化和精简独立交易原则在境内基础营销和分销活动中的应用，重点关注税收征管能力偏低国家的需求。

各管辖区可以选择对符合条件的基础分销商的合格交易适用新的简化和流程化方法（simplified and streamlined approach）。该报告中的指南列出了范围内分销商的特征，其主要是有形货物的批发，而非有形商品、服务和大宗商品不在范围内。

该简化方法还提供了一个定价框架，它基于行业分组、运营费用/销售额和资产密集度的不同维度，营业利润率的范围从 1.5%～5.5%。在应用定价矩阵时，还设计了上下限以限制运营费用，从而间接对利润率产生影响。

该报告最后还就文档、过渡问题和税收确定性考虑因素提供了指导。

3. 税收确定性

在引入经合组织的双支柱解决方案之前，跨国公司在数字经济中税收的确定性和双重征税的可能性日益受到关注。企业的数字化和对无形资产的日益依赖，使传统税收规则在有效获取和分配利润方面面临挑战。针对这些问题，经合组织将税收确定性作为支柱一的关键要素。税收确定性旨在为跨国企业在不同司法管辖区的纳税义务提供更高的可预测性和清晰度，减少双重征税风险以及与税务机关的争议。

支柱一下的税收确定性框架包括以下几个主要特点。

（1）具有约束力的强制性争议解决：跨国企业和税务机关可商定具有约束力的争议解

决机制,以解决因适用利润分配规则而产生的任何争议。这为解决分歧提供了一个正式、公正的机制。

(2)预先定价协议(Advance Pricing Agreement,APA):跨国企业可与税务机关签订APA,就其跨境交易的适当转让定价政策和利润分配方法达成一致。APA提供了更大的确定性,降低了未来争议的风险。

(3)简化合规程序:经合组织鼓励各国对跨国企业实施简化的合规程序,如简化报告要求和减少文件负担。这有助于减少行政复杂性,降低企业成本。

(4)共同协议程序(Mutual Agreement Procedure,MAP):共同协定程序是一种机制,允许跨国企业在面临不同司法管辖区不一致的税收待遇时寻求双重征税减免。经合组织提倡有效利用共同协议程序来解决争端,确保税收的确定性。

税收确定性在促进数字经济中的投资、经济增长和创新方面发挥着至关重要的作用。税收确定性为跨国企业提供了更高的可预见性和更清晰的纳税义务,从而减少了不确定性,鼓励企业扩大经营和创造就业机会。税收确定性还能促进税务机关与跨国企业之间建立更加合作和协作的关系,从而推动建立更加稳定和透明的国际税收环境。

(二)支柱二方案

支柱二方案的总结

经合组织双支柱解决方案的支柱二方案侧重于实施全球最低税率,以应对跨国企业的税基侵蚀和利润转移行为。全球最低税率与全球税基侵蚀和利润转移规则相结合,确保跨国企业无论位于何处,都要对其利润缴纳最低税率,以防止避税并促进更公平的国际税收制度。

1.全球最低税率

全球最低税率旨在解决人们对避税和国家间税收竞争的担忧。它旨在确保跨国企业在其经营所在国缴纳公平份额的税款,无论其利润在哪里入账。全球最低税率通过确定最低税率水平,阻止利润转移,促进企业在更公平的环境中竞争。

支柱二将全球最低税率设定为15%,该税率的执行需要各国通过国内立法或多边协定来配合。全球最低税率适用于符合特定标准的跨国企业,如全球营业额超过特定门槛(最初定为7.5亿欧元)。确定跨国公司的税前利润后,市场国将根据其各自规定的不低于15%的税率进行征税。如果跨国公司在某一司法管辖区的实际税率低于全球最低税率,则可征收补税,使实际税率达到最低水平。

全球最低税率的具体细节,包括确切税率、起征点和反税基侵蚀规则,仍有待各国之间的持续谈判和讨论。经合组织的目标是最终确定第二支柱的设计和实施,包括全球最低税率,作为更广泛的双支柱解决方案的一部分。

最低税率执行手册(支柱二)

2.全球反税基侵蚀规则

全球反税基侵蚀规则(GloBE)旨在防止跨国企业人为地将利润转移到低税率地区,以逃避缴纳其应缴纳的税款。该规则主要包括收入纳入规则(Income Inclusion Rule,IIR)、低税支付规则(Undertaxed Profits Rule,UTPR)、合格的国内最低附加税(Qualified Domestic Minimum Top-up Tax,QDMTT)和纳税规则(Subject to Tax Rule,STTR)。IIR规定了跨国公司应纳税所得额的计算规则,UTPR和QDMTT

规定了进一步防止利润转移的附加税规则,STTR 则提供了 GloBE 规则适用的门槛。

(1)收入纳入规则:根据收入纳入规则,实际税率低于全球最低税率的司法管辖区的母公司必须将其外国子公司的未分配利润计入其应纳税收入。这确保了跨国企业的利润至少按全球最低税率纳税。

外国子公司未分配利润的计算方法是,从其息税前利润(earnings before interest and taxes,EBIT)中减去子公司支付的税款,然后用这一数额乘以代表母公司在子公司中所有者权益的分数。

收入纳入规则在支柱二中发挥着至关重要的作用,它确保跨国企业无法通过将利润转移到低税率地区来逃避纳税。它还规定了跨国企业的最低征税水平,促进了更公平的竞争,减少了利润转移的动机。

(2)低税支付规则:UTPR 允许司法管辖区对跨国企业在另一司法管辖区低于全球最低税率的利润征收补税。这可以防止跨国企业将利润转移到低税率的司法管辖区,以避免缴纳其应缴纳的税款。UTPR 还包括防止双重征税的机制,如外国税收抵免和豁免,以确保跨国企业不会因相同利润而被双重征税。通过征收附加税,该规则促进了更公平的竞争,为企业创造了更公平的竞争环境。关于 UTPR 的细节,包括具体的最高税率、起征点和反双重征税措施,仍有待各国之间的持续谈判和讨论。

(三)观察与展望

BEPS 2.0 项目是一项涉及范围广泛且复杂度高的全球性税收变革,其需要全球各国和地区的持续反馈。在各国和地区持续参与包容性框架这一重要工作的同时,也需要将商定的支柱二与其国(地区)内现有的国际税收规则和税收遵从规定相结合,并将 GloBE 规则纳入其整个税收立法、监督管理体系。同时,各国和地区还需要持续关注其他司法管辖区的做法,并采取必要的行动来应对包容性框架谈判的发展。此外,包容性框架在未来几年将在同行评审和行政指导过程中持续承担责任,这需要监测各司法管辖区如何运作和管理其实施的支柱二规则,并解决实务中出现的技术问题。

BEPS 2.0 项目正处于关键阶段,然而,当前不仅美国和其他一些国家的加入存在不确定性,欧盟也已宣布,在支柱一无法实施时将提出备选方案。因此,关于支柱一实施的关键问题,即是否将有足够数量的国家签署多边公约,仍然未决。支柱二的 GloBE 规则已在部分国家和地区实施生效。包容性框架所同意的制度设计已体现在 GloBE 规则立法模板、评注和第一批的管理指引,以及规则生效初期的过渡性安全港安排中,这也为各国和地区制定符合上述制度设计框架的法律提供了坚实基础。然而,即使各国和地区正在启动立法程序,但支柱二在实施进展方面仍有许多问题需要解决,包括如何确保政策实施的一致性。为确保税收确定性,在公众征求意见的文件中经常提到"同行评审机制",然而实施同行评审的前提是需要制定发布同行评审方法和评估标准。此外,GloBE 规则和支柱一之间如何互补并发挥协同作用仍需进一步明确。

由于 GloBE 规则已于 2024 年开始在部分国家和地区生效,跨国公司现在需要专注于必要的准备工作,如关注包容性框架和相关司法管辖区的发展;对潜在影响进行建模估算;评估过渡性安全港的适用性,包括调整使用国别报告的方法以符合安全港资格要求的可能性;识别对比数据差异,确定需要更新的系统和流程,以履行合规义务;就税收、财务和运营影响以及技术和资源需求在整个组织内进行沟通等。同时,跨国公司应密切关注正在进行的关于金额 A 和金额 B 的包容性框架谈判,并留意相关辖区可能采取单边行动措施的情况,以更精准、高效地应对全球税收征管制度的变革。

第二节　联合国的应对措施与方案

一、税收协定范本

《税收协定范本》全称为《发达国家与发展中国家间双重征税协定范本(United Nations Model Double Taxation Convention between Developed and Developing Countries)》,由联合国贸易和发展会议的国际财务法律小组制定。它旨在为国际税收协定提供指导和参考,帮助各国制定双重征税协定,以避免同一收入或资产受到多次征税,并防止税收逃避和避税行为。《税收协定范本》的提出背景可以追溯到二战后经济与贸易的快速发展。随着国际贸易和投资的快速发展,各国之间开始出现双重征税的问题,这对纳税人和跨国公司的发展造成了多种负面影响。首先,双重征税意味着同一收入或资本在多个国家之间被重复征税,这将增加纳税人和跨国公司的税负、降低可支配收入和利润,从而影响其盈利能力和可持续性,并导致跨国公司在国际市场上的竞争力下降,最终形成资源流失、投资减少以及失业率上升的结果。其次,双重征税可能阻碍跨国公司的直接投资和国际业务扩展。如果一个国家同时对跨国公司的境内和境外收入征税,公司可能面临较高的风险和不确定性,降低对该国的投资吸引力。这可能导致投资资金流向税负较轻的国家,减少了在受双重征税影响国家的经济发展机会。最后,双重征税还可能限制资金在国家之间的自由流动。纳税人可能会面临更高的税务合规成本和复杂的税收程序,限制了资金的有效配置和流动性。这可能导致资本外流、投资减少和经济增长放缓。

为了解决双重征税问题,联合国提出了《税收协定范本》,以协调税收事务、减少重复征税并促进合作。该范本包含了一系列标准的条款和规定,涵盖了许多重要的税收议题,包括税收管辖权、所得税、资本利得税、企业所得税、个人所得税等方面的规定。它提供了一种平衡的方法,以确保在国际交叉边境的情况下,税收权益得到合理的保护和分配,从而为纳税人和跨国公司提供更可预测和稳定的税收环境。

《税收协定范本》作为一份指导性文件,为各国提供了一种模板,协定双方可以根据自身情况和需要进行调整和修改,以适应双边税收协定的谈判和签订。它也为国际税收政策和实践提供了一种共同的基础,促进了全球范围内的税收合作和协调。该协定主要包括以下内容。

(1)税收管辖权和避免双重征税原则:范本明确了国家之间分配税收管辖权的原则,以避免同一收入或资本被多个国家同时征税。根据范本,税收权在一国或双方协商后分配,通常基于居民国原则或源泉国原则。

(2)所得税和资本利得税规定:范本提供了有关所得税和资本利得税的具体规定,包括税率、避免双重征税的机制、避免偷漏税的合作和信息交流等方面的内容。

（3）企业所得税和个人所得税规定：范本涵盖了企业所得税和个人所得税方面的规定，以确保企业和个人在跨国经营与跨境收入方面的公平征税。

（4）税收争端解决机制：范本提供了一些税收争端解决的机制，以协助国家解决可能出现的税收争议和纠纷。

（5）防止税收逃避和避税规定：范本强调了防止税收逃避和避税行为的重要性，并提供了一些合作和信息交流的机制，以促进税务机关之间的合作。

《税收协定范本》是国际税收法的重要组成部分，在避免双重征税，减轻纳税人的税收负担，促进国际贸易和投资的发展，维护税收公平、防止税收流失和加强各国政府之间的合作、共同打击税收犯罪等方面提供了有效建议。它为国家提供了一套共同接受的税收原则、规则和机制，使税收制度更加协调、高效和公正，为纳税人和跨国公司提供更稳定和可预测的税收环境，促进经济增长和国际贸易的发展。

二、针对数字经济的条例创新

数字经济的快速发展给全球税收体系带来了许多挑战，包括税收基础侵蚀和利润转移等问题。为了应对新经济形态对国际税收制度的挑战，联合国对《税收协定范本》中关于数字经济的内容做出了一定修改，一些国家也开始探索修改现有的双边税收协定以适应新的税收问题。例如一些国家考虑通过征收数字服务税来解决数字经济的税收挑战。这些税收政策的规定旨在针对数字服务提供商，特别是跨国科技公司，通过征收营业税或销售税来捕捉其在该国的收入。也有一些国家通过审查和修改企业所得税规则，重新定义企业的税收居民地、确定数字经济活动的征税权以及调整利润分配规则等，以适应数字经济的特点。对于数字经济带来的数据这一新生产要素，也有国家对其提出相应要求。一些国家要求跨国公司在本地存储和处理数据，以确保能够对数字经济活动所产生的收入征收。这种数据本地化要求可能会涉及税收协定的修改，以解决数据隐私和安全等问题。数字经济同时创造了涉及用户数据和知识产权的利用等新价值。因此，一些国家还修改了税收协定，以确保在数字经济中创造的价值能够在合适的地方征税。

数字经济的税收问题非常复杂，且不同国家对此的看法和措施可能存在较大差异。因此，具体针对数字经济的税收协定修改将取决于各国之间的谈判和协商，以找到一种全球共识和平衡各方利益的解决方案。联合国针对其的应对策略则是增加了与数字经济相关所得的税收要求。

（一）12A 技术服务费

2017 年 7 月 25 日，联合国秘书处发布了《税收协定范本》的 2017 年版。2017 年版《税收协定范本》对第 12A 条技术服务费（fees for technical services）进行了修改，其主要内容如下。

《税收协定
范本(2017)》

1. 定义

技术服务费是指支付与工业、商业或科学经验有关的知识、信息、概念、方法、技术、设计、图纸或模型的提供相关的任何款项。

2.征税权

技术服务费的征税权属于技术服务提供者所在国。但是,如果技术服务提供者在技术服务受领者所在国有一个常设机构,并且该常设机构与技术服务费的提供有实质性联系,则技术服务费的征税权属于技术服务受领者所在国。

3.税率

技术服务费的税率不得超过技术服务提供者所在国的国内法所规定的税率。但是,如果技术服务提供者在技术服务受领者所在国有一个常设机构,并且该常设机构与技术服务费的提供有实质性联系,则技术服务费的税率不得超过技术服务受领者所在国的国内法所规定的税率。

4.减免税

如果技术服务提供者在技术服务受领者所在国没有常设机构,或者该常设机构与技术服务费的提供没有实质性联系,则技术服务费可以享受减免税的待遇。减免税的具体条件由技术服务受领者所在国的国内法规定。

(二)12B 自动化数字服务收入

2021 年 11 月 22 日,联合国秘书处发布了《税收协定范本》的 2021 年版。2021 年版《税收协定范本》对第 12B 条自动化数字服务收入(income from automated digital service)进行了修改,主要有以下内容。

1.定义

自动化数字服务收入是指通过数字技术提供的服务,包括但不限于:在线广告服务、搜索引擎服务、社交媒体服务、云计算服务、电子商务服务、在线游戏服务、在线教育服务、在线医疗服务和在线金融服务。

2.征税权

自动化数字服务收入的征税权属于自动化数字服务提供者所在国。但是,如果自动化数字服务提供者在自动化数字服务受领者所在国有一个常设机构,并且该常设机构与自动化数字服务收入的提供有实质性联系,则自动化数字服务收入的征税权属于自动化数字服务受领者所在国。

3.税率

自动化数字服务收入的税率不得超过自动化数字服务提供者所在国的国内法所规定的税率。但是,如果自动化数字服务提供者在自动化数字服务受领者所在国有一个常设机构,并且该常设机构与自动化数字服务收入的提供有实质性联系,则自动化数字服务收入的税率不得超过自动化数字服务受领者所在国的国内法所规定的税率。

4.减免税

如果自动化数字服务提供者在自动化数字服务受领者所在国没有常设机构,或者该常设机构与自动化数字服务收入的提供没有实质性联系,则自动化数字服务收入可以享受减免税的待遇。减免税的具体条件由自动化数字服务受领者所在国的国内法规定。

随着数字经济的快速发展,传统税收规则已经难以适应数字经济的需要。为了解决这一问题,联合国对《税收协定范本》进行了相应修改,引入了 12A 技术服务费和 12B 自动化数字服务收入的内容,为数字经济时代的税收征管提供了新的方案。这些修改的目的之一是避免数字经济因跨境性质导致的双重征税问题。通过明确技术服务费的征税权,12A 和 12B 的加入有效地避免了双重征税的发生。

新条款的加入不仅有助于解决税收问题,还促进了国际贸易和投资的发展。数字经济在国际贸易和投资中扮演着重要角色,而 12A 和 12B 的加入为数字经济时代的国际贸易和投资提供了更加透明和稳定的税收环境。这有利于各国之间的贸易和投资活动,为经济增长提供了支持。此外,这些修改还有助于维护税收公平,并加强国际合作。随着数字经济的快速发展,出现了新的税收挑战,其中包括税收流失的问题。通过引入 12A 和 12B,税收协定能够更好地应对这些挑战,维护税收公平,防止税收流失的发生。它们还为各国政府在数字经济领域的合作提供了新的平台,有利于加强国际合作,共同打击数字经济领域的逃税行为。

总之,《税收协定范本》的修改为各国能够更好地适应数字经济的发展、避免双重征税、促进国际贸易和投资、维护税收公平、加强国际合作提供了有效参考。这些举措为数字经济时代的税收征管提供了更加健全和适应性强的框架。

第三节　税收变革的展望

一、发展路径与宏观愿景

(一)税收征管变革的发展路径

税收征管工作通常遵循一系列连贯的程序进行。总体而言,该流程涵盖了纳税人或实体的识别、交易和收入的必要申报、税收规则适用性的判断、应纳税额的计算、税款缴纳、稽查、执法和救济等方面。

随着技术的不断发展,越来越多的传统纸质和手工流程逐步实现了数字化,这使得行政管理部门和政府内部能够更便捷地共享数据、整合第三方数据并运用功能更强大的分析工具。尽管不同国家税务机关在数字化进程中所处的阶段各不相同,但都在向着现代化税务机关的方向迈进。数字化程度的提高和新分析工具的应用,极大地提高了税收征管的质量和效率,并不同程度地减轻了不同纳税人群体的遵从成本。目前的进展情况包括:①通过第三方引入更多经过验证的报告/交叉验证的信息(如将来自金融中介机构、政府其他部门、其他纳税人和其他税务机关的信息集成到税收征管操作处理中);②采用信息质量可靠性更高的申报系统(如增值税发票的数字化、在线收银机、在财务系统会计软件中嵌入基本税收规则等);③改进税收风险/税收遵从度识别,通过使用更多维度的"大数据"和先进的分析技术来提升风险评估模型;④改善纳税人服务,通过电子申报、电子支付、在线自助服务以及针对性地提供帮助(如在线语音或文字)等方式,这些改进为纳税人遵从税法提供便利(更容易理解和履行相关义务),从而降低税法遵从成本。

(二)税收征管 2.0 架构的局限性

虽然税收征管 2.0 模式带来了诸多益处,但其现有的架构对预期结果的实现仍存在显著制约。这些架构性制约可能导致在税法遵从、遵从成本及税款征收等方面持续出现问题，具体进行如下简要阐述。

1.严重依赖自愿遵从

在税收征管体系中，纳税申报、计算和缴纳税款通常是强制性的，并非基于自愿的。然而，广泛使用"自愿遵从"一词揭示了纳税人在某些方面拥有选择性。他们可以根据自己的意愿来决定是否遵从税法，这包括为确保合规而付出的努力程度。例如，保留税收档案、正确填写申报表、解决疑问以及遵守申报规则和截止期限等。

目前，税务机关已采取多种措施来提升纳税人的遵从意愿，如提供数字化服务和新的征纳互动渠道，以及实施更多以纳税人为中心的政策。然而，如果纳税人仍选择不遵从，不论是出于故意（低遵从意愿）还是未能采取合理的谨慎措施而导致的错误（如遵从能力不足），都会导致大量税款流失。为了评估税收缺口的收入影响，一些国家政府采用税收缺口分析来估计应征税款与实际征收税款之间的差异。根据多个自由贸易协定（FTA）成员的估计数据，FTA成员间的平均税收缺口合理估计范围可能在5%～10%。

2.税收成本较高

在雇员采用按收入扣缴（pay-as-you-earn，PAYE）系统的情况下，税收通常会被整合至雇主的工资核算体系中。然而，税收征收体系的其余部分，尤其是个人所得税义务（如资本收益、租金收入等），其税收规则和要求通常并不会被纳入其自身的业务管理系统。相反，纳税人需要主动采取措施去理解、处理、计算和报告其纳税义务，并为税务审计保留必要的记录。虽然确切的税务合规成本很难量化，但很多研究显示其货币成本和机会成本都可能非常高。举例来说，欧盟委员会在支持复苏战略的公平和简单税收行动计划中指出，中小企业的税务合规成本可能高达其已缴税款的30%。

3.税收通常为"下游"活动

在纳税期间结束后，税款的计算、申报与支付流程需依法进行。相较之下，增值税的申报频率通常高于个人或企业所得税。税务机关将对纳税人提交的信息进行严谨的评估与核查，一旦发现潜在风险或随机抽查发现问题，将启动税务审计流程，其涵盖案头审计至全面现场审计的不同范围。税收的"下游"特性可能增加税收的不确定性，进而对财务规划、现金流管理及投资决策造成影响，并增加评估与核查阶段的额外成本。此外，应税事件与申报纳税之间存在的时间差，也可能引发支付风险。

4.税收征管活动与其他政府管理工作相独立

虽然当前政府越来越多地关注通过"整体政府"的方式来改善政务服务的质量和合规性，但总的来说不同的政府部门往往使用不同的信息系统，从而使得共享数据或打通办事流程变得困难。这样的"数据孤岛"导致了许多问题。例如，"数据孤岛"问题可能给作为人民群众的纳税人带来额外的办事负担。由于政务数据没有被"打通"，纳税人在不同的部门办事时，可能需要重复提供相同的信息。这也意味着一些人会错过他们本应享受的福利，尤其是对弱势群体而言。同时，政府如果无法将不同部门的可用信息进行匹配、整合和分析，也会使得解决欺诈问题变得更加困难。对于我国来说，随着"数字中国"战略的深入实施，"政务上云"帮助我国的共享数据和跨部门"通办"的情况不断优化。在一些领先地区或部门,已基本实现非机密级数据的物理汇聚。

(三)税收征管3.0

当前,随着各行各业数字化转型的加速推进,税务机关等社会各界既面临着前所未有的机遇,也面临着诸多挑战。这些变革为解决当前税收征管体系的结构性限制提供了契机。传统的面向纳税人的"顺序型"流程正在被改变,税务流程开始融入纳税人使用的信息系统中,成为其日常生活和生产经营的重要组成部分。这种"一体化"模式能在更大程度上实现税法遵从,并可能逐步降低纳税人的遵从成本。当然,对于经营实体或个人等税务事务不太复杂的纳税人,"嵌入式"方式更容易实现。但对于架构复杂的纳税人,如跨国企业,"直连式"税收征管方式也具有重要价值。税收征管3.0模式的核心特点如下。

1.嵌入纳税人的生产经营系统

在全社会数字化持续发展的背景下,纳税将逐步成为与纳税人日常生活和商业活动紧密相连的"无缝"体验。对于个人和经营主体而言,其商业活动及生产经营系统将日益成为税收征管流程的起点。税务机关与私营经济部门(private sector organisations)将更深入地合作,共同创新服务模式,旨在为纳税人创造价值、减轻行政管理负担,并确保结果的安全、透明和可靠。税务机关通过对征管流程的优化调整,以更好地适应纳税人的生产经营系统,将进一步推动"按设计遵从"(compliance-by-design)和"实时纳税"(tax just happening)的实践。在此背景下,纳税人需要更深入地思考和权衡是否采取"搭便车"(free-riding)或不遵从的行为,并意识到这些行为可能需要付出更多的额外行动。

2.形成弹性的"信息系统的系统(system of systems)"

在当前的税收征管体系中,企业需承担增值税、按收入扣缴等任务。随着数字平台的崛起,这些平台将逐渐成为税收征管的代理人,共同承担税收征管3.0模式下的部分征管任务。这不仅减轻了税务机关的负担,而且优化了数据处理和税收评定的流程。在未来的税收征管工作中,将形成一个由多方参与的"弹性网络",其中包括数字平台和其他可信参与者。这个网络将实现"无缝"交互,确保税收征管活动的稳定性和可靠性,避免单点故障的出现。数字平台在其中的角色将得到进一步拓展,不仅限于数据交付,还将负责征税和转移支付等核心业务。同时,这些平台将准确识别纳税人和纳税义务,并与相关方共享税务信息,以实现更高效的税收共治。这种多方参与的税收共治模式,将为税务机关提供有力的支持,确保税收征管操作稳健与结果可靠。

3.提供实时的税收确定性

为了确保税收征管流程与日常生活、商业交易和事件的步伐保持一致,我们需要进一步提高其实时性。然而,并非所有的纳税义务都可以在如此短的周期内进行确认,因此需要引入其他补充的平衡机制。其中,实时纳税人账户是一个可行的解决方案,可以高效地处理税款的缴纳和退还。在大多数情况下,税收征管3.0模式能够为纳税人提供快速且准确的税收确定性。此外,借助人工智能工具和算法的支撑,我们可以更精确地描述和评估纳税义务,并为决策提供更多的支持。

4.税收处理规则和纳税情况高度透明可信

纳税人有权实时核查税收评定结果,确保税款准确无误地缴纳。税收处理规则和纳税情况的高度透明可信,使纳税人能够清晰地了解税收规则对各类数据的适用情况,以及相关事实和背景。这为纳税人提供了对自动化和人工决策提出质疑的机会,确保了公正性。同时,广大民众和经营实体可以核对征管机关所使用的数据来源及其准确性,并对非必要用于税收征管目标的个人数据源的访问进行授权或拒绝。尽管税收法规政策可能较为复杂,但纳税人所面对的基础征管流程和税收结果将更加透明且易于了解。

5.成为"整体政府"的一个组成部分

税收将通过采用人民和企业共同参与的模式,越来越多地与其他政府服务和职能以及私营经济部门提供的服务和职能结合在一起。借助数字身份认证,税务机关将实现各业务流程与数据源之间的无缝对接,为公众和企业提供更加便捷的服务。从纳税人、受益人的角度出发,税务机关将努力实现纳税、福利和退税等方面的匹配与平衡,确保各方利益的公平与合理。

6.组织体系适应人性化和高科技化的内在要求

在面对不断变化的税收征管环境时,以纳税人为中心的视角将成为构建和管理税收征管流程的重点,并以此为出发点来构建和管理税收征管流程。其中的关键在于税务机关工作人员、征管技术以及高级分析和决策支持工具(如人工智能)的有机结合。这样的组合不仅有助于确保纳税人在日益缩减的遵从选择中仍能准确执行税法,还能有效检测税收征管体系中的潜在问题。同时,人员、流程和系统的敏捷性是至关重要的,它能够确保税收征管体系与社会、经济的变革同步,并快速应对各种环境变化,包括可能出现的危机。

税收征管的数字化转型是一项复杂的系统工程,需要多方的协同努力。虽然这一过程本质上是渐进的,但在具体实施时,必须要有明确的顶层规划和最终目标作为指导。否则,后续的增量需求变更可能会导致项目陷入困境,甚至使得系统的运维和升级工作变得困难、昂贵且低效。因此,税收征管数字化转型不仅需要政府部门和私营经济部门的通力合作,还需要制定全面、长期的战略规划,并确保相应的长期资金投入。只有这样,税务机关才能确保税收征管体系在不断变化的环境中保持高效、灵活和可持续的发展。

二、当前税收问题与困境

(一)线上平台的产生

现行税收征管模式的局限和不足主要表现在以下两个方面:第一,当前纳税服务产品和执法工具在大幅缩小税收缺口(tax gaps)方面的能力不足;第二,进一步大幅降低遵从成本的难度较大。

随着各种线上平台的日益发展,其局限和不足很可能随着国家财政和经济发展面临的压力越来越大,成为政府、纳税人和税务机关越来越关注的问题。在此背景下,实施征管模式转型已显得尤为迫切。尽管税务征管3.0模式无法完全解决现有问题,但其对减少税法不遵从和欠税现象具有积极作用,同时还能有效降低纳税人的税法遵从成本以及更广泛意义上的行政负担。

社会和经济的快速数字化所带来的新增的和可预见的挑战会让税收征管3.0模式转

型变得更重要。这些挑战在考验着我们当前的税收征管体系,涵盖了以下多个方面:首先,工作模式和商业模式日新月异,给税收征管带来了不小的压力。同时,数字资产如虚拟货币的普及和应用,使得信息访问和使用方式变得更为复杂和难以监控。其次,社会对政府内部合作的要求也在不断变化,需要进一步提高税收征管的协同效率。此外,隐私、安全和透明度问题在大数据时代尤为突出。对于这些问题的妥善解决,也是对当前税收征管体系的一次重大考验。更为关键的是,税收征管 3.0 模式与纳税人生产经营系统的紧密连接,将有助于税务机关更好地适应未来经济社会生产经营方式的变化。相较于传统的主动干预方式,这种更为敏捷的适应方式将有助于税务机关最大限度地减少税收缺口和遵从成本的出现。

(二)当前纳税服务和征管工具方面的限制

近年来,为提高纳税服务质量和效率,各级税务机关均进行了大量投资,主要集中在增强税收确定性、遵从合作,以及实现更精准、规范的执法流程。在多数情况下,征纳双方的通信、交互及业务办理过程已实现全面数字化或得到数字技术的有力支持。此外,税务机关已成功开发并部署了服务网站(电子税务局),对呼叫中心和沟通功能进行了优化,实现了纳税申报表的常规部分预先填写和数字发送。值得一提的是,数据分析已被广泛用于发现纳税异常、识别税收欺诈及指导管控措施。

这些方法对于支持自愿遵从的要素(特别是已遵守税法的纳税人)以及改进对不遵从行为的识别具有显著效果。然而,根据个别司法管辖区的实践,在某些情况下,这些方法可能已达到极限,无法进一步缩小税收缺口或显著减轻遵从负担。其中存在的问题可以分为以下几点:①在必要的情况下,税务机关为改善遵从情况,会采取诸如稽查、审计等执法手段,以发现和纠正纳税错误及故意不遵从行为。然而,这种"回头看"的方法不仅成本高昂且耗时,而且可能对遵从行为的长期结构性变化产生不利影响。②纳税人自行编制的纳税申报表(与预填申报表相对)是将过去应税事件的数据输入税收征管处理系统的一种方式,这些数据可能来自多个源头。虽然电子提交申报表为纳税人提供了便利,但这并不能直接减轻遵从负担或对遵从结果产生直接影响。③尽管过去几十年中,纳税服务和税收征管活动的数量和质量都得到了显著提升,但仍有许多纳税人会出现意外错误。④许多税收征管和纳税服务产品的设计和实施都是基于积极且"自立"的群众的假设。然而,税收自助服务并不一定是纳税人的首选,因为对许多纳税人而言,这往往是一种负担而非服务。

(三)遵从成本的不利影响

根据规定,各经营实体及广大群众均需履行一系列信息收集与申报的责任,而税收作为其中关键部分,亦需严格遵守。税法遵循与合规性要求对所有经营实体而言,均构成了一定的压力,其中对中小企业的冲击尤为显著。有纳税人反映,由于遵循成本与规则的复杂性,全面满足监管标准难度颇大。同时,部分司法管辖区的规定变动频繁,导致税法稳定性和明确性受到影响。对于部分纳税人而言,为应对税收相关业务,还需支付额外费用给第三方服务提供商,如记账和报税服务等。

在税务遵从方面,数据收集和报告占据了相当大的成本比重。这些成本主要涉及以下几个方面:①将生产经营数据转化为税务机关要求的申报格式。这一过程对不同纳税人产生的影响各异,具体取决于税务机关信息系统与纳税人申报系统的交互程度。对于在多个司法管辖区运营的企业而言,数据转换可能成为一个尤为突出的问题。②更新申报数据报告系统,包括与生产经营业务系统的数字接口。③实施新的组织流程,以确保满足申报计划的质量和时间要求。在传统税收征管理念和体系下,纳税人在日常生活和商业领域与税务管理领域之间通常保持明确的界限。

(四)访问和使用信息的新风险

目前,税务机关已识别出与信息访问和使用相关的三大新兴风险。这些新出现的风险可能会随时间推移而加大税务机关的应对难度。这些潜在风险已在一定程度上存在,并预计在未来几年内,随着经济的数字化程度不断加深,其影响范围将进一步扩大。

1.不断变化的工作方式

尽管当前共享和零工经济平台的规模尚小,但其迅猛发展预示着工作模式的变革、新商业机会的涌现以及经济活动外包的增长,这些将为税收征管带来前所未有的挑战。随着部分人员脱离传统按期领薪的雇佣模式,转行从事自雇职业,税务机关面临着新的挑战。原先,他们的应纳税款由雇主在按收入扣缴系统中代扣。如今,共享和零工经济为自雇职业者提供了规避税收义务的空间,尤其是对那些在多个平台(包括境外平台)获得小额收入的人群而言,这种可能性更为显著。

要解决信息获取问题,各国需制定国内法律并开展国与国之间的多边信息交换。然而,除非这些信息能够被税务征管系统"轻松"采集与整合,否则将增加税收征管的复杂性,并可能促使更多纳税人选择不遵从税法。此外,随着时间的推移,由于纳税人选择不同工作方式所引发的问题可能进一步加剧。例如,一些平台不再担任支付中介或对其业务流程的某些环节(如支付)进行分割,这使得申报纳税义务的自动化变得更加困难。为应对这些潜在问题,税务机关需重新思考如何与各类生产经营系统建立有效的连接与交互,以便自动采集并整合具有多种收入来源的个人收入数据,包括跨境收入的情况。

2.不断变化的商业模式

在全球经济日趋互联互通的背景下,一些企业得以在不与某司法管辖区建立常设机构的情形下,通过持续参与特定地区的经济活动获得丰厚利润。随着数字化经济的迅猛发展,预计这一趋势还将进一步增强。目前,OECD/G20 BEPS包容性框架的137个成员司法管辖区正在制定一项双支柱解决方案,旨在应对经济数字化带来的税收挑战,并期望达成一项全球性的、基于共识的解决方案。在当前的国际讨论中,政策调整的实施将落在税务机关的肩上,并可能需要收集高度复杂、庞大且地理分布广泛的信息集。

考虑到多个司法管辖区可能将关注点放在具有复杂供应链、财务安排和数据存储分散的跨国企业上,将税收规则融入各类企业所使用的商业会计系统可能成为最佳的实施策略。随后,相关税务机关可选择通过事先认证的程序或在必要时利用算法和程序远程访问来验证这些系统的输出,进行询问和核查。

3.数字化透明度问题

数字化记录如支付、记录和身份转变，为税务机关提高税收透明度和促进遵从提供了众多机会。然而，数字化的普及也可能带来透明度漏洞问题，如利用虚拟货币、加密货币和不透明数字资产降低税收透明度。此外，数字化使得跨越地理边界的实时行动成为可能，这可能导致新的风险，特别是纳税义务产生点与相关申报和纳税义务之间的时空差，这在跨境情况下尤为明显。这种时空差可能为大规模税收欺诈提供机会，如增值税的"轮转欺诈"（包括走逃、欠税、集团化虚开、洗钱）。

（五）不断变化的社会期望

随着日常生活中数字化程度的不断加深（包括通过使用功能不断丰富和运行速度迅速提升的移动设备），纳税人对于时间尺度（实时响应）、购买和支付商品及服务的便利性、记录保存等方面的期望正在发生改变。这些数字化变革不仅带来了便利，更改变了经济运行方式，有助于提高效率、改善需求、优化竞争、提升社会福利并降低成本。

私营经济部门也在不断优化其数字产品，以适应客户期望的变化。这包括通过 API 实现内部和外部信息共享。例如，日常生活中的各种应用程序可以帮助客户查看可选航班信息，比较商品和服务价格，以及实时购买商品和服务。

政府机构也在努力适应这些变化，但在许多司法管辖区，各部门仍然各自独立行政，未能将人民群众和经营实体视为跨部门职能的单一行政相对方，出现"政务孤岛"的情况。考虑到政府服务的规模、已建系统的刚性以及不同的立法要求，这种情况发生并不意外。此外，政府部门的预算限制、当前事项的优先级以及供应商逐步形成"垄断"也是造成这一局面的重要原因。

"政务孤岛"可能导致民众和企业与政府各部门交互时面临诸多困扰。由于各系统身份的差异、信息重复提供、多种支付和通信方式以及烦琐的程序流程，民众需承担额外负担。此外，部门间信息系统的割裂降低了政府效率，增加了行政部门和民众的成本，甚至引发政府内部的财务风险。举例如下：①当其他部门拥有行政相对人福利资格的证明时，当事部门因缺乏相关证据，可能拒绝对其付款。②当某一机关知晓某民众在政府其他部门有负债时，仍可能向其支付或退还税款。③部门间数据不流通可能导致未能及时发现行政相对人的欺诈行为，如向不符合条件的人支付福利金。④某一部门掌握的信用或安全风险信息未能传递至其他机构，导致尚未履行纳税义务的承包商仍获雇佣或许可证的现象。

为改善"政务孤岛"问题，政府各部门需协同合作，以整个政府的战略和治理能力为基础。税务机关作为数据的主要持有者和处理者，在多司法管辖区具有关键作用。在考虑税务管理 3.0 模式时，税务机关应与私营经济部门经营者合作，促进部门间数据融通和业务联合。

（六）隐私安全与透明度问题

为提高税收征管效率，人们普遍认为应赋予税务机关更大的数据库访问权。显然，数据将在未来的税收征管中发挥至关重要的作用。然而，单纯地扩大税务机关处理的数据规模可能引发一系列问题。

1.隐私和数据所有权

整合大量用于税收计算的数据可能引发公众担忧,因为这可能导致个人支出模式、行踪和关系的个人信息被拼接整合。税务机关收集如此庞大、多维的数据可能引发信任问题,需要慎重考虑,通过法律和实践确保数据得到恰当保护,并向相关方解释和证明其合理性、必要性。

2.数据安全

尽管税务机关在数据保密方面付出了巨大努力,但大型数据集的安全风险始终存在。随着技术发展,黑客可能会更快地盗取数据,增加人为蓄意破坏的风险。因此,必须对税务机关日益老化的旧有系统的安全防护加强关注。

3.数据使用和透明度

当前,税务机关采集大量数据的目的是用于遵从监控和风险评估,与税款计算的直接相关性较低。因此,税务机关必须证明为何需要为这些业务目的而采集数据,而不是使用纳税人生产经营系统的可信输出(trusted outputs)的替代方案。否则,可能失去相关方的信任,并带来不必要的成本和安全风险。

三、税收征管实践与转化

通过深入探讨三种不同的场景,本小节将对未来税收征管实践与转化进行预测。这些场景与现行的纳税人分类方式保持一致:个人、中小型企业和跨国企业。然而,我们需要正视这种分类方式可能在未来税收征管中的适用性问题。随着时间的推移,个人收入与企业家的收入愈发难以区分,许多中小企业也越来越多地涉足原本主要由大型企业主导的国际贸易领域。从征管体系和以纳税人为中心的角度出发,可以对"无缝税收征管"的总体情况有一个更为深入的认识。

(一)个人

1.个人当前面临的问题

数字化已大幅简化了个人与国内税收及其他公共服务的关系,降低了交互频率。然而,经济领域的数字化转型正在生成一个愈发复杂且全球化的收入环境。在此背景下,传统税收的基本概念以及政府机构与民众的交往方式正面临严重挑战。例如,共享经济和零工经济工作者以及跨境数字工作者正在对当前的国内税收制度构成压力,增加了纳税人和税务机关的征纳成本和遵从风险。因此,未来的税收征管模式必须适应纳税人工作数字化和动态变化的特性,以降低成本和风险。

2.税收征管未来形态

个人在进行税务处理时,可选择线上平台或数字生态系统。这些平台在后台运行时,可确保个人数字信息安全可靠。同时,平台以简明易懂的方式提供个人税务状况信息,如有任何需要注意的事项,平台会及时发出通知并提供必要的指导,以确保用户得到充分的税务管理服务。

未来,个人与税收的联系主要通过线上平台发生。此平台通过网络服务和应用程序,有效地与各类互联网设施进行连接和操作,从而为公众提供一套全面的政府和商业服务。

在这一线上环境中,各类服务相互协作,以满足客户在不同生活事件中的需求。它们利用API与政府和私人经济部门共享大量客户数据。税务机构通过开发API,与其他相关方紧密合作,在纳税人税务生命周期的各个阶段提供无缝税收征管服务。此外,这一平台会实时更新个人的纳税状况,并主动推送相关信息。税务机构还为个人提供人工智能支持的帮助服务,确保其便捷地解决税务问题。在必要情况下,个人甚至可以直接联系税务专家。重要的是,个人信息仅在必要范围内并在当事人明确授权后才会在不同服务间传输,以防止未经授权的访问和滥用。这一生态系统的核心在于国家数字身份证,它通过生物识别技术将个人与其数字身份紧密关联。

即使税收征管服务已深度融入纳税人的体系当中,但在人工智能支持不足的情况下,税务机关或需通过受信任的第三方机构,为个人纳税人提供人工服务支持。在确认纳税人身份后,税务专家将根据个人背景和具体情况,通过文本、音频及视频等多种方式提供支持。此类人工服务不仅有助于提升政府整体服务质量,还能在必要时对政府服务措施进行补充。税务机关将借助先进分析技术,对遵从管理工作进行有力支持。这些管理工作将重点监测信息系统是否按照税收处理规则和预期运行。如有必要,税务机关将直接与个人进行沟通,以纠正错误或进一步核实情况。同时,对于系统错误及相关风险,税务机关将与个人所在生态体系中的相关方进行沟通,以实现有效跟进。

(二)中小型企业

1.企业当前面临的问题

当前,企业经营活动呈现不断动态变化和全球化的特点,而多数国家税务机关的税务管理方式却是相对"静态"和"孤岛式"的,这种不匹配问题日益突出。对于创业和拓展业务的企业群体而言,税收征管工作面临着巨大的挑战。在企业规模扩大、性质或形式发生变化时,税收待遇转换过程会导致企业面临更大的遵从负担。如果税务机关未能采取积极有效的应对措施,这一问题将会成为未来经济发展的重大阻碍。

2.税收征管未来形态

在企业的运营过程中,税务处理已实现高度自动化。线上平台通过先进的商业解决方案,为企业提供了全面的税务解决方案,确保各项税务事务得到及时、准确的处理。企业财务负责人可以随时查看最新的税务报表,详细了解企业的税务状况。如有需要关注的信息,线上平台会及时通知负责人。在企业的转型升级过程中,这一自动化解决方案尤为关键。财务负责人可以提前获得关于税务时间点和操作方式的指导,确保企业在转型过程中保持良好的税务合规性。

该线上平台经过政府认证,具备高度安全性。其嵌入的自主算法能够处理所有与税务相关的问题,并根据不同税种的特点自动进行报告和征税。整个流程对负责人来说简单明了。此外,人工智能驱动的系统还为企业提供个性化的税务指导,帮助企业在商业决策中更好地应对税务问题。该系统不仅涵盖税务管理,还涉及工资和人力资源等其他管理任务。

当企业需要更深入的税务支持时,专业的税务专家团队随时待命,为企业提供必要的指导和支持。此外,税务机关指导的线上平台生态系统经过严格审计,确保系统间运作的连贯性和"无缝"对接。在发现错误或异常情况时,税务机关将及时进行干预或提供辅导服务。

（三）跨国公司

1. 跨国公司当前面临的问题

跨国公司需根据不同国家的商业环境，灵活应对不同的商业标准和税收制度。数字服务的税收问题以及跨境无形资产的处理是企业面临的重大挑战。各国在税收征管流程的数字化方面存在差异，这增加了企业的遵从成本。由于缺乏国际标准化，企业需要支付更高的合规成本。此外，税务机关的遵从管理活动通常在商业交易发生后很长时间才开始，这种滞后的管理方式给纳税人带来了沉重的文档负担，增加了税收不确定性和合规风险。

2. 税收征管未来形态

跨国公司在不同国家或地区开展业务过程中，可能面临各种税收后果。而在未来的税收征管中，跨国公司将不再过多忧虑间接税问题，因为税收已与业务流程完美融合，实现了"无缝"对接。结合各国税收规定和标准的软件也能帮助跨国公司更有效地处理日常事务。通过与各国税务机关的协调对话，以及借助人工智能技术预先明确，跨国公司能体验到国际商业交易税收的透明度。税务职能部门可轻松提供公司税务状况概览，为高层战略决策提供重要参考。税务机关的自动化遵从管理行动主要依赖于信息系统的实时运行功能。

跨国公司所采用的业务解决方案，将由获得政府认证的供应商提供，确保了税收事务处理的严谨性和准确性。公司的运营已全面嵌入数字业务解决方案中，这一方案与所在国家或地区的税收法规紧密相连。在进行业务交易时，公司的业务系统能够及时更新相关税收规则、算法和数据，从而有效降低错误和意外的可能性。公司的税收决策得益于其业务系统所集成的人工智能功能。该系统具备自动评估、报告和征收税款的能力，能够根据不同国家或地区的税制差异进行相应的调整。尽管各国纳税期间、税率等征税要素可能存在差异，公司仍能通过标准报告格式满足各地区业务需求。此外，公司的业务系统还提供了实时的税务状况、运营状况及税收风险概览，确保公司管理层全面了解公司运营状况，以便做出更为精准的决策。

税务机关借助人工智能技术，对公司的数字业务解决方案可能引发的风险进行识别和标注。这一举措旨在促使公司深入核查潜在问题，并在需要时，税务管理专家将与跨国公司实时互动，以人工方式进一步剖析可能的风险和异常（包括审查业务解决方案中的处理规则）。确保在税务机关与公司之间的法律纠纷处理中，所有决策过程公开透明，双方均享有提出异议的权利。当存在涉及多个税务机关和公司的税收争议时，在税务机关之间使用基于人工智能的支撑进行谈判，而公司无须参与。

四、核心能力构成与结合

税收征管3.0模式作为征收管理方式的重大变革，其转变过程必然是渐进的。这一过程受到资源约束和事件优先级限制的影响，特别是采集国民收入相关信息这一日常性工作量巨大。同时，该模式的实施需要与政府其他部门、私营经济部门以及国际社会进行紧密合作。

值得注意的是,税收征管3.0模式的推行需要构建支持未来税收征管的新基础设施。这一基础设施的各个组成部分将为税收征管的各方带来直接益处。随着时间的推移,各组成部分的协同作用将为税收征管带来更大的益处,实现"无缝"和"无摩擦"的税收征管,包括与政府其他部门、私营经济部门以及跨境合作的深化。为实现预期目标,税收征管各方的协同与合作至关重要,以避免陷入潜在的困境。因此,共同愿景和紧密的合作对于整合不同参与者和变动部分来说是不可或缺的。

以数字身份证为例,要充分发挥数字身份系统的潜力,必须确保其与其他数字身份系统的完全兼容,以减少用户在使用多种身份、登录和认证过程中所付出的时间和经济成本。特别是,数字身份证系统应与政府各部门、私营经济部门的中介机构、纳税人日常使用的系统以及其他国家的系统相兼容。如果构建新的数字身份证系统而未考虑实现长期兼容性的途径,虽然可能会带来局部益处,如提高安全性、增强数据匹配能力、更有效地执行管理职能等,但可能导致无法与其他系统对接以及相关的数据联合应用。纠正这种情况可能需要耗费大量的额外费用,甚至需要在未来进行维护或升级。因此,在设计和实施数字身份证系统时,必须充分考虑其长期兼容性以及与其他系统的互操作性,以确保其能够为用户和社会带来最大的益处。

未来税收征管有以下六个核心构成部分。

(1)数字身份证:对纳税人和广大民众进行安全且唯一的识别,并实现与纳税人原生系统的有效连接。其主要目标是减轻纳税人负担,并将相关事务转移到后台处理。

(2)征纳互动渠道:促进纳税人在必要时参与征管流程,如通过征纳互动渠道获取实时支持;不断探索如何将这些互动渠道更深入地嵌入纳税人的原生系统,以实现征纳互动的自动化。

(3)数据管理与数据标准:为税务机关如何最有效地管理数据,如何实现最大限度地提高合规性和最小化合规成本创建框架。在涉及不同税收征管功能的处理数据的位置选择方面,对税务机关内部、纳税人的原生系统内部以及这两者之间进行综合考量。此外,对于纳税人信息系统中的税务相关数据、元数据、数据质量、数据可用性和纳税申报等要求,也将纳入本部分的考虑范围。

(4)税收处理规则的管理及应用:将税收法律法规的处理规则以可管理和可验证的格式创建并分发,支持各相关方将其整合至他们首选的信息系统中。这样做可以与相关方的信息系统一起持续发展,为税务机关提供更强大和越来越多的远程保证。

(5)新功能的集合:规划税收征管数字化转型的开发和运营所需的新技能,减少干预的频率,并从人工智能中获得更多赋能。

(6)合作共治框架:指导税务机关内部以及与国内和国际相关参与者合作的其他构成部分的开发、实施和连接。

现对每个构成部分进行具体描述。

(一)数字身份证

1.核心价值

税收政策明确了纳税人和征税对象等核心征税要素。为确保纳税人权益,需为其提供安全且唯一的身份标识,从而为现代税务管理奠定基础,实现征管流程(如通信、纳税申报、数据整合等)与个人纳税人的精确匹配。

在数字身份广泛应用于各类个人及官方业务、涉及不同角色(如个人纳税人及企业法定代表人)的社会环境下,建立安全、唯一的身份识别系统对税收征管工作实现更为流畅的流程至关重要。此举旨在消除各系统间的"数据孤岛",确保信息交互顺畅无阻。需强调的是,各组织无须采用统一的数字身份系统,但关键在于确保纳税人及税务机关所使用的信息系统能够实现无障碍交互。

2. 该部分架构

为满足税收征管 3.0 模式的需求,数字身份证必须具备以下核心功能。

(1)确保各信息系统内所有参与者的身份明确,并确保纳税人的身份安全且易于使用,避免在不同系统间重复登录的烦琐操作。

(2)支持各系统间仅需一次身份认证即可实现交互,实现个人数据与操作指令的实时传输与匹配,提供安全的服务访问,以促进信息在各信息系统间的顺畅流动。

(3)实现不同层级的委托代理授权管理,例如可将代理权委托给税务代理人、个人代表或公司高管。

(4)支持在日常生活和商业经营活动中自动应用税收规则。例如,通过与数字交易应用程序的整合,自动确认身份并申报税务信息。

3. 发展路径

表 8-1 中的成熟度水平旨在说明税务机关的数字化水平。一般来说,具备数字化办税能力的纳税人,可以不再使用纸质文件、到税务局办公场地办理税务事务,而是使用数字税务身份证通过税务机关的网站、电子表格、网络和移动应用程序等数字化的征纳互动渠道办理业务。

表 8-1　数字身份证的成熟度

起步期	1. 完成纳税人登记功能建设; 2. 纳税人到税务机关工作场所进行身份验证; 3. 基本凭证是护照和国内身份证件
发展期	1. 每个纳税人都有独特的纳税人识别号; 2. 开始注册第一批数字身份用以支持电子申报; 3. 通过密码进行身份验证
成熟期	1. 每个纳税人都有一个与其纳税人识别号相关的用于税收征管的特定数字身份; 2. 可以通过数字身份证来解锁数字化的纳税人服务和数据; 3. 使用"双因素"进行身份验证; 4. 建立配套的法律框架
领先期	1. 税务机关(包括私营经济部门和其他政府部门)都使用国家统一的数字身份证; 2. 通过移动设备验证数字身份证; 3. 授权委托给代理; 4. 数字身份证支持国家和私人信息交换
最终期望	1. 整个社会都支持数字身份证; 2. 数字身份证可支持纳税人国际身份识别

数字身份证的成熟度水平主要表现在以下几个方面。

(1)每个纳税人都会被赋予一个结构化的纳税人识别号。这个识别号与其他识别信息(如出生日期、公民密码、公司注册地点和日期、业务注册地址等)一起,构成税务机关内的数字身份证。

(2)通过使用纳税人的数字身份,可以在特定的征纳互动渠道上获得一系列数字化的纳税人服务和相关数据。这种数字身份的运用,大大提高了服务效率和数据准确性。

(3)税务机关建立起一套围绕数字身份使用的框架,以保障信息隐私和安全。这一框架包括在国际范围内促进各种数据的跨境交换,以确保数据的合法性和安全性。

展望未来,数字身份证的应用成熟度将进一步提升。统一的数字身份将在与政府其他部门、第三方数据提供商以及国内和跨境私营经济部门应用系统的交互中得到更广泛的应用。人们将能够使用统一的数字身份在不同的时间、以不同的角色与税收征管流程进行交互,如作为个人纳税人、小企业纳税人、企业代表人或作为家庭中老年成员的代理人等。这一发展趋势将大大提高公民的生活便利性和税收征管的效率。

为启动这一长期转型过程,税务机关需考虑以下几点。

(1)全面评估数字身份解决方案可能带来的收益及其所面临的潜在挑战。在评估过程中,税务机关应深入了解该方案在人民群众日常生活和企业生产经营活动中进行税收征管之外的数字身份整合方面的作用。

(2)与政府内部、私营经济部门和其他税务机关建立合作关系,共同开发高级数字身份架构。为降低系统间不兼容的风险,税务机关应考虑制定可能的全球统一标准。

(3)税务机关应充分了解未来数字身份验证在系统架构层面的灵活性需求,并考虑整合区块链解决方案等先进技术,以确保系统在未来仍能安全使用。

(4)确定税务机关与其他国家行政或私营经济部门之间数字身份功能集成的优先级事项,以便尽早实现税务机关和纳税人的收益。

专栏 8-1

新加坡——国家数字身份

国家数字身份(NDI)是新加坡在"智慧国家"愿景中确立的重要基石,其目标在于运用技术手段改善广大民众的生活和生计。这个系统由 Singpass 和 Corppass 两大部分构成。Singpass 是服务于所有居民的个人数字身份认证,而 Corppass 则作为企业和其他实体的公司数字身份证明。

通过 Singpass,个人可以通过验证授权以及目前处于试点阶段的面部生物识别技术,安全登录各类政府电子服务。例如,登录 MyTax Portal 系统,以及通过该平台即时获取电子支付申请审批等服务。

国家数字身份(新加坡)简介

而企业和其他实体则可以利用 Corppass,利用 NDI 的多项功能与客户进行交互。在获得必要的授权和同意后,企业可以更加安全、便捷地与政府机构和其他经济实体进行业务往来。例如,企业能够通过 Corppass 和 API 接口"无缝"地向新加坡国内税务局(IRAS)和国家公司注册处提交申报表。

(二)征纳互动渠道

1.核心价值

为确保税收征管的顺利进行,与纳税人进行有效的沟通和交互至关重要,这有助于提高纳税人的参与度。因此,建立适当的征纳互动渠道是必要的,以便管理和满足此类需求。这些渠道包括面对面交流、电话、多功能网站、电子服务和业务管理系统。有效的征纳互动渠道有助于解决征纳双方可能出现的摩擦问题,例如缺乏理解、需要进一步讨论的异常情况以及征管流程未发挥其应有的作用等。

2.该部分架构

为满足税收征管3.0模式的需求,征纳互动渠道必须具备以下核心功能:

(1)针对征管流程中难以消除的征纳"摩擦",或是由于外部事件(如税法变更、情况重大调整或突发危机)所引发的问题,该渠道应具备迅速且有效的应对能力。在可能的情况下,应能自我调整,如通过运用机器学习技术,实现实时支持。

(2)该渠道应能提供数据分析,有助于深入了解征纳"摩擦"的根源,并研究如何优化系统和流程以解决这些问题。

(3)通过编程接口与政府内部其他系统、企业业务管理系统(如会计和收银系统)以及其他相关应用程序(如银行账户和交易应用)进行集成。

3.发展路径

表8-2中提到的成熟度是通过多种成果的整合得出的,其标志性变化在于征纳互动的主要渠道已经完成了从税务机关的实体柜台和纸质文件传递方式向在线网站(即电子税务局)的迁移。在这个新的平台上,集成了电子申报、电子支付以及在线咨询等功能,为纳税人提供了更加便捷和高效的服务。同时,征管流程得到了优化,删除了一些烦琐的文件要求和不必要的程序,以进一步简化流程。此外,那些无法通过数字化方式进行交互的群体得到了特别关注,提供了无障碍的办税方式,确保税收服务的公平性和普及性。

表8-2　征纳互动渠道的成熟度

起步期	1.大多数纳税人需要到税务机关办公室提交纸质文件; 2.税务机关通过网站公布税收法律法规; 3.缴纳税款的主流方式是现金
发展期	1.纳税人可以从税务机关网站下载电子表格; 2.首次实现某些在线填报(申报)功能; 3.建成电话呼叫中心; 4.通过电子银行缴纳税款
成熟期	1.税务机关网站提供整套集成的电子服务; 2.自然人纳税人和企业纳税人均创建有独立的账户来检查、更新纳税身份和办理业务; 3.完成类似按收入扣缴的数字化税款征缴系统的部署; 4.为残疾人和数字化"文盲"提供无障碍服务; 5.数字化纳税支持所有交易和税种
领先期	1.在自然人税收和某些企业税收领域实现全面的主动预填申报信息功能; 2.在政府整体的业务解决方案中集成纳税服务,如税务登记和纳税义务管理等; 3.在数字化平台的功能中集成第一征纳互动渠道; 4.以纳税人账户为基础进行业务结算,以及应纳税额和应缴费的对账

续表

最终期望	1.大部分纳税人需要的征纳互动渠道被集成在纳税人的"原生系统"和政府提供的整体性服务当中； 2.在征纳互动渠道中集成人工智能技术提供支持； 3.大多数的纳税义务可以实现实时纳税结算

征纳互动渠道达到成熟水平的主要标志包括：

（1）税务机关网站及移动应用全面实现电子纳税服务，包括电子申报、数字支付等，同时支持用户状态的实时更新和安全交互，提供自然人及企业纳税人使用的电子税务局。

（2）提供呼叫中心或在线沟通渠道，以便快速响应和处理用户咨询与问题。

（3）实施数字扣缴系统等现代化系统，大幅减轻或消除雇员个人的纳税申报负担，但如有需要，仍保留年终汇算清缴的机制。

（4）为无法或不便使用数字渠道的群体提供无障碍办税方式，确保各类用户均能方便地完成纳税操作。

未来征纳互动渠道的应用将更加成熟，更多地集成在纳税人的"原生系统"中。这种信息系统间的更高集成度，是推动税收征管实现"无缝体验"的重要因素之一。除了企业在其生产经营系统内完成税收征管任务外，各种数字平台也将成为"受信任的第三方网络"的组成部分。嵌入纳税人"原生系统"的人工智能工具和算法，将为纳税义务的定性和定量评定提供支持，帮助纳税人更好地理解和做出选择。

为了实现这一长期转型目标，税务机关应采取以下措施。

（1）推进自动化纳税申报表的编制工作，为自然人和部分企业纳税人提供预填服务，如增值税的申报。

（2）深入了解各类纳税人的主要征纳问题，制定应对策略以最小化"摩擦"影响，并逐步消除征纳"摩擦"。

（3）建立纳税人账户，清晰展示已纳税款和纳税义务，提供实时税务状况视图。

（4）在政府业务解决方案中整合纳税人服务，寻求与数字平台和第三方合作，提供便捷的税收服务。

专栏 8-2

挪威——基于授权的贷款申请

挪威政府推出了一项新方案，旨在优化纳税人的贷款申请流程。在此之前，贷款申请人需自行准备并提交各类证明文件，并接受贷款银行的详尽审查。现如今，根据该计划，银行可直接从挪威税务部门获取纳税人税收相关信息，前提是获得纳税人一次性授权。这种数字化信息共享模式显著提高了信息的准确性和可靠性，使得大部分贷款申请能够在短时间内得到自动审批。此举不仅降低了银行的运营成本，还显著提升了贷款申请的处理效率。目前，挪威所有银行均已加入该计划。据预测，未来十年内，该计划将为纳税人、企业及政府节省 6 亿～13 亿欧元的开支。

基于授权的贷款申请（挪威）简介

专栏 8-3

肯尼亚——数字化税款缴纳

肯尼亚在全球移动支付领域中处于领先地位,其移动货币交易的数量和价值持续呈现出惊人的增长态势。自 2007 年推出 M-Pesa 以来,截至 2019 年 12 月,肯尼亚已拥有 5840 万移动支付用户,这一数字相当惊人。为提升对纳税人的服务,肯尼亚税务局(Kenya Revenue Authority,KRA)在 2013 年扩大了支付渠道的范围,其中包括支持通过 M-Pesa 进行移动支付。通过 M-pesa 缴纳税款服务,纳税人能够快速、方便地使用手机缴纳税款。这一支付过程为纳税人带来一种"无缝"的体验,当在 KRA 支付税款的应用程序中输入唯一生成的支付登记号和电话号码后,纳税人会收到一条来自 KRA 的短信,要求批准向 KRA 缴纳税款。一旦用户批准,KRA 将发出确认消息,并实时更新纳税人的税收账户。

数字化税款缴纳(肯尼亚)简介

(三)数据管理与数据标准

1.核心价值

从本质上讲,税收征管的核心工作已转向对涉税数据的操作和处理,其效能与数据的可用性和质量息息相关。随着数字化进程的推进,税务机关得以获取并处理来自各类源头的数据,如电子发票、在线收银机和金融账户信息等。在税收征管 3.0 模式下,数据的存放位置变得不再关键,可以在业务系统、云端或第三方平台中进行存储。与此对应的是,税务机关的工作重心也发生了转变,从数据管理转向对数据的可用性、质量和准确性的管理。税务机关需确保在需要时能从纳税人广泛使用的各类"原生系统"中远程提取数据,这是提升税收征管效能的关键所在。

2.该部分架构

为满足税收征管 3.0 模式的需求,数据管理与数据标准必须具备以下核心功能。

(1)确保强大的数据安全性并持续更新,以防止税务机关内部和外部相关方滥用数据。为此,需要确定数据源的高级框架,并设定对税务相关数据和元数据的内容、质量、可转移性、可用性和存档等方面的最低要求。这有助于税务机关验证流程是否按预期运行,并检查任何异常情况。

(2)在数据格式方面,应避免制定僵化和不灵活的规范或标准,以免对企业或其他数据持有者使用的系统造成限制。灵活的数据格式标准有助于提高数据的可用性和可移植性。

(3)与相关合作伙伴合作,在框架内持续纳入数据源并建立映射关系,以支持特定的税收征管职能尽可能"无缝"地工作。这有助于提高税收征管的效率和准确性,减少不必要的工作量。

(4)支持数据复用,以便其他政府机构在适当的法律框架下履行其职能。通过数据复用,可以避免重复收集和处理相同的数据,提高政府机构的工作效率。

3.发展路径

在起步期与发展期,由于各种税收征管职能的需求,纳税人数据被分散保存在不同的征管信息系统中,这些数据难以跨职能(跨系统)使用。然而,随着系统的成熟,纳税人各方面的数据将逐步被整合至中央数据库。这一整合将为实施以纳税人为中心的纳税服务和税收执法策略提供强有力的支持,同时也将使得相关数据分析工具得以充分利用。数据管理与数据标准的成熟度如表 8-3 所示。

表 8-3　数据管理与数据标准的成熟度

起步期	1.首次部署数据库系统; 2.部署部分税种的特定数据模型; 3.在不同税种的专门的信息系统中管理数据; 4.数据库之间通过人工方式同步数据
发展期	1.有专门的税法系统,提供数字格式的纳税人资料; 2.部署第一代综合数据治理模型; 3.税务机关内部实现数据的共享和复用; 4.与银行和国内政府机构一起实施三方数据交换; 5.实施数据安全监测
成熟期	1.数字化客户数据库提供纳税人数据; 2.与相关的国家和私人经济部门的相关方建立数据共享和治理安排; 3.实施数据隐私法律框架; 4.实施跨国的国家和私人经济部门的数据交换网络
领先期	1.与国家其他部门利益相关方一起定义和确保数据质量和数据整合; 2.应用全球信息、数据标准和数据交换基础设施; 3.从定时的批量数据交换,转变为业务发生时的明细数据共享; 4.建立数据透明度机制
最终期望	1.实施和治理数据的所有权和隐私保护的框架; 2.为税收征管过程实时提供高质量的数据;分布式(rules to the data,规则/业务的数据化)或集中式(data to the rules,数据的规则化/业务化); 3.税收透明度项目和许可机制培育和促进社会的信任机制

数据管理和数据标准达到成熟期水平的主要特征包括:

(1)税务机关获取的纳税人数据大部分可以在整个税务机关访问的数据库中使用,支持税务机关内部进行完全数字化的数据交换和数据分析应用。尽管数据质量仍存在问题,但第三方数据收集正在逐步增加,以扩大纳税申报预填范围。部分税务机关还实施了更系统化的数据采集,特别是电子发票和在线收银机数据。

(2)在国家与私营经济部门之间纳税人数据的电子交换中,实施了数据隐私和安全法律框架的正式模式和安排。

(3)国与国之间自动交换的数据主要用于风险评估和遵从管理,而尚未完全整合应用于税收评定流程中。

在领先期及更高级别的发展阶段,政府在数据管理方面的职责将日益加重。为最大限度地提升税收征管的效率和合规性,同时降低纳税人成本,税务机关需对"全面采集纳税人相关数据"与"直接使用纳税人系统的可信输出"进行权衡。此举类似于电子发票系统数据与按收入扣缴数据之间的抉择,前者是将所有数据采集到税务机关数据库,后者是采集纳税人基于工资软件的结果从而申报的每个雇员的代扣代缴数据,两者均有其适用场景。

为推动这一长期转型进程,税务部门应考虑以下事项。

(1)确立数据采集、传输与安全保障的严格标准,确保其国际通用性,从而降低跨地区经营企业的成本。这些标准应保持足够的灵活性,以便纳税人用于申报纳税以及他们所需的系统或技术(如区块链)。

(2)构建业务案例,分析税务部门存储和处理大量数据的模式,以及依赖纳税人系统处理数据并输出的模式(这种模式取决于税务部门监管自动化流程的能力),并探讨这两种模式共存的可行性。同时,务必重视数据隐私和保护问题。

(3)制定适用于两种模式的法律框架,包括审查数据收集目的的限制。例如,税务部门和相关政府部门应确保为社会保障等目的收集的数据也可用于税收目的,反之亦然。当然,此问题还需在国际层面进行深入探讨。

专栏 8-4

澳大利亚——一键式工资单

澳大利亚政府于 2018 年 7 月正式推出了一项名为"一键式工资单"(single touch payroll,STP)的改革措施。STP 是一个通过 API 连接的数字化平台,旨在优化纳税人向澳大利亚税务局(ATO)报税的流程。

STP 的核心功能在于,它允许雇主实时向 ATO 提交员工的工资、税收及养老金等相关信息。这一机制基于现有工资单和业务软件系统,每当雇主需为员工发放工资时,便会自动触发向 ATO 的申报流程。STP 的构思、设计和实施过程得到了 ATO 与各类合作伙伴,特别是那些"原生系统"中的合作伙伴的大力支持与合作。

随着 STP 体系的持续发展和完善,整个政府将有更多机会利用这些实时数据来降低监管成本,并进一步提升政府服务水平和社会福利系统的管理效率。

(四)税收处理规则的管理及应用

1.核心价值

当前,税收处理规则的管理及应用主要依托于税收征管流程与服务支持流程。一般而言,其涵盖以下几个环节。

(1)提醒及指导纳税人遵守税法及截止日期,此项工作通过各类渠道进行,包括网站、直接沟通、税务代理等。

(2)纳税人通过表格及电子表格申报特定的税务相关信息,这些信息可能用于登记、纳税申报等环节。

(3)税务机关内部完成相关流程,如纳税人的登记、最终纳税义务的计算、税款收取等。

在税收征管 3.0 模式下,税务机关为纳税人在其自身的"原生系统"中处理课税要素提供所需的技术性规则及信息。具体来说,纳税人在特定时间或地点进行自动税务登记和登记注销,将税法规则及计算规则整合至纳税人所使用的会计软件或业务应用系统中,实现预扣税款或自动向税务机关发送信息等功能。

2.该部分架构

为满足税收征管 3.0 模式的需求,"税收处理规则的管理及应用"必须具备以下核心功能:

(1)提供明确的税收处理规则规范,确保这些规范能够随着时间的推移被整合至纳税人使用的软件系统和应用程序中,从而确保规则的准确性和一致性。

(2)构建一个可靠的保证框架,用于审核涉及税收处理规则的软件,确保纳税人基于这些软件的输出信息能够被税务机关接受。该框架应具备适当的元数据规划设计,以便持续为输出信息提供保障。

(3)开发应用程序接口库,以接收税务机关的信息更新(如身份信息、津贴、税率和阈值变动、纳税身份变化等),并将纳税人"原生系统"的输出信息准确传输至相应的税收征收管理系统。

(4)建立一种利用人工智能服务解决税收处理规则应用中的不确定性问题的机制,提高规则应用的准确性和效率。

3.发展路径

在成熟期,税务机关工作人员将与 IT 部门紧密协作,负责维护和运行纳税人系统中集成的税收处理规则,这些规则涵盖了按收入扣缴流程、电子发票系统、在线收银机和在线平台等领域。此外,税务机关还将通过提供 API 接口的方式,确保税收处理规则的有效性。鉴于旧有系统的架构不够灵活,难以适应和支持频繁变更的处理规则,许多税务机关正在寻求向更为灵活和可持续的系统架构迁移。税收处理规则的管理及应用的成熟度如表 8-4 所示。

表 8-4　税收处理规则的管理及应用的成熟度

起步期	1.将纸面上的税收法律法规转化到信息系统的设计当中; 2.在特定税种的系统后台中应用税收处理规则; 3.纳税人到税务机关办公场所进行税务登记,以及按要求提交他们的纳税申报
发展期	1.内部测试用例设计时,已经分别独立地进行业务处理规则建模和管理系统建模; 2.已在前台服务中通过应用税收处理规则来以预防错误发生; 3.通过多个征纳互动渠道获取信息并确定纳税人及其纳税义务,其中包括雇主、金融机构、政府组织和其他税务机关
成熟期	1.在税务机关范围内实施业务处理规则管理系统; 2.公布规则并与私营经济部门的合作伙伴共享处理规则,以便与合作伙伴共同测试这些处理规则,并集成到他们的"原生系统"中; 3.完全遵守国际准则,信息交换支持纳税人身份识别和征税
领先期	1.处理规则规范已纳入法律起草的过程; 2.完全自动化生产软件包和测试场景; 3.在国家和私营经济部门的纳税人咨询等征纳互动中部署人工智能技术进行支持; 4.在立法中将税收政策和征管程序结合进行设计和评估; 5.除传统企业外,平台也是支持纳税人履行其义务的税收征管的实施方

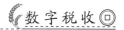

续表

最终期望	1.通过自适应或个性化的税收算法(autonomoustax algorithms)预先告知纳税人所涉及的纳税义务和税收后果; 2.通过开放的人工智能服务提供税收确定性和避税/套利解决方案; 3.通过智能合同实时完成纳税义务/结算应纳税款; 4.国际金融交易的税收透明度项目支持识别实际受益人和逃税计划

税收处理规则的管理和应用达到成熟期的核心特点包括:

(1)税务部门公开发布并分发了关于在纳税人内部信息系统中进行数据处理的特定税种或申报系统的处理准则。具体实例涵盖了工薪税和增值税的处理规则。一旦这些系统处理规则实现大规模部署,其后续的修改难度将显著提升,且涉及的成本也相对较高。

(2)此类系统的可靠性验证形式多样,其中部分系统经过税务机关的权威认证,而其他系统则通过审计方式来确保其可靠性。对于第二类系统应用的可靠性验证,通常采用风险导向的审计策略。具体操作上,这一过程涉及向相关系统中输入特定的测试数据,进而验证其输出的准确性。

在领先期及更高级别的发展阶段,税务机关将加大与企业和系统开发商的协作力度,以最大限度地提升系统的灵活性和敏捷性,从而将税收处理规则无缝集成至纳税人的"原生系统"中。为避免采用可能过时的解决方案,如特定报告格式,税务机关密切关注技术的最新发展趋势。在纳税人方面,税务机关探索利用机器学习技术,在不确定性条件下实施税收处理规则。通过类似系统进行评估,确保解释的准确性和一致性。随着时间的推进,借助具备机器学习功能的先进信息系统,税务机关期望将税收争议的不确定性降至最低,同时对需要通过法律途径解决的问题予以明确界定和处理。

在启动这一长期转型进程时,税务机关应考虑以下几点。

(1)制定独立于征管信息系统的税收处理规则规范,确保其能够顺利集成至纳税人自身的生产经营业务系统中。具体实施环节包括数字识别、电子发票开具以及通过数字平台进行申报或扣缴等。

(2)在制定新的税收立法时,应与信息系统开发商密切合作,共同试点制定税收处理规则规范。同时,在税收征管咨询和税收评定过程中,试点应用人工智能技术,以最大限度地减少税收的不确定性。

专栏 8-5

西班牙——增值税虚拟助手工具

西班牙开发了一款基于人工智能技术的增值税虚拟助手工具。该工具旨在为用户提供高质量的信息,并协助用户理解复杂的税收法规,覆盖特定的业务范围。该系统采用聊天机器人技术,允许纳税人和税务人员使用自然语言与机器人进行交互。机器人可提供关于税务登记、发票更正、外贸相关纳税义务、应纳税额、应税金额、税率、免税政策和扣除额等方面的信息。虚拟助手具备引导用户获取所需信息以解决问题的功能,并确保用户获得一致的回复。这些回复包括指向其他页面的链接,其中包含相关信息、法规和信息横幅。此外,用户可保存咨询回复的副本以备查。该工具具备以下优势:24 小时的即时信息与响应、降低行政管理成本、交互式信息以及提高法律安全性。

增值税虚拟助手工具(西班牙)简介

(五)新功能的集合

1.核心价值

近年来,随着税收征管信息系统的不断进步,我们见证了以客户为中心的电子化纳税服务的蓬勃发展,这促使税收征管所需的功能集合也在持续演变。在税务机关的各个应用领域,包括风险评估和远程核查等,数据分析能力得到了更广泛的应用。然而,目前仍有相当一部分税务机关工作人员采用人工方式进行税务审计、欠税管理、纳税人服务、税务登记以及纳税申报和税款缴纳处理等核心工作。

当前许多 IT 人员的主要工作重心似乎仍在于维护现有的信息系统以及围绕这些系统开发新功能。在税收征管 3.0 模式下,业务流程在税收征管体系中实现了自动化运行,并得到了人工智能的支持。这些流程包括从其他组织获取信息或在纳税人的"原生系统"内运行。因此,该模式对技能的需求将更加侧重于支持整个税收征管信息系统的运行和开发。这将需要增加 IT 专业人员、程序员、数据科学家、行为科学家和战略科学家的数量。税务专业人员的角色同样重要,他们需要为国内和国际税收规则的制定、合规问题的识别以及更复杂案件的处理提供解决方案,包括解决国际税务规则差异或其应用可能引发的问题。

2.该部分架构

为满足税收征管 3.0 模式的需求,新功能的集合必须具备以下核心功能。

(1)具备管理和专业技术技能,以适应未来在高度集成的"生态系统"中,国家机关和私营经济部门基于合作伙伴关系进行协同作业的需求。这些技能涉及共同管理和共同创建具有不同目标、责任和风险的外部协作网络。

(2)具备高灵活度,以应对税收处理规则、商业模式和纳税人行为的变化,包括纳税人"原生系统"的变化以及可能发生的危机。

(3)具备与系统建模和理解新的业务模式相适应的技能,以理解新的现象、理解新的现象所需要的征管措施,以及该征管措施的实施效果。

(4)实现技能组合的转变。基于所需的其他技能,征管机关需要具备以下技能的人员在一起协同工作:理解复杂的税收规则和合规风险;将税收规则转化为可以集成在纳税人使用的不同"原生系统"和税务机关自己的信息系统中的代码的能力;调查和验证信息系统可靠性的专门审计(检查)技术;帮助征管程序实施和持续有效运作的征纳关系管理者;包括行为科学家和传播专家在内的,帮助开发恰当的征纳互动渠道的设计师;网络安全和数据保护专业人员。

3.发展路径

在成熟期,为确保政府开展国家服务的财政需求,税务征管工作需持续保持其效率和效能。因此,税务机关可能会采取招聘新员工的策略,以满足税收征管职能的新的要求。为了实现这一目标,税务机关将倾向于招募更多具备数据分析和电子服务开发专业能力的人员。同时,人们逐渐意识到,在预算保持不变的情况下,税务机关也需要引进具备新技能的人才。新功能集合的成熟度如表8-5所示。

表8-5　新功能集合的成熟度

起步期	1.意识到关键能力需求; 2.制订具体的培训计划,以支持关键职能和流程对能力的需求
发展期	1.实施知识管理; 2.意识到纳税人态度和行为的作用; 3.发展数据分析能力; 4.逐渐意识到数字化对人员能力配置的颠覆性影响
成熟期	1.税务检查人员和独立的数据分析部门之间协同工作; 2.研究纳税人行为并在决策中参考研究的结论; 3.在业务中对人工智能技术进行概念验证; 4.意识到数字化对人员能力配备和可用性的颠覆性影响; 5.相关工作人员意识到组织和环境的不断变化
领先期	1.人工智能技术协助业务定性和解释业务办理; 2.根据新的面向未来的功能来招聘员工; 3.工作人员意识到数字化有颠覆未来的潜力并致力于推动变革
最终期望	1.在人工智能技术的协助下,税务专业人员可以保证系统整体的运行性能并能管理算法的开发和部署; 2.使用人工智能技术和其他数字工具预测纳税人的行为; 3.在人工智能的协助下提炼和丰富信息; 4.新的数字工具集在纳税人的"原生系统"中运作,如数据内容管理和按设计遵从的合规管理体系; 5.工作人员致力于持续的变革

新功能集合达到成熟期的关键特性如下。

(1)税务人员的技能配置更加聚焦于当前职责的履行,主要表现在遵从管理、纳税人服务和内部流程方面。这一转变得益于数字化工具的广泛应用和相应的培训计划的实施。

(2)数据分析技能在以整体合规为目标的风险管理体系中发挥着越来越重要的作用,

无论是在单个业务流程(如审计对象选择)中,还是在识别潜在风险领域(如遵从模式)时。数据分析通常被独立设置为一个专门职能。此外,越来越多的税务机关开始借助行为科学的方法来解决特定问题。

(3)税务机关在招聘和培训员工方面,致力于为纳税人和税务人员开发新型数字化服务。这包括开发移动和网络应用程序、自动化流程,以及在条件允许的情况下,利用人工智能技术提供沟通支持。然而,在许多税务机关中,大部分 IT 人员的主要工作仍然是维护旧的系统及其互操作性。

在推进税收征管 3.0 模式转型的过程中,新的功能和政府治理机制对于确保技术实施进展具有不可忽视的作用。这一转变将导致具备新技能人才需求的增加,因为新岗位所需技能与现行税收征管模式下的传统职位存在明显差异。虽然当前员工具备丰富的实践经验和对纳税人行为了解深入,但他们在支持税收征管重构设计方面仍需进一步发挥专业知识的作用。

为了开启这一长期的转型过程,税务机关应考虑以下几点。

(1)识别并确定在可能需要十年或更长时间的转型过程中所需的新技能。某些领域可能存在专家短缺的情况,因此需要采取混合策略,即在税务机关内部进行人力资源挖掘,同时外包部分人力资源需求。

(2)了解税务机关在哪些方面可以与外部相关方合作开发和运维所需的新基础设施(如与私营经济部门和其他政府组织合作)。

(3)建立一个框架,以确定税务局工作人员在自动化系统决策中的预期参与程度(如在做出最终决定、协助纳税人和处理上诉和投诉等方面)。

(4)创造并培育一种变革文化,包括对工作人员进行再培训和技能更新,重点在于实现税收征管 3.0 模式所能带来的益处。

专栏 8-6

芬兰——税务机关人员技能的发展

芬兰已成功将 70 多个旧系统替换为新的商业成品组件(commercial off-the-shelf,COTS)软件系统。新系统的全面实施不仅按时完成,而且实际成本低于预期。新系统每年为芬兰节省了 1500 万～2000 万欧元的成本,并显著提高了征管操作和实践的效率。为纳税人提供优质服务是新系统的重要目标之一,通过提高自动化水平,工作人员可以专注于更有价值的工作任务,确保工作成果的可靠性。在此变革过程中,员工福利和胜任能力也得到了保障,提高了员工应对持续变化的能力。新 COTS 软件系统的另一个重要优势是帮助税务部门更全面地了解纳税人,并加强了数据分析和处理能力的发展。

(六)合作共治框架

1.核心价值

税收征管方式受到政治、文化、社会和技术等多重因素影响。除了征管本身的组织和控制,还涉及与各类组织如企业、其他政府机构和纳税人代表团体的合作情况。在许多国家,企业已逐渐成为税务机关的重要合作伙伴,共同承担增值税和工资税的征管工作。随着社会的变革,新的税收合作共治框架正在逐步形成,旨在提高税收透明度和责任可追究性。该框架包括正式协商程序、纳税人权利保障机制、简化税收管理和税法合作遵从计划等内容。

转型至税收征管3.0模式的本质要求是实现国家和私营经济部门(包括国际范围)的系统和流程的"互联互通"。基于这一本质,要成功实现转型,需要构建一个结构化的合作共治框架,将各相关方聚集在一起,以合作的方式共同推进变革的管理。

2.该部分架构

为满足税收征管3.0模式的需求,合作共治框架必须具备以下核心功能:

(1)构建一个将国家和私营经济部门代表(包括国际代表)紧密结合的治理机构,确保实现高遵从度和最低遵从成本的目标。同时,充分考虑数据保护、安全性、可访问性和公平性等其他方面的问题,并明确税务机关在整个政府业务解决方案中的定位与作用。

(2)针对协作工作的关键优先事项达成共识,并提供高质量资源以支持该项工作的开展。确保整个税收征管系统的有效性、工作效率和处理变革的弹性和敏捷性,以及应对不良结果和行为的应对能力。

(3)确保系统中的所有参与者相互提供数据安全和保护方面的保证。

3.发展路径

在成熟期,税收征管的运作被深度融入了相互制约的社会网络中,并与各类利益相关方建立了有效的沟通与数据交换机制。税务机关与政治和政策利益相关方紧密合作,共同探讨税法遵从战略和税法的可执行性。此外,数字化的信息交换已成为国家与私营经济部门之间遵从安排的核心要素。合作共治框架的成熟度如表8-6所示。

表8-6　合作共治框架的成熟度

起步期	1.税务机关风险识别或稽查选案部门的工作人员以随机方式评估纳税人的纳税申报表,重点关注特定税种; 2.现场审计和税务稽查是税收类型特定税种检查策略的组成部分; 3.税务机关主要的数字化合作伙伴是软件和硬件供应商
发展期	1.执行税收遵从风险管理项目; 2.自动评估纳税申报表标记的风险和异常情况; 3.税务审计是征管整体质量保证过程的重要构成部分,侧重于纳税人的所有方面; 4.外部合作伙伴主要是政府机关和第三方(金融机构等)
成熟期	1.通过遵从计划和减少遵从负担的战略与外部利益相关者保持一致; 2.纳税人的行为得到税务机关的理解,并得到特定工具和措施的支持; 3.实施按设计遵从的业务解决方案; 4.国与国之间和私营经济部门的数据交换网络得到实施
领先期	1."上游合规支持"得到实施; 2.税务机关为纳税人在其"原生系统"中实施"按设计遵从"提供相关支持; 3.在纳税人业务系统内部署的持续监控保证了申报信息的质量,提高了税收的确定性,减少了税务审计和稽查的需要; 4.敏捷的税收征管流程与人民群众的生活和商业交易结合起来

续表

最终期望	1. 根据"生态系统"的可信赖级别,建立相关方不同的参与模式; 2. 税收征管是弹性的"税收信息系统的系统"(resilient tax system of systems)的透明构成部分; 3. 征管质量实现在交易活动发生层级上的保证; 4. 税收评定和税款征收越来越多地以"无缝"和"无摩擦"的方式进行; 5. 税务机关之间"无摩擦"地开展国际合作

合作共治框架进入成熟期的关键特征如下:

(1)税收政策的制定与执行分离,确保税收机关以公平、独立的方式执行政策。

(2)建立健全的数据隐私保护、问责机制、纳税人权利保障体系,以及完善的法律治理框架,包括正式的争端解决和上诉机制。同时,强化内部和外部问责机制,涵盖投诉渠道、协商机制、利益相关者参与、纳税人宪章及绩效评估报告等方面。

(3)与其他税务机关就信息交换、避免双重征税及解决税收争议等方面达成合作协议,促进协同合作。

税收征管数字化转型将为国家和私营经济部门利益相关者提供新的行动、责任和问责分配机会。通过在纳税人原生系统中嵌入税收管理流程,实现更为无缝的税收征管方式。税收征管将逐渐成为更广泛系统中的透明部分,其网络化特性有助于抵御外部冲击和危机,并灵活应对社会需求。因此,需要制定全新的整体性治理安排,以确保税收征管3.0各部分的顺利开发、实施与监督。

在启动这一长期实施过程之际,税务机关应考虑以下方面:

(1)税务机关需在阐释税收征管3.0模式的必要性方面发挥主导作用,并邀请利益相关方共同参与,进一步明确该模式的愿景。

(2)开发一套支持转型行动事项优先排序的战略工具箱,强化利益相关方之间的协作,促使各方在合作形式与后续实施步骤上达成一致。

(3)阐述税收征管数字化转型的国家战略及问责框架,并明确包括社会利益相关方可持续参与协商安排的国家与私营经济部门间的合作。

(4)启动数字身份证及电子发票的试点项目,以实践为基础不断优化和完善有效的合作模式,包括国际合作。

习题巩固

一、名词解释

经合组织　双支柱方案　BEPS行动计划　《税收协定范本》　国别报告　利润转移　税收透明度　税收确定性

二、简答题

1. 经合组织与联合国针对数字经济发展下出现的相关税收问题都提出过哪些应对方案?

2. "双支柱"方案中,支柱一与支柱二分别应对的问题是什么?

3. 简述支柱二全球税基侵蚀和利润转移包含的规则,并举例说明这些规则的适用场景与使用方法。

三、计算题

1.假设某跨国企业的全球销售额为1亿欧元,在X司法管辖区的销售额为2000万欧元。推定利润额按全球销售额的10%计算,即1000万欧元。假设金额A的推定利润额按照全球销售额的20%计算,根据上述设定,分配给X司法管辖区的金额A应为多少欧元?

2.某跨国企业在A国拥有一家实际税率为10%的母公司,在B国拥有一家实际税率为5%的外国子公司。母公司拥有该外国子公司80%的股份。A国应缴纳个人所得税的外国子公司的未分配利润应为多少?

第八章习题
巩固答案

◎ 参考文献

[1]国家税务总局福建省税务局课题组,赖勤学,吴越,等.数字化转型背景下优化我国税收征管质效的思考[J].税务研究,2022(6):129-136.

[2]李纯璞.2017年世界税收十件大事[J].国际税收,2018(2):31-35.

[3]孙红梅,梁若莲.全球税收发展十年回顾与展望[J].国际税收,2023(2):28-35.

[4]王玉柱,高璐.欧盟推进数字服务税的动因、困境及展望:兼论欧盟财政分权困局对我国数字税治理的政策启示[J].德国研究,2022,37(6):69-82,122-123.

[5]吴仪.《BEPS多边公约》的适用机制及对中外双边税收协定的影响[J].国际经济法学刊,2021(4):144-153.

[6]于子胜.变革税务执法、服务、监管理念 提升税收治理能力[J].税务研究,2021(6):18-24.

[7]张国红.欧洲数字服务税对全球贸易争端升级的直接和间接影响探讨[J].海关与经贸研究,2022,43(5):110-121.

第九章 数字经济背景下各国税制改革

◎ **教学目标**

1.熟悉各国在数字经济背景下的税制改革方向。

2.了解各国税收征管数字化改革进程和方式。

◎ **课程思政元素**

国际视野;时代精神;国情教育

◎ **本章导读**

当前,全球数字服务税征收方式主要有三种。第一种是以经合组织为代表的国际税制改革,其在现有的税制基础上增加或修改相应税制。双支柱相关文件发布后,经合组织多个成员国踊跃发声,其中绝大部分成员国积极响应"双支柱"方案的落地。这一方案旨在确保跨国企业在其经营活动产生利润的地方公平纳税,同时设立全球最低税率,以避免税收竞争导致的"税率竞赛"。党的二十大报告中提到了加强全球经济治理,推动构建开放型世界经济,这与经合组织的国际税制改革目标相契合,强调了国际合作在解决全球性问题中的作用。第二种是以新加坡、澳大利亚等为代表的国家对非居民企业征收其向本国用户提供相关数字服务的商品与服务税(goods and services tax,GST)或增值税。这些国家的税收政策反映了对数字经济活动的适应,以及对本地市场保护的考虑。第三种是以法国、英国、意大利等欧洲部分国家为代表基于特定数字服务收入门槛而设立的新税种。这些国家通过设定收入门槛,对大型数字服务公司征收数字服务税,以确保这些企业在产生收入的国家或地区公平纳税。党的二十大报告中提出要加强税收法治建设,这意味着中国在未来的税收政策制定中,也会考虑数字服务的特殊性,以及如何在促进数字经济发展的同时,确保税收的公平性和合理性。

第一节 双支柱方案下不同国家的税制改革

一、韩国积极落实国内双支柱立法

2022年12月31日,韩国通过了第19191号法律修订案,对《国际税收调整法》进行了更新。为满足经合组织立法模板的要求,新增了第 5 章第 60—86 条,即全球最低税的征税规定,也就是支柱二中的全球反税基侵蚀(GloBE)规则。根据附则第 1 条,该规则自 2023 年 1 月 1 日起开始实施,但第 5 章(第 60—86 条)和第 87(3)条的修订规定将从 2024 年 1 月 1 日起生效。这意味着韩国从 2024 年 1 月 1 日起正式实施支柱二全球最低税,成为全球首个发布全球最低税国内法的国家。

2023 年 7 月 28 日,韩国财政部公布了一份法律草案,对支柱二 GloBE 规则进行了修订,以纳入 OECD 在第二套《征管指南》中的相关修订,并将 UTPR 的实施推迟至 2025 年 1 月 1 日生效。

为了确保全球最低税的实施和减少国家间的税收竞争,提高法令执行的效率,韩国财政部于 2023 年 11 月 9 日发布了立法草案,征询公众对"修订《国际税收协调法》的实施令草案"的意见。该实施令于 2024 年 1 月 1 日生效。修订后的实施令为全球最低税的实施提供更具体的指导。

修订后的实施令将进一步实施 OECD 的第一套《征管指南》(2023 年 2 月)和第二套《征管指南》(2023 年 7 月)的大部分内容。该实施令还规定了大部分详细的适用规则,因为韩国 GloBE 规则将大部分详细规则授权给了实施令。尽管修订后的实施令已经包含了 OECD 立法模板的其他方面,这些方面在最初的 GloBE 规则中并未涉及,但仍有一些问题尚待解决。例如,合格国内最低补足税(qualifying domestic minimum top-up Tax,QDMTT)的安全港实施方式将由总统令决定。同时,修订后的实施令第 129(7)条规定,受控外国企业(CFC)的消极所得的定义将由未来的指南规定。

该实施令内含多个方面,包括:全球最低税适用范围的详细规定、全球最低税所得或亏损计算方法的详细规定、经调整有效税额计算的详细规定、与有效税率和补足税金额计算有关的详细规定、全球最低税特殊规则的详细规定、全球最低税申报和缴纳的详细规定等内容,具体如下。

国际税收调整法(韩国)

(一)全球最低税适用范围的详细规定(提案第 100—104 条)

(1)该实施令明确了适用全球最低税时对集团、控股权益和合并财务报表的具体要求。

(2)在确定集团之间合并或分立或成立新集团时是否达到合并收入门槛时,该实施令定义了合并、分立和新成立的概念,并规定了在每种情况下合并收入门槛的计算方法。

(3)出于政策目的,该实施令明确了通常免于适用全球最低税的政府机构、国际组织和非营利组织等排除实体的要求。

(4)该实施令明确了穿透实体适用全球最低税的要求,以及确定常设机构(PE)和双重住所实体所在地的标准。

(二)全球最低税所得或亏损计算方法的详细规定(提案第 105—128 条)

(1)为了计算全球最低税所得或亏损,该实施令规定了对会计净利润或亏损进行调整和计算的具体要求。

(2)该实施令明确了国际海运所得和亏损以及合格国际海运附属所得和亏损不计入

全球最低税所得或亏损的范围。

（3）PE的会计净利润或亏损应在单独财务报表中反映的净利润或亏损中，根据税收协定或居住地国的法律等反映归属于该PE的收入、费用金额等进行计算。

（4）作为穿透实体成员实体的会计净利润或亏损应首先分配给实际开展业务的常设机构，剩余的净利得或亏损应分配给股东成员实体等。

（5）该实施令规定了成员实体难以采用最终母公司（UPE）会计准则时可以采用的会计准则及其使用要求。

（三）经调整有效税额计算的详细规定（提案第129—138条）

（1）该实施令明确了有关成员实体有效税额的范围和排除项目的具体规定。

（2）有效税额应分配给在计算全球最低税所得或亏损时包含相应所得的成员实体。

（3）为了计算经调整的有效税额，该实施令明确了各种调整和计算方法的具体规定，包括反映在当期公司税收费用中的递延所得税调整总额。

（4）该实施令定义了即使在计入递延所得税负债后5年内仍未缴纳相关所得税款，也不会转回的递延所得税负债的范围。

（5）该实施令明确了可适用全球最低税所得或亏损特殊处理的具体规定，而不是根据报告成员实体的选择反映递延所得税调整总额。

（6）申报后调整而导致有效税额的非实质性减少被定义为减少额低于100万欧元。

（四）与有效税率和补足税金额计算有关的详细规定（提案第139—147条）

（1）该实施令明确了单独计算有效税率的无国别成员实体的范围。

（2）在计算超额利润时，该实施令明确了从全球最低税所得中排除基于实质的所得排除（SBIE）的计算方法和成员实体之间分配的具体规定。

（3）该实施令规定了与补足税金额计算相关的具体细节，如计算成员实体补足税时，当期附加补足税的计算方法、合格国内最低补足税制度的要求以及计算所得纳入比例的方法。

（五）全球最低税特殊规则的详细规定（提案第148—162条）

（1）微利排除的辖区平均GloBE收入以及GloBE所得或亏损是当前和此前两个财年的平均值。

（2）该实施令明确了被少数控股子集团的定义，该子集团被视为独立于附属跨国公司集团的集团，应分别计算其有效税率和补足税。

（3）该实施令明确了转让目标企业加入或退出跨国公司集团时全球最低税所得或亏损以及经调整有效税额的计算方法。

（4）该实施令详细规定了全球最低税重组的要求，并规定了处置实体在确认重组产生的部分利得或损失时计算全球最低税所得或亏损的方法。

（5）该实施令明确持股50%或以上的合资企业集团（合资企业和合资企业子公司）的范围，其有效税率应作为独立于附属跨国公司集团的集团计算。

（6）该实施令明确了设立多母公司跨国公司集团的具体规定，即绑定架构协议和双重上市协议。

（7）如果最终母公司是透明实体，考虑到透明实体所得的最终纳税义务由股东承担，则应归属于股东的所得金额从最终母公司的全球最低税所得中减除，并根据减少的所得进行调整，明确了具体要求。

（8）对于受股息扣除制度约束的最终母公司，股息金额从全球最低税所得中扣除。该实施令明确了股息扣除制度的定义以及可扣除股息金额的具体规定。

（9）当适用合格分配税制度时，如果企业成员实体的税负未达到全球最低税率，需要计算出视同分配税金额（即补足税），并将其增加到企业的有效税额中。如果该视同分配税金额在 4 年内未进行实际分配，则需要从有效税额中再次减少。

（10）如果成员实体是投资实体（投资成员实体），可以通过以下方法之一进行处理：单独计算、税收透明处理和税收分配方法。明确了投资成员实体范围和每种情况下计算方法的具体规定。

（11）该实施令明确了在过渡财年不征收补足税的具体规定。过渡财年为从 2026 年 12 月 31 日之前开始，到 2028 年 6 月 30 日之前结束的每个财年。

（12）该实施令具体规定了首次适用当年适用的递延所得税调整总额的计算方法。

（13）该实施令明确了处于国际活动初始阶段的跨国公司集团在 5 年内免于适用低税支付规则（UTPR）的具体规定。

（六）全球最低税申报和缴纳的详细规定（提案第 163—167 条）

该实施令规定了申报《全球最低税信息报告表（GIR）》所需的详细信息和缴纳方式，由于逃避缴纳补足税而处以罚款的原因和通知方式，以及处以罚款的标准。

除了上述内容，该实施令还将 OECD《征管指南》中的所有选择都纳入其中，具体内容包括股权投资纳入选择、超额负税费用结转选择、债务免除选择、外汇对冲选择和投资组合持股选择。

1. OECD 第一套《征管指南》

该实施令纳入了 OECD 第一套《征管指南》的各个方面，包括：主权财富基金和最终母公司的定义（第 1.4 条）；外汇对冲选择（第 2.2 条）；债务免除选择（第 2.4 条）；应计养老金费用（第 2.5 条）；视同分配的有效税额（第 2.6 条）；超额负税费用结转指南（第 2.7 条）；股权利得或损失纳入选择（第 2.9 条）；将应税分配方法选择扩展到保险投资实体（第 3.1 条）；将保险投资实体排除在中间母公司和部分持股母公司定义之外（第 3.2 条）；受限一级资本（第 3.3 条）；投资组合持股选择（第 3.5 条）；税收透明选择对互助保险公司的适用（第 3.5 条）；第 9.1.1 条（第 4.1 条）下与税收抵免有关的递延所得税资产；第 9.1.3 条适用于类似资产转让的交易（第 4.2 条）；第 9.1.3 条下的资产账面价值和递延所得税（第 4.3 条）。

2. OECD 第二套《征管指南》

该实施令纳入了 OECD 第二套《征管指南》的货币折算规则、税收抵免指南（MTTC）、基于实质的所得排除（SBIE）规则（外国规则、租赁和减值损失）以及 QDMTT 安全港。

替代亏损结转和混合受控外国公司(CFC)制度在法律草案和修订后的实施令中都有规定,但细节将在未来的总统令中规定。

专栏 9-1

韩国本土情况

根据 OECD 的指导原则,全球最低税制度将适用于过去四个财年中至少有两个财年收入超过 7.5 亿欧元(约 8.02 亿美元)的大型跨国企业集团。在韩国,预计将有大约 200 家公司,包括三星电子和 SK 海力士等知名企业,受到这一改革后法律的影响。

韩国财政部在实施令草案中明确了排除在全球最低税制度适用范围之外的企业类型,如政府机构、国际组织、非营利组织、养老基金和投资基金等。此外,在将规定的收入门槛折算成韩元时,将采用前一年 12 月欧洲央行公布的平均汇率作为基准。

为了帮助可能受到新法律影响的公司更好地应对,政府还制定了一系列具体操作细节。韩国财政部一位官员表示,公司将能够评估全球最低税制度对其财务状况的具体影响,并计算由此产生的额外税收负担。政府之所以提供详细的解释和指导,是因为韩国的大型企业集团表达了对新法律的担忧。

二、荷兰在欧盟率先提出支柱二立法提案

荷兰政府于 2023 年 5 月 31 日向荷兰议会的众议院提交了《2024 年最低税法》法案。该法案旨在确保年收入超过 7.5 亿欧元的跨国集团和国内集团,按照至少 15% 的有效税率缴纳利润税。

根据该法案,收入纳入规则和国内最低税适用于 2023 年 12 月 31 日或之后开始的财年,而低税利润规则则适用于 2024 年 12 月 31 日或之后开始的财年。此项立法是荷兰政府根据 2021 年 10 月由 138 个国家签署的国际协议所实施的重要措施,以打击全球避税行为。

该法案规定,只有当公司所属的集团以低于最低税率的有效税率缴纳公司所得税时,公司才需要缴纳新的补足税。补足税将通过从 15% 的最低税率中扣除为该国计算的有效税率来确定。例如,某子公司的有效税率为 10%,而最低税率为 15%,那么该公司将被视为低税实体,其母公司需对其利润征收 5% 的补足税。

该法案旨在减少公司向低税国家转移利润的动机,为各国之间的公司所得税税率竞争设定底线,以防止公司税的逐底竞争,并为跨国公司提供公平的竞争环境。据法案注释所述,该法案将影响大约 3000 个跨国集团和国内集团。

该法案在具体内容方面紧跟欧盟最低税指令,不包含额外的义务或条件,主要内容如下。

1. 合格国内最低补足税

该法案第 3 条明确了合格国内最低补足税的规定。这一规定使得荷兰能够对在荷兰境内未设立统一税收协议的跨国企业集团中的低税荷兰实体利润征收补足税。对于年收入至少为 7.5 亿欧元的集团,大部分利润将适用最高企业所得税率。然而,荷兰国内企业所得税制度与 GloBE 规则之间存在一些差异,可能导致 GloBE 的有效税率相对较低,例如,利润属于吨位税计划,或属于参与豁免,或者清算损失可以根据清算损失规则进行扣除。对于需要在 QDMTT 下纳税的同一跨国企业集团中的多个集团实体,他们将被视为单一纳税人。在荷兰成立的母公司,其权益不直接或间接由在荷兰成立的另一个集团实体持有的情况下,QDMTT 适用于在荷兰成立的母公司。如果有多个在荷兰设立的母公司,或者没有在荷兰设立的母公司,那么承担 QDMTT 的实体将由税务机关决定。

QDMTT 的计算相对简单,特别是它适用于根据一般 GloBE 规则计算的补足税,然后进行少量的调整。需要注意的关键点有以下几个方面。

(1)根据该法案第 3.2 条,跨国企业可以选择不使用 UPE 的会计准则,而是使用公认财务报告准则或授权财务报告准则,但前提是财务报表中的信息已被纠正,以防止任何重大的扭曲竞争。这意味着,总部设在荷兰的低税集团实体可以选择根据荷兰会计处理法或国际财务报告准则来计算 QDMTT 的超额利润,而其 UPE 在编制其合并财务报表时使用美国公认会计准则。

(2)根据《征管指南》,QDMTT 必须不包括成员实体所有者在 CFC 税制下缴纳或发生的税款,在 GloBE 规则中被下推到国内成员实体,以及主体实体缴纳或发生的税款,分配给该辖区的一个常设机构(PE),这在该法案第 7.5(9)条中有规定。

(3)为了避免循环,必须修改 QDMTT 补足税的计算公式,使 QDMTT 本身不被扣除,该法案第 3.2.1(a)条对此作了规定。

(4)任何在四年内没有缴纳的 QDMTT 税款通常会在第五年被计入补足税范围,这不适用于 QDMTT 的计算(仅适用于 IIR 或 UTPR 下的税款)。因此,荷兰 QDMTT 的调整非常少。OECD《征管指南》允许 QDMTT 的设计有更大的灵活性,但荷兰的 QDMTT 与 GloBE 规则的补足税非常相似。例如,OECD《征管指南》规定:QDMTT 可以比 GloBE 规则更严格,只要更严格的限制与当地税收规则一致;GloBE 亏损选择、基于实质的所得排除和微利排除规则不需要包括在内。

2. 收入纳入规则

IIR 不仅适用于位于母公司所在国以外的低税集团实体,同时适用于低税母公司本身以及位于同一国家的低税集团实体。为确保与欧盟法律保持一致,该规则同样适用于国内实体。但在实际操作中,由于 QDMTT 的优先适用,IIR 在荷兰母公司的低税荷兰子公司中的适用情况较为罕见。

3. 低税利润规则

根据 OECD 立法模板,各辖区在实施 UTPR 规则时具有一定的灵活性。荷兰政府决定将该规则作为一种单独的税种来征收,而不是采取限制扣除或视同所得的方式。

4. 参与豁免

根据 OECD 立法模板的规定,被排除的股息源自持有一年或以上期限的投资组合持股(其利润权、资本权益、储备金或投票权均少于 10%)或非投资组合持股的股权。这与荷兰 1969 年《公司所得税法》中的参与豁免存在差异。通常,如果纳税人在另一家公司的名义实收资本中持有超过 5% 的权益,则适用于参与豁免,且持有期限不影响此规定。

5. 清算损失制度

荷兰国内法律规定,在特定情况下,参与公司的清算损失在确定应税利润时可以计入公司所得税。根据该法案,非投资组合持股的清算损失不得扣除,这可能影响 GloBE ETR(effective tax rate,实际有效税率)的金额。

6. 国际海运

该法案中对"国际海运"的定义遵循 OECD《税收协定范本》的定义,相较于所得税和公司税中的"海运利润"定义更为严格。

7. 征管指南

该法案纳入了 OECD《征管指南》的相关规定,部分条款直接纳入法案文本。例如,第 6.2(1)(j) 条包含债务免除的选择条款;第 7.5(10) 条纳入混合 CFC 规则,但未包含详细规定。相反,该法案规定管理混合 CFC 处理的进一步规则将由枢密院命令制定。第 7.2(6) 条也采取类似做法,规定将发布进一步的法规,以规范超额负税费用结转(作为国内税收亏损超过 GloBE 亏损时产生附加补足税的替代方案。根据 OECD《征管指南》第 2.7 条,MNE(multinational enterprise,跨国公司)可以选择超额负税费用的征管程序)。

《征管指南》的其他方面没有包括在该法案中,但包括在附件注释中。比如:

(1)一个集团实体发行的、由另一个集团实体持有的金融工具应被归类为债务或股权。如果该工具在发行的集团实体和持有该工具的集团实体之间根据适用的财务报告准则有不同的分类,后一个集团实体应采用发行的集团实体的分类(OECD《征管指南》第 2.3 条)。

(2)对于复合金融工具,只有收到或分配的与权益部分有关的金额才能被归类为排除的股息(OECD《征管指南》第 2.3 条)。

(3)如果报告集团实体选择这样做,外汇利得或亏损将被归类为排除的利得或亏损,利得或亏损是由金融工具产生的,以对冲与利息有关的外汇风险。这方面的详细规定将在一个条例中提供(OECD《征管指南》第 2.2.3 条)。

8. 安全港

该法案严格遵循 OECD 安全港和过渡惩罚制度指南的规定。该法案第 8.8 条适用了过渡 CFC 安全港,与 OECD 的《征管指南》没有重大差异。该法案第 8.11 条包括 OECD 规定的永久简化计算安全港的广泛范围。简化计算没有包括在该法案中,因为它们仍然需要在包容性框架中详细达成共识。一旦就简化计算达成协议,将根据枢密院的命令制定规则。该法案注释指出,荷兰也将适用 OECD 安全港和过渡惩罚制度指南中的过渡惩罚制度。因此,在过渡期内,税务机关在实施处罚时将有所克制。然而,该过渡制度并不适用于欺诈案件。这一过渡期特指 2026 年 12 月 31 日或之前至 2028 年 7 月 1 日之间的任何报告年度。

　　9.征管

　　对于 GloBE 信息报告表,标准的申报期限为 15 个月,但在起始年份这一期限延长至 18 个月。此外,相关跨国企业还需提交纳税申报,并在申报截止日期前缴纳补足税。建议的报税期限为 17 个月,这意味着在提交 GloBE 信息报告表之后,集团实体还有两个月的时间来完成申报和缴纳补足税的工作。而在起始年份,报税期限和缴税期限为 20 个月。

专栏 9-2

荷兰本土情况

　　荷兰已于 2022 年底就实施全球最低税(支柱二)法案草案发起在线咨询,并已处理完公众的反馈意见,将该法案提交给国务委员会征询意见。截至 2025 年 1 月,合格国内最低补足税(QDMTT)和收入纳入规则(IIR)部分规则已生效,但由于立法协调、国际协调等问题,低税利润规则还有待生效。

　　该法案将 GloBE 规则作为独立的税收立法,而非荷兰企业所得税法的一部分。这是由于 GloBE 规则以财务会计利润而非应税利润为出发点。因此,GloBE 规则补足税的基础与荷兰企业所得税存在差异。将 GloBE 规则纳入企业所得税制度将增加税务机关实施 GloBE 规则的复杂性,并加大企业所得税的复杂性。尽管法案中未具体说明,但注释指出,《2024 年税收计划》一揽子计划规定,该法案也适用于 BES(博奈尔岛、圣尤斯特歇斯岛和萨巴岛)群岛。尽管 BES 群岛不征收利润税,但由于跨国企业在当地设立实体的数量较少,因此支柱二措施的影响将较为有限。荷兰负责税务事务和税务管理的国务秘书对这一新举措表示赞赏,认为这将有助于全球共同解决避税问题。

三、美国提出 301 条款与数字税争端

　　数字经济快速发展的背景下,企业创造价值与利润实现机制发生变化,数据变为核心生产要素,这使建立在传统经济形态下的现行国际税制规则面临巨大挑战。对此,英法两国倾向于对数字化企业征收数字服务税(digital service tax),法国数字服务税以年度全球销售收入(营业额)7.5 亿欧元以上并且源自法国的年销售收入(营业额)2500 万欧元以上的企业为纳税人,就企业在法国提供数字服务或以法国消费者为目标用户而获得的销售收入(营业额)征税,而不是对营业所得(利润)以税率 3％进行征税。法国的数字服务税不以纳税人企业是否在法国有物理存在或构成常设机构为前提,而是聚焦于数字服务本身,即数字平台和提供互联网广告服务。

　　目前,美国在数字经济发展方面领先,谷歌、脸书、苹果、思科、亚马逊等著名跨国企业集团体现了美国数字经济的实力和规模。美国数字企业在欧洲获得巨额利润,利用现行国际税制规则规避在欧洲的纳税义务。为了改变这一现状,欧盟和许多欧洲国家希望在

国际层面达成共识,采取相应措施。

2019 年 7 月 11 日,法国正式决定开征数字服务税,美国的巨型跨国数字企业首当其冲。经筛选,符合全球营业收入不低于 7.5 亿欧元和在法国收入超过 2500 万欧元的互联网企业有 30 多家,而该规定尤其针对科技互联网巨头,并追溯到 2019 年 1 月 1 日开始实施。同时,"数字服务税法案"主要针对的数字经济交易行为是提供数字互动平台服务、定向广告以及销售数字数据。与以往国际上对于"常设机构"的依赖相比,法国将应税标准调整为企业的销售额,不以企业是否在法国登记为限制,并且在计算企业的销售额时以用户数据为计算端口。美国 2017 年 12 月税制改革前,美国执行居民纳税人的全球纳税义务征税制度使跨国企业集团取得的全球所得将面对美国的所得税,其税率最高可达 39%(考虑州税率),因此美国跨国企业集团选择将利润留存海外。因此,法国征收数字服务税的做法引起了大量的反对。同年 8 月,以亚马逊、脸书和谷歌为首的科技巨头公司表示,法国的数字服务税是不公平地针对美国大型科技公司,破坏了 OECD 的应对数字化税收挑战的计划。相应地,美国政府也启动了 301 调查。

301 调查是依据美国《1974 年贸易法》第 301 条进行调查的简称。依据该条款,当美国贸易代表办公室(USTR)认为其他国家的某项政策违反有关贸易协定,甚或被美国单方认定为不公平、不公正或不合理时,即可启动 301 调查并做出单边、强制性的报复性措施。301 条款的实质是美国政府的一种"单方面贸易保护"政策,其目的是保护美国经济安全与利益。具体来说,301 条款主要有以下几个方面的内容:

(1)美国政府有权对其他国家的商品设定贸易限制、出口加税、进口附加关税等措施;

(2)美国政府可以采取强制措施,如对进口申报、报关等上进行限制性举措;

(3)美国政府可以向 WTO(世界贸易组织)等贸易组织提起控诉,请求调查和处理来自其他国家的"不公平贸易政策";

(4)美国政府可以对违反上述措施的国家实施制裁等。

总体来看,这一条款使得美国政府可以依据自身的意愿单方面采取贸易限制和惩罚行动,不需要经过 WTO 等贸易组织的审批和监督,自由裁量权很大。

美国贸易代表办公室 2019 年 7 月 10 日发布的公告表示,法国数字服务税的征税领域正是美国数字企业处于全球领先地位的数字服务领域,并且该税种"不公平"地针对美国数字公司,为此,该公告给出了发起调查的三大理由:第一是明显的仅仅针对美国数字公司的歧视性待遇,在美国看来年全球销售收入 7.5 亿欧元并且源自法国的年销售收入 2500 万欧元以上的目标公司大多数为美国数字公司。第二是追溯执行问题,法国数字服务税要追溯至 2019 年 1 月 1 日起执行,美国公司无法获得事先预期而采取行动。第三是规制不合理,数字服务税针对销售收入(营业额)征税,混淆了直接税与间接税的标准与界限,突破了现行国际税制规则的税收管辖权界定,尤其是明显针对特定目标公司群体,以税收手段打击目标公司的商业成功。

2019 年 12 月,美国政府为应对法国的数字服务税,提出对法国进口商品征收高达 100% 的关税,涉及金额高达 24 亿美元。关税涉及范围广泛,包括葡萄酒、奶酪等商品,详细清单由美国贸易代表办公室发布。2020 年 7 月,美

第 301 条——
数字服务税
(美国)

国对法国等30多个宣布征收数字服务税的国家发起了301调查,意图制裁。经过数月的谈判,各国在2021年10月达成协议,实行"过渡期安排"。但需要注意的是,OECD双支柱方案的共识协议未能在2023年12月31日前生效,该协议已经失效。法国等国家将继续征收数字服务税,而美国将恢复报复性关税措施。

四、澳大利亚推动商品服务税改革

2017年7月,澳大利亚商品服务税的适用范围将扩大到进口的数字产品和其他服务的跨境供应,包括流媒体或下载电影、音乐、应用程序、游戏、电子书等数字产品,以及建筑或法律服务等服务。从2018年7月1日起,澳大利亚向消费者销售的进口低价值商品为价值不高于1000澳元的实物商品(烟草或含酒精饮料除外),包括服装、电子产品和化妆品等[①]。

同时对具体商品服务税纳税人的范围也进行了限定,即在12个月内达到7.5万澳元销售额门槛的企业。纳税人在销售时收取商品服务税,然后在报税中向澳大利亚税务局(Australian Taxation Office,ATO)缴纳商品服务税税款。这与我国的增值税类似。

根据澳大利亚税务局公布的法规(2018年3月18日),所有涉及销售服务、数字产品或低价值商品的商家,以及在线销售平台运营商,如果允许商家通过其平台销售数字产品、数字服务或低价值商品,都必须注册、收取并支付商品服务税。法规明确规定,在销售过程中,只需一个对象在销售时收取商品服务税。具体来说,如果商家通过在线销售平台销售上述商品或服务,通

商品服务税
(澳大利亚)

常是由平台运营商而非商家负责收取商品服务税。然而,如果平台运营商或商家不协助将商品运送到澳大利亚,那么转运方需负责收取商品服务税。

所有符合条件的企业都必须履行注册并支付商品服务税的义务。未能按照法规要求执行的企业可能会受到相应的处罚。此外,澳大利亚和中国都是税收协定的签署国,该协定允许两国之间互通信息,这为澳大利亚税务局提供了通过第三方数据和互联网分析来识别受法规影响的海外业务的能力。

针对在线销售平台的运营商,法规特别提醒:如果个体通过在线销售平台向消费者销售低价值商品、数字服务或数字产品,通常由平台运营商(而非个体)负责收取商品服务税。若在线销售平台仅为个体产品提供广告宣传服务(如为消费者提供链接以便从个体的网站上购买),则该个体需负责收取商品服务税。另外,如果在线销售平台负责收取商品的商品服务税,该平台必须确保税务信息包含在相关商业文件中,以便运输商和海关经纪人准确报备海关文件。

对于经营在线销售平台的个体,若其平台允许商家向消费者销售低价值进口商品、数字产品或数字服务,且服务以电子通信方式提供,则该个体被视为在运营在线销售平台。在大多数情况下,该个体而非商家需注册商品服务税并向澳大利亚缴纳销售时收取的商

---

① 对入境澳大利亚销售品征收的商品与服务税(GST)[EB/OL].(2017-11-30)[2024-06-25].https://www.china tax.yov.cn/chinatax/n810219/n810744/n1671176/n1671196/c2930305/content.html.

品服务税。

除了在商品服务税税制方面进行改革,澳大利亚还积极将双支柱税制应用到国内。澳大利亚财政部于 2022 年 10 月 4 日发布了《全球公司税收协议:应对经济数字化带来的税收挑战》咨询文件,公开征询公众对 OECD 推动的双支柱全球税收改革计划的意见。随着 OECD 支柱二全球最低税的稳步实施,澳大利亚政府在预算案中确认,将对支柱二采用15%的全球最低税。所得纳入规则自 2024 年 1 月 1 日起或之后的所得年度生效,低税利润规则自 2025 年 1 月 1 日起或之后的所得年度生效,而15%的国内最低税(相当于OECD 符合条件的国内最低补足税)则自 2024 年 1 月 1 日起或之后的所得年度适用。最低税适用于全球年收入达到或超过 7.5 亿欧元的大型跨国公司。

第二节　数字服务税的税收体系改革

在全球经济数字化进程加速的背景下,以谷歌、亚马逊、脸书、苹果为代表的大型互联网企业在全球市场上取得了巨大的经济利益。据联合国贸易发展委员会的数据,2018 年可数字化交付的服务出口在全球服务出口中占据了50%,达到了 2.9 万亿美元。然而,这些大型互联网企业的有效税率普遍偏低,暴露出现行国际税收制度的不足。

为了维护本国的税收主权,法国、英国等国家开始积极策划制定数字服务税,并将其作为一项临时措施。2019 年 7 月,法国通过了《开征数字服务税暨修改公司所得税降税路径法案》,其他国家也纷纷效仿。因此,以数字服务税为手段的税收单边规制正在越来越多的国家得到推广和应用。

一、法国

(一)数字服务税的税基

根据欧盟模板,法国数字服务税以互联网企业在法国的数字营业额为税基,涵盖在线广告服务、用于广告目的的个人数据出售以及提供点对点服务在线平台等业务。该税种与欧盟在诸多条款上保持一致,但以营业收入而非利润作为税基,导致征收与纳税主体的整体损益脱节。对于低利润乃至负利润的互联网企业,数字服务税征收无差别对待。此外,交纳数字服务税并不能免除企业继续交纳企业所得税的义务,可能导致同一笔营业收入被重复征税。由于营业收入与纯收入在计算上存在差异,数字服务税不符合传统企业所得税范畴,引发对其合理性和公平性的争议。

(二)数字服务税的征收对象与税率

关于征收对象,法国数字服务税法案明确规定,应税企业需同时满足以下两个条件:全球年应税数字营业收入达到 7.5 亿欧元(折合人民币约为 58.4 亿元),以及在法国境内的相关数字营业年收入超过 2500 万欧元(折合人民币约为 1.94 亿元)。在设定数字服务税征收门槛时,法国参照了欧盟的标准,但略高于欧盟的标准。具体来说,欧盟的标准是企业在欧盟境内的相关数字营业年收入超过 5000 万欧元,而法国的标准则是法国境内的营业年收入超过 2500 万欧元。显然,应税的互联网企业在法国一国之内的营业收入很难达到其在欧盟各国总营业收入的 50%。据《金融时报》的不完全统计,法国数字服务税法案的实施将影响全球 30 余家互联网企业,包括美国、中国和德国的企业。法国提高征收标准的目的可能是为了吸引那些在法国市场尚未完全成熟的境外互联网企业。部分国家数字税制定情况如表 9-1 所示。

表 9-1　部分国家数字税制定情况

国家	起征时间	税率	征税对象	纳税门槛
英国	2020 年	2%	从英国用户那里获得有价值的平台和在线市场	一个会计期间内: 1. 应税数字服务收入总额超过 5 亿英镑 2. 其中超过 2500 万英镑应税数字服务收入来自英国用户
法国	2019 年	3%	1. 提供数字接口(即中介服务) 2. 定向广告和传输为广告目的收集的用户数据	上一纳税年度内: 1. 全球收入 7.5 亿欧元 2. 在法国提供的应税服务超过 2500 万欧元,这些阈值必须在集团合并层面计算
印度	2016 年	6%	从印度居民或拥有常设机构的非居民支付给在印度没有常设机构的非居民	免征额为 10 万卢比/年
匈牙利	2014 年	0～7.5% 内累进	1. 为他人提供广告服务 2. 对自己的产品或服务进行宣传	每年超过 1 亿匈牙利福林的广告收入税率为 7.5%,低于 1 亿匈牙利福林的广告收入免税

在税率设定方面,法国数字服务税法案第 299 条明确规定,纳税人需缴纳在法国境内从事特定数字服务营业收入总和的 3%,该税率不含增值税。这一税率与欧盟 2018 年 11 月的提案保持一致,略高于英国于 2020 年推行的数字服务税 2% 的税率。纵观全球各国的立法实践,数字服务税征收已成趋势,在推出之前,已有多国进行过类似尝试并提出了相应的税种。全球数字税征收的税率梯度分为三个层次。第一梯度的数字税征收税率为 10% 左右,以韩国 2014 年推出的数字税为代表,该税在增值税基础上,对外国企业通过应用商店提供的音像、游戏、软件等商品加征,征收税率设定在 10%。第二梯度的数字税征收税率在 6%～8%,征税范围扩展至在线广告。例如,匈牙利于 2014 年推出的广告税,目前税率稳定在 7.5%;印度 2016 年货物服务税扩展后,以在线交易为征税对象的税率定为 6%。第三梯度则是在欧盟推动下,以意大利、西班牙、英国及法国为首的国家推出的 2%～3% 的数字服务税征收税率。总体而言,数字税的征收对象覆盖面越来越广,而征收税率则呈现出越来越低的趋势。

(三)数字服务税的征收与执行

在法国数字服务税法案出台前,征税对象主要是跨国互联网企业,其在经营链最底端的销售国可执行的财产有限,导致税款难以完全收回。数字服务税开始征收后,由于立法尚处于初步探索阶段,存在一些模糊的概念和表述,一旦出现执行争议,需要一个统一的争端解决机制来维护企业合法权益。然而,目前法国缺乏此类机构来弥补可能存在的漏洞。

跨国互联网企业数字服务税的缴纳还涉及国家之间的税收协作与情报交换问题。欧盟在《2018年数字服务税指南建议》中提出建立一个"一站式"征收系统,使需要向多国缴纳数字服务税的纳税主体可以选择欧盟中的某个成员国缴纳所有税款。为保障欧盟成员国之间的信息畅通,欧盟提案的第4章"行政合作"对成员国的身份识别、纳税申报表填报及支付信息交换等方面进行了规定;在第4章第23条中提出采纳一个执行法案来确定线上电子信息交换系统的细节。此规定能在一定程度上减少欧盟成员国之间的纳税冲突,减轻纳税主体多国纳税的负担。但考虑到数字利益涉及数据收集处理的复杂性,该征收系统最终能否推行及未来的推行效果仍不确定。

专栏 9-3

法国谷歌案

在法国数字服务税法案的推进过程中,法国谷歌公司一案经历了重大转折。作为全球搜索引擎的领军企业,谷歌美国的核心收入来源于在线广告业务。该业务通过算法设计,精准地将广告内容推送至目标客户,从而实现用户向价值客户的转化。2012年,谷歌爱尔兰公司在法国开展在线广告销售活动,作为谷歌美国在欧洲的总部。法国税务机关根据1968年的《法国—爱尔兰税收协定》认定谷歌爱尔兰在法国境内设立了代理常设机构,并要求其缴纳企业所得税。然而,谷歌爱尔兰认为,谷歌法国公司缺乏独立签订合同的权力,因此不能被视为谷歌爱尔兰的独立常设机构。经过一系列的法律诉讼,2017年7月,法国巴黎行政法院驳回了公共账户部部长要求谷歌爱尔兰缴纳企业所得税的诉讼请求。法国税务机关对此提起上诉,但2019年3月,巴黎行政上诉法院维持了原判。然而,法国税务机关并未放弃,于2019年9月再次上诉至巴黎高等法院。最终,谷歌美国与法国税务机关达成和解。和解协议包括法院宣布的5亿欧元和谷歌美国同意支付的4.65亿欧元额外税款。这一案件以双方的和解告终,为谷歌美国在法国的业务发展扫清了障碍。

二、英国

英国政府已于2020年4月1日起正式征收数字服务税(DST),该税种主要针对全球销售额超过5亿英镑且至少有2500万英镑来自英国用户的社交媒体平台、搜索引擎或在线市场企业,税率为2%。

数字服务税的征收范围涵盖了社交媒体平台,即能够促进用户互动、将用户内容作为服务核心的在线平台,如社交或专业网络、博客或讨论平台、视频或图像共享平台、约会平台、内容审查平台等。此外,互联网搜索引擎及第三方用户提供的商品和服务销售的在线市场也在征税范围内,但内部网站搜索引擎及销售金融服务的在线市场除外。

数字服务税
(英国)

在判断是否为英国用户时,将依据以下证据进行评估:用户为通常居住在英国的个人或在英国建立的企业。需注意,用户交易时的地理位置可能与通常居住地或企业所在地不同,因此需根据可获取的证据来评估该用户是否位于或源于英国。可用的证据包括交货地址、付款细节、IP 地址、基于合同证据的广告预定目的地、租赁财产或货物的地点等。

据英国税务海关总署预测,至 2025 财年结束时,数字服务税将有望创造高达 5.15 亿英镑(约合 6.65 亿美元)的年度额外收入。

三、加拿大

加拿大政府于 2024 年 1 月启动针对科技公司的数字服务税法案。2023 年 8 月,加拿大发布了相关解释性文件,详细阐述了实施这一法案的原因。该法案规定,加拿大政府将对年收入至少为 7.5 亿欧元(约 60 亿元人民币)的科技公司征收 3% 的税。此举旨在遏制大型科技公司的避税行为,增加国家财政收入。该法案的征税对象不仅包括社交媒体平台公司,如 Meta 公司(即 Facebook 和 Instagram 的所有者),还包括在线市场运营公司,如沃尔玛和亚马逊。根据经合组织的标准,7.5 亿欧元的门槛将被视为应征收数字服务税的最低收入阈值。

目前,经合组织正在与 130 多个国家进行全球协议谈判,以消除数字经济领域的避税行为。然而,该协议仍在推进过程中,因此加拿大决定单独制定自己的数字经济税收政策。据加拿大商业部官员估计,如果全球协议得以达成,每年将产生约 1500 亿美元的全球税收收入。

值得注意的是,一些欧洲国家已在 2021 年实施了自己的数字服务税,但随后遭到美国的关税威胁。在欧洲国家同意取消这些税收并等待全球协议的第一部分实施后,美国方面放弃了威胁。当时,加拿大也同意暂停其数字服务税,并等待协议生效。然而后续一些国家决定推迟实施任何新的国内数字服务税。这一决定可能会对加拿大的数字经济税收政策产生影响。

四、印度

印度征收相关数字税早有先例。自 2016 年起,为了应对新型经济模式,印度政府针对在海外电商平台上投放线上广告的本土企业开征 6% 的平衡税,这一税收涵盖了外资企业提供的网络广告业务、数字广告版面以及其他网络广告相关服务。2019 年 8 月,印度政府再次表明了其对互联网巨头企业的征税立场,拟定了新的征税门槛。而在 2020 年 3 月 26 日,印度政府宣布,从 4 月 1 日起,对于在本地年销售额超过 2000 万卢比的外国公司,将按照其在印度数字服务销售额的 2% 进行征收。这一政策不仅涉及以互联网广告为主业的互联网企业,如谷歌、脸书等,还覆盖了电商交易网站,如亚马逊、亿贝等。只要这些企业的最终目标客户在印度,就需要缴纳数字税。

该决策出台的时间点正值新冠肺炎蔓延之际。尽管新冠肺炎期间用户的在线视频、社交等应用的日活及月活有所提升,但广告客户的预算下滑导致互联网企业的营收利润受到冲击。对于这些企业而言,增加的数字税无疑增加了运营负担。因此,包括谷歌、脸书等美国科技巨头正积极寻求推迟印度数字税的征收。

数字税的征收源于数字服务的特殊性。由于互联网公司无须实体店,仅靠互联网提供服务,它们可以通过将公司总部设立于低税率国家的方式,将其他国家的利润转移至总部所在国纳税,从而达到避税目的。例如,谷歌印度公司在2014—2018年间向其位于新加坡及爱尔兰的子公司支付巨额资金,标注为"购买广告版面",这笔支出占其同期总收入的50%～60%,但这部分资金并未纳入当地征税范围,导致印度税收流失严重。

第三节　各国数字化征管改革

一、中国

我国税收信息化建设起始于20世纪80年代初,经过金税一期、金税二期、金税三期的持续建设,逐步实现了从无到有、从小到大的跨越式发展。在这个过程中,系统功能也从单一走向全面覆盖,为税收治理现代化奠定了坚实基础。当前,我国已进入金税四期建设的新阶段,标志着税收治理现代化建设迈入了一个崭新的征程。

(一)金税工程发展演进的新阶段

在20世纪80年代初,我国基层税务部门开始利用微型计算机来辅助处理税收计划、统计、会计等纸质数据,以提升面对面服务效率。1994年分税制改革后,金税工程各阶段的建设工作相继启动。其中,金税一期以增值税专用发票为核心,部署了增值税专用发票交叉稽核系统,尝试"以票管税"的新管理方式。金税二期则进一步关注增值税发票的开票、认证、报税和稽核等方面,力求构建全链条监管体系,完善增值税"以票管税"的新机制。在此基础上,金税三期于2009年开始实施,它以税收征管主要业务、工作流程、岗位职责为核心,构建了全新的税收征管体系。在国税地税征管体制改革后,金税三期实现了原国税地税两套系统的流程统一、数据合流和功能升级。至此,金税工程已发展成为覆盖所有税费种类、支持税务人员在线业务操作、为纳税人提供涉税事项办理业务的信息系统。

2021年3月,中共中央办公厅、国务院办公厅联合发布了《关于进一步深化税收征管改革的意见》。该意见将"智慧税务"作为新发展阶段深化税收征管改革的关键举措。金税四期主要聚焦于智慧税务建设,以发票电子化为突破口,借助税收大数据驱动,实现全量税费数据的实时、多维度归集、连接及聚合。

一是通过税收数据的智能化归集和智能管理,实现税务执法的全过程可控、结果可评估、违纪可追溯以及责任可追究。这有助于推动税务机关从"以票治税"转变为"以数治税",从而实现精确执法和精准监管。

二是税务数据的智能化归集和智能监控,将助力纳税人缴费人实现税收风险的自我监测、识别、应对及防范。这有助于推动税费服务从被动遵从转变为主动遵从,实现依法纳税和精细化服务。

三是税务数据的智能化归集和智能展示,将促进金融、海关、市场监管、公安、支付平台等其他涉税方实现数据共建、共享、协同及治理。这有助于推动相关政府部门基于税收法定义务提供涉税方信息,实现数字政府与税收共治。

(二)信息技术应用场景的新拓展

在当前大数据、云计算、人工智能、移动互联网等现代信息技术得到普遍运用的背景下,智慧税务正在改变税收信息化发展应用的运行轨迹并逐步拓展新的应用场景。

一是功能应用"立体化"迭代。相比金税一期主要聚焦于增值税发票真伪核查,金税二期关注增值税专用发票开具、申报和审核的条线管理,金税三期则从"由点及线"扩展到"由线及面",构建了面向所有税种、所有环节和所有机构的税收征管新格局。新发展阶段的金税四期,旨在实现政府部门、金融机构、纳税人、税务部门之间的多元信息共享,形成多维化、全方位、全流程的税收共治。

二是管理方式"集约化"转型。传统工作机制主要依赖纳税人提供的"发票"或"申报表"等申报数据。然而,金税四期以数据驱动为核心,注重税务数据的多元获取和流动,通过智能感知执法、服务和监管需求,实现灵敏自动反应。这使得税收管理方式从"粗放型"向"集约化"转型,提高了税收征管的效率和精确度。

三是征纳关系"交互化"转变。传统税收信息化应用主要服务于税务部门,呈现明显的工具性质。在金税四期中,以纳税人缴费人为中心的理念得到体现,旨在大幅提高税法遵从度和社会满意度。智慧税务的建设使得税收数据的交互服务成为其价值回归的体现,征纳关系的信息流向不再是单向的,而是更加注重与纳税人缴费人的互动和沟通。

(三)税收治理现代化建设的新征程

智慧税务作为数字政府的有机组成部分,将统筹推进技术融合、业务融合、数据融合,构建高集成功能、高安全性能、高应用效能的智慧税务,开启税收治理现代化建设的新征程。

一是更好地践行"以人民为中心"的发展思想。通过创新税费服务方式,智慧税务致力于提高税法遵从度和社会满意度,降低征纳成本。它以纳税人的需求为导向,构建全生命周期的行为分析与服务体系,实现高效、智能的精细化税费服务,从而大幅提高社会满意度,满足纳税人缴费人的实际诉求。

二是更好地实现数字政府的治理目标。数据赋能是数字政府的核心所在,而智慧税务正是通过深化改革、构建全链条、全场景、全环节的数字化税收征管体系,实现了数据驱动的决策与管理。这不仅打破了部门间的信息化隔离,还推动了税收数据的深度整合与共享,打造了泛在可及、智慧便捷、公平普惠的数据治理体系,与数字政府的建设目标高度契合。

三是通过协同共治的治理理念,实现更好的实践效果。智慧税务利用数字化技术,如纳税人诉求整体画像和数据可视化呈现,深入挖掘和下沉数据资源,将治理重心下移。这一举措不仅可以构建纵向协同机制,加强各级税务部门之间的合作,而且可以在纳税人、税务人、决策人之间形成一个数字化综合治理的生态体系。通过推动构建税收大数据协同共建共享横向协同机制,我国能够进一步提升税收治理的整体性和集成性效能,实现更高效、精准的税收治理。

二、新加坡

新加坡税务局(The Inland Revenue Authority of Singapore,IRAS)的核心税务管理信息通信技术系统被称为税务互动网络(the inland revenue interactive network,IRIN)。该系统通过 MyTaxPortal 为所有个人和企业提供电子服务,使纳税人能够进行付款、电子报税和管理账户。根据 IRAS 的数字化转型计划,实施 IRIN3 更新核心税务管理系统是业务转型的关键技术推动因素。该计划是一个多年期计划,分三个阶段实施:第一阶段实施了文件管理系统和数字通知平台;第二阶段在政府商业云上实施了印花税微服务架构,为 IRIN3 奠定了基础;第三阶段将逐步扩展到其他税种。随着 IRIN3 第二阶段的推出,IRAS 对其综合印花税系统进行了改造,并将其迁移到云端,以提高可扩展性和商业能力的可用性。纳税人现在可以通过移动友好门户随时随地管理印花税事宜,电子印花也变得简单,可以快速概览文件、记录和数字服务的状态。自推出 IRIN3 第二阶段至2023 年 2 月,已生成超过 12 万份印花税证书。

三、匈牙利和墨西哥

全天候安全运行中心(The 24/7 security operation centre,SOC)对于匈牙利国家税务和海关管理局(The Hungarian National Tax and Customs Administration,NTCA)至关重要,因为它不仅为实施以 IT 安全为导向的系统监控提供了机会,而且还可以检测和预防新的、以前未知或未识别的攻击。通过 SOC,NTCA 能够尽快发现事件并立即提供解决方案。这增强了行政部门应对网络威胁的能力,并开展了重要的预防工作。这项工作的核心支柱是自动网络威胁检测、漏洞检测系统和 NTCA 传统边界保护系统的相互连接。因此,NTCA 可以利用漏洞检测工具提供的威胁指标,在无须人工干预的情况下修改、澄清和过滤防火墙规则。安全意识在 NTCA 中发挥着战略性作用,但只有员工具有安全意识,才能维护安全。尽管信息技术安全不断改进,但用户仍然是整个链条中最薄弱的环节,因此在设计和实施系统保护解决方案时,不应将用户排除在外。社会工程技术和日益复杂的心理操纵形式对 NTCA 构成了重大威胁,因此需要更加重视对用户的安全意识培训。为此,NTCA 的信息技术安全部门定期开展培训、安全意识评估和评价。评估中还包括理论和实践测试,这些测试已显示出不断改进的态势。

网络安全创新

墨西哥税务管理局(The Mexican Tax Administration,SAT)采用分层安全方法,加强对高级威胁的防护和检测。其中一项措施是对电子邮件进行自动分析,以识别勒索软件威胁以及下载文件中嵌入的命令和控制代码。如果攻击从包含零时差勒索软件威胁的电子邮件开始,而这种威胁是专门为绕过传统安全技术而设计的,那么 SAT 的安全方法就会立即将所附文件发送到受控沙盒环境中。在此环境中,对文件的行为进行分析,从而确定攻击的性质。实时生成的响应会对该文件进行标记识别,以便在今后其他地方遇到该文件时自动阻止。这种积极主动的方法大大加强了管理部门减轻潜在威胁和迅速消除威胁的能力。

四、加拿大

为支持人工智能解决方案的实验和部署的监管职责,加拿大税务局(The Canada Revenue Agency,CRA)继续加强人工智能治理和监督。作为治理套件的一部分,加拿大税务部门于 2021 年 1 月出台了"人工智能指令"(The Directive on Artificial Intelligence)。该指令规定了 CRA 内部的角色和职责,并通过强制使用算法影响和一致性评估(the algorithmic impact and alignment assessment,AIAA)工具予以支持。AIAA 有三个目的。第一,AIAA 在设计上是开放的,它是 CRA 人工智能项目的中央存储库,所有用户都可以查看,以增强横向性。第二,为了评估一致性并集中资源,AIAA 根据 CRA 的核心业务优先事项对人工智能项目进行分类。第三,AIAA 工具会评估和计算处于开发和生产阶段的人工智能项目的相关风险分数,包括缓解措施和道德因素。通过收集的指标,AIAA 可以为 CRA 报告在哪些方面发生了什么。随着人工智能治理的不断成熟和对快速发展的人工智能环境的响应,AIAA 工具也将不断发展,以支持知情监督和提高透明度。

另外,加拿大税务局的愿景是成为世界一流的税务和福利管理机构,以人为本,值得信赖,公平公正,乐于助人,制定战略规划框架(the strategic planning framework)就是为了在此过程中指导决策和投资的。该框架将战略优先事项和指导原则与 CRA 的使命、愿景、价值观和最终成果联系起来。战略优先事项说明了加拿大税务局在近期、中期和长期规划范围内为更好地实现其最终成果将采取的行动,而指导原则则阐明了其将采取的行动。在规划期限内,加拿大税务局将优先提供以数字为先的无缝客户体验;打击激进的税务规划和逃税行为;加强安全和隐私;以及培养一支高效的多元化员工队伍。在落实这些优先事项的过程中,加拿大税务局致力于在其计划和服务中采用以用户为中心的视角;利用企业和数据驱动的方法,促进与现有和新合作伙伴的有效合作。加拿大税务局每年都会审慎评估外部环境的变化驱动因素、加拿大政府的优先事项及其绩效,包括在国际税收管理调查(the international survey on revenue administration,ISORA)数据的比较背景下进行评估,根据该框架确定其在多个规划期限内的规划目标。通过评估,为加拿大中央税务局如何推进优先事项和应用指导原则提供信息,确保其当前所做的工作与未来为实现其愿景所需做的工作协同增效。

五、芬兰

芬兰税务局(The Finnish Tax Administration,FTA)将公民反馈作为内部流程数字化和数据驱动管理进程的一部分,落实公民参与数字战略(citizen involvement in digital strategie)。非技术官员利用无代码或简单代码平台创建了一个成熟的应用程序,用于处理利益相关者的正式投诉,这些投诉可能是在指控税务官员程序不当或非法或行为不端或玩忽职守的情况下产生的。该应用程序将通过案件工作流程的所有步骤处理所有相关方的每项投诉。该应用程序与税务局的综合数字资料室相连,后者收集了有关组织绩效的大量信息和指标。数据室报告实时显示投诉的状态、主题领域、评价和其他属性,从而为基于证据的持续改进提供依据。该应用程序的创建展示了税务局内部在以灵活敏捷的方式加快数字化进程方面的潜力,推动了税务局自身的建设。

同时芬兰也积极推动电子发票和网络发票的使用。继 2023 年 11 月份 MyTax 系统(芬兰税务局下属的在线纳税平台)更新后,个人纳税人可使用电子发票缴纳新税种,公司纳税人可使用网络发票缴纳新税种。个人纳税人将可以接受遗产税和赠与税的电子发票。这意味着房地产税、预付税款和补缴税款以及遗产税和赠与税都可以使用电子发票。企业经营者和个体经营者可以收到预缴税款和补缴税款的网络发票,网络发票适用于到期日在 2024 年 1 月 1 日之后的分期预缴税款和补缴税款。

六、澳大利亚

自 2016 年澳大利亚税务局(ATO)发布第一个数字战略以来,ATO 已经为纳税人、中介机构、企业和数字服务提供商提供了一系列变革和新的数字服务。2022 年 8 月,澳大利亚税务局发布了更新后的数字化战略(2023—2025 年),概述了澳大利亚税务局数字化转型历程中的下一个关键步骤,并说明实现 2025 年愿景需要高质量的可验证数据、进一步嵌入数字身份、增强自助服务选项、扩大防诈能力以及继续关注生态系统。该战略以四大支柱为框架,以五项原则为基础,旨在继续推进流程和服务的数字化,以改善客户和员工体验,推动提高税收绩效并降低管理成本(见图 9-1)。

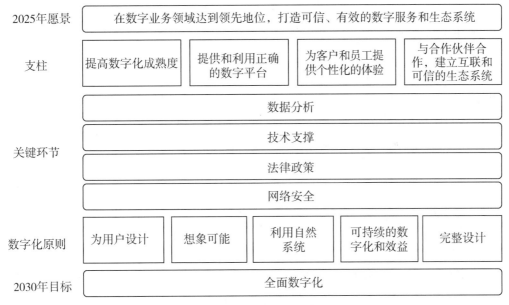

图 9-1 澳大利亚数字化战略

首先在数字化方面,ATO 继续推动基于事件的报告的数字化,包括通过自然系统报告基于事件的最新详细数据;通过软件实时验证数据;完全数字化和自动化的双向数据交换。后续 ATO 将继续实现数字化,包括增加及时报告和基于事件的报告;使用经过验证的数据预填更多表格;在更多生态系统中嵌入可验证的标识符;融入支付生态系统,通过自然系统在正确时间或事件发生点进行支付。

(一)数字化战略的五项数字化原则

1.为用户设计(design for the user)

利用证据、洞察力和共同设计来创造最佳的端口到端口的体验;预测未来需求和行为;继续提升员工体验。

2.想象可能(imagine the possible)

停下来思考并寻找最佳结果;采用转型思维;挑战现有限制。

3.利用自然系统(leverage natural systems)

利用客户和用户在日常生活中所做和使用的东西;利用个人和企业开展日常活动的环境;将服务带到用户身边,让事情变得更简单,让税收和超额利润更容易发生。

4.可持续的数字化和效益(sustainable digitalisation and benefits)

在设计时考虑系统重复使用的计划;充分利用或重复使用现有能力;创建可持续、适应性强的解决方案,并采用整个生态系统的方法来解决问题和实现效益。

5.完整设计(integrity by design)

通过不断改进预防、检测和打击生态系统中欺诈行为的方式,保护客户信息和系统。

(二)数字化战略的四个支柱

1.支柱一:提高数字化成熟度(evolve digital maturity)

实施支柱一的目标:改进运营模式和流程,实现创新和成本效益;培养员工队伍,使其掌握数字知识和技能,推动数字优先思维,提升员工和客户体验。实现支柱一目标的举措有以下几项。

(1)制定数字路线图和管理框架。

制定全新的 ATO 数字计划和数字项目管理路线图,确保与数字战略保持一致。这包括:为整个 ATO 创建数字化优先事项视图;通过对数据和数字化进行更明智的投资来提高效率;通过开发更新的方法来提高效果和效率。

(2)建立数字智囊团。

ATO 首席数字官将领导一个具有代表性的小组,在整个 ATO 内合作、探索和构思新的和改进的数字解决方案和流程。这使 ATO 能够在管理当前项目和挑战工作方式的同时,提前规划未来的转型。

(3)投资于员工队伍,提高数字化成熟度。

找出差距,并与主要内部利益相关者合作,推动员工的持续发展,包括充分利用整个政府的数字专业流;寻找新的方法来提高整个 ATO 的数字素养,并构建支持工具来帮助员工浏览数字学习产品。

2.支柱二:提供和利用正确的数字平台(deliver and leverage the right digital platforms)

实施支柱二的目标:对缺失的数字能力进行审慎投资,以实现反映当代数字世界的体验;最大限度地发挥和利用现有的数字能力,满足用户的需求。实现支柱二目标的举措有以下几项。

（1）税务局网站现代化。

为税务局网站实施一个新的和改进的数字体验平台,改变可用性和客户体验。这包括一个新的知识管理能力的交付,将连接和巩固 ATO 相关内容。

（2）商业登记现代化。

现代化商业登记计划将把澳大利亚商业登记簿和其他 30 多个与公司有关的登记簿合并起来,使企业更容易在政府登记、查看和维护其商业信息。

（3）继续推进信函和通信数字化。

为个人和企业提供数字通信,并继续使外观和感觉现代化。这包括交付一个全新的政府数字商务收件箱和一个安全的双向数字交换系统,使信息能够通过安全的方法传递给客户。

（4）启用数字服务闸。

通过新的数字应用程序编程接口网关提供无缝的现代数字服务。

（5）继续推进端口到端口流程和服务数字化。

继续实现人工或次优数字服务的数字化,影响税收收入和客户体验。数字化战略将重点关注以下领域:为外国投资者及其代表提供网上服务;数字化表单以改善体验并防止未经认证的交互;改进 ATO 移动应用程序(包括本地支付、通知等);最大化数字渠道,提高客户注册完整性;进行渐进式数字化变革,以支持复杂的市场(如大型跨国组织)。

3.支柱三:为客户和员工提供个性化的体验(deliver personalized experiences for both clients and employees)

实施支柱三的目标:通过简单的数字交互、经过认证的身份以及可验证和可信的数据,让税收和监管更好实现;随时随地在任何设备上提供数字服务和支持,以满足客户需求;将员工体验、服务和流程数字化,并赋予员工智能工作流程和客户数据。实现支柱三目标的举措有以下几项。

（1）扩大第三方数据的收集和使用。

在生态系统中增加使用、收集和共享经过验证的第三方数据,以提高为客户提供的服务质量。税务局将提供数据采集、预填写和共享(the data acquisition, pre-fill & sharing, DAPS)计划,取代现有的数据和分析平台,包括用于身份匹配和预填写纳税申报表的第三方数据。DAPS 将为实现基于事件的实时处理、增加无缝税收和减少错误机会的未来奠定基础。

（2）通过使用实时和基于事件的数据和分析,丰富数字体验。

在服务中使用数据和分析,并实施新的战略,为客户创造更高效的体验。最初的重点是优化现有系统对大型数据集的使用,使数字证明解决方案能够支持实时或基于事件的索赔验证,并为税务专业人员实施新的提升策略(解决阻碍自助服务的因素)。

（3）加强与客户的互动,改善数字援助。

提高提供无缝服务的能力,包括在数字渠道和与员工互动时提供的支持。重点关注领域包括更新客户联络中心平台(如迁移到云或混合云解决方案);更多地使用人工智能和自然语言,通过经过身份验证的交互(如数字助理和呼叫)来支持客户。

（4）转换案例和工作管理以实现数字化交互。

数字化员工支持工具，以提高案例和工作管理能力。这包括更新平台以实现文档协作、客户和案例管理解决方案以及利用ATO移动应用程序促进认证客户和员工的互动。

4．支柱四：与合作伙伴合作，建立互联和可信的生态系统（collaborate with partners to build connected and trusted ecosystems）

实施支柱四的目标：以整体生态系统的视角，与合作伙伴积极参与数字生态系统；加强数字服务，维护隐私和安全，提高防诈和应对能力。实现支柱四目标的举措有以下几项。

（1）积极影响并与行业、政府和国际司法管辖区合作。

与国内和国际司法管辖区（包括行业和专业机构）合作，设计、开发和采用数字化转型的领先趋势和实践。重点关注领域包括为经合组织税收管理论坛项目和倡议做出贡献；从不同的管理团队（如税务从业人员）中获得最大的见解；与政府部门合作，扩大数字身份，加强政府整体计划；在澳大利亚和该地区扩大电子发票的使用。

（2）积极扩大数码身份的使用，以减少欺诈行为。

将数字身份嵌入更多ATO服务和生态系统内的交互中，以实现更大的授权和访问完整性。重点关注领域包括扩展身份授权模式，以包括非澳大利亚实体；在所有注册过程中扩展和嵌入数字身份；加强身份管理流程，以确保注册的完整性，减少未经授权访问机密信息的风险，并帮助保护客户免遭身份盗窃；利用数字身份提供的最高级别的身份证明来保护高风险交易。

（3）改进数字服务的欺诈监测和管理。

进一步加强ATO对欺诈的保护，与数字体验的发展保持一致，包括跨数字渠道的欺诈监测和管理。重点关注领域包括实施ATO数字服务的欺诈监控和管理策略；提供技术能力，使持续改进监控，检测和响应可疑的欺诈事件；提供安全的消息传递功能（如通知和操作、实时推送或事件时间）；发展数字身份欺诈分析能力，更好地检测、监控和调查潜在的欺诈威胁。

□ 习题巩固

一、名词解释

数字服务税　税收征管数字化　税收共治　商品服务税　税收协定　税收合规与遵从

二、简答题

1．你觉得不同类型的国家对双支柱的态度会有所差异吗？为什么存在这些差异？

2．简述不同国家在税收征管数字化方面做出的贡献与做法。

3．中国目前的税收征管手段有哪些？

□ 参考文献

[1]陈琍,王婷婷.2019年国外增值税发展变化及趋势[J].国际税收,2020

第九章习题
巩固答案

(8):57-63,67.

[2]代志新,班若琳,陈明玮.数字经济背景下法国税收改革及对我国的启示:以数字服务税为例[J].法国研究,2023(1):16-28.

[3]何晴,房天依.跨组织合作与税收协同共治:国际经验及启示[J].国际税收,2020(9):22-28.

[4]励贺林,姚丽.法国数字服务税与美国"301调查":经济数字化挑战下国家税收利益的博弈[J].财政科学,2019(7):153-160.

[5]沈瑛华,梁紫.应对数字经济发展 澳大利亚货劳税税制借鉴与思考[J].国际税收,2018(2):21-26.

[6]张伦伦,吕敏.全球最低税影响税收优惠的机理及应对[J].财政科学,2023(8):102-111.

[7]周开君.智慧税务建设的价值意蕴、逻辑机理与实践路径[J].税务研究,2022(8):52-56.